Elogios a Dinheiro e Vida

"Este é um livro maravilhoso que realmente pode mudar a sua vida."

— Oprah Winfrey

"Um dos dez melhores livros de negócios do ano... O guia fundamental da nova moralidade do gerenciamento das finanças pessoais."

— *Los Angeles Times*

"O livro nos apresenta um método incrivelmente simples para medir os nossos valores econômicos. Aprendemos que gastar menos não precisa ser limitante, e que pode na verdade ser libertador."

— Amy Dacyczyn, *The Tightwad Gazette*

"Se você quer saber como contribuir da melhor maneira possível para o mundo — e para a sua própria felicidade — siga os passos deste livro."

— Donella H. Meadows, autora de *The Limits to Growth and Beyond the Limits*, professora assistente de estudos ambientais, Dartmouth College

"Muitas idéias novas — financeiras, práticas, emocionais e espirituais — oferecidas com uma medida generosa de bom humor. Animado com histórias verídicas, o livro dá vida a um caminho inspirador para que possamos viver com integridade e compaixão."

— Duane Elgin, autor de *Simplicidade Voluntária*, publicado pela Editora Cultrix, 1999

"Vivemos em um planeta tão bonito, naturalmente rico em possibilidades de prazer e amor, que é uma lástima que tantas pessoas desperdicem a sua vida e a vida do planeta consumindo mais do que precisam. Siga os passos deste livro por amor a si mesmo e à Terra."

— Robert Muller, chanceler, University For Peace, e subsecretário-geral aposentado das Nações Unidas

"Um antídoto extraordinário para a confusão que permeia a nossa sociedade."

— Michael Toms, Co-fundador e apresentador da série de entrevistas "New Dimensions" do National Public Radio

"O programa apresentado no livro é prático e eficiente — muitas pessoas o experimentaram e constataram a sua eficácia; além disso é espiritual e ecológico — baseia-se na antiga sabedoria a respeito do significado da vida, e é movido por uma visão que considera o futuro uma época de paz e de verdadeira prosperidade para a humanidade."

— Brian Swimme, autor de *O Coração Oculto do Cosmos*,
publicado pela Editora Cultrix, São Paulo, 1999.

"O investimento de energia vital (tempo) despendido na leitura do livro voltará para você mil vezes multiplicado antes que você chegue à última página."

— Andy e Kate Lipkis, autores de *The Simple Act of Planting a Tree*

"Este livro, ao mesmo tempo sábio e prático, lança luz nos recantos mais profundos do nosso descontentamento e aponta, passo a passo, uma alternativa mais gratificante e sustentável!"

— Paul L. Wachtel, autor de *The Poverty of Affluence*
e ilustre professor de psicologia da City University of New York

"O chamado de Dominguez e Robin... é mais do que um gesto de aflição. Eles recorrem à sua considerável experiência para nos mostrar como podemos abandonar a rotina do quanto mais melhor."

— Lester Brown, diretor do WorldWatch Institute

"Uma leitura obrigatória para todos os que estão em busca de uma nova atitude diante do dinheiro e do seu papel na nossa vida. O livro está repleto de um raro calor e bom senso."

— Jacob Needleman, autor de *O Dinheiro e o Significado da Vida*,
Editora Cultrix, São Paulo, 2001.

"Este é um daqueles raros livros que *realmente* podem mudar a sua vida! Os autores vivem os conselhos que dão, e eles funcionam."

— Ernerst Callenbach, co-autor de *Gerenciamento Ecológico*,
Editora Cultrix, São Paulo, 1995.

Joe Dominguez
Vicki Robin

Dinheiro e Vida

Mude a sua relação com o dinheiro e obtenha a independência financeira

Tradução
CLAUDIA GERPE DUARTE

EDITORA CULTRIX
São Paulo

Título original: *Your Money or Your Life.*

Copyright © 1992 Joe Dominguez e Vicki Robin.

Publicado mediante acordo com a Viking, uma divisão da Penguin Group (USA) Inc.

Todos os direitos reservados. Nenhuma parte deste livro pode ser reproduzida ou usada de qualquer forma ou por qualquer meio, eletrônico ou mecânico, inclusive fotocópias, gravações ou sistema de armazenamento em banco de dados, sem permissão por escrito, exceto nos casos de trechos curtos citados em resenhas críticas ou artigos de revistas.

A Editora Pensamento-Cultrix Ltda. não se responsabiliza por eventuais mudanças ocorridas nos endereços convencionais ou eletrônicos citados neste livro.

Esta publicação se destina a apresentar informação exata e autorizada no que se refere ao assunto abordado. O editor não se compromete a prestar serviços de contabilidade ou qualquer outro serviço profissional. Se for necessária a ajuda de um perito, é preciso procurar um profissional competente.

O teste "O Propósito na Vida" foi reimpresso com permissão de Psychometric Affiliates, Box 807, Murfreesboro, TN 37133.

Dados Internacionais de Catalogação na Publicação (CIP)
(Câmara Brasileira do Livro, SP, Brasil)

Dominguez, Joe
    Dinheiro e vida : mude a sua relação com o dinheiro e obtenha a independência financeira / Joe Dominguez, Vicky Robin ; tradução Claudia Gerpe Duarte. — São Paulo : Cultrix, 2007.

    Título original: Your money or your life
    Bibliografia.
    ISBN 978-85-316-0985-5

    1. Auto-ajuda — Técnicas 2. Desenvolvimento pessoal 3. Dinheiro 4. Energia vital 5. Finanças — Obras de divulgação 6. Finanças pessoais 7. Progresso I. Robin, Vicky. II. Título.

07-5336   CDD-332.4

Índices para catálogo sistemático:
1. Dinheiro : Gerenciamento das finanças : Economia financeira 332.4

O primeiro número à esquerda indica a edição, ou reedição, desta obra. A primeira dezena à direita indica o ano em que esta edição, ou reedição, foi publicada.

Edição	Ano
1-2-3-4-5-6-7-8-9-10-11	07-08-09-10-11-12-13-14

Direitos de tradução para o Brasil
adquiridos com exclusividade pela
EDITORA PENSAMENTO-CULTRIX LTDA.
Rua Dr. Mário Vicente, 368 — 04270-000 — São Paulo, SP
Fone: 6166-9000 — Fax: 6166-9008
E-mail: pensamento@cultrix.com.br
http:/pensamento-cultrix.com.br
que se reserva a propriedade literária desta tradução.

Dedicamos este livro a todas
as pessoas que estão ativamente
empenhadas em deixar o planeta
em melhores condições do que
o encontraram.

Agradecimentos

Somos gratos a Monica Wood, desde o início a madrinha deste programa.

Desejamos agradecer especialmente aos pioneiros que tiveram a visão e o empenho de fazer este programa funcionar para eles, quando a maioria das pessoas estavam seguindo o caminho oposto. A sua contribuição para o livro, por intermédio das cartas que nos enviaram, das histórias reveladoras e freqüentemente da sua ajuda prática, foi uma expressão exemplar do espírito de servir: Lu Bauer e Steve Brandon, Marilynn Bradley, Tom Clayton, Anita Cleary, Amy e Jim Dacyczyn, Ken Freistat, Wanda Fullner, Diane Grosch, Paula Hendrick, Lynn Kidder, Kees e Helen Kolff, Terry Krueger, Evy McDonald, Karen McQuillan, Carl Merner, Marcia Meyer, June e Mike Milich, Gordon Mitchell, Tim Moore, Sally Morris, Chris Northrup, Lani O'Callaghan, Ted e Martha Pasternak, Roger e Carrie Lynn Ringer, Hilda Thompson, Rhoda Walter, Steve West, Jason e Nedra Weston, Dwight Wilson, Lucy Woods e Penny Yunuba — e sinceramente só estamos mencionando alguns.

O conselho consultivo da New Road Map Foundation merece um enorme agradecimento: Herbert Benson, Ernest Callenbach, Joyce e Rosh Doan, Duane Elgin, Robert e Diane Gilman, John Graham e Ann Medlock, Dorothie Hellman, Dorothea e Jim Jewell, Irmã Miriam MacGillis, Ann Niehaus, Roger Pritchar, Ivan Scheir, Bernie e Bobbie Siegel, Brian Swimme, Michael e Justine Toms, e Paul Wachtel. Eles nos ajudaram a moldar a nossa mensagem para que se tornasse relevante para o público em geral. Agradecemos especialmente ao nosso consultor, Robert Muller, que inspirou o nosso trabalho com as palavras: "A mais importante contribuição que qualquer um de nós pode fazer ao planeta é voltar à frugalidade." Na condição de ex-subsecretário geral das Nações Unidas e Chanceler Emérito da University for Peace, ele deve saber o que está dizendo.

Nea Carroll, Jack Parsons, Bob Schutz, Carolyn Vesper, Mary Vogel e outras pessoas fizeram a leitura crítica de várias versões do livro, oferecendo-nos uma valiosa contribuição. Margaret Moore ofereceu-se para executar alguns dos procedimentos rotineiros e necessários à publicação de um original.

Beth Vesel, a nossa agente, merece grandes elogios por nos convencer de que as pessoas ainda lêem. Sem a sua persistência, parceria criativa e competência na arte de negociar, este livro nunca teria existido. Somos gratos também à toda a equipe da Viking, que se empenhou em tornar esta obra um livro de fácil leitura, relevante e de sucesso. Mindy Werner, a nossa editora, fez o possível para garantir que atingiríamos o maior público possível.

Finalmente, queremos agradecer a muitos outros autores, palestrantes, professores e ativistas que estão nos incentivando a repensar e reestruturar o nosso relacionamento pessoal e coletivo com o dinheiro, em benefício da terra.

AVISO AO LEITOR:

Você já deve ter visto este tipo de anúncio, em geral atrás da última página de publicações escandalosas, ou tarde da noite na televisão:

"Perca oitenta quilos em uma semana comendo tudo o que quiser."

"Ganhe um milhão de dólares em um mês enquanto dorme ZZZ."

Bem, o programa contido neste livro OUSA SER DIFERENTE!!

Ele pede que você faça alguma coisa.

Na verdade, pede que **você ponha em prática** os nove passos que descreve. SIM. Você precisa colocá-los em prática. REALMENTE. Precisa executar cada um deles, exatamente como indicado.

O PROGRAMA SÓ FUNCIONARÁ SE VOCÊ EXECUTAR EFETIVA E SINCERAMENTE OS PASSOS

Então, e somente então, os resultados descritos nas histórias pessoais começarão a fazer sentido.

Assim sendo, **não DESPERDICE** a sua preciosa energia dizendo aos seus botões: "Isso é impossível" ou "Ninguém consegue fazer **isso** nesta economia" ou ainda "Não há como economizar dinheiro dessa maneira", ou...

Em vez disso, **POUPE** a sua energia e SIGA OS PASSOS. Passados alguns meses, releia o livro.

ESTÁ VENDO?

Sumário

Introdução 11

Prefácio à edição brasileira 15

Prefácio à edição original 17

Prólogo. Por que ler este livro? 25

1. A armadilha do dinheiro: o antigo mapa do dinheiro 43

Primeiro passo: fazer as pazes com o passado 74

A. Quanto você ganhou na vida? 75

B. O que você tem para mostrar? 78

2. O dinheiro não é o que costumava ser — e nunca foi 86

Segundo passo: estar no presente — rastrear a sua energia vital 107

A. Por quanto você está trocando a sua energia vital? 107

B. Acompanhe cada centavo que entrar ou sair da sua vida 118

3. Para onde está indo tudo? 125

Terceiro passo: tabulação mensal 131

4. Quanto é suficiente? A natureza da realização 159

Quarto passo: três perguntas que transformarão a sua vida 162

Primeira pergunta: o que recebi em realização, satisfação e valor
é proporcional à energia vital despendida? 163

Segunda pergunta: este dispêndio de energia vital está em harmonia
com os meus valores e o meu propósito na vida? 168

Terceira pergunta: como essa despesa mudaria se eu não precisasse
trabalhar para viver? 178

5. A visão do progresso 198
Quinto passo: tornar visível a energia vital 198

6. O sonho americano — com recursos escassos 220
Sexto passo: valorizar a sua energia vital — minimizar os gastos 224

7. Por amor ou dinheiro. Valorize a energia vital — trabalho e renda .. 283
Sétimo passo: valorizar a sua energia vital — maximizando a renda 313

8. O ponto de cruzamento: o pote de ouro no final do Quadro-mural .. 327
Oitavo passo: o capital e o ponto de cruzamento 331

9. Agora que você a obteve, o que vai fazer com ela? 362
Nono passo: o gerenciamento das suas finanças 362

Epílogo. Nove passos mágicos para criar um novo mapa 401
Fontes 411
Notas 417

Introdução

por Rosa Alegria

Vivemos tempos de redefinições. Valores e conceitos que nos orientaram por mais de três séculos começam a perder o sentido e são reinventados pelo chamado da sobrevivência. O que era antes considerado sucesso, pela competência e eficiência tecnoprodutiva, hoje vai para a berlinda. Vemos destruídas as nossas ilusões de viver para trabalhar, ganhar e consumir. Consumimos tanto que estamos sendo consumidos pelo excesso, aquele que polui nossas vidas e se transforma em lixo psíquico. Entramos no vício de possuir e nos esquecemos de nos relacionar com aquilo que possuímos. Perdemos a capacidade de contato com o que possuímos, como afirma o filósofo da comunicação Evandro Ouriques, e passamos a querer cada vez mais, sem mesmo sentir ou tocar aquilo que nos pertence. Promovemos o crescimento e fomos tragados por ele. Hoje a riqueza se redefine: é segurança, saúde, tempo para se divertir e conviver, sentir o cheiro da grama molhada, apreciar a riqueza das coisas mais simples, descomplicar.

Estamos buscando resgatar os sentidos em tudo o que fazemos. Nossa inteligência está sendo testada pela própria capacidade sapiente que temos de sobreviver. Fomos seduzidos pela idéia de que ser *alguém na vida* é ganhar. Fomos enganados, nos enganamos. De tanto querer produzir, ganhar e acumular, nos vemos diante da ameaça de não termos mais água para beber, ar puro para respirar e recursos naturais para nos alimentar com segurança. Na ordem psico-social, o deslocamento de quem possui daquilo que é pertencido é responsável por doenças pós-modernas já catalogadas, como, por exemplo, a *neofilia*, a compulsão insaciável pelo novo, e o *info-stress*, colapso mental provocado pelo excesso de informação.

Pesquisas recentes revelam que 45% das crianças, principalmente as meninas, têm como principal preocupação a estética, o culto ao corpo e o medo de engordar. A segurança está em primeiro lugar (72%) na lista das preocupações infantis, o medo tomou o lugar da fantasia.

Em apenas 50 anos, a economia global cresceu cinco vezes. O consumo de água, grãos e carne triplicou, o consumo de papel aumentou seis vezes. Segundo os últimos relatórios do IPCC (International Panel on Climate Change), a emissão de gases provenientes de combustíveis fósseis e a emissão de carbono têm se multiplicado num ritmo assustador. O consumo *per capita* no mundo cresceu 3% durante os últimos 25 anos. É razoável supor que, se não houver uma mudança de consciência nessa passagem civilizatória, no futuro as pessoas tenderão a incrementar o seu índice de consumo.

Diante dessa crise de valores e atitudes, direitos humanos dão lugar a responsabilidades humanas – com destaque para a mais completa declaração de amor ao planeta, a Carta da Terra, cujo texto foi inspirado pela Eco 02, realizada no Rio de Janeiro.

Assistimos a uma colisão entre os valores remanescentes da Revolução Industrial – o uso irrestrito da tecnologia na exploração de recursos naturais para o rápido crescimento da produção – e os recursos limitados da biosfera. Esse conflito de meios e fins está dando lugar a um sistema de valores e crenças totalmente novo, marcando um importantíssimo momento de mudança na relação com o que se tem e o que se faz.

Com sinais cada vez mais alarmantes, amplamente disseminados nos últimos dois anos pela mídia, sob o efeito do furacão Katrina, essa crise ambiental aumenta a pressão para uma mudança no modo de vermos a vida e amplia a consciência de que estamos seguindo todos para um só destino, sejamos ricos ou pobres, negros ou brancos, cristãos, judeus, budistas ou muçulmanos.

Estamos pagando o preço pelo hiperconsumismo, submersos em paradoxos sem precedentes na história: esse é o mundo em que 500 mil crianças morrem de fome ao mesmo tempo em que 500 mil pessoas morrem de doenças causadas pela obesidade nos Estados Unidos. Doenças por excessos alimentares convivem com a fome e a miséria; o hiperconsumismo de 20% da população gera a abstinência dos outros 80%. Pensamos que a natureza nos pertencia. Tiramos quase tudo dela, nossas mentes foram colonizadas pelo signo do consumo, fomos coroados como os reis do mercado, e agora a própria natureza nos alerta com seus gritos sistêmicos de exaustão, depredada de seus recursos e sufocada pelo aquecimento global. Começamos a perceber que nós pertencemos e devemos a ela.

Com o fio de vida que ainda nos resta, vemos testada nossa inteligência: seremos capazes de evoluir, como gestores, educadores, comunicadores, consumidores e cidadãos planetários?

O lançamento de *Dinheiro e Vida* vem celebrar essa época de redefinições estruturais com incomparável clareza e impressionante fundamentação, trazendo propostas concretas de como podemos viver mais e melhor apenas (e não apenas) com o suficiente. Este livro é um presente para todos os brasileiros em busca de uma vida mais sustentável e conscientes de suas responsabilidades com relação à preservação do planeta. A edição em português chega em boa hora, coroando esse momento em que o país se destaca pelas iniciativas pioneiras no desenvolvimento de energias renováveis e tecnologias sociais. Assistimos a um consumidor brasileiro em franca evolução. De acordo com recente pesquisa do Instituto Akatu, 59% dos consumidores brasileiros são conscientes e estão dispostos a não comprar produtos de empresas que se revelam social e ecologicamente incorretas.

Ao publicar esta obra em português, a Editora Cultrix está presenteando toda a sociedade brasileira, que assiste à falência dos velhos sistemas e busca a felicidade plena, que não é aquela criada pelos sofisticados mecanismos do marketing. Aqueles que se sentem aprisionados pelas posses descartáveis, pelos muros de concreto dos *bunkers* habitacionais e pelos carros blindados terão nessa leitura um verdadeiro oásis de alternativas.

Mesmo para os que ainda não despertaram para a necessidade de mudar, a leitura dificilmente passa despercebida. Ela prende, captura e seduz pela precisão com que tece a lógica dos novos valores. Em vez de adotar o confronto, os autores, com agudeza e sensibilidade, pegam na mão de quem se deixar levar por orientações práticas sobre o viver simples. Qualidade de vida é o que importa.

Eis aqui um manual completo de reengenharia da vida. Com base em todas as experiências vividas e legitimadas por suas próprias mudanças, Joe Dominguez e Vicki Robbin nos oferecem um roteiro precioso para reorientarmos nossa relação com o dinheiro. A proposta não é renegá-lo e sim transcendê-lo como instrumento de convivência e de mudança de atitudes. Não se trata de renunciar ao ter, mas de privilegiar o ser.

O viver simples tem sido a feliz opção de Vicki Robbin e de um crescente número de pessoas que estão tentando se libertar dos excessos, que geram tédio, obesidade, stress. Os adeptos do movimento da Simplicidade Voluntária têm em Vicki Robbin a profetisa da vida simples.

Em sua visita ao Brasil, em 2005, Vicki me contagiou. Aprendi com ela que o viver simples não é apenas uma escolha, mas uma nova maneira de se relacionar com as suas potencialidades criativas. É também exercitar a compaixão por bilhões de pessoas à margem da economia, sem recursos, sem o mínimo necessário.

A vontade de ler seu livro, *best-seller* que já foi adquirido por mais de 10 milhões de pessoas nos Estados Unidos, foi imediata. Propus a publicação em português para a Editora Cultrix, que, sempre comprometida com o novo pensamento, logo viu o valor da obra.

Despoluir-se dos excessos e viver bem com o suficiente, valorizar a qualidade e não a quantidade, mais do que receitas, são opções conscientes. *O que* fazer já sabemos. Resta saber *como* fazer, por meio de uma leitura agradável e transformadora como esta.

Futurista e pesquisadora de tendências, Rosa Alegria representa no Brasil o Projeto Millennium, é diretora de pesquisa do NEF (Núcleo de Estudos do Futuro) e diretora-executiva do Mercado Ético, plataforma multimídia no tema da sustentabilidade.

Prefácio à edição brasileira

por Susan Andrews

Certa vez um mestre encontrou uma jóia mágica que podia atender a qualquer desejo — todo o ouro, toda a prata e todas as pedras preciosas que qualquer um pudesse desejar. Ele então pensou, "Sou um renunciante e não preciso dessas riquezas". Então ele a deu ao rei daquela região, um rico e poderoso monarca. Esse rei ficou intrigado, pois provavelmente não havia ninguém no mundo mais rico do que ele. "Mas por que escolheste a mim?", perguntou o monarca ao mestre.

O mestre respondeu, "Não há dúvida de que não há ninguém mais rico no mundo do que Vossa Majestade. Porém na verdade tu também és o mais pobre. Pois apesar de teres tudo, ainda queres ter mais".

Há quase um século o "Sonho Americano" tem ensinado que "Quanto Mais, Melhor". Bem, como Vicki Robin nunca se cansa de nos lembrar, mais *não* é necessariamente *melhor*. Na verdade, está se tornando pior. Psicólogos já provaram que mais riqueza material não nos torna mais felizes. Agora os cientistas sociais e os ambientalistas estão se juntando ao coro. Crescimento desenfreado e excessivo consumismo estão não somente gerando uma violenta desigualdade social, mas, como o biólogo Edward O. Wilson nos alerta, podem provocar a perda de 50% das espécies remanescentes no planeta já na metade deste século. Viver nossas vidas partindo da premissa do *"quanto mais melhor"* está provando ser não apenas ilusório, mas absolutamente perigoso.

Então o Sonho Americano, que a maioria das nações tem seguido cegamente como sonâmbulos, pode se tornar um pesadelo. Como o autor Bill McKibben questiona, "Se nós estamos tão ricos, por que será que estamos tão miseráveis?" Durante os últimos cinqüenta anos, enquanto o PIB americano *per capita* triplicou, e as casas ficaram abarrotadas com coisas, o índice de felicidade permaneceu o mesmo — apenas 33% da população se considera "muito feliz", enquanto 26% se sente triste ou totalmente deprimida. E o número de pessoas que dizem não ter ninguém com quem discutir assuntos importantes quase triplicou.

Será que nós no Brasil estamos perseguindo o mesmo Sonho Impossível? Com as pesquisas mostrando que 40% das compras em supermercados são motivadas por impulso e não por necessidade, talvez seja a hora de atentarmos para o toque de despertar de Vicki Robin e seu colega Joe Dominguez. Seu "novo mapa do caminho" oferece passos práticos e concretos não apenas para gerenciarmos nosso dinheiro sabiamente, mas para alcançarmos um novo senso de preenchimento e "conexão com nossas famílias, comunidades e com o nosso planeta".

Mark Twain certa vez disse, "Não há meio mais seguro de descobrir se você gosta de uma pessoa, ou a odeia, do que viajar com ela". Eu viajei com Vicki, e descobri não somente que gosto muito dela — do seu irrepreensível bom humor — mas que ela é um exemplo vivo da chamada "vida simples", do movimento "voluntary simplicity" (simplicidade voluntária). Ela pratica o que prega. Deve ser por isso que suas palavras e idéias têm tanto poder e eficácia. Leia e veja por si mesmo.

Prefácio à edição original

Há quase duas décadas, no tradicional porão de uma igreja e com uma febre de 39 graus, Joe Dominguez apresentou pela primeira vez "Mude a Sua Relação com o Dinheiro e Obtenha a Independência Financeira" como um seminário para várias dezenas de pessoas. Tanto na ocasião quanto agora, o impulso era ajudar as pessoas a despir do dinheiro o seu mistério e a sua angústia, e ajudar causas meritórias com a receita apurada. Uma década, vários seminários e dez mil participantes depois daquela primeira apresentação, uma agente dinâmica e arrojada nos procurou e nos convenceu a escrever um livro. Hoje, já se passaram quase dez anos, e centenas de milhares de exemplares foram publicados, com edições internacionais disponíveis em numerosos países. Joe faleceu em janeiro de 1997 em decorrência de um linfoma. A minha vida mudou, e deixei de ser uma pessoa que raramente assistia à televisão, passando a aparecer freqüentemente na mídia como porta-voz de estilos de vida frugais e sustentáveis. De fato, muita coisa está diferente; no entanto, de maneiras importantes, muita coisa permaneceu igual.

O programa de nove passos para a integridade, inteligência e independência financeira apresentado aqui é idêntico ao que Joe seguiu na década de 1960 para libertar-se das correntes da escravidão salarial. Não descobrimos um décimo passo e nem encontramos nada errado com os nove existentes. Por esse motivo, decidi resistir à tentação de atualizar os dados estatísticos do livro. Isso só iniciaria uma infrutífera e árdua batalha para acompanhar as condições atuais em um livro que se tornou um clássico e ensina uma abordagem intemporal do dinheiro. O programa funciona tanto em ocasiões de inflação quanto de deflação, com o mercado em alta ou em baixa, nos períodos de recessão e nos tempos de crescimento econômico. Os dados estatísticos mencionados refletem as condições existentes no início da década de 1990, mas a clareza, a integridade e a liberdade financeiras embutidas no programa refletem uma sabedoria perene com relação ao dinheiro.

No entanto, a publicação de *Dinheiro e Vida* desencadeou várias mudanças para nós, para os nossos leitores e também na cultura. Para nós, o livro foi um marco decisivo. Tanto Joe quanto eu havíamos escolhido viver uma vida extremamente simples, não por estar ansiosos para submeter-nos a uma tortura, mas por estar fascinados pela possibilidade de satisfazer criativamente as nossas necessidades por meio das nossas aptidões e inteligência. Queríamos entender o ajustamento entre a nossa vida e o resto do mundo natural. Valorizávamos ter tempo para uma vida interior abundante e para ser útil aos outros. Queríamos que a vida tivesse significado, profundidade e propósito, e não muita bagunça e aglomeração. A publicação do livro foi o passo natural seguinte na nossa maneira de servir, e não uma oferta para os quinze minutos de fama que pudesse nos ter sido designados.

Desde aqueles primeiros dias de seminários trabalhamos como um time com toda a equipe, totalmente voluntária, da nossa organização, a New Road Map Foundation. No caso do livro, o meu papel era lidar com a publicidade; o de Joe era usar o sexto sentido que desenvolveu como analista de ações na Wall Street para observar as tendências das pessoas com relação ao dinheiro para podermos falar nas entrevistas sobre as verdadeiras experiências delas. Outras pessoas da equipe examinavam a correspondência, redigiram manuais e criaram um Banco de Palestrantes que se tornou uma organização semi-independente — Financial Integrity Associates (FIA) — de mais de sessenta pessoas dedicadas a aumentar a eficácia do programa de nove passos. Foi uma magnífica aventura, um grande desafio e profundamente gratificante para todos nós.

À medida que a década foi passando, viemos a compreender o papel central do consumismo em todo o leque de problemas globais aparentemente isolados. Se você arranhar a superfície de praticamente qualquer questão ambiental ou social, assim como das psicológicas, descobrirá um relacionamento distorcido com o dinheiro e outras coisas, que agravam e até motivam o problema. O fato de que o programa de nove passos ajuda as pessoas a reduzir as despesas em 20 por cento em média, sem sentir que estão sofrendo privações, nos indicaram que estávamos beneficiando não apenas as pessoas como o mundo em geral. A compra inteligente aumenta a satisfação pessoal e diminui o impacto humano na biosfera.

Temos observado nos Estados Unidos o crescimento de um grande movimento fundamentado nos temas apresentados neste livro. Ele reflete uma reconsideração difundida e profunda da interpretação material do Sonho Americano. Muitos outros livros publicados complementam as idéias expostas em *Dinheiro e Vida*, inclusive *Getting a Life*, de autoria de Jacqueline Blix e David Heitmiller, livro que complementa este, contando mais histórias e fazendo análises de como as pessoas estão usando o nosso programa para mudar a sua relação com o dinheiro.

As pessoas freqüentemente se referem ao movimento como "simplicidade voluntária", o que Duane Elgin, um dos primeiros proponentes, afirma ser um modo de vida "exteriormente simples e interiormente rico". Você pode pensar no programa de nove passos apresentado neste livro como um currículo básico de simplicidade. Ao desprezar os receios financeiros e enfrentar os pontos fracos financeiros, milhares de leitores usaram este programa para sair do vermelho, criar uma poupança e encontrar o ponto de equilíbrio denominado "suficiente". Para aqueles que não estão familiarizados com o termo, o elemento "voluntário" nos faz lembrar que somos os autores da nossa vida, por mais oprimidos que possamos nos sentir pelo mecanismo dos "tempos modernos". Na verdade, para que a vida possa ser significativa ou moral, precisamos ser capazes de assumir as nossas ações. Os manuais da "simplicidade" nos conduzem à essência da questão, seja lá o que isso possa ser para nós. Ao resgatar o essencial das garras do irrelevante, a simplicidade é uma palavra guerreira. Ao lembrar-nos de como uma existência desprovida de enfeites pode ser bela e livre, a simplicidade é um chamado para que sejamos simplesmente nós mesmos. Escolher simplificar, o que com freqüência é difícil em uma cultura consumista, significa preparar-nos para uma vida mais fiel aos nossos talentos, paixões e sentimento de propósito. Você perceberá que usamos no texto o termo "frugalidade" para descrever esse elegante ajustamento entre as nossas verdadeiras necessidades e a maneira como prazerosa e eticamente satisfazemos essas necessidades. Não importa como você o chame (e ele tem sido chamado de "vida sustentável" e "*downshifting*",* bem como de "a nova frugalidade" e

---

* Termo que está sendo bastante usado no Brasil no sentido de "desacelerar", buscar estilos de vida mais tranqüilos, embasados em uma redução das necessidades exageradas às quais somos expostos, na redução da carga horária de trabalho e um maior convívio com a família e os amigos. (N.T.)

"simplicidade voluntária"), o conceito está vivo e ativo nos Estados Unidos, e está espalhando-se pelo mundo.

À medida que o movimento se expandiu, começou a desenvolver todo o leque de atividades e profissionais que os movimentos tendem a gerar. Uma forte ética ambiental associa o estilo de vida ao impacto da pessoa na biosfera. Uma resposta religiosa recorre aos ensinamentos de Jesus e outros mestres a respeito dos riscos de colocar o dinheiro e o materialismo à frente de Deus e do plano da criação. Uma perspectiva urbana e suburbana concentra-se em livrar-se da bagunça e da aglomeração, e obter um controle maior sobre o tempo. Uma interpretação mais rural da ética abarca tudo, desde as comunidades intencionais e ecoaldeias à parcimônia tradicional das pequenas cidades. O crescente número de pessoas que trabalham em casa por meio de um terminal de computador ligado em rede com a empresa que lhes paga o salário faz parte desta mudança. Os sociólogos estão estudando o movimento, os futuristas estão avaliando a força dele (que é muito sólida), os estrategistas econômicos estão verificando como reestruturar os impostos, os subsídios e as leis para moderar o desperdício de preciosos recursos naturais e, como seria de se prever, as pessoas da área de marketing e das relações públicas estão ocupadas vendendo produtos "para simplificar a sua vida". Carros, computadores e roupas são elogiados como maneiras de simplificar e expressar o nosso eu autêntico. Rara é a pessoa hoje em dia que *não* reage, quer de um modo profundo, quer superficial, à promessa da honestidade, tranqüilidade e equilíbrio que se encontra na essência desse movimento.

A mudança chegou bem a tempo. As pessoas *precisam* modificar a maneira como pensam sobre o dinheiro, e também como o gastam e poupam, mesmo que seja apenas para a sua própria segurança. A taxa de poupança nos Estados Unidos, por exemplo, caiu para abaixo de zero, no momento em que escrevo estas linhas. As sereias do consumismo nos fizeram adormecer profundamente. Os bolsos aparentemente sem fundo do tio Cartão de Crédito permitem que nos demos ao luxo de viver bem além dos nossos recursos. De acordo com um relatório de 1997 da Agenda Pública, quase 40 por cento da geração nascida logo após a Segunda Guerra tem menos de 10.000 dólares guardados para quando se aposentarem. A antiga norma de aumentar a poupança nas épocas gordas para compensar as inevitáveis épocas magras se inverteu. Os gastos excessivos aumentaram durante a expansão econômica dos anos 90. Foi essa atitude de avestruz com relação à poupança que mais preocupou Joe nos anos que antecederam a sua morte em 1997. Tendo nadado durante décadas em informações a respeito dos altos e baixos econômicos nacionais e internacionais, Joe percebeu que os Estados Unidos estavam míopes com relação aos ciclos longos dos mercados e da economia.

O fato de Joe estar convivendo com uma doença provavelmente fatal não alterou o seu foco de dar assistência a tudo, desde a sobrevivência ecológica global às necessidades daqueles que lhe eram caros. Mantendo-se atualizado com relação às tendências econômicas e financeiras atuais, Joe foi capaz de adaptar as nossas comunicações sobre *Dinheiro e Vida* aos desafios enfrentados pelas pessoas comuns que tentavam fazer o dinheiro chegar ao fim do mês. Ao receber com graça e inteligência um fluxo constante de amigos, colegas e repórteres na nossa casa, Joe era capaz de persuadir, tranqüilizar, irritar ou servir de inspiração — o que quer que fosse necessário na ocasião. Ele dizia corajosamente a verdade e era um ouvinte paciente. Nunca deixou de ser Joe. Na verdade, contou que estava doente para muito poucas pessoas, por desejar ser visto como ele mesmo e não como uma doença. Permaneceu plenamente ativo até o fim. Dois dias antes de morrer, preocupado com a possibilidade de a dor imobilizar aqueles que o amavam, escreveu: "Joe Dominguez recebeu um certificado de óbito legítimo. Prestem atenção aos vivos e às coisas que precisam ser feitas." Pouco depois, partiu.

Nós que trabalhamos com ele (alguns durante décadas) na New Road Map Foundation "prestamos atenção aos vivos e às coisas que precisam ser feitas" e, ao mesmo tempo, nos permitimos chorar por ele e ser transformados. Esse processo nos abriu de novas maneiras para a dor do mundo. Sentimos como nunca sentimos antes o infortúnio das crianças e dos refugiados famintos e solitários. Sentimos a perda da saúde, da subsistência e da própria vida que pessoas de toda parte sofrem. Sentimos o desamparo de culturas nativas que estão sendo agredidas para que os seus recursos possam ser extraídos, e de ecossistemas que não conseguem mais suportar populações humanas intrusas famintas de terra. Nós nos esforçamos para entender por que sistemas vivos, com projetos refinados, e origens e destinos misteriosos, estão sendo restringidos por sistemas humanos que geram a pobreza, a solidão e a doença em tantas criaturas, humanas e não-humanas. *E nós* vemos a criatividade e a compaixão humanas continuamente restaurando o desígnio da vida. Movidos por esses processos internos e externos, estamos buscando maneiras mais profundas de servir nestes dias. Nós o convidamos a se juntar a nós na jornada:

CRIE UMA VIDA FINANCEIRA CLARA E SEGURA PARA SI MESMO. É aqui que tudo começa. Quer você esteja simplesmente cansado de despir um santo para vestir outro, transbordando de amor por toda a criação ou pronto para enfrentar o sistema, use este livro para desenvolver uma relação respeitosa e clara com o mundo material. Experimente o programa. Siga os passos. Use *Dinheiro e Vida* com amigos, colegas ou desconhecidos interessados, se você tiver essa inclinação. Leia o livro todo antes de começar a executar o Primeiro Passo; muitas pessoas começam com o Segundo Passo (O dinheiro não é o que costumava ser — e nunca foi) e só executam o Primeiro Passo muito mais tarde. Outras descobrem que as perguntas do Quarto Passo (Quanto é suficiente?) são o seu ponto inicial, e o compromisso de seguir todos os passos surge depois. Mas não salte para os Passos de Seis a Nove sem antes trabalhar com sinceridade nos Passos de Um a Cinco pelo menos durante seis meses. O Sexto Passo (O Sonho Americano com recursos escassos), sem os restantes, poderia parecer mais uma lista de palpites e dicas sovinas. O Nono Passo, no último capítulo, poderia parecer apenas simplesmente um conselho financeiro, e mesmo assim um conselho estranho, sem o conhecimento do mecanismo de todo o programa. No entanto, independentemente de onde você começar, eu o encorajo a executar **todos** os passos. Eles funcionam juntos de uma maneira maravilhosa, reforçando as constatações e os ganhos. E se você for um dos muitos que acham que apenas algumas idéias funcionam para você e depois põe o livro de lado, também respeito a sua escolha. Muitas pessoas usaram este livro para desenvolver a coragem necessária para largar um emprego, vender uma casa ou partir em uma aventura. O maravilhoso é que o livro sempre estará presente para a ocasião em que você queira fazer mais do que apenas arranhar a superfície da sua relação com o dinheiro. Ele poderá levá-lo ao lugar que você deseje ir, por mais profundo e distante que seja.

LIGUE-SE AOS OUTROS. Passei a acreditar que a cultura consumista é como um vírus: entra onde os vínculos da comunidade foram rompidos. As necessidades são percebidas como razões para consumir em vez de para estabelecer uma ligação com os outros. O dinheiro torna-se o adesivo que mantém unida uma sociedade que há muito perdeu a integridade. As premissas de solidariedade, equanimidade e cooperação estão se tornando tão raras quanto o cavalo e a charrete. O *downshifting* material, então, pode criar condições para a concatenação "*upshifting*". A frugalidade não é a meta final e sim o meio. Um dos subprodutos da simplificação é ter tempo para envolver-se com a arte de interessar-se pelos outros, o que abrange a comunicação, refeições conjuntas, o contato físico, festas agradáveis, lembrar-se dos aniversários, o esclarecimento dos mal-entendidos, a empatia, a paciência e assim por diante, e esse é o melhor antídoto para o gasto excessivo. Assim sendo, construir conscientemente relacionamentos gratificantes, talvez até por intermédio de grupos de estudos para *Dinheiro e Vida*, é uma maneira de desenrolar as cordas que o enredam nas dívidas, na insegurança, no tédio do emprego e no medo da economia.

TENHA GRANDES SONHOS. O que você quer para a sua vida? O que você quer não apenas para o seu futuro mas para O futuro? Quanto mais específicos forem os seus sonhos, mas sedutores se tornarão. Quanto mais distantes no tempo, mais provável é que você se torne ofensivo e se empenhe em algo realmente belo. Esqueça o "não posso". Esqueça os fracassos do passado. Não deixe que outras pessoas o desencorajem — peça o apoio e as sugestões delas (todo mundo gosta de contribuir de alguma maneira). Acredite que quanto mais você se liga aos seus sonhos, mais provável é que consiga elucidar a sua relação com o dinheiro. Quanto mais baixo você colocar a sua visão, mais se conformará com os restos que sobram da mesa da vida em vez de participar do banquete.

TORNE A SUA VIDA MAIS PROFUNDA. Ter grandes sonhos faz os seus braços se abrirem completamente para o que é possível. O aprofundamento enterra as suas raízes no solo do real. Faça as grandes perguntas: O que considero sagrado? Qual é o meu propósito? Quem sou eu realmente? Como posso conhecer Deus (ou seja lá o nome que você dê à fonte da vida)? O que os acontecimentos da minha vida me revelam a respeito do meu rumo? Quando me senti mais completo? No silêncio da meditação, durante o riso, na dificuldade do estudo, na tristeza da perda ou na alegria de um novo amor — saiba que você está se tornando mais humano e menos consumista.

SEJA DINÂMICO. O consumo sustentável, ou seja, viver hoje sabendo que haverá muitos amanhãs e muitas criaturas que precisam dos sistemas de vida existentes agora, é fundamental. Encontramo-nos em um momento crítico da terra. A mudança social é a base, mas não é o quadro todo. No final, precisaremos reestruturar a maneira como conduzimos a nossa vida coletiva para que a terra permaneça um lar hospitaleiro. Existem inúmeras maneiras de redirecionar as escolhas da sociedade: por meio das organizações cívicas ou do ativismo afrontoso; dos partidos políticos ou do desenvolvimento de políticas; dos especialistas da mídia para transmitir a sua mensagem. Converse com outras pessoas a respeito das suas paixões, receios, esperanças e sonhos. Envie cartas ao editor ou aos seus amigos. Participe de demonstrações não-violentas contra os abusos à Vida. Aprenda e ensine mediação e técnicas de resolução de conflitos. Existe uma forma de ativismo adequada a cada temperamento e causa.

Considero a época em que vivemos muito estimulante. Se milhões de pessoas usaram *Dinheiro e Vida* para mudar a sua relação com o dinheiro, acho que teremos uma chance de modificar a mentalidade que está sugando a vida das pessoas e do planeta. No entanto, um futuro melhor não acontecerá como mágica. A humanidade conseguiu superar situações difíceis anteriores porque muitas pessoas assumiram a responsabilidade pelas condições que as cercavam e fizeram alguma coisa. Espero que este livro o ajude a ter uma vida melhor, e também espero que *você* ajude a Vida a ter a chance de continuar a evoluir em toda a sua glória.

PRÓLOGO

Por que ler este livro?

Faça a si mesmo as seguintes perguntas:

- ❖ Você tem dinheiro suficiente?
- ❖ Você passa tempo suficiente com a família e os amigos?
- ❖ Você volta para casa depois do trabalho cheio de energia?
- ❖ Você tem tempo de participar de coisas que acha que valem a pena?
- ❖ Se você fosse demitido do emprego, encararia a situação como uma oportunidade?
- ❖ Você está satisfeito com a maneira como tem contribuído para o mundo?
- ❖ Você está em paz com o dinheiro?
- ❖ O seu emprego reflete os seus valores?
- ❖ A sua poupança é suficiente para sustentá-lo durante seis meses de uma vida normal?
- ❖ A sua vida é completa? Todas as peças, ou seja, o seu trabalho, os seus gastos, os seus relacionamentos e os seu valores, se encaixam perfeitamente?

Se você respondeu "não" a pelo menos uma dessas perguntas, este é o livro certo para você.

Administre a sua vida como um todo integrado

Existem hoje em dia muitos livros sobre o dinheiro. Livros sobre a filosofia do dinheiro. Livros sobre a psicologia do dinheiro. Livros sobre contabilidade e orçamento doméstico. Livros sobre como investir o dinheiro que você ganhou e economizou. Livros sobre como os seus gastos afetam o ambiente. Livros sobre como ficar rico. Livros sobre como dar entrada em pedido de falência. Livros sobre como se aposentar.

O que esses livros têm em comum é o fato de que partem do princípio de que a sua vida financeira funciona separadamente do resto da sua vida. Este livro consiste em reuni-las. Ele trata da integração, de uma abordagem à vida baseada em um "sistema único". Ele o levará de volta aos conceitos básicos, aos fundamentos de tornar os seus gastos (e esperançosamente a sua poupança) monetários um espelho claro dos valores e do propósito da sua vida. O livro trata da mais básica das liberdades: a liberdade de pensar por si mesmo.

O objetivo deste livro é transformar a sua relação com o dinheiro, a qual abarca mais do que apenas os seus ganhos, gastos, dívidas e economias. Também inclui o tempo que essas funções ocupam na sua vida. Além disso, a sua relação com o dinheiro se reflete na sensação de satisfação e realização que você extrai da sua ligação com a família, a comunidade e o planeta.

Transformar uma coisa significa mudar de uma maneira fundamental a sua natureza ou função. Uma vez que você modifique a natureza e a função da sua interação com o dinheiro, seguindo os passos deste livro, a sua relação com o dinheiro se transformará, e você alcançará novos níveis de conforto, competência e consciência em torno do dinheiro. E esse é apenas o início do que é possível depois que você começar a seguir esse novo mapa do dinheiro.

O antigo mapa

Imagine-se tentando orientar-se em uma cidade estranha, mas onde o seu mapa mostra um zoológico, você encontra um *shopping*, e onde ele indica um caminho para a praia, você descobre que a rua termina em uma estação de trem. Após algumas experiências como essas, você poderá questionar a utilidade do mapa e, em seguida examiná-lo, descobrindo consternado que ele data de 1890. Se você quiser chegar ao seu destino, é melhor conseguir um mapa mais novo!

Assim como você não pode se orientar com um mapa tão desatualizado, tampouco pode nortear-se no labirinto atual do dinheiro com um mapa financeiro traçado no final do século XIX durante a ascensão da Revolução Industrial.

A Revolução Industrial alcançou êxito na medida em que proporcionou os bens materiais que eram considerados necessários para a sociedade americana. O transporte era vital para a expansão em direção ao oeste, e assim surgiram as primeiras estradas de ferro, depois os automóveis particulares e finalmente os aviões. A agricultura mecanizada era crucial para alimentar o número cada vez maior de pessoas, a energia barata e os dispositivos destinados a poupar o trabalho fundamentais para libertar a energia humana, os meios de comunicação essenciais para que pudéssemos permanecer em contato uns com os outros em um continente tão vasto.

Como todas as revoluções, essa prometeu uma vida melhor para todos os americanos. E cumpriu o prometido, mas somente enquanto as pessoas realmente precisavam de mais bens materiais. Os marcos do antigo mapa eram claros: "trabalhar das nove às cinco até os 65 anos"; "entregar a alma à sua empresa"; acreditar que a sua empresa cuidará de você na velhice; os Estados Unidos são o maior poder econômico do mundo e não podem agir incorretamente; precisamos avançar em direção a um "padrão de vida" mais elevado, independentemente das conseqüências morais, éticas, emocionais, culturais, espirituais, conjugais, ambientais e políticas.

No entanto, em algum momento dos últimos quarenta anos, as condições começaram a mudar. Para muitas pessoas, os bens materiais deixaram de satisfazer apenas as necessidades e passaram a aumentar o conforto e promover o luxo, às vezes de modo excessivo. Deixamos de ser economias nacionais individuais e passamos a ser uma economia global em ascensão. Ao contrário do que ocorrera no passado, começaram a surgir problemas que não podiam ser solucionados por meio de uma maior quantidade de bens materiais. Além disso, esses problemas não se restringiram às nações ocidentais industrializadas, adquirindo uma natureza global.

O próprio planeta começou a mostrar sinais de estar se aproximando do limite da sua capacidade de lidar com os resultados do nosso crescimento econômico e consumismo, ou seja, a falta de água, a perda de solo arável, o aquecimento global, os buracos na camada de ozônio, a extinção das espécies, a degradação e o esgotamento dos recursos, a poluição do ar e o acúmulo de lixo são indícios de que a nossa sobrevivência está ameaçada. Esses problemas haviam se tornado tão generalizados e graves em 1989 que uma edição inteira da revista *Time*, "The Planet of the Year" [O Planeta do Ano], foi dedicada à gravidade da nossa situação. Além disso, já vimos que a nossa dependência do petróleo pode provocar um conflito internacional.

Embora tenhamos "ganho" a Revolução Industrial, a pilhagem da guerra está parecendo cada vez mais corrompida, o que é especialmente verdadeiro para nós enquanto indivíduos. O antigo mapa do dinheiro nos aprisionou no veículo que deveria nos libertar do trabalho árduo. Existem indícios abundantes de que esse antigo mapa não está mais nos conduzindo ao Sonho Americano:

* A situação financeira das pessoas vem piorando de modo acentuado desde a década de 1950.
* O número de pessoas que gasta mais do que ganha tem aumentado enormemente entre aqueles cuja renda se encontra no quadragésimo percentil inferior.
* O número de crianças americanas que vive abaixo da linha de pobreza aumentou de 14,9 por cento em 1970 para 19 por cento em 1990.
* 31 por cento das pessoas entrevistadas preocupam-se com o fato de não passar tempo suficiente com a família e os amigos, e 38 por cento declaram estar reduzindo as horas de sono para ter mais tempo (para ganhar mais dinheiro).
* "A causa de 90 por cento dos divórcios é o dinheiro", segundo Victoria Felton-Collins, planejadora financeira e psicóloga.
* O índice de divórcios está 34 por cento mais elevado do que em 1970.
* A poupança total do americano típico de cinqüenta anos é 2.300 dólares.
* O norte-americano típico trabalha hoje 20 por cento a mais do que em 1973 e tem 32 por cento menos de tempo livre por semana.

❖ 48 por cento de 4.126 executivos do sexo masculino consideravam a sua vida "vazia e sem sentido" apesar de anos de dedicação profissional.

O giro não tão divertido do dinheiro

Antigamente, "ganhar a vida" era o meio para atingir um fim. O meio era "ganhar" e o fim era "a vida".

Com o tempo, o nosso relacionamento com o dinheiro, ou seja, ganhá-lo, gastá-lo, investi-lo, possuí-lo, protegê-lo e preocupar-nos com ele, passou a ocupar a parte mais importante da nossa vida.

A maioria de nós passa muito mais de 40 do total de 168 horas da semana ganhando dinheiro. Gastamos tempo para nos vestir para o trabalho, ir e voltar do trabalho, pensar sobre o emprego no trabalho e em casa e "reduzir a pressão" do trabalho. Precisamos passar as noites e os fins de semana em "divertimentos estúpidos" a fim de "descansar" do trabalho. Temos que ocasionalmente "desocupar" o nosso emprego, ou passar algum tempo no consultório do médico para consertar a nossa saúde estressada pelo emprego. Precisamos planejar a nossa "carreira", participar de seminários funcionais ou comparecer a reuniões do sindicato, fazer *lobby* ou piquetes em favor do nosso emprego.

Manter o emprego custa dinheiro: temos gastos com roupas, transporte e refeições fora de casa. Precisamos gastar para que o nosso bairro, casa, carro, estilo de vida e até o nosso parceiro reflitam a nossa "posição" na esfera profissional.

Com todo o tempo e dinheiro que gastamos com o nosso emprego, é de causar espanto que extraiamos dele a nossa personalidade? Quando nos perguntam: "O que você faz?" não respondemos "Eu *faço* encanamentos". Dizemos: "Eu *sou* encanador."

Quando não estamos extraindo a nossa identidade do emprego, somos identificados como "consumidores". De acordo com o dicionário, consumir significa "destruir, desperdiçar, aniquilar". Consideramos fazer compras uma recreação, de modo que "compramos até cair exaustos". Queremos dar um bom futuro aos nossos filhos, de modo que trabalhamos ainda mais ou nos tornamos uma família na qual pai e mãe trabalham, relegando a criação dos filhos a creches ou a babás. Compramos para eles os últimos lançamentos em brinquedos para demonstrar o nosso amor. Ganhamos dinheiro para que possam cursar a universidade, mas abdicamos da oportunidade de passar momentos ao lado deles durante os seus anos de formação. Deploramos a influência das "más companhias", mas nunca ficamos na companhia deles durante um tempo suficiente para influenciá-los. Passamos grande parte do nosso precioso tempo ganhando dinheiro para poder gastar, que não temos tempo para examinar as nossas prioridades.

O nosso antigo mapa financeiro, em vez de nos tornar mais independentes e realizados, conduziu-nos a uma teia de dependências financeiras. Desde que nascemos até a hora da morte tornamo-nos financeiramente dependentes: dos nossos pais para a nossa subsistência inicial, da "economia" para poder conseguir um bom emprego depois da formatura, do "emprego" para a sobrevivência, das esmolas do "seguro desemprego" para sobreviver nos períodos que ficamos desempregados, da Previdência Social e do seguro saúde se ficarmos doentes antes de morrer. O antigo mapa chegou ao fim da estrada. O progresso material que supostamente deveria nos libertar nos escravizou ainda mais.

As condições mudaram, mas ainda operamos financeiramente de acordo com as regras estabelecidas durante a Revolução Industrial, regras baseadas em criar mais bens materiais. No entanto, o nosso alto padrão de vida não gerou uma qualidade de vida elevada, nem para nós nem para o planeta. Lembre-se de que não havia nada errado com o antigo mapa, pois ele era maravilhosamente útil em 1890 e continuou a sê-lo durante muitos anos; o que mudou foi o território. Novos instrumentos de navegação se fazem necessários. Precisamos agora de um novo mapa financeiro baseado na situação global atual e que nos ofereça uma saída.

Criando um novo mapa

Como encontrar um novo mapa do dinheiro? É preciso pensar de uma nova maneira, administrar a vida como um todo integrado e identificar antigos pressupostos.

Pensando de novas maneiras: histórias sobre queijo e presunto

Apesar de toda a nossa capacidade mental, nós, seres humanos, somos criaturas dominadas pelo hábito, muitas vezes relutantes em abandonar antigos padrões de comportamento. É o que ilustra a seguinte história:

Certo dia, uma menina observou a mãe preparar um presunto para ser assado.

Em um determinado momento, a filha perguntou: "Mamãe, por que você cortou as duas pontas do presunto?"

"Bem, porque a minha mãe sempre fez isso", respondeu a mãe.

"Mas por quê?"

"Não sei. Vamos perguntar à sua avó."

Procuraram então a avó e lhe perguntaram: "Vovó, quando você preparava o presunto para assar, sempre cortava as duas pontas. Por que fazia isso?"

"É o que a minha mãe sempre fazia", replicou a avó.

"Mas por quê?"

"Não sei. Vamos perguntar à bisavó."

Foram então ao encontro da bisavó.

"Bisavó, quando você preparava o presunto para assar, sempre cortava as duas pontas. Por que fazia isso?"

"Bem", respondeu a bisavó, "o tabuleiro era muito pequeno."

Assim como podemos ficar presos em padrões ultrapassados ao longo de várias gerações, também podemos ser aprisionados pelas nossas certezas obsoletas e pelos muros inconscientes e invisíveis que limitam a nossa capacidade de pensar de novas maneiras, como é ilustrado na seguinte história:

Era uma vez um rato. Um rato comum, que não era particularmente inteligente, mas que tinha um grande apetite para queijos, bem como um olfato apurado.

Certo dia, o aroma de um bom queijo invadiu o ar. O rato sentou-se sobre as pernas traseiras, fremindo as narinas. "Onde estará o queijo?", perguntou aos seus botões.

Diante dele haviam quatro túneis. Rapidamente explorou o primeiro túnel. Nada de queijo. O mesmo aconteceu no segundo túnel. Examinou a seguir o terceiro túnel. Ainda nada de queijo. Restava um túnel. Percorreu rápido o quarto túnel e lá estava o que procurava: um grande e suculento pedaço de queijo! E o sabor era tão bom quanto o cheiro.

No dia seguinte, o aroma voltou. Lá se foi o rato pelo túnel número quatro. Queijo! E a mesma coisa se repetiu no dia seguinte, no outro dia e no terceiro dia. O rato estava muito contente, pois sabia onde encontrar o queijo.

Certo dia, sentiu o cheiro de queijo, mas não encontrou nada no seu túnel predileto. Saiu do túnel e fez uma verificação. Não havia dúvida de que era o túnel número quatro. Inspecionou-o novamente. Nada de queijo. Entrou e saiu várias vezes do túnel. *Nada de queijo!*

Mas espere um minuto. Ainda estava sentindo o cheiro de queijo. Não estaria no túnel número três? Examinou. Nada de queijo. Túnel número dois? Nada de queijo. Túnel número um? Queijo! E o rato o comeu com enorme satisfação.

De algumas maneiras nós, seres humanos, somos como esse rato. Sentimos o cheiro do queijo, focalizamos os olhos e o nariz na meta, e depois de uma busca encontramos o túnel onde está o queijo. E em geral ele é muito saboroso. Mas o que acontece no dia em que não encontramos mais o queijo? Entramos novamente no túnel, olhando e cheirando. Nada de queijo. Tentamos de novo. E de novo.

Nesse ponto, o rato começa a experimentar os outros túneis. Mas o que nós, seres humanos, fazemos? Continuamos a percorrer o túnel número quatro, em seguida novamente o túnel número quatro e uma vez mais o túnel número quatro.

Qual é então a diferença entre os ratos e os seres humanos? Os ratos só estão interessados no queijo. Os seres humanos estão mais interessados em ter um bom aspecto, em estar certos, em manter as aparências, em ter o mesmo padrão de vida dos amigos, na tradição, na auto-estima, em fazer as coisas do jeito como sempre foram feitas. "Tenho que demonstrar a minha capacidade", "Todo mundo tem um", "O governo resolverá o problema".

Na verdade, depois de um certo ponto podemos nem mesmo nos preocupar com o fato de o queijo não estar mais ali. Seja por intermédio do hábito (o presunto) ou teimosia (o queijo), freqüentemente não abandonamos a nossa antiga maneira de pensar, mesmo que ela nos mate... o que é bem possível.

Para verificar se há ou não queijo no final do seu túnel, você precisa começar a pensar de uma maneira inovadora. Eis um quebra-cabeça (Figura P-1). Ligue os nove círculos com três linhas retas sem levantar a caneta ou o lápis do papel.

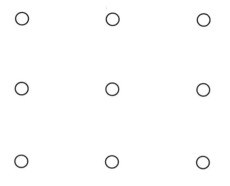

FIGURA P-1

O Quebra-Cabeça dos Nove Círculos

(Resposta no final do livro)

Você não conseguirá resolvê-lo se permanecer dentro do seu sistema de referência habitual. Neste livro, você vai aprender a pensar de novas maneiras, a encontrar um novo túnel para percorrer, a olhar além do modo que você "sabe" estar certo e descobrir o seu novo mapa do dinheiro.

O pensamento Financeiramente Independente

Um dos segredos para criar o seu novo mapa é o que chamamos de "pensamento FI".* Trata-se do processo de examinar as suposições básicas que você inconscientemente adotou, de avaliar o seu antigo mapa. O pensamento FI envolve observar que você não precisa mais cortar as pontas do presunto, que o túnel número quatro não contém mais queijo e que "Quanto Mais, Melhor" já não é mais o nome da estrada para a felicidade. O pensamento FI envolve despertar do Sonho Americano.

O pensamento FI se ocupa de uma nova cartografia, na qual você cria o seu próprio mapa, mapa esse que retrata o terreno da sua vida como efetivamente é hoje. Esse mapa possibilitará que você escolha o seu caminho através do território dos seus ganhos e gastos, bem como que você integre esse caminho ao restante da sua vida.

---

* Em prol da coerência e da uniformidade chamaremos de FI tanto a expressão "financeiramente independente" quanto a expressão "Independência Financeira", já que as duas expressões têm as mesmas iniciais no livro original na língua inglesa. (N.T.)

O pensamento FI é fundamental para qualquer pessoa que deseje ter com o dinheiro uma relação objetiva e relaxada. Enquanto não conseguir *pensar* de um modo independente, você não será independente. Enquanto não conseguir questionar deliberada e imparcialmente o seu mapa interior do dinheiro, ficará emperrado em clássicos becos sem saída financeiros, como:

- ❖ Gastar mais do que ganha.
- ❖ Comprar na alta e vender na baixa.
- ❖ Detestar o emprego, mas não ter uma saída.
- ❖ Precisar de dois contracheques para conseguir sobreviver até o fim do mês.
- ❖ Exatamente quando você consegue ganhar o suficiente para sobreviver até o fim do mês, o seu chefe ou o governo toma uma medida que impede esse equilíbrio.
- ❖ Ficar tão confuso por causa do dinheiro que deixa o seu problema a cargo dos especialistas que, por sua vez, aproveitam-se da sua ignorância.

Os resultados do pensamento FI

O pensamento FI consiste em aplicar a consciência ao fluxo do dinheiro na sua vida. A simples leitura deste livro dará origem ao pensamento FI na sua vida, mas há mais coisas envolvidas. O fato de você efetivamente dar os simples passos aqui delineados transformará a sua relação com o dinheiro. Você irá do pensamento FI para a vida FI.

O pensamento FI o conduzirá naturalmente à Inteligência Financeira, à Integridade Financeira e à Independência Financeira.

Inteligência Financeira

Ter Inteligência Financeira significa ser capaz de afastar-se das suas suposições e emoções a respeito do dinheiro e observá-las de um modo objetivo. O dinheiro realmente compra a felicidade? Todo mundo realmente "precisa ganhar a vida"? O dinheiro é realmente algo a ser temido ou ocultado, amado ou odiado? Se eu vender a maior parte do meu tempo por dinheiro, estarei realmente seguro?

Para alcançar a Inteligência Financeira, você precisa primeiro saber quanto dinheiro já ganhou, o que tem que mostrar para isso, quanto dinheiro está entrando na sua vida e quanto está saindo.

Mas isso não é o bastante. Você também tem de saber o que o dinheiro realmente significa e que papel ele desempenha na sua vida.

Um resultado tangível da Inteligência Financeira é sair do vermelho e ter no banco o equivalente a pelo menos seis meses de despesas básicas de sobrevivência. O programa apresentado neste livro, se seguido à risca, o conduzirá inexoravelmente à Inteligência Financeira.

Integridade Financeira

O dicionário define integridade como "1: uma qualidade intacta: RETIDÃO 2: Fidelidade a um código de valores especialmente morais ou artísticos: INCORRUPTIBILIDADE 3: a qualidade ou estado de ser completo ou indivisível: INTEIREZA".

Você alcança a Integridade Financeira aprendendo o verdadeiro impacto dos seus ganhos e gastos, tanto na sua família imediata quanto no planeta. Ela envolve saber a diferença entre o que representa bastante dinheiro e bens materiais para mantê-lo no auge da realização, e o que é apenas um excesso e uma bagunça e aglomeração. Envolve ter todos os aspectos da sua vida financeira em sintonia com os seus valores. O programa apresentado neste livro, se seguido à risca, o conduzirá inexoravelmente à Integridade Financeira.

Independência Financeira

A Independência Financeira é o subproduto de seguir à risca todos os passos do programa delineado neste livro. Você a possui quando tem uma renda suficiente para atender as suas necessidades básicas e a sua comodidade, proveniente de uma fonte que não um emprego remunerado.

Embora a Independência Financeira possa não ser uma das suas metas atuais, ela se encontra, com o tempo, no futuro de todo mundo. Pense a respeito. A Independência Financeira é o subproduto da vida totalmente natural e inevitável. Depois de um certo ponto você não mais precisará ganhar a vida. A única escolha em questão é quando e como esse ponto é alcançado. Em alguns casos esse ponto é atingido enquanto estamos vivos, ao qual chamamos de aposentadoria. Muitos setores apresentam hoje uma tendência para a aposentadoria antecipada; essa prática freqüentemente evita que um grande número de funcionários jovens seja dispensado.

Um dos propósitos deste livro é ensinar os recursos que possibilitam que você se torne financeiramente independente muito antes da época tradicional da aposentadoria e sem depender de fontes de renda externas como pensões e a Previdência Social. À medida que for lendo o livro, também descobrirá que a Independência Financeira abarca muito mais do que ter uma renda garantida. Ela também representa a independência com relação a convicções financeiras incapacitantes, ao endividamento incapacitante e à incapacidade debilitante de administrar as "comodidades" modernas, como consertar o carro e os aparelhos de ar-condicionado. A Independência Financeira é *qualquer* coisa que faça com que você deixe de depender do dinheiro para conduzir a sua vida.

O que é um Pensador FI?

"Pensador FI" é a nossa maneira abreviada de chamar a pessoa que personifica o pensamento FI, que está adquirindo Inteligência Financeira, aprendendo a Integridade Financeira e avançando naturalmente em direção à Independência Financeira. Chamamos de Pensador FI qualquer pessoa que aplique o pensamento FI à sua vida por meio dos passos deste programa.

Como surgiu este livro

Este livro não se baseia em uma teoria, em boas idéias ou em uma nova filosofia. Resulta de cinqüenta anos de experiência combinada (trinta anos para Joe Dominguez, vinte anos para Vicki Robin) na vivência de todos os princípios aqui apresentados. Este livro não apenas aconteceu; ele evoluiu.

Em 1969, aos 31 anos de idade, Joe aposentou-se da sua carreira em Wall Street e nunca mais aceitou dinheiro pelo seu trabalho. Durante a vida inteira Joe se acostumara a raciocinar de uma nova maneira, e o pensamento FI foi uma extensão natural desse modo de pensar.

Nos dez anos em que trabalhou como analista técnico e consultor institucional de investimentos, Joe perseguira um plano secreto: aprender o bastante a respeito do dinheiro para desenvolver um programa que lhe possibilitaria aposentar-se com uma renda adequada que lhe permitisse manter pelo resto da vida o estilo de vida que escolhera — tudo a partir de um modesto salário, sem nenhuma especulação ou grandes "golpes".

O programa que Joe elaborou (após muitas tentativas e erros, repetidos testes e modificações) não tinha nenhuma relação com estratégias arriscadas de investimento ou novos métodos analíticos complexos. Ao contrário, o programa envolvia aplicar o bom senso, seguir práticas básicas de negócios, reexaminar suposições ultrapassadas e seguir meticulosamente nove passos simples.

Para sua surpresa, Joe descobriu que algo que considerara estritamente pessoal era interessante para outras pessoas, e funcionava tão bem para elas quanto funcionara para ele, independentemente do tipo de emprego que as pessoas tivessem. Vicki foi uma das suas primeiras "alunas". Conheceram-se em 1969, vários meses depois de Vicki ter abandonado um início de carreira na área do cinema e do teatro em Nova York, decidida a descobrir o que mais a vida poderia ter a lhe oferecer. Vicki se formara entre os primeiros alunos da sua turma do ensino médio e com distinção na Brown University, de modo que o sucesso não lhe era estranho. Apenas se perguntava se o sucesso precisava necessariamente envolver o tipo de *stress* e egocentrismo que observara no mundo profissional. A sua mente aberta e a sua substancial poupança lhe permitiram reconhecer o valor do novo mapa do dinheiro de Joe e aplicá-lo à sua vida. Vicki precisou ajustar o seu estilo de vida aos seus novos recursos, mas as mudanças só fizeram aumentar a sua sensação de autoconfiança e liberdade.

Nos vinte anos seguintes, muitos amigos e voluntários que trabalhavam com Joe e Vicki em vários projetos filantrópicos obtinham deles os detalhes do programa, aplicavam-nos e constatavam que todos os aspectos da sua vida financeira estavam se resolvendo, entre eles os ganhos, os gastos, o pagamento de dívidas, ter tempo para a família, cumprir prazos de impostos anteriormente temidos, acumular uma poupança para poder morar melhor, superar a "consciência da pobreza", a insegurança no emprego, o medo da privação... e assim por diante, sem nem mesmo ter como meta a aposentadoria antecipada.

Durante esses anos, nem Joe nem Vicki tinham a menor intenção de produzir seminários financeiros. Estavam desfrutando a vida como voluntários de tempo integral em um vasto leque de projetos, desde ajudar a estabelecer um centro para jovens com problemas de drogas a trabalhar com outros projetos filantrópicos comunitários e de caridade. O seminário os surpreendeu enquanto estavam fazendo outras coisas. No início foi um compartilhamento de pessoa para pessoa entre Joe e os seus amigos; à medida que estes últimos aplicaram os passos e constataram que funcionavam, começaram a espalhar a notícia com entusiasmo. Joe começou então a oferecer seminários noturnos chamados "Mude a Sua Relação com o Dinheiro e Obtenha a Independência Financeira". A demanda aumentou, e o curso se transformou em um seminário de um dia de duração com capacidade para um grande público. Em menos de dois anos, esses seminários estavam sendo realizados em mais de quarenta cidades norte-americanas, e a demanda continuava a crescer, por meio de informações apenas de boca a boca.

Em 1984, Vicki fundou a New Road Map Foundation, uma fundação educacional e de caridade sem fins lucrativos. O seu objetivo primordial era atender a essa demanda por meio do lançamento de uma série de fitas cassete com oito horas de duração acompanhadas por um caderno de exercícios contendo a compilação das melhores partes dos seminários de Joe. De acordo com a política de Joe, o preço foi mantido baixo (60 dólares) e o dinheiro apurado foi distribuído para outras organizações sem fins lucrativos que trabalhavam em prol de um mundo melhor.

Nos últimos anos, a paixão de Vicki por comunicar os princípios desse novo mapa financeiro levou-a a proferir uma grande quantidade de palestras. À semelhança de Joe, Vicki nunca recebeu nenhum dinheiro por esse trabalho. Além disso, a New Road Map Foundation não paga salários, *royalties*, honorários ou despesas pessoais.

Em 1991, mais de 30.000 pessoas haviam feito o seminário "Mude o Seu Relacionamento com o Dinheiro e Obtenha a Independência Financeira". O curso havia chegado a todos os estados americanos, a todas as províncias canadenses e a vinte países estrangeiros, e chamara a atenção da mídia nacional, com entrevistas no rádio e artigos de destaque em várias revistas e inúmeros jornais. E tudo isso praticamente aconteceu apenas a partir de informações de boca a boca e de uma troca de correspondência. Nada de anúncios pagos ou de uma propaganda noturna escandalosa.

O *feedback* das pessoas ao longo dos anos continuou a enfatizar a idéia de que o curso não se ocupava apenas da aposentadoria antecipada e sim de uma nova maneira de pensar.

O que você pode esperar deste livro

Os capítulos que se seguem foram elaborados para facilitar o aprendizado do pensamento FI, ajudando-o a identificar o seu antigo mapa do dinheiro e a desenvolver o novo.

Explorar os conceitos deste livro e *seguir apaixonadamente* os nove passos efetivamente transformará a sua relação com o dinheiro e o conduzirá à IF — Inteligência Financeira, Integridade Financeira e até mesmo à Independência Financeira. Você também encontrará neste livro a história de pessoas como cozinheiros, consultores, pessoas com fobia à matemática, gerentes, treinadores, motoristas de caminhão cuja vida tornou-se mais plena e satisfatória depois que aplicaram o que haviam aprendido ao seguir os nove passos aqui apresentados.

As centenas de cartas que recebemos nos mostraram algumas das maneiras como a vida das pessoas foi enriquecida por intermédio deste programa:

- ❖ Elas finalmente entendem a base do dinheiro.
- ❖ Voltam a entrar em contato com antigos sonhos e descobrem maneiras de realizá-los.
- ❖ Com uma grande sensação de liberdade e alívio, aprendem a distinguir o que é essencial do que é excessivo em todas as áreas da vida, bem como a tornar o seu fardo mais leve.
- ❖ Notam uma melhora no seu relacionamento com o parceiro e os filhos.
- ❖ A sua nova integridade financeira resolve muitos dos conflitos interiores entre os seus valores e estilos de vida.
- ❖ O dinheiro deixa de ser um problema na sua vida, e elas finalmente têm o espaço intelectual e emocional para lidar com assuntos mais importantes.
- ❖ Em um nível palpável, eliminam as dívidas, aumentam a poupança e são capazes de viver felizes com os seus recursos.
- ❖ Aumentam a quantidade de "tempo livre" que possuem reduzindo as despesas e o período que permanecem no emprego.

❖ Param de tentar resolver os problemas por meio do dinheiro e, em vez disso, usam esses desafios como oportunidades para aprender novas habilidades.

❖ No todo, corrigem a dissociação entre o dinheiro e a vida, e esta torna-se um todo integrado.

Cada pessoa que segue este programa receberá algo exclusivo que engrandecerá a sua vida. Quanto tempo isso vai demorar? Depende de você e do mapa que você criar.

Botando o pé na estrada

Então você deseja criar o seu mapa financeiro? Precisará apenas de um caderno, de uma caneta e da disposição de pensar de uma nova maneira.

O quebra-cabeça dos nove círculos é um excelente exercício para você pensar fora dos seus muros mentais habituais e descartar suposições. A maioria das pessoas que não consegue resolvê-lo de imediato partiu do princípio que não tem permissão para ir além do retângulo imaginário definido pelos nove círculos. Não há nada nas regras que diga que não podemos estender as linhas até a borda do papel, ou mesmo além dela. Outro pressuposto comum é que as coisas redondas são pontos em vez de círculos de um tamanho considerável, que têm um topo, um centro e uma base. As dicas são suficientes? Se você ainda não descobriu a solução, continue a trabalhar com os passos do livro e ela surgirá.

Você não precisa conhecer matemática a fundo para criar o seu mapa financeiro; qualquer pessoa é capaz de fazer os cálculos necessários. Você pode começar onde quer que esteja financeiramente (com uma dívida enorme ou com uma poupança substancial) e psicologicamente (odiando ou amando o dinheiro).

Terá que se empenhar para executar os passos do programa, mas cada passo que você der gerará uma recompensa. Nem todas as recompensas serão obtidas na ocasião em que você acabar de ler o livro. No início, alguns passos poderão dar a impressão de ser demorados e, portanto, difíceis de ser postos sistematicamente em prática. No entanto, pessoas que vêm executando os passos há alguns meses relatam que estão na verdade *despendendo menos tempo com assuntos monetários do que antes de começar o curso*. O fato de sempre haver um saldo positivo nos seus talões de cheque, de jamais precisar ir correndo ao banco para cobrir saques a descoberto, de não gastar tempo com orçamentos irrealistas, de não discutir mais com o cônjuge por causa de dinheiro, de não ter que passar horas se perguntando "onde foi parar todo o dinheiro?" e do registro automático de informações tornar tranqüilo o período de entrega do imposto de renda são apenas algumas das maneiras pelas quais aplicar sistematicamente os passos possibilita que você poupe o seu mais valioso recurso: o seu tempo.

O mapa mais amplo

Lembre-se de que o nosso mapa financeiro atual foi desenvolvido pela comunidade americana durante a Revolução Industrial. Muita coisa mudou nos últimos cem anos, mas o número de cartógrafos tem se revelado muito reduzido.

Precisamos hoje expandir o nosso mapa financeiro além da nossa família, além inclusive da comunidade americana, e abranger todos os povos do mundo. Além disso, levando em conta os importantes problemas ambientais que enfrentamos globalmente, a nossa expansão precisa abarcar o mundo natural. Expressando-nos de uma maneira simples, *O Planeta* é agora a nossa comunidade.

O novo conjunto de necessidades dessa comunidade global requer que as pessoas reexaminem e reorganizem o seu modo de pensar e as suas escolhas a respeito da sua vida financeira pessoal.

Ganhamos a Revolução Industrial! Você se ajustou à "economia dos tempos de paz"? O seu mapa reflete uma vida que alcançou o ápice da realização?

Se este livro o ajudar a desenvolver esse tipo de vida, teremos cumprido a nossa tarefa.

A partir da nossa experiência ao longo dos anos de apresentação do programa, sabemos que isso pode ser feito e que *você* é capaz de fazê-lo. Os participantes que obtiveram a Independência Financeira descobriram a estimulante realização oriunda do fato de terem contribuído com tempo, talento e amor para o bem-estar do nosso planeta e dos seus habitantes. Os autores esperam ardorosamente que este livro expanda a sua liberdade de contribuir para o seu mundo.

1

A armadilha do dinheiro:
O antigo mapa do dinheiro

Dinheiro: a suave armadilha?

"O dinheiro ou a vida."

Se alguém encostasse um revólver nas suas costelas e pronunciasse essa frase, o que você faria? Quase todo mundo entregaria a carteira. A ameaça funciona porque damos mais valor à vida do que ao dinheiro. Será que damos mesmo?

Chris Northrup era uma mulher que tentava vencer em uma profissão dominada pelos homens: a medicina. À semelhança de tantas outras minorias que tentam penetrar séculos de convenções e preconceitos, Chris sentia-se obrigada a superar os seus colegas em todos os níveis. Trabalhava longas horas, atuava em conselhos, falava em conferências e, além disso tudo, ainda tentava ser uma supermãe e criar dois filhos sem modificar a sua rotina. O emprego, que sob muitos aspectos ela amava, consumia oitenta horas semanais da sua vida.

Nos primeiros sete anos que transcorreram depois da sua formatura, Gordon Mitchell fora um organizador nacional aliado a uma organização negra militante. Não tinha uma renda, mas a organização cuidava das suas necessidades. Os seus companheiros eram a sua família, e a sua missão, a sua vida. Entretanto, esse casamento "perfeito" entre trabalho e rendimentos continha falhas. Gordon se desiludiu com a disparidade entre o que a organização pregava e o que os líderes praticavam, de modo que foi embora e ingressou no mundo normal de trabalho, tornando-se um planejador financeiro "bem-sucedido". À semelhança do que acontece com muitas pessoas cuja vida é consumida pelo trabalho, o seu casamento terminou em divórcio e ele assumiu dívidas no valor de 120.000 dólares. Gordon começou a sonhar com os dias em que vivera uma vida simples e tivera uma missão estimulante. Será que um dia voltaria a essa vida?

Penny Yunuba *trabalhava setenta horas por semana como uma profissional de vendas bem-sucedida, mas não era realmente o que queria. Penny relata que, "Depois de ler livros como* The Poverty of Affluence *[de Paul Wachtel] compreendi que a minha sensação de que 'estava faltando alguma coisa' não era algo que apenas eu sentia. Comecei a conversar com outras pessoas e descobri que elas freqüentemente sentiam-se igualmente desapontadas. Tendo recebido o prêmio de uma casa confortável e bem decorada, restava o sentimento de 'isso é tudo?' Preciso trabalhar arduamente e depois me aposentar — exausta —, sendo simplesmente posta de lado? Não fazer então nada além de tentar gastar o dinheiro que economizei e desperdiçar o meu tempo até a minha vida se extinguir?"*

A paixão de **Carl Merner** *era a música, mas ele trabalhava na área de processamento de dados da Snohomish County, Washington, e praticamente desistira da esperança de que o amor e a vida pudessem caminhar de mãos dadas. Inseguro com relação ao que significava ser um homem, Carl adotara todos os paramentos da idade adulta e esperava pelo dia em que eles o projetariam na masculinidade. Formara-se na faculdade e tinha uma esposa, uma qualificação, um emprego, um carro, uma casa, uma hipoteca e a grama para cortar. No entanto, em vez de sentir-se como um homem, Carl sentia-se cada vez mais imobilizado.*

Diane Grosch *simplesmente detestava o seu emprego de programadora de computadores. Fazia o mínimo necessário para poder manter o emprego, mas o fazia tão bem que não podia ser demitida. Acumulava todos os símbolos do sucesso: um Mazda RX-7, uma casa no campo — mas eles mal conseguiam equilibrar a monotonia do seu trabalho. Diane viajava e participava de uma série de seminários, mas nenhum desses prazeres conseguia compensar o tédio da semana de trabalho. Finalmente, com o emprego abocanhando a essência da sua vida, chegou à conclusão de que as coisas não poderiam ser melhores.*

Embora muitas pessoas gostem do emprego que têm, muito poucas podem afirmar com sinceridade que a sua vida profissional é perfeita. A vida profissional perfeita teria que oferecer uma quantidade suficiente de desafios para ser interessante. Tranqüilidade suficiente para ser agradável. Camaradagem suficiente para ser gratificante. Isolamento suficiente para ser produtiva. Um número suficiente de horas de trabalho para que as tarefas pudessem ser realizadas. Lazer suficiente para que as pessoas se sentissem revigoradas. Uma quantidade de trabalho suficiente para que se sentissem necessárias. Uma quantidade suficiente de descontração para ser divertida. E dinheiro suficiente para pagar as contas... e um pouco mais. Quase todos nós deixamos essa fantasia ir embora junto com *Papai Sabe Tudo* e *Leave It to Beaver.** Até mesmo os melhores empregos exigem que se façam concessões. A meia-idade chega e descobrimos que estávamos vivendo a programação dos nossos pais. Ou pior, que estivemos fazendo obturações durante vinte anos porque um certo adolescente de dezessete anos (era realmente eu?) chegou à conclusão que ser dentista seria a melhor coisa do mundo. Ingressamos no "mundo real", o mundo das concessões. Apesar de todo o alarde a respeito de "ir em busca do ouro", estamos tão cansados no final do dia que o máximo que conseguimos é ir até o sofá.

No entanto, quase todos nós ainda nos agarramos à idéia de que existe uma maneira de viver a vida que faz mais sentido, que confere mais satisfação e encerra mais significado. As pessoas a respeito de quem você vai ouvir falar neste livro descobriram que *existe uma outra maneira*. Há um jeito de viver uma vida autêntica, produtiva e significativa — e ter todo o conforto material que você deseja ou de que precisa. Há uma maneira de equilibrar a vida interior com a exterior, de fazer com que o seu eu no trabalho tenha uma boa relação com o seu eu em família e o seu eu mais profundo. Existe uma maneira de lidar com a tarefa de ganhar a vida que faz com que você acabe com mais vida. Há um jeito de abordar a vida que quando lhe perguntam: "O dinheiro ou a vida?", você responde: "Ficarei com ambos, obrigado."

Não estamos ganhando a vida, estamos ganhando a morte

No entanto, para um grande número de trabalhadores, desde as pessoas que adoram o emprego àquelas que mal conseguem tolerá-lo, não parece haver uma escolha real entre o dinheiro e a vida. O que eles fazem por di-

---

* Séries cômicas da televisão americana exibidas nas décadas de 1950 e 1960. (N.T.)

nheiro domina as horas em que estão despertos, e a vida é o que pode ser encaixada no reduzido tempo remanescente.

Avalie o típico trabalhador americano. O despertador toca às 6:45 e ele se levanta apressado. Toma banho. Veste o uniforme profissional — terno ou vestido no caso de alguns, macacão no de outros, jaleco branco no caso dos profissionais da área de saúde, *jeans* e camisa de flanela no caso dos operários da construção civil. Toma café, quando há tempo. Pega a pasta de documentos (ou a marmita) e entra no carro para a punição diária chamada hora do *rush*. Fica no trabalho das nove às cinco. Interage com o chefe. Interage com o colega enviado pelo demônio para irritá-lo. Interage com os fornecedores. Interage com os clientes/pacientes. Finge estar ocupado. Esconde erros. Sorri quando recebe prazos finais impossíveis. Suspira aliviado quando o machado conhecido como "reestruturação" ou "redimensionamento" — ou a pura e simples demissão — cai sobre outras cabeças. Arca com a carga de trabalho adicional. Olha para o relógio. Discute com a própria consciência mas concorda com o chefe. Sorri novamente. Cinco horas. De volta ao carro e à rua para o trajeto de volta do trabalho. Chega em casa. Age normalmente com o cônjuge, os filhos ou a pessoa com quem divide o apartamento. Come. Assiste à televisão. Oito horas de abençoado esquecimento.

E chamam isso de ganhar a *vida*? Pense bem. Quantas pessoas você conhece que estão mais animadas no final de um dia de trabalho do que no começo? Voltamos para casa depois de "ganhar a vida" com mais vida? Passamos saltitantes pela porta, revigorados e energizados, prontos para desfrutar uma excelente noite em família? Onde está a vida que supostamente ganhamos no trabalho? Para muitos de nós, a verdade não está mais próxima de "ganhar a morte?" Não estamos nos matando — a nossa saúde, os nossos relacionamentos, o nosso sentimento de alegria e admiração — pelo nosso emprego? Estamos sacrificando a vida por dinheiro, mas o processo é tão lento que mal o notamos. Têmporas grisalhas e alguns centímetros a mais na cintura, aliados aos sinais ambíguos de progresso como uma sala bem posicionada, secretária particular ou a estabilidade no emprego são os únicos marcos da passagem dos anos. Com o tempo, podemos ter todo o conforto material e até mesmo o luxo que um dia poderíamos desejar, mas a inércia nos mantém aprisionados no padrão do horário comercial. Afinal de contas, se não trabalhássemos, o que faríamos com o nosso tempo? Os sonhos que tínhamos de encontrar significado e realização por intermédio do emprego desapareceram na realidade da política profissional, da exaustão, do tédio e da intensa competição.

Até mesmo aqueles que *gostam* do emprego e acham que estão fazendo uma contribuição positiva reconhecem que poderiam desfrutar uma esfera mais ampla, além do mundo do horário comercial: a satisfação que resultaria de realizar um trabalho que amam sem limitações ou restrições, e sem receio de ser demitidos e ingressar nas fileiras dos desempregados. Quantas vezes não pensamos ou dizemos o seguinte: "Eu faria isso desta maneira se pudesse, mas os membros do conselho ou da Fundação Tal querem que seja feito do jeito *deles*"? Quanto não tivemos que transigir os nossos sonhos a fim de manter o nosso financiamento ou emprego?

Achamos que somos o nosso emprego

Mesmo que fôssemos financeiramente capazes de virar as costas para os empregos que limitam a nossa alegria e insultam os nossos valores, com excessiva freqüência somos psicologicamente incapazes de nos libertar. Extraímos do emprego a nossa identidade e auto-estima.

O emprego substituiu a família, os vizinhos, as questões cívicas, a igreja e até mesmo o nosso parceiro como o principal alvo da nossa dedicação, a nossa fonte fundamental de amor e local de auto-expressão. Reflita um pouco sobre isso. Pense em como você se sente quando responde à pergunta destinada a conhecê-lo: "O que você faz?" com "Eu sou _____". Você se sente orgulhoso? Sente vergonha? Tem vontade de dizer: "Sou *apenas* um _____", se não estiver satisfazendo as suas expectativas para si mesmo? Você se sente superior? Inferior? Na defensiva? Diz a verdade? Confere um título exótico a uma ocupação rotineira para elevar o seu *status*?

Passamos a avaliar o nosso mérito como seres humanos em função do valor do nosso contracheque? Os professores teriam mais *status* do que os médicos se ganhassem mais? Como se explica que um M.B.A. tenha se tornado o bilhete para o sucesso com o sexo oposto na década de 1980, quando nas décadas anteriores o M.B.A. era considerado, na melhor das hipóteses, maçante? Quando nos reunimos com os nossos ex-colegas do ensino médio, como avaliamos secretamente o sucesso dos nossos colegas? Perguntamos se eles são pessoas realizadas, que vivem a vida fiéis aos seus valores, ou lhes perguntamos onde trabalham, qual o cargo que ocupam, qual a marca do carro deles e em que faculdade os filhos estudam? Esses são os símbolos reconhecidos de sucesso.

Ao lado do racismo e do sexismo, a nossa sociedade tem uma forma de sistema de castas baseado no que fazemos para ganhar dinheiro. Chamamos essa atitude de discriminação de emprego, e ela permeia as nossas interações mútuas no emprego, nas situações sociais e até mesmo em casa. Por que outro motivo consideraríamos as donas de casa cidadãos de segunda classe?

O custo elevado de ganhar a morte

O psicoterapeuta Douglas LaBier documenta essa "doença social" no livro *Modern Madness*. O fluxo constante de profissionais "bem-sucedidos" que apareceram no seu consultório com o corpo exausto e a alma vazia o alertou para os riscos à nossa saúde física e mental decorrentes do nosso apreço pelo materialismo. LaBier descobriu que concentrar-se no dinheiro/cargo/sucesso à custa da realização e do significado pessoal levara 60 por cento da sua amostra de várias centenas de pessoas a sofrer de depressão, ansiedade e outros distúrbios relacionados com o emprego, entre eles o onipresente "*stress*".

Embora a semana oficial de trabalho tenha se estabilizado em quarenta horas há quase meio século, muitos profissionais acreditam que precisam trabalhar horas extras e nos fins de semana para manter-se atualizados. Uma pesquisa de opinião realizada pela Harris Poll em 1.255 adultos em novembro de 1990 mostrou que 54 por cento dos americanos acreditam que têm menos tempo livre do que tinham há cinco anos. A Opinion Research Corporation exibiu uma queda expressiva da satisfação no emprego em todas as faixas etárias, em todas as profissões, em todas as classes sociais, em todas as regiões do país, apesar do aumento simultâneo do comprometimento com a carreira na faixa etária que vai dos vinte e cinco aos trinta e cinco anos. Estamos trabalhando mais, porém aproveitando menos a vida (e possivelmente também gozando de menos vida). Desenvolvemos uma doença nacional baseada na maneira como ganhamos dinheiro.

O que temos para mostrar?

Mesmo não estando mais felizes, você imaginaria que teríamos pelo menos o símbolo tradicional do sucesso: dinheiro no banco. Mas não é isso o que acontece. O nosso índice de poupança na verdade diminuiu. O índice de poupança (a poupança como um percentual da renda disponível) era de 4,5 por cento em 1990 (e chegou a ser de 4,1 por cento em 1988), ao passo que em 1973 os americanos poupavam uma média de 8,6 por cento. Por falar nisso, os japoneses poupam mais de 15 por cento da renda disponível.

Não apenas estamos poupando menos, como também o nosso nível de endividamento aumentou muito. O endividamento do consumidor excedeu 735 bilhões de dólares em 1990 (o que representa 42 por cento mais do que em 1985 e 146 por cento mais do que em 1980). Isso equivale a 3.000 dólares para cada homem, mulher e criança no país. A cada oito segundos um bebê ingressa na nossa sociedade com um grande "Olá, você nos deve 3.000 dólares", e esse valor nem mesmo inclui a participação do recém-chegado na dívida *nacional*. Você também choraria.

O endividamento é um dos nossos principais empecilhos. Os nossos níveis de endividamento e a ausência da poupança tornam obrigatória a rotina do horário comercial. Não podemos nos dar ao luxo de pedir demissão por causa da hipoteca, do financiamento do carro e da dívida com o cartão de crédito. Um número cada vez maior de americanos está indo morar no carro ou nas ruas. E não estamos falando apenas de pessoas pobres ou doentes mentais. Os trabalhadores de colarinho branco formam a categoria de desempregados que mais cresce. As demissões estão acontecendo a uma taxa cada vez maior em todos os setores, desde a indústria madeireira na região noroeste do Pacífico ao setor financeiro em Wall Street.

Ganhamos a morte no trabalho para poder nos divertir no fim de semana

Pense agora no americano típico gastando o dinheiro que ganhou arduamente. Sábado. Ele leva a roupa suja para a lavanderia, o sapato ao sapateiro para trocar o salto e o carro à oficina para fazer o rodízio dos pneus e verificar aquele barulho esquisito. Em seguida, vai ao supermercado fazer as compras da semana da família e resmunga no caixa quando se lembra que quatro sacolas de compras custavam antigamente 50 dólares em vez de 150. (É claro que ele poderia reduzir os custos recortando cupons e procurando as ofertas, mas quem tem tempo para isso?) Depois, vai ao *shopping* comprar o livro que todos no seu grupo de apoio estão lendo. Sai de lá com dois livros, um terno (pela metade do preço na liquidação) e sapatos que combinam com ele, e uma nova agenda pessoal tipo fichário, com folhas soltas, com um zíper e uma calculadora — tudo pago com o cartão de crédito. Volta para casa e vai trabalhar no jardim. Ah... vai até a loja de plantas para comprar uma tesoura de podar. Volta para casa com duas caixas de prímulas e um enfeite para o jardim... e, é claro, a tesoura de podar. Tenta abrir a torradeira que está queimando todas as fatias de pão, mesmo na posição mais baixa. Não consegue abri-la para descobrir o problema e tampouco encontra a garantia. Vai à loja de eletrodomésticos mais próxima para comprar uma nova. Sai de lá com prateleiras e suportes para a sala íntima, amostras de tinta para a pintura da cozinha... e, é claro, a torradeira. Sai para jantar com o parceiro e deixa as crianças com uma babá. Domingo de manhã. Panquecas para toda a família. Ora... a farinha acabou. Vai ao supermercado comprar farinha. Volta com framboesas e morangos congelados para as panquecas, xarope de *maple*, café da Sumatra... e, é claro, a farinha. Leva a família para passear de carro no campo. Põe gasolina no carro. Dirige durante duas horas. Pára em um restaurante bonitinho e paga o jantar com o cartão de crédito. Passa a noite lendo revistas, deixando que os anúncios criem fantasias sobre a vida *realmente* boa que teria se comprasse um Porsche, férias na Europa, um novo computador ou...

A conclusão é que julgamos trabalhar para pagar as contas, mas gastamos mais do que ganhamos em coisas de que não precisamos, o que nos leva de volta ao trabalho para ganhar dinheiro para gastar para comprar mais coisas para...

E a felicidade?

Se a labuta diária nos deixasse feliz, as coisas irritantes e os inconvenientes seriam um preço pequeno a ser pago. Se conseguíssemos acreditar que o nosso emprego realmente estava tornando o mundo um lugar melhor, sacrificaríamos o sono e a vida social sem sentir que estávamos sendo privados de alguma coisa. Se os brinquedos adicionais que compramos com a lida diária estivessem proporcionando mais do que um prazer momentâneo e a chance de superar os outros, as horas que passamos no trabalho seriam agradáveis. Mas está se tornando cada vez mais claro que, além de um certo mínimo de conforto, o dinheiro não está conseguindo comprar a felicidade que buscamos.

Os participantes dos nossos seminários, independentemente do valor da sua renda, sempre disseram que precisavam de "mais" para ser felizes. Incluímos o seguinte exercício nos seminários: pedimos às pessoas que avaliassem a si mesmas em uma escala de felicidade de 1 (infeliz) a 5 (felicíssimo), com 3 sendo "não posso me queixar", e correlacionamos os números com a renda delas. Em uma amostra de mais de mil pessoas, tanto dos Estados Unidos quanto do Canadá, a pontuação média se manteve sistematicamente entre 2,6 e 2,8 (nem mesmo chegando a 3!), *quer a renda da pessoa fosse inferior a 1.000 dólares por mês ou superior a 4.000 dólares por mês.* (Ver a Figura 1-1.)

Os resultados nos deixaram impressionados. Revelaram não apenas que quase todas as pessoas são habitualmente infelizes, mas também que podem ser infelizes independentemente de quanto possam ganhar. Até mesmo as pessoas que estão se saindo financeiramente bem não estão necessariamente satisfeitas. Na mesma planilha, perguntamos o seguinte aos participantes do seminário: "Quanto dinheiro você precisaria para ser feliz?" Você consegue adivinhar os resultados? A resposta foi sempre "mais do que tenho agora" de 50 a 100 por cento.

Essas constatações são confirmadas por inúmeras outras pesquisas sobre a felicidade. Em um estudo clássico, Roy Kaplan, do Florida Institute of Technology, acompanhou mil ganhadores da loteria durante um período de dez anos. Muito poucos se sentiram mais felizes ou tiveram alguma idéia sobre o que fazer com o dinheiro. Um número surpreendente estava *menos* feliz seis meses depois, tendo abandonado empregos que haviam sido uma fonte de auto-estima e ganho um dinheiro que não sentiam merecer. Muitos se voltaram para as drogas e se sentiram isolados.

Então aqui estamos nós, a sociedade mais abastada que já teve o privilégio de andar na face da terra, e estamos mergulhados no trabalho até o pescoço, a nossa vida um ciclo perpétuo entre a casa e o trabalho, com o coração ansiando por algo que está logo além do horizonte.

FIGURA 1-1

Escala de Avaliação da Vida

Escolha a lista que melhor se aplica à sua vida no momento

1	2	3	4	5
Pouco à vontade	Insatisfeito	Contente	Feliz	Felicíssimo
Cansado	Procurando	Vai indo	Crescendo	Entusiástico
Incompleto	Insuficiente	Mais ou menos	Satisfeito	Realizado
Frustrado	Os relacionamentos poderiam ser melhores	Aceitável	Produtivo	Transbordante
Temeroso	Suportando a situação	Às vezes feliz, às vezes triste	Relaxado	Extático
Freqüentemente solitário	Melhorando	Estável	Livre de tensão	Poderoso
Zangado	Não muito produtivo	Normal	Eficiente	Exercendo uma influência de peso
Carente de amor	Precisa ser tranqüilizado	Poucos riscos	Tempo disponível	
Inseguro		Encaixando-se	Divertido	
			Seguro	

Qualidade de Vida Correlacionada com o Nível de Renda

Renda Mensal (em dólares):	0 - 1000	1001 - 2000	2001 - 3000	3001 - 4000	Mais de 4000
Média da avaliação da qualidade de vida para todos os participantes nesse intervalo de renda.	2,81	2,77	2,84	2,86	2,63

A prosperidade e o planeta

Se isso fosse apenas um inferno particular já seria bastante trágico. Mas não é. O nosso estilo de vida abastado está exercendo um efeito devastador cada vez maior no nosso planeta.

Estamos exaurindo os recursos da terra, obstruindo as suas artérias (rios e estradas) e poluindo o ar, a água e o solo. Membros eminentes da Comissão Mundial sobre Meio Ambiente e Desenvolvimento das Nações Unidas, após três anos de estudos e audiências públicas ao redor do mundo, concordaram com o seguinte: um dos principais instrumentos a impulsionar os problemas ambientais globais são os padrões norte-americanos de consumo excessivo. Quando aliamos esse consumo à compreensível inveja e ao crescente desejo dos "que não têm" de ter acesso aos mesmos luxos que desfrutamos, vemo-nos diante do cenário ideal para o desastre. E esse desastre não está no futuro. Ele já está começando.

Podemos recitar os trágicos indicadores desse desastre que se agiganta, desde o efeito estufa ao buraco na camada de ozônio. São notícia de primeira página, transformando-nos todos em ecologistas relutantes e assustados. E essas condições tornam-se piores devido a uma indústria de propaganda que cria a demanda por produtos de que não precisamos e que fazem uso de uma matéria-prima que poderá em breve se esgotar.

Eis o que disse Lester Thurow, comentarista econômico, ao falar no National Public Radio: é como se tivéssemos nos endividado ao máximo para a maior de festa de ano-novo já vista. Durante a festa, todos estavam felizes. No entanto, no dia 2 de janeiro, a diversão havia acabado e só tínhamos contas a pagar. A década de 1980 foi a nossa festa de arromba, e tudo indica que o "dia 2 de janeiro" será a realidade da próxima geração. Este fato é particularmente grave porque na última década os Estados Unidos deixaram de ser a maior nação credora do mundo e passaram a ser a maior nação devedora do mundo. Os negócios, as casas, a terra e os títulos do governo estão cada vez mais nas mãos de investidores estrangeiros. Hipotecamos a fazenda e o cobrador do aluguel poderá bater à nossa porta em qualquer década.

Simultaneamente, a última década presenciou um crescente abismo entre os ricos e os pobres, tanto nos Estados Unidos quanto ao redor do mundo. Milhões de pessoas estão sem lar devido à ausência de uma moradia a preço acessível, ao passo que outras possuem muitos milhares de dólares para gastar em casas luxuosas. Historicamente, esse desequilíbrio é o precursor de uma mudança dramática e até mesmo violenta.

Sob o aspecto financeiro, social, político e espiritual, registramos algumas dívidas importantes na nossa orgia consumista que se seguiu à Segunda Guerra Mundial. De uma maneira ou de outra vamos pagar, com juros.

O maior perdedor no jogo do dinheiro

É lamentável que muitas pessoas nem mesmo tenham consciência dessa dívida porque os nossos principais benfeitores não têm voz ativa, e nem mesmo sabíamos que estávamos contraindo um empréstimo com eles. Não pedimos apenas um empréstimo "ao banco". Pedimos emprestado às gerações futuras e à nossa mui generosa Mãe Terra.

No nosso planeta que está encolhendo, a natureza é como o povo das aldeias onde todos pastamos os nossos carneiros. Quando existe o respeito mútuo e o povo é respeitado, os nossos carneiros são alimentados e o povo e a comunidade prosperam. Mas se algumas pessoas começam a pensar apenas em si mesmas, podem começar a pastar mais carneiros. De repente, as boas intenções desaparecem, todos começam a pastar mais carneiros e o povo é destruído.

Nações rivais exauriram os recursos comuns do nosso planeta. Tudo que comemos, vestimos, dirigimos e jogamos fora vem da terra. Muitos desses produtos são fabricados a partir de recursos não-renováveis. Quando os jogamos fora, esses pedaços da terra não estarão disponíveis para sustentar uma vida significativa talvez por milhares de milênios. Trata-se de uma viagem unidirecional da terra para a fábrica, da fábrica para a loja, da loja para a nossa casa e da nossa casa para o depósito de lixo. Temos desconsiderado o fato de que desfrutamos o nosso nível atual de abundância devido às boas (e gratuitas) graças da natureza: o solo, a água e o ar que nada custam mas estão sendo tributados em um grau máximo. Enfrentamos agora a sombria possibilidade de que a terra possa um dia deixar de sustentar a vida, ou pelo menos a vida como a conhecemos e queremos que seja. Por mais civilizados e adiantados que possamos ter-nos tornado, ainda dependemos de um ar respirável, de uma água potável e de um solo fértil para a nossa existência diária. No entanto, causamos um dano gigantesco, talvez irreparável, à terra.

Mas por quê?

Como nos deixamos encurralar nesse canto? E por que não saímos dele?

Em primeiro lugar, muitas pessoas não reconhecem que estão encurraladas em um canto, ao passo que outras acham que a felicidade espera por elas logo depois desse canto. No livro *New World, New Mind*, Robert Ornstein e Paul Ehrlich salientam que a nossa mente foi projetada para reagir com eficiência a ameaças a curto prazo, como tigres, incêndios e ao branco do olho dos nossos inimigos. No mundo de hoje, no entanto, as ameaças ao meio ambiente estão se acumulando tão lentamente que a nossa mente não registra o perigo. Ornstein e Ehrlich sustentam que devemos aprender a reagir aos primeiros avisos distantes de quantificações ambientais sofisticadas com o mesmo vigor com que costumávamos subir em árvores para fugir das garras de um tigre.

Também toleramos essa existência de "ganhar a morte" porque julgamos não ter escolha. "Mais um dia, mais um dólar." "Todo mundo tem que ganhar a vida." O padrão de "trabalhar das nove às cinco até os sessenta e cinco anos", tão recente na história da humanidade porém tão predominante hoje em dia, parece ser a única escolha para alguém que não é um astro do cinema ou do entretenimento, e nem um excêntrico. Afinal de contas, existem contas a ser pagas e uma identidade a ser sustentada. Além disso, o que eu faria com a minha vida se não tivesse um emprego?

Mais é de fato melhor?

E muitas pessoas estão "ganhando a morte" porque acreditaram no difundido sonho americano de que quanto mais, melhor. Embora Buckminster Fuller tenha comparado a terra a uma nave espacial, nós nos agarramos à tela da Frontier, onde "sempre existem mais coisas no lugar de onde isso veio".

Construímos a nossa vida profissional baseados no mito de que existem mais coisas. A nossa expectativa é ganhar mais dinheiro com o passar dos anos. Obteremos mais responsabilidade e privilégios à medida que avançarmos na nossa área. Esperamos que, com o tempo, possuiremos mais bens materiais e mais prestígio, e seremos mais respeitados na nossa comunidade. Nós nos acostumamos a esperar cada vez mais de nós mesmos e mais ainda do mundo, mas em vez de satisfação, a nossa experiência é que quanto mais temos, mais queremos, e menos contentes ficamos com a situação vigente.

Quanto mais, melhor é o lema que nos impulsiona. É o lema que nos impele a trocar de carro a cada três anos, comprar novas roupas para cada acontecimento e cada temporada, mudar para uma casa maior e melhor sempre que podemos arcar com essa despesa e fazer o *upgrade* de tudo, desde o nosso som ao cortador de grama, simplesmente porque um novo produto foi lançado. Paul Wachtel, autor de *The Poverty of Affluence,* questiona o fato de confiarmos em que "quanto mais, melhor" como a solução para todos os nossos anseios. Ele mostra como a nossa frenética perseguição pelo mais acaba tendo um resultado contrário à finalidade que se destina a atender, ou seja, a segurança e a realização:

> Em 1958, quando o economista John Kenneth Galbraith apropriadamente descreveu os Estados Unidos como "A Sociedade Abastada", 9,5 por cento dos lares americanos tinham ar-condicionado, cerca de 4 por cento tinham lava-louça, e menos de 15 por cento tinham mais de um carro. Por volta de 1980, quando a base de campanha bem-sucedida de Ronald Reagan para substituir Jimmy Carter baseou-se na difundida sensação de que as pessoas estavam sofrendo economicamente, o percentual de lares com ar-condicionado quintuplicara, o percentual com lava-louça aumentara em mais de 700 por cento, e o percentual de famílias com dois ou mais carros aproximadamente triplicara. No entanto, apesar do incrível crescimento econômico, apesar da grande quantidade de aparelhos, máquinas e utensílios presentes na maioria dos lares e que todos acreditavam constituir "a boa vida", as pesquisas de opinião revelaram que os americanos sentiam-se significativamente menos prósperos do que vinte anos antes.

Se você vive para ter o máximo, o que você tem nunca é suficiente. Em um ambiente no qual quanto mais é melhor, o "suficiente" é como o horizonte, sempre recuando. Você perde a capacidade de identificar o ponto de suficiência no qual pode decidir parar. Este é precisamente o beco sem saída psicológico descrito por Paul Wachtel, o dilema invisível do mito americano do mais. Se quanto mais, melhor, então o que eu tenho *não* é suficiente. No entanto, mesmo quando obtenho o "mais" que eu estava convencido que tornaria a vida "melhor", ainda estou operando em função da convicção de que mais é melhor, de modo que o "mais" que tenho agora *ainda* não é suficiente. Mas a esperança é eterna. Se ao menos eu conseguisse mais, então... e assim prosseguimos, indefinidamente. Mergulhamos cada vez mais profundamente nas dívidas e, freqüentemente, no desespero. O "mais" que deveria tornar a vida "melhor" *jamais* poderá ser suficiente.

Os limites do crescimento

A versão da nossa economia de "quanto mais, melhor" é "o crescimento é bom".

Os economistas modernos veneram o crescimento. O crescimento acabará com a pobreza, afirma a teoria. O crescimento aumentará o nosso padrão de vida. O crescimento reduzirá o desemprego. O crescimento nos manterá no mesmo nível da inflação. O crescimento aliviará o tédio dos ricos e a miséria dos pobres. O crescimento fortalecerá o PNB, incrementará o índice Dow Jones e derrotará os japoneses. A maré alta ergue todos os barcos.

Mas fazemos vista grossa ao fato de que o alimento do crescimento econômico vem da natureza, e nem mesmo nas melhores circunstâncias, a natureza é infinitamente abundante. Os recursos podem se esgotar, e certamente se esgotarão.

Existem limites na natureza. No nível físico, nada cresce para sempre. Toda planta e todo animal atinge um tamanho ideal e depois começa a função madura, participando da vida, produzindo folhas, frutos, reagindo a estímulos e fornecendo nutrição e concorrência para outras formas de vida ao seu redor. Também sabemos que toda população de plantas ou animais atinge um número máximo, baseado nos recursos limitados da energia, da comida, da água, do solo e do ar, e depois começa a se estabilizar ou diminuir de tamanho. *Sempre* chega o momento em que o indivíduo ou a população específica sofre um colapso ou morre devido à ausência de recursos, ou se estabiliza em um nível com o qual o meio ambiente consegue lidar.

Ao deixar de dar atenção a essa realidade fundamental do mundo natural, nós, enquanto indivíduos, bem como a nossa economia, aproximamo-nos perigosamente do limite de capacidade da Mãe Natureza de lidar com as exigências que lhe fazemos. Embora tenhamos ouvido muitos debates sobre como calcular o número de seres humanos que pode ser sustentado pelo ecossistema da terra (a capacidade biótica da terra), um cientista, Peter Vitousek, calcula que os seres humanos apropriam-se *hoje* de 40 por cento do que a natureza tem a oferecer, embora sejamos apenas uma espécie entre as milhões de outras ainda não contadas. O crescimento contínuo, seja da população ou do consumo, poderia disseminar o desastre, e o número de seres humanos e a nossa expectativa de um padrão de vida mais elevado ainda estão aumentando.

Embora precisemos claramente encarar o nosso vício pessoal e coletivo de crescimento, estamos exibindo a clássica resistência à mudança chamada negação. Não temos que mudar porque estamos certos de que a tecnologia nos salvará. Afinal de contas, dizemos, olhem para o passado. A ciência e a tecnologia eliminaram doenças fatais como a varíola e a difteria. Certamente desenvolveremos a tecnologia necessária para purificar a água, produzir geneticamente sementes que serão capazes de crescer depois do aquecimento global, eliminar a poluição e descobrir o segredo de uma energia barata e ilimitada. E se a tecnologia não nos salvar, sem dúvida o governo o fará. Veja o nosso progresso social como espécie. Se fazemos campanha para verbas, o governo desenvolve um programa. Existem especialistas que sabem o que está acontecendo e que estão lidando com o assunto para nós. De qualquer modo, concluímos, não é problema *meu*. É um problema do Terceiro Mundo. Se ao menos "eles" parassem de ter tantos filhos e de queimar as suas florestas, nós sobreviveríamos. São eles que precisam mudar. De qualquer modo, seria tolo fazer qualquer mudança porque os relatórios provavelmente estão errados. Os cientistas, os políticos e a mídia já mentiram antes para nós. Esse problema ambiental é uma invenção de alguns advogados espertos, agitados e alarmistas. E de qualquer modo, o que "eu" posso fazer? Afinal de contas, tenho dívidas a pagar, de modo que *não posso* parar de viajar 65 quilômetros por dia para ir à fábrica de equipamento nuclear, mesmo que a continuação da vida na terra dependesse disso, o que não é verdade... não é mesmo?

Na condição de pessoas e como planeta sofremos de *mobilidade ascendente* e de *nobreza descendente*. Precisamos ao menos fazer uma pausa para refletir sobre se tudo isso vale a pena, se estamos alcançando a satisfação que buscamos. E se não estivermos, por que insistir, como viciados, em manter hábitos que estão nos matando?

A criação dos consumidores

Talvez nos agarremos à abundância, embora ela não esteja funcionando para nós ou para o planeta, devido à natureza da nossa relação com o dinheiro. Como veremos, o dinheiro tornou-se a tela de cinema na qual a nossa vida é representada. Projetamos no dinheiro a capacidade de realizar as nossas fantasias, tranqüilizar os nossos receios, aliviar a nossa dor e enviar-nos às alturas. Na verdade, nós, seres humanos modernos, satisfazemos a maior parte das nossas necessidades, carências e desejos por meio do dinheiro. *Compramos* tudo, desde a esperança até a felicidade. Não vivemos mais a vida. Nós a consumimos.

Os americanos costumavam ser "cidadãos". Hoje somos "consumidores", o que significa (de acordo com a definição de "consumir" do dicionário) pessoas que "exaurem, destroem e desperdiçam". O consumismo, no entanto, é apenas uma invenção do século XX da nossa sociedade industrial, criado em uma época em que estimular as pessoas a comprar mais bens de consumo era visto como necessário para um contínuo crescimento econômico.

Por volta do início da década de 1920, algo estranho havia acontecido na economia americana. A impressionante capacidade das máquinas de satisfazer as necessidades humanas tinha alcançado tanto êxito que a atividade econômica estava se tornando mais lenta. Sabendo instintivamente que já tinham bastante, os trabalhadores estavam pleiteando uma menor carga horária semanal e mais tempo de lazer para gozar os frutos do seu trabalho. Dois setores da sociedade americana ficaram alarmados com essa tendência. Os moralistas, que haviam interiorizado a ética de trabalho protestante, acreditavam que "mãos ociosas executariam o trabalho do demônio". O lazer é degradante, pensavam eles, resultando no mínimo na preguiça e talvez em todos os outros sete pecados capitais. O outro setor a soar o alarme foi o dos industrialistas. A redução da demanda dos produtos das fábricas ameaçava interromper o crescimento econômico. Os trabalhadores não pareciam tão instintivamente ansiosos para comprar novos produtos e serviços (como carros, produtos químicos, eletrodomésticos e entretenimento) como o eram com relação aos antigos (como comida, roupas e moradia).

A alternativa para o crescimento, contudo, não era encarada como maturidade e sim como a precursora da estagnação da civilização e do fim da produtividade. Novos mercados eram necessários para a abundância em expansão de produtos que as máquinas eram capazes de produzir com enorme velocidade e precisão — para o contínuo lucro dos industrialistas. E eis o toque de gênio: esses novos mercados seriam formados pela mesma massa, mas as pessoas seriam educadas para desejar não apenas os antigos objetos necessários, como também coisas novas de que não precisavam. Aqui entrou o conceito do "padrão de vida". Uma nova arte, ciência e indústria nasceu para convencer os americanos de que estavam trabalhando para elevar o seu padrão de vida e não para satisfazer necessidades econômicas básicas. A Herbert Hoover* Committee on Recent Economic Changes [Comissão sobre Recentes Mudanças Econômicas de Herbert Hoover] publicou um relatório de andamento sobre essa nova (e muito bem-vinda) estratégia:

> O levantamento provou de modo conclusivo o que há muito tempo é considerado teoricamente verdadeiro, ou seja, que os desejos são praticamente insaciáveis; que um desejo satisfeito abre caminho para outro. A conclusão é que economicamente um campo ilimitado descortina-se diante de nós; que existem novos desejos que abrirão infinitamente o caminho para novos desejos, com a mesma rapidez com que são satisfeitos.... A nossa situação é afortunada, o nosso ímpeto, extraordinário.

O lazer, que deveria ser uma atividade relaxante, foi transformado em uma oportunidade para o aumento do consumo, até mesmo do consumo do próprio lazer (como nas viagens e nas férias). Henry Ford concordou:

> Quando as pessoas trabalham menos, compram mais... o negócio é a troca de mercadorias. Os produtos só são comprados quando satisfazem necessidades. Estas só são satisfeitas quando são sentidas, e se fazem sentir amplamente nas horas de lazer.

A Hoover Committee concordou. O lazer não era, na verdade, uma razão para que não se trabalhasse. Era um motivo para que se trabalhasse *mais*. De alguma maneira, a solução do consumidor satisfazia tanto os hedonistas industriais inexoravelmente decididos a alcançar um paraíso material quanto os puritanos que temiam que o lazer ocioso resultasse no pecado. Na verdade, o novo consumismo promovia todos os pecados capitais (luxúria, inveja, gula, orgulho, avareza) *exceto* talvez a ira e a preguiça.

Apenas levemente amortecido pela Depressão, o consumismo retornou com mais vigor nos anos que se seguiram à Segunda Guerra Mundial. Vic-

---

* 31º presidente dos Estados Unidos (governou de 1929 a 1933). (N.T.)

tor Lebow, analista do varejo americano do início da era do pós-guerra, proclamou:

> A nossa economia imensamente produtiva... exige que tornemos o consumo o nosso modo de vida, que transformemos a compra e a utilização das mercadorias em rituais, que busquemos a nossa satisfação espiritual, a satisfação do nosso ego, no consumo.... Precisamos que as coisas sejam consumidas, fiquem gastas, sejam substituídas e jogadas fora a uma velocidade cada vez maior.

E assim nasceu a competição destrutiva que resultou na torturante tentativa de trabalhar mais para comprar artigos de luxo e ter um tempo de lazer suficiente para aproveitá-los. No nosso entusiasmo inicial pelo novo *status* de consumidores, aprendemos a defender os nossos direitos, repelindo os negócios inescrupulosos. A palavra "direitos", no entanto, adquiriu posteriormente um matiz diferente.

O direito de comprar

Passamos a acreditar visceralmente que é *direito* nosso consumir. Se temos o dinheiro, podemos comprar tudo o que quisermos, quer precisemos ou não do produto, mesmo que não o usemos e até mesmo se não gostarmos dele. Afinal de contas, vivemos em um país livre. E se não temos dinheiro... para que servem os cartões de crédito? Nascemos para comprar. Quem morrer com o maior número de brinquedos ganha. Vida, liberdade e a busca de bens materiais.

Além do direito constitucional da livre expressão, do direito de reunião, da preservação dos direitos, e assim por diante, existe o direito de termos todas as coisas que desejamos, desde que estejamos dispostos a pagar por elas (ou pelo menos a prometer pagar por elas... na época combinada). Os ambientalistas que questionam o direito de comprar um carro que consuma muito combustível ou os ativistas sociais que questionam o custo para a sociedade pelo fato de uma pessoa possuir uma casa com 45 cômodos enquanto outras dormem na rua são caluniados por interferirem nos direitos das pessoas livres. Veja bem, não estamos questionando o direito à propriedade privada. Estamos simplesmente enfatizando como levamos profundamente a sério o nosso direito de consumir, tendo talvez colocado-o acima de outros direitos, privilégios e deveres de uma sociedade livre.

O nosso direito de consumir o que quisermos, quando quisermos, da maneira que quisermos e onde quisermos poderá ser cada vez mais questionado nos próximos anos enquanto lutarmos com os problemas do mercado global, dos direitos humanos, do livre comércio, do dano ao meio ambiente e dos recursos decrescentes. Não seria mais fácil travar as nossas batalhas pessoais com o nosso impulso de esbanjar *antes* que as batalhas públicas tenham início? Podemos aprender *agora* as alegrias de ter menos em vez de ser impedidos de fazer as nossas compras prediletas por leis severas e pela indignação do povo. É muito mais fácil ser bom por escolha do que por coerção.

É correto comprar

Depois de desafiar e enfrentar a vaca sagrada chamada direito de consumir, vamos examinar outro tipo de "direito".

Absorvemos a idéia de que é *correto* comprar, ou seja, que é o consumo que mantém forte os Estados Unidos. "A Mesquinharia dos Consumidores Pode Empanar a Economia", advertiu recentemente a manchete de um jornal. Somos informados de que se não consumirmos, uma enorme quantidade de pessoas ficará sem emprego. Famílias perderão as suas casas. O desemprego aumentará. Fábricas fecharão as portas. Cidades inteiras perderão a sua base econômica. *Temos* que ir às compras para manter os Estados Unidos fortes.

Parte do motivo pelo qual os "consumidores" têm menos dinheiro para gastar é o fato de que poupar tornou-se claramente uma atitude não-americana. Até mesmo a linguagem dos economistas atuais promove o consumo. O que mais poderíamos fazer com a renda "disponível" além de dispor dela? Certamente não desejamos mantê-la em um lugar onde possa apodrecer!

Desse modo, se consumir é a maneira de manter forte a economia e os poupadores são pessoas dispostas a deixar os seus concidadãos sem emprego, um dia no *shopping* pode ser considerado pura e simplesmente patriótico. O único problema é que as nossas crescentes expectativas superaram a nossa renda, deixando o consumidor patriota típico cada vez mais endividado. Este fato nos coloca em um dilema: a única maneira de exercer o nosso patriotismo econômico é endividar-nos ainda mais. Se você já se sentiu confuso com relação ao seu desejo de esbanjar, essa pode ser parte da razão.

Você e cada um dos seus concidadãos encontram-se em uma situação sem esperança. Você está errado se comprar e errado se não comprar.

Tudo isso é agravado pela propaganda. Na ocasião em que recebe o diploma do ensino médio, o adolescente típico já foi exposto a bem mais de cem mil anúncios, o que equivale a uma taxa de três a quatro horas de anúncios por semana. Alan Durning ressalta que "o americano comum é exposto a uma média de cinqüenta a cem anúncios todas as manhãs" antes das nove horas. A indústria da propaganda gasta hoje quase 500 dólares para cada cidadão americano.

A teoria de marketing afirma que as pessoas são impelidas pelo medo, pela promessa de exclusividade, pela culpa e pela ganância, sendo que a necessidade de aprovação é a motivação promissora dos anos 90. A intenção da tecnologia da propaganda, equipada com a pesquisa de mercado e uma sofisticada psicologia, é desequilibrar-nos emocionalmente — prometendo em seguida resolver o nosso problema com um produto. De cinqüenta a cem vezes antes das nove da manhã. Todos os dias.

Se somos um câncer, qual é a cura?

Ao mesmo tempo, nos intervalos entre os anúncios, a televisão, o rádio e os jornais relatam as más notícias sobre o meio ambiente. As embalagens dos produtos estão atravancando os aterros sanitários. A fabricação de produtos está poluindo as águas subterrâneas, desmatando a Amazônia, poluindo os rios, baixando o lençol de água, esgotando a camada de ozônio e modificando as condições atmosféricas. Se uso tecidos sintéticos, estou exaurindo o nosso limitado suprimento de combustível fóssil, mas se uso algodão plantado no Arizona, estou tolerando poços de água profundos que estão tornando o solo muito salgado para produzir qualquer coisa. Se não visto nada, estou contribuindo para que pessoas percam o emprego. Estamos condenados se fizermos alguma coisa e condenados se não o fizermos. Estamos até mesmo condenados se construirmos barragens, como a região noroeste do Pacífico está descobrindo, já que as suas barragens hidroelétricas estão impedindo o salmão de nadar rio acima para desovar.

Tudo indica que não existe um meio de os consumidores estarem "certos". Tudo que fazemos custa alguma coisa ao meio ambiente. Até mesmo a nova mania do "consumo ecológico", ou seja, comprar produtos menos prejudiciais ao ambiente, é apenas *menos* estressante para a terra e de modo nenhum benigna.

Na condição de consumidores, estamos nos tornando um câncer na terra, consumindo aquela que nos abriga. Paul Ehrlich, que além de ser co-autor de *New World, New Mind* escreveu *The Population Bomb* e muitos outros livros, afirma que uma pessoa nos Estados Unidos causa cem vezes mais dano ao meio ambiente do planeta, graças ao uso extravagante dos recursos, do que uma pessoa em um país menos desenvolvido. Usamos até mesmo o dobro da energia *per capita* que os europeus, e não temos um padrão de vida melhor do que o deles.

Claramente não pensamos a respeito deste assunto enquanto dirigimos para o trabalho pela manhã. Não refletimos: "Consumir ou não consumir, eis a questão." Mas a idéia de que é correto consumir choca-se diariamente com a advertência de que estamos pessoalmente profundamente endividados e que, além disso, estamos jogando roleta-russa com o meio ambiente.

Mas o que podemos fazer? De que maneira podemos nos conscientizar no burburinho da nossa vida atarefada, e principalmente fazer alguma coisa a respeito da chuva ácida, do desmatamento, das espécies em extinção, do buraco na camada de ozônio, do aquecimento global e do crescimento populacional exponencial? "O que uma pessoa isolada pode fazer?", perguntamos, e em seguida trocamos a estação do rádio. E assim prosseguimos, tentando mudar em uma determinada semana, divertindo-nos para valer na seguinte e contando com a negação para nos proteger das difíceis escolhas que temos à frente.

No entanto, se continuarmos a nos valer de pequenas mudanças, meramente reduziremos a velocidade da nossa corrida desenfreada em direção a um futuro restrito e mais pobre. Precisamos de uma transformação e não de uma mudança. A transformação não muda apenas a posição das peças do jogo; ela muda o tabuleiro. A transformação não experimenta apenas um novo conjunto de soluções para problemas recalcitrantes; ela faz um novo conjunto de perguntas que nos possibilita enxergar os problemas sob uma nova luz.

Jonas Salk publicou em 1981 o livro *World Population and Human Values: A New Reality*, que apresentou as esperanças e os perigos da transformação de um mundo voltado para o crescimento em um mundo mais sustentável, voltado para os valores.

À medida que o crescimento populacional diminui e nos aproximamos de um patamar no tamanho da população mundial, os nossos maiores desafios residem na esfera humana e social. Os desafios humanos e sociais — melhorar a qualidade de vida, alimentar bilhões de pessoas, evitar o desastroso esgotamento dos recursos, criar sociedades que atendam às necessidades materiais e culturais do indivíduo —, desafios que hoje parecem insuperáveis, poderão com o tempo não ser mais insolúveis do que desafios anteriormente "impossíveis", como fazer voar algo mais pesado do que o ar, a agricultura moderna, a eletrônica e a viagem espacial.

... No processo de responder às forças e aos limites da natureza, descobriremos se temos ou não a capacidade de enfrentar esse desafio. Se tivermos, emergiremos do atual período não apenas como sobreviventes, mas também como seres humanos em uma nova realidade.

A mudança de uma ética de crescimento para uma ética de sustentabilidade certamente exigirá que cada um de nós transforme a sua relação com o dinheiro e com o mundo material. A transformação da nossa relação com o dinheiro e a reavaliação da nossa atividade de ganhar dinheiro e gastá-lo poderia colocar-nos, junto com o planeta, novamente no rumo certo. Precisamos aprender com o passado, determinar a nossa realidade atual e criar uma nova relação com o dinheiro baseada na realidade, descartando pressupostos e mitos que não funcionam. Precisamos de um novo mapa do dinheiro e do materialismo, mapa este que esteja verdadeiramente em sintonia com os novos tempos.

O início de um novo mapa do dinheiro

O que torna o consumo tão estimulante? Embora a propaganda e a indústria possam ter conspirado para nos convencer das vantagens do materialismo, o fato é que nos deixamos persuadir. O que existe em nós que se deixou tão facilmente desviar dos prazeres mais profundos da vida?

Os psicólogos chamam o dinheiro de o "último tabu". É mais fácil conversar com o terapeuta sobre a nossa vida sexual do que falar sobre as nossas finanças. O dinheiro — não necessariamente quanto temos, mas como nos sentimos a respeito dele — governa a nossa vida tanto quanto qualquer outro fator, e talvez até mais. O dinheiro é a maior causa da dissolução dos casamentos. Por quê?

Padrões de crença

Para começar a entender tudo isso, precisamos conhecer um pouco a mente humana. Numerosas fontes, desde os modernos pesquisadores do cérebro aos antigos filósofos orientais, parecem concordar com a idéia básica de que a mente é um dispositivo que forma e repete padrões. Os cientistas afirmam que somos a única espécie que não tem uma resposta comportamental fixa para cada estímulo. Criamos os nossos padrões de resposta. Alguns provêm da experiência pessoal, principalmente dos primeiros cinco anos de vida. Alguns são genéticos. Outros, culturais. Outros ainda parecem ser universais. Assim que um padrão é registrado, testado e considerado útil para a sobrevivência, torna-se muito difícil modificá-lo. Salivamos quando sentimos o cheiro de cebolas sendo refogadas, pisamos no freio quando vemos um sinal vermelho e produzimos adrenalina quando alguém grita: "Fogo!" É óbvio que não conseguiríamos sobreviver se não tivéssemos essas enormes bibliotecas de interpretações aliadas a comportamentos. Mas eis a dificuldade: nem todos esses padrões (nem mesmo a maioria deles) têm qualquer relação com a realidade objetiva, e no entanto persistem e governam o nosso comportamento. Na verdade, são tão obstinados que com freqüência desconsideramos ou negamos a realidade em favor de uma das nossas interpretações. As cobras no chão do quarto de uma criança que desaparecem se a mãe deixa a porta entreaberta são um exemplo óbvio de uma interpretação absurda, porém convincente, da realidade. Geralmente chamamos essas idéias, obviamente erradas, de superstição. Mas quais das nossas inúmeras convicções são supersticiosas, e quais são reais?

Passar debaixo de uma escada ou quebrar um espelho realmente dá azar? Quase todos nós superamos essas superstições primitivas. Mas e as outras crenças, menos suspeitas? Como pegamos um resfriado? Indo para a rua com a cabeça molhada? Ficando expostos aos micróbios? Reconhecemos que a primeira hipótese é uma crença popular, mas e a segunda? Afinal de contas, algumas pessoas não ficam gripadas ao circular pelo escritório. Os micróbios não deram atenção a elas? Será que a teoria dos micróbios é apenas uma superstição moderna? A terra sempre foi redonda, mas não o era na consciência humana até o século XV. A idéia de uma terra plana é esquisita para nós. Quais das nossas crenças parecerão estranhas para as gerações futuras?

O que dizem as nossas ações?

À semelhança do que ocorre com a terra plana e as cobras no quarto de dormir, existem muitas realidades que as nossas convicções financeiras e o nosso comportamento financeiro não levam em consideração. Embora estejamos amplamente inconscientes do nosso sistema de crenças financeiro, a nossa cegueira nos condena a prisões que nós mesmos fabricamos.

Embora possamos vigorosamente sustentar que sabemos que "o dinheiro não compra a felicidade" e que "as melhores coisas da vida são gratuitas", a sinceridade exige que façamos um exame mais profundo. O nosso comportamento conta uma história diferente.

O que fazemos quando nos sentimos deprimidos, solitários e desprezados? Na maioria das vezes compramos alguma coisa que nos faça sentir melhor. Uma roupa nova. Uma bebida (ou duas). Um carro novo. Um sorvete. Uma passagem para o Havaí. Um peixinho dourado. Um pacote (ou dois) de biscoitos recheados.

Quando queremos celebrar a nossa boa sorte, compramos alguma coisa. Uma rodada de bebida. Um casamento com o bufê encomendado fora. Um buquê de rosas. Um anel de brilhante.

Quando estamos entediados, compramos alguma coisa. Uma revista. Uma passagem em um cruzeiro. Um jogo de tabuleiro. Uma aposta nos cavalos.

Quando pensamos que a vida deve encerrar algo mais, compramos alguma coisa. O ingresso para um seminário. Um livro de auto-ajuda. Uma consulta com o terapeuta. Uma casa no campo. Um apartamento em um condomínio na cidade.

Nada disso é errado. É simplesmente o que fazemos. Aprendemos a buscar soluções externas para sinais da mente, do coração ou da alma de que algo está em desequilíbrio. Tentamos satisfazer necessidades essencialmente psicológicas e espirituais por meio do consumo no nível físico. Como isso aconteceu?

Eis uma explicação.

A Curva de Satisfação

A Curva de Satisfação (ver Figura 1-2) mostra a relação entre a experiência da satisfação e a quantidade de dinheiro que gastamos (geralmente para adquirir mais bens materiais). No início da vida, um número maior de bens de fato significava uma satisfação maior. As necessidades básicas eram satisfeitas. Éramos alimentados. Ficávamos aquecidos. Estávamos protegidos. A maioria de nós não se lembra do medo da fome e do frio que era resolvido apenas por um cobertor ou um seio, mas todos o sentimos. Quando sentíamos um desconforto, quando chorávamos, alguma coisa externa cuidava de nós. Parecia mágica. As nossas necessidades eram satisfeitas. Sobrevivemos. A nossa mente registrou cada um desses incidentes e *o guardou na memória:* olhe à sua volta e você será satisfeito.

Fomos então das necessidades básicas (comida, roupa, abrigo) para algumas coisas que proporcionam conforto e supérfluos (brinquedos, guarda-roupa, bicicleta), e o relacionamento positivo entre o dinheiro e a satisfação entranhou-se ainda mais profundamente. Você se lembra da emoção que sentiu ao ganhar o anel do Capitão Meia-Noite, a luva de beisebol ou a boneca Barbie? Para alguns de nós, o material escolar era pura alegria. Se os nossos pais eram pessoas responsáveis, logo nos ensinaram que "Essas coisas custam dinheiro, querido. Dinheiro que ganhamos fora de casa para você, porque o amamos". Recebíamos uma mesada para aprender o valor do dinheiro. Podíamos escolher e comprar nós mesmos a felicidade! E assim as coisas continuaram, ano após ano. Depois veio o *smoking* ou o vestido do baile de formatura do ensino médio. A raquete de tênis.

Com o tempo, ultrapassamos os supérfluos e passamos a comprar artigos rematadamente de luxo, mal registrando a mudança. Um carro, por exemplo, é um luxo que 92 por cento da população mundial jamais desfruta. No nosso caso, contudo, o primeiro carro é o início de um romance duradouro com o automóvel. Vem então o luxo da nossa primeira viagem para longe de casa. Para muitos de nós, isso representou a ida para a faculdade. O nosso primeiro apartamento. Repare que embora cada uma dessas coisas ainda fosse "uma curtição", cada curtição passou a custar cada vez mais e o "êxtase" a desaparecer mais rápido.

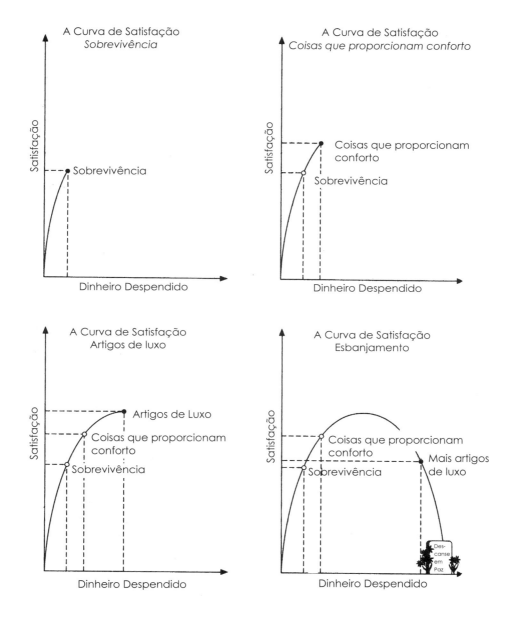

FIGURA 1-2

Evolução da Curva de Satisfação

Mas a essa altura *acreditávamos* que o dinheiro equivalia à satisfação, de modo que mal notamos que a curva havia começado a se nivelar. Continuamos a viver normalmente. Casa. Emprego. Responsabilidades com a família. Mais dinheiro trazia mais preocupações. Um maior comprometimento de tempo e energia à medida que galgávamos os degraus executivos. Mais tempo longe da família. Mais a perder se fôssemos roubados, de modo que passamos a nos preocupar mais com a possibilidade de sermos roubados. Mais impostos e mais honorários dos especialistas em impostos. Mais pedidos das instituições de caridade comunitárias. As contas dos terapeutas. As contas da reforma. As contas relacionadas com manter as crianças felizes.

Até que um dia demos conosco sentados, insatisfeitos, na nossa casa de 400 metros quadrados construídas em dez mil metros quadrados de área arborizada com uma *hot tub** no quintal e um equipamento Nautilus no porão, com uma saudade enorme da vida que levávamos como pobres alunos universitários capazes de sentir prazer em um passeio no parque. Alcançamos um teto de satisfação e jamais reconhecemos que a fórmula dinheiro = satisfação não apenas parara de funcionar como começara a atuar contra nós. Por mais que comprássemos, a Curva de Satisfação continuava a declinar.

Suficiência — O ápice da curva

Há um lugar muito interessante nesse gráfico: o ápice. Aparentemente, parte do segredo da vida provém de identificarmos sozinhos esse ponto de satisfação máxima. Há um nome para o ápice da Curva de Satisfação, o qual fornece a base da transformação da sua relação com o dinheiro. É uma palavra que usamos todos os dias, e no entanto somos praticamente incapazes de reconhecê-la quando está diante de nós. Essa palavra é "**suficiência**". No ápice da Curva de Satisfação, temos a suficiência (ver Figura 1-3). O suficiente para a nossa sobrevivência. Coisas que nos proporcionam conforto em quantidade suficiente. E até mesmo pequenos "artigos de luxo". Temos tudo de que precisamos; não há nada adicional que nos oprima, nos desvie do rumo certo ou nos atormente, nada que compramos a prazo, que nunca

---

* Banheira de madeira, geralmente grande o suficiente para acomodar várias pessoas, que é enchida com água quente, arejada e freqüentemente equipada com um termostato e *jacuzzi*. Geralmente é usada para recreação ou fisioterapia e com freqüência localizada ao ar livre. (N.T.)

usamos e que estamos nos matando para pagar. A suficiência é uma posição destemida. Um lugar confiável. Uma posição sincera e autovigilante. É o ponto em que apreciamos e desfrutamos plenamente o que o dinheiro traz para a nossa vida sem nunca comprar alguma coisa que não seja necessária e desejada.

Assim que você descobrir o que é suficiente para você, a sua Curva de Satisfação poderá inverter a direção e passar a ascender. Fique atento.

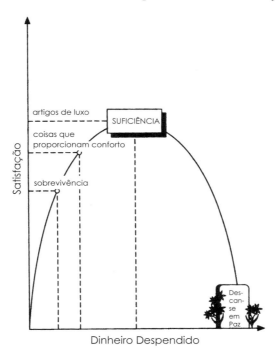

FIGURA 1-3

A Curva de Satisfação: Suficiência

Bagunça — Uma sorte pior do que a escassez

Então o que são todas aquelas coisas além da suficiência, além do ápice, onde a Curva de Satisfação começa a declinar? Bagunça, é o que elas são! A bagunça, neste sentido, é qualquer coisa excessiva — *para você*. É qualquer coisa que você tenha que não lhe sirva, mas que ocupa espaço no seu mundo. Livrar-se da bagunça, portanto, não é privação, é ficar mais leve e abrir espaço para que algo novo aconteça. Por mais evidentes que possam ser essas idéias, muitas pessoas experimentam uma resistência sutil (ou não tão sutil) a aceitá-las. É por esse motivo que a redução, a frugalidade e a parcimônia soam como privação, carência e necessidade. Pelo contrário! A suficiência é um patamar vasto e estável. É um lugar de vigilância, criatividade e liberdade. A partir desse lugar, ficar sufocado debaixo de uma montanha de bagunça que precisa ser guardada, limpa, transportada, posta de lado e paga em prestações é uma sina pior do que a escassez.

Acabamos de receber a carta de uma mãe que cuida sozinha do filho que está seguindo o programa de FI. Ela estava prestes a construir uma *hot tub* quando recebeu um dos nossos boletins informativos ocasionais. Como o personagem de um cartum, ela parou no meio do passo e perguntou: "Eu realmente *quero* uma *hot tub?*" Afinal de contas, raciocinou, posso muito bem tomar um banho prolongado de água quente em uma banheira normal. A *hot tub* será apenas uma coisa a mais para limpar, manter, desinfetar com produtos químicos e consertar. Pensando ainda mais, reconheceu que poderia retirar a máquina de lavar do porão, onde precisava levantar um pesado alçapão para chegar até ela, e colocá-la no espaço onde pretendia construir a *hot tub.* Dessa maneira, poderia lavar a roupa sem forçar as costas (economizando dinheiro, por não precisar de sessões com o quiroprático), eliminar as despesas de construção e de manutenção da *hot tub,* economizar o tempo que teria que passar secretariando os amigos na *hot tub,* e mesmo assim tomar banhos quentes na banheira comum. Um ganho sob todos os aspectos! Ela sentiu o que todo mundo sente quando se recusa a ser convencido a descer a ladeira escorregadia do excesso: alívio.

Stations of the Crass*

O que cria a bagunça, ou aquisições excessivas? A Curva de Satisfação indica fortemente que a maior parte da bagunça entra na nossa vida pela porta "quanto mais, melhor". Ela resulta da doença do materialismo, de procurar a satisfação interior nos bens externos. Provém da programação inicial que diz que o mal-estar pode ser aliviado por algo externo como

---

* *Stations of the Crass* é o segundo disco da Crass, uma influente banda anarquista inglesa de *rock punk* que esteve ativa de 1977 a 1984. O título do disco [cuja tradução literal é "as estações dos obtusos"], além de ser um trocadilho do rito católico das Estações da Cruz, também é uma referência à campanha de pichação que a banda estivera promovendo no metrô de Londres. (N.T.)

uma mamadeira, um cobertor, uma bicicleta, um diploma universitário, um BMW ou, outro tipo de garrafa, diferente da mamadeira.

O excesso também decorre de hábitos inconscientes. Pense nos vícios de consumo. São artigos que você não consegue ver sem deixar de comprar. Todo mundo tem esses vícios. Entre eles estão calculadoras de bolso, minúsculas chaves de fenda, canetas e certos tipos de bombons de chocolate. Então você está no *shopping*, um robô que vai às compras na sua turnê semanal das estações dos obtusos. Você chega à seção dos vícios de consumo e começa a ter idéias sobre eles: Oh, ali está um cor-de-rosa... cor-de-rosa eu não tenho... Oh, aquele funciona com bateria solar... Isso seria prático.... Nossa, um à prova de água... Mesmo que eu não chegue a usá-lo, sempre posso dá-lo de presente.... Antes que você se dê conta, um braço alienígena (preso ao seu corpo) pega o objeto e lá vai você em direção ao caixa, ainda funcionando como um zumbi de corda. Depois, chega em casa com a mercadoria que comprou, coloca-a na gaveta dos vícios de consumo (junto com cinco ou dez outros) e se esquece deles até a sua próxima ida ao *shopping*, quando você se aproxima da seção de vícios de consumo e...

As faces e as funções da bagunça

O fato de uma coisa não estar à vista não significa que não faça parte da bagunça. As nossas diversas gavetas de vícios de consumo, bem como o sótão, o porão, a garagem, os armários e os galpões de depósito, são paraísos de bagunça, repletos de projetos e produtos que provavelmente jamais utilizaremos. Os projetos inacabados o privam de vitalidade. A roupa posta de lado depois de ser usada algumas vezes deixa um vago sentimento de insatisfação e superficialidade.

Tenho um amigo cuja garagem estava repleta de peças eletrônicas e outras coisas valiosas colecionadas ao longo de muitos anos, a maioria das quais ele sabia que jamais iria usar. No entanto, se esvaziasse a garagem, teria que admitir que a sua casa era grande demais para ele e a esposa agora que os filhos estavam crescidos. Se arrumasse a garagem, teria que se mudar. Se fizesse isso, teria que reconhecer que o seu casamento acabara muitos anos antes, mas ele tinha medo de ir embora. Era mais fácil não dar atenção à garagem e ficar com a bagunça.

Quando compreender o que é a bagunça, você a encontrará por toda parte. A atividade inexpressiva não é um tipo de bagunça? Quantos almoços de negócio, coquetéis, eventos sociais e longas noites grudado à televisão não foram uma bagunça — atividades que não adicionam nada positivo à sua vida? E os dias desorganizados, cheios de negócios sem nenhum sentimento de realização? E as tarefas da sua lista de coisas a fazer que nunca chegam a ser feitas? Tropeçar, semanas a fio, na sua lista se assemelha à frustração de percorrer os eternos jornais e brinquedos espalhados pela sala de estar de algumas pessoas.

Existe também a bagunça sonora. Para muitos de nós existem os ruídos da vida da cidade e do local de trabalho que filtramos diariamente. Para os residentes dos centros urbanos, o silêncio do deserto pode ser ensurdecedor. Embora nem todo mundo tenha sido feito para morar no deserto, um triste comentário sobre a vida moderna é perceber que é um luxo ter o controle sobre o nosso ambiente auditivo e desfrutar apenas os sons da natureza e de uma conversa. Ao contrário, temos a cacofonia dos carros e ônibus, da televisão e do rádio, do microondas e da lava-louças, e da conversa trivial. Tudo isso é bagunça — elementos existentes no ambiente que não lhe servem e que, no entanto, ocupam lugar.

Existem também os motivos desordenados, como quando temos muitas opiniões a respeito de tudo, desde a política do governo às decisões pessoais. As saídas não planejadas freqüentemente são um tipo de bagunça, como ir ao supermercado duas vezes por dia para comprar coisas que você esqueceu ao fazer as compras da semana. Os *hobbies* envolvem a bagunça quando a proporção entre o que você tem e o que usa aumenta — como os fanáticos por fotografia que possuem maletas cheias de lentes e filtros, mas tiram as suas melhores fotos com uma máquina automática de bolso.

À medida que a sua consciência da bagunça se aprofundar, você se sentirá inspirado a fazer uma grande faxina em toda a sua vida. À medida que seguir os nove passos delineados neste livro, você desenvolverá a sua definição pessoal da bagunça e se livrará dela de uma maneira lenta, indolor e até prazerosa. O primeiro passo será examinar o passado para poder entender e assumir a responsabilidade pelo presente.

Primeiro passo: fazer as pazes com o passado

Você está pronto para examinar a sua relação com o dinheiro e as coisas que o dinheiro pode comprar? O objetivo deste exercício é expandir a sua consciência e não a sua arrogância ou vergonha. Ele serve para situá-lo no tempo e no espaço, para que você reveja, sem culpa, a sua atividade de ganhar e gastar dinheiro no passado.

Para obter o máximo deste programa, sugerimos que você anote as suas respostas às perguntas feitas no texto e os seus cálculos em cada um dos nove passos. Você pode escrever no livro ou em um caderno de espiral. Seja qual for o sistema que escolher, recomendamos que você o faça de uma maneira que lhe possibilite examinar facilmente mais tarde as suas respostas. Este programa inicia um *processo* de conscientização e mudança que prosseguirá durante muitos anos. Rever as suas anotações a cada seis meses ou a cada ano acrescentará uma grande profundidade e discernimento à sua jornada em direção a mudar a sua relação com o dinheiro.

Este passo contém duas partes:

A. Descobrir quanto dinheiro você ganhou durante toda a vida — o total da sua renda *bruta,* desde o primeiro centavo que você ganhou um dia até o seu mais recente contracheque.

B. Descobrir o seu patrimônio líquido criando um balanço patrimonial pessoal do ativo e do passivo.

A. Quanto você ganhou na vida?

Inicialmente, essa tarefa poderá parecer impossível. "Não fiz o registro disso!", você poderá protestar. Um pouco de arqueologia compensa. Em primeiro lugar, desencave as cópias das suas antigas declarações do imposto de renda. Ajuste os valores para que reflitam qualquer trapaça que você possa ter feito, como gorjetas que não declarou, empregos que lhe pagavam sem recibo, consultoria informal, ganhos de jogo, presentes de parentes que não foram declarados, qualquer dinheiro que você tenha roubado, prêmios em dinheiro que tenha ganho, dinheiro recebido pelo aluguel de um quarto na sua casa ou da outra casa que você tem e que nunca usa, e todo e qualquer outro tipo de rendimento não declarado. Recue no tempo até os empregos que você teve nas férias quando cursava o ensino médio e a faculdade, bem como todas as reviravoltas das suas divagações financeiras na idade adulta. Passe alguns dias examinando quaisquer registros financeiros que você possa ter guardado: canhotos de cheques, extratos bancários, contracheques, antigos registros de contas abandonados. Se você tiver um currículo, use-o como um resumo ano a ano da sua história profissional. Conte a verdade a respeito daqueles três anos que você camuflou como "treinamento profissional": Os bicos que você fez e quanto ganhou.

No caso daqueles que foram trabalhadores assalariados a vida inteira, veja se tem algum registro, ou consiga uma Declaração de Rendimentos. Mas se não existirem registros em lugar nenhum, faça a melhor estimativa que puder. A finalidade é que você chegue a um valor o mais preciso e sincero possível que corresponda ao total de dinheiro que entrou na sua vida.

O valor do primeiro passo

Este passo tem várias utilidades:

1. Elimina a névoa que envolve a sua antiga relação com o dinheiro. A maioria das pessoas não tem a menor idéia de quanto dinheiro entrou na sua vida e, portanto, não tem nenhuma idéia de quanto dinheiro *poderia* entrar na sua vida.

2. Erradica mitos e falsas idéias sobre si mesmo como "Não sou capaz de ganhar muito dinheiro" e, até mesmo, "Não preciso me preocupar porque sempre sou capaz de ganhar muito dinheiro" (o que freqüentemente é dito por pessoas que são sustentadas por alguém). Se você é uma das inúmeras pessoas que subestimam excessivamente quanto dinheiro entrou na sua vida, este passo pode ser incrivelmente poderoso. Você vale mais do que imaginava.

3. Conduz você à estaca zero, possibilitando que inicie o programa financeiro com a mente limpa e confiante na sua capacidade de ganhar dinheiro.

4. Permite que você veja e abandone quaisquer segredos ou mentiras do passado que possam estar distorcendo a sua relação atual com o dinheiro.

O poder deste passo pode ser percebido na seguinte história sobre uma mulher divorciada com cerca de 35 anos que compareceu a um dos meus seminários. Ela fora dona de casa a maior parte da sua vida adulta, atormentada pela doença mental que freqüentemente acompanha essa profissão: a imagem que fazia de si mesma era de uma pessoa dependente, inexperiente e (verdade seja dita) superficial. Ela "sabia" que esse passo não se aplicava ao caso dela: afinal de contas, ela não fizera nenhuma contribuição financeira para o casamento e sentia, até aquele dia, vergonha em aceitar o dinheiro do acordo do divórcio, dinheiro que ela achava que não ganhara. No entanto, fiel à advertência de que todos os passos eram fundamentais, mandou pedir a sua Declaração de Rendimentos, descobrindo que ganhara mais de 15 mil dólares nos vários bicos que fizera durante os anos do seu casamento em que não estava contribuindo com "nada". No espelho da declaração, ela se viu pela primeira vez como uma competente assalariada. O simples fato de dedicar-se a esse passo conferiu-lhe a confiança necessária para candidatar-se a um emprego e obtê-lo, ganhando duas vezes mais do que anteriormente imaginara que valia.

Atitudes proveitosas

Se não há vergonha, não existe culpa. Este passo pode trazer à tona sentimentos de autocrítica, talvez até de vergonha. Eis uma maneira delicada de superá-los, um exercício valioso que as pessoas usam para conseguir "mudar a fundo as suas idéias" e aprender a pensar de novas maneiras. Algumas o chamam pelo nome sânscrito, mantra, mas trata-se na verdade de qualquer palavra ou frase simples que personifique uma atitude ou atributo particular que você deseje enfatizar. Contar até dez é um tipo de mantra para as pessoas que têm o pavio curto. Com freqüência, os pais e outras pessoas que lidam regularmente com o comportamento irracional repetem "Paciência, paciência, paciência" antes de reagir à crise mais recente. O mantra é como um leme, algo que lhe permite afastar a mente do perigo e conduzi-la para um horizonte claro e aberto. Um mantra proveitoso para que você siga este programa financeiro é: "Se não há vergonha, não existe culpa."

Ao decidir mudar um comportamento indesejável, é preciso que você tenha em mente a diferença entre "recriminação" e "discernimento". A recriminação envolve a vergonha e a culpa, o bem e o mal, ao passo que o discernimento separa o verdadeiro do falso. Afundar na culpa e na vergonha retarda o seu progresso em direção à liberdade financeira. A recriminação imobiliza, desmoraliza e confunde. O discernimento, no entanto, apenas irradia uma nova luz sobre possíveis armadilhas para que você possa contorná-las.

Você pode tropeçar repetidamente no desejo de culpar a si mesmo (ou outras pessoas) baseado no que você aprender ao seguir este programa. Nessas ocasiões, lembre-se do discernimento e do mantra. Se não há vergonha, não existe culpa. Um bom exemplo é que a renda que você recebeu durante toda a vida representa apenas *um* número e não o *seu* número. Esse valor não é nem excessivo nem pequeno demais. Não prova o seu valor ou o seu desmerecimento; não é uma justificativa para que você se desespere porque não sobrou nenhum dinheiro ou se sinta triunfante porque o seu amigo ganhou muito menos.

Impecabilidade. Este passo é um dos fundamentos deste programa. Ele influenciará a eficácia dos oito passos seguintes. Como a precisão e a responsabilidade são exigidas em todos os passos do programa, começar de modo impecável estabelece um bom exemplo para você seguir. Além disso, o fato de você dar impecavelmente este passo poderá até mesmo lhe garantir um emprego melhor e mais bem remunerado. Portanto, verifique novamente. Você *realmente* deu este passo com integridade? Realmente pesquisou os seus arquivos e bancos de memória em busca de *todos* os seus rendimentos? Examine as razões que poderão tê-lo levado a realizar um trabalho menos do que impecável neste passo. Você usou razões semelhantes para recuar de outros desafios? As pessoas que realizam um trabalho indolente com freqüência levam uma vida compatível!

Lista de verificação

1. Declaração de rendimentos
2. Devoluções do imposto de renda
3. Registros no talão de cheques
4. Extratos bancários antigos e atuais
5. Presentes
6. Ganhos
7. Empréstimos
8. Ganhos de capital
9. Fontes ilegais
10. Contrato de trabalho não informado ao IR (gorjetas, serviços de babá, incumbências)

B. O que você tem para mostrar?

Durante os anos em que trabalhou para obter uma remuneração, uma certa quantia (que você acaba de calcular) entrou na sua vida. A quantia que resta na sua vida agora é o seu *patrimônio líquido*.

Esteja preparado. Talvez pela primeira vez na vida você estará calculando o seu patrimônio líquido (o seu ativo total menos o seu passivo total). Prepare-se. Poderá descobrir que está profundamente endividado, e até o momento não tinha percebido a terrível extensão desse fato. É chegado o momento de enfrentar essa verdade. É como subir na balança do banheiro depois das férias: você tem um pequeno choque, e em seguida a chance de efetuar algumas mudanças. Por outro lado, você pode fazer a maravilhosa descoberta que está em uma posição de ser financeiramente independente *agora*. Muitas pessoas fizeram essa descoberta simplesmente ao dar este passo.

A formulação deste passo encerra um desafio implícito: "O que você tem para mostrar?" Diga-o em voz alta. Use diferentes inflexões da voz. A frase em geral soa um pouco crítica, até mesmo atrevida. No entanto, o seu comprometimento com a Integridade Financeira é mais forte do que a sua covardia. Portanto, siga em frente: o que você tem para mostrar de todo esse dinheiro que entrou na sua vida? Vamos descobrir.

Criar um Balanço Patrimonial Pessoal significa simplesmente examinar o seu universo material e relacionar tudo o que você possui (*ativo*) e tudo o que você deve (*passivo*).

Ativo líquido

Dinheiro, ou qualquer coisa que possa ser facilmente convertida em dinheiro, pertence a esta categoria. Inclua o seguinte:

- ❖ Dinheiro em caixa — inclui o cofre do porquinho, os trocados sobre a sua penteadeira, o dinheiro para emergências escondido no porta-luvas.
- ❖ Contas de poupança. Procure antigos extratos bancários que você possa ter esquecido e aquela conta que você abriu com o mínimo de cem dólares para poder ganhar de brinde o aparelho digital.
- ❖ Contas correntes.
- ❖ Certificados de poupança ou certificados de depósito.
- ❖ Ações. Relacione-as pelo valor atual de mercado.
- ❖ Títulos e obrigações. Relacione pelo valor atual de mercado.
- ❖ Fundos mútuos. Relacione pelo valor atual de mercado.
- ❖ Fundos do mercado monetário. Relacione pelo valor atual de mercado.
- ❖ Saldo credor da conta de corretagem.
- ❖ Valor em dinheiro do seguro de vida.

Ativo fixo

Ao relacionar esses itens, comece pelo óbvio: o valor de mercado dos seus bens mais importantes, como a sua casa, o seu carro (ou carros). Entre em contato com um corretor de imóveis para descobrir o valor de mercado atual da sua casa. Verifique em uma revendedora o valor de mercado do seu carro.

Percorra o sótão, o porão, a garagem e o galpão de depósito. Relacione tudo, sem fazer avaliações subjetivas como "Isso não tem valor". Tenha coragem. Este processo interrompeu várias pessoas viciadas em juntar quinquilharias, as que consertam tudo em casa e colecionadores com garagens repletas de verdadeiros tesouros.

Examine todos os cômodos da casa e catalogue *tudo*. Analise aquelas luminárias decorativas. Observe o tapete. E aquelas prateleiras de nogueira que você instalou há alguns anos? E aqueles objetos indígenas? Enfrente diretamente a sua bagunça. Seja meticuloso, mas não irracional, isto é, nem todas as facas, colheres e garfos precisam ser listados individualmente, mas você deve relacionar separadamente aquele conjunto dispendioso de entalhes de pau-rosa com o estojo de mogno. E os dois aparelhos de jantar que ainda estão nas caixas em que foram transportados.

Atribua um valor aproximado em dinheiro a tudo que você possui. Isso significa o valor *atual*, o que você conseguiria por cada objeto em uma feira de objetos usados, em uma loja que vende objetos em consignação ou uma eventual venda para os amigos. Dê uma olhada na seção "Vende-se" dos classificados dos jornais e nas publicações semanais. Passe um sábado passeando em uma feira de objetos de segunda mão, anotando o preço de mercadorias semelhantes às que você possui. Obtenha uma avaliação dos seus objetos, pessoais ou da casa, mais valiosos.

Não deixe nada de fora. O que não vale nada para uma pessoa pode ser uma antiguidade para outra. O simples fato de você não dar valor a um objeto não significa que ele não valha nada.

Não deixe de incluir as dívidas que você tem a receber, pelo menos aquelas que você pode racionalmente esperar receber. Inclua também depósitos para as concessionárias, para as empresas de telefonia e para as locadoras de imóveis.

Qualquer coisa que possa ser convertida em dinheiro deve ser relacionada.

Você está desempenhando o papel de avaliador do seu patrimônio. Faça dessa atividade um exercício agradável. Você não precisa vender nada se não quiser, de modo que não deixe que o sentimentalismo o impeça de fazer o inventário. Na verdade, não permita que *nenhuma* emoção o surpreenda. Não deixe que a dor a faça desistir de atribuir um valor monetário às ferramentas mecânicas que o seu marido deixou para trás. Não permita que o constrangimento causado pelos seus gastos compulsivos lhe tirem a coragem de atribuir um preço aos vinte pares de sapato que permanecem sem uso no seu armário. Não deixe que a culpa o impeça de catalogar toda a parafernália de ginástica que você comprou e jamais usou. Em vez disso, rejubile-se! Você está finalmente descobrindo o *verdadeiro* valor da bicicleta ergométrica e da cama elástica: não os quilos que você vai perder e sim o preço que eles podem alcançar em uma eventual venda para os amigos.

Embora algumas pessoas possam completar este exercício em um ou dois dias, certa mulher levou três meses para fazer o seu levantamento. Examinou cada caixa, contemplou cada foto e abriu todas as gavetas e armários, não apenas relacionando os objetos, mas também relembrando como e por que cada um deles entrara na sua vida. O processo a conduziu a uma profunda experiência de gratidão pelo que ela já tinha. A ênfase que atribuímos ao que *não temos* gera uma insatisfação tão grande que o simples exercício de reconhecer e valorizar o que efetivamente temos pode transformar a nossa maneira de ver as coisas. Na verdade, algumas pessoas diriam que, quando estamos acima do nível de sobrevivência, a diferença entre prosperidade e pobreza reside simplesmente no nosso grau de gratidão.

Passivo

Esta categoria inclui todas as suas dívidas, sejam elas pagáveis em dinheiro, bens ou serviços — tudo que você deve, desde empréstimos a contas em aberto.

Se você relacionar como ativo o valor atual de mercado da sua casa, inclua no passivo o saldo devedor. Faça o mesmo com relação ao saldo dos pagamentos do carro.

Não se esqueça de incluir empréstimos bancários ou de amigos, débitos com cartões de crédito, empréstimos educacionais e contas de médicos e dentistas a pagar.

Patrimônio líquido

Some os valores do ativo líquido com os do ativo fixo e subtraia desse total o valor do passivo. No sentido mais simplificado, concreto e material, esse é o seu patrimônio líquido atual. É o que você tem atualmente para mostrar com relação à sua renda total durante a vida; o resto são lembranças e ilusões, no que diz respeito à realidade do balanço patrimonial.

Não incluímos o seu ativo não-material: a sua instrução, as aptidões que adquiriu, a boa vontade que teve ao pagar uma rodada de bebida para todo mundo, o recibo dedutível do imposto de renda da contribuição que você fez a uma instituição de caridade, a personalidade bem-ajustada que lhe custou oito anos de terapia, a maior quantidade de negócios que você faz porque pertence ao clube "certo". Por mais valiosas que essas coisas possam ser, são todas intangíveis, e nessa condição, é impossível avaliá-las de acordo com o método direto, numérico e objetivo que estamos aprendendo a aplicar às nossas finanças pessoais.

Após completar esta avaliação do patrimônio líquido, algumas pessoas chegam à lúcida conclusão que na verdade têm um patrimônio líquido negativo; outras ficam surpresas com o pouco que têm a mostrar com relação ao que ganharam durante a vida; e outras ainda ficam impressionadas com a quantidade e o valor dos bens nos quais despenderam o que ganharam durante a vida.

Independentemente do que você descobrir, é importante lembrar que o *patrimônio líquido* não equivale ao seu valor como *pessoa*.

Por que elaborar um balanço patrimonial?

1. Embora possa não dar essa impressão no início, este ponto do programa é muito estimulante. Até agora a sua vida financeira tem tido muito pouca orientação ou conscientização. Sob o aspecto financeiro, você tem sido como alguém que anda de carro sem destino, gastando combustível e pneus sem chegar a lugar nenhum. Você talvez tenha muitas recordações felizes e outros bens intangíveis, mas somente algumas lembranças concretas que poderiam ser convertidas em dinheiro. Com o pleno poder e a orientação objetiva que a atitude de tomar as rédeas dos seus assuntos financeiros lhe proporcionará, você terá a capacidade de ser bem mais eficiente no mundo.

2. Você tem agora uma visão geral da sua situação financeira e pode objetivamente escolher se deseja ou não converter em dinheiro parte do seu ativo fixo, aumentando assim a sua poupança ou reduzindo um pouco as suas dívidas.

Certa mulher, após concluir este passo, percebeu que poderia liquidar os seus bens excessivos, investir o dinheiro apurado e ter uma renda de juros que lhe possibilitaria ficar financeiramente independente, com conforto e estilo. Embora não tenha optado por fazer isso naquele momento, o fato de ter essa informação permitiu-lhe correr mais riscos na direção do seu verdadeiro amor, a arte, e ela ainda está dedicando-se aos outros passos e obtendo um grande valor.

Certo homem compreendeu que possuía muitos bens que não estava usando e que não queria mais, mas apegara-se a eles porque "poderiam ser úteis um dia". A solução criativa a que chegou foi vender os objetos e fazer uma reserva com o dinheiro obtido que seria usada para substituir qualquer um deles caso isso viesse a ser necessário no futuro. Nesse meio tempo, o seu dinheiro estava rendendo juros, a sua vida ficou mais simples, e alguém que realmente precisava dos objetos estava fazendo uso deles.

E lembre-se. **Se não há vergonha, não existe culpa.** Ao criar o seu balanço patrimonial, poderão surgir muitos sentimentos associados ao seu universo material: tristeza, dor, saudade, esperança, culpa, vergonha, constrangimento, raiva. Uma atitude isenta e compassiva pode ajudar muito este passo a ser verdadeiramente edificante, ou seja, capaz de tornar mais leve o fardo físico e emocional que você vem carregando há tantos anos.

Lista de verificação para a elaboração do seu balanço patrimonial

Ativo Líquido
Dinheiro em caixa
Poupanças
Contas correntes
Certificados de poupança ou certificados de depósito
Ações
Títulos e obrigações
Fundos mútuos

Fundos do mercado monetário
Saldo credor da conta de corretagem
Valor em dinheiro do seguro de vida

Ativo Fixo
Casa
Casa de campo
Carro(s)
Mobília
Antigüidades
Objetos de arte
Roupas
Equipamento de som
Televisão(ões)
Vestido de casamento
Sapatos/bolsas
Luminárias
Jóias
Dívidas a receber
Depósitos em garantia
Escritórios: máquina de escrever, computador(es)
Equipamento esportivo
Bicicleta/motocicleta
Faqueiros
Banheiro: balanças, toalhas
Cozinha: geladeira, fogão, microondas
Ferramentas mecânicas

Passivo
Empréstimos bancários
Empréstimos escolares
Débito com os cartões de crédito
Empréstimos tomados de amigos
Contas a pagar: médico, dentista
Saldo devedor da casa
Saldo devedor do carro
Outros pagamentos parcelados

Ao concluir este passo você entrou no aqui e agora. Examinou e fez as pazes com a sua antiga relação com o dinheiro, além de verificar quanto dinheiro foi capaz de ganhar e o que atualmente tem para mostrar de uma forma mensurável. Você agora está pronto para examinar o presente.

Resumo do primeiro passo

A. Descobrir quanto dinheiro você ganhou na vida.

B. Criar um balanço patrimonial do seu ativo e do seu passivo.

O que você tem para mostrar com relação ao dinheiro que ganhou?

2

O dinheiro não é o que costumava ser — e nunca foi

Jason e Nedra Weston não tiveram muita dificuldade em dar o Primeiro Passo. Jason, um idealista de 22 anos, já era "alérgico" ao dinheiro havia muitos anos. Deixou crescer o cabelo, alugou um pequeno quarto em uma casa na região rural e considerava uma conversa profunda o melhor entretenimento que o dinheiro poderia comprar. Embora (ou talvez porque) ele tivesse "evitado" o dinheiro, acumulara uma dívida de cinco mil dólares que tinha a intenção de pagar "um dia". Quando conheceu Nedra em 1983, Jason sentiu-se atraído pela pessoa atenciosa e dedicada que havia dentro dela, e não pelo estilo de vida de Nedra. À semelhança de muitos jovens, Nedra equiparava viver por conta própria com acumular bens, mobiliar um apartamento e contrair dívidas. Endividar-se era um modo de vida para os jovens profissionais urbanos, e Nedra não tinha pressa em pagar a sua dívida. Pagar os juros era um ônus menor do que pagar o principal, especialmente porque havia outras coisas que queria fazer com o seu tempo. Assim sendo, Nedra trabalhava esporadicamente como assistente administrativa para cobrir as despesas imediatas e se entregava totalmente ao seu crescimento pessoal e ao trabalho voluntário em organizações nas quais acreditava. Havia muito tempo para pagar a dívida — mais tarde. Quando Jason e Nedra foram morar juntos, a maior parte da mobília e dos bens da jovem foram para um guarda-móveis. Mesmo assim, Nedra não estava realmente pronta para dizer adeus às suas aquisições. Era tão cautelosa com relação à austeridade de Jason quanto este o era a respeito da inclinação de Nedra para fazer compras. Um dia, resolveram participar do nosso seminário financeiro, e Nedra percebeu a disparidade entre o seu desejo de exercer uma influência de peso no mundo e a sua vontade de desconsiderar as implicações da sua crescente dívida. Como poderia ser livre para fazer as coisas importantes para ela se estava presa ao seu débito? Nedra assumiu o compromisso de examinar e questionar o seu apego a "ter coisas boas". Jason, por sua vez, concordou em não pressioná-la, em deixar que ela descobrisse o que era certo para si mesma em vez de tentar forçá-la a acatar o seu sistema de valores. Decidiram se casar, e Jason disse: "Aceito" não apenas para a sua amada, como também para a triplicação da sua dívida. O Primeiro Passo os obrigou a enfrentar o fato de que tinham um patrimônio líquido de vinte mil dólares negativos, e um novo modo de vida nasceu para ambos.

Se você deu o Primeiro Passo sozinho, também conhece o seu valor.

Será que conhece? Como o casal Weston, você tem uma importância em dinheiro (que esperamos que seja positiva), mas o que isso significa, se é que significa alguma coisa? A nossa tarefa agora é desvendar o mistério do dinheiro. Afinal, o que é o dinheiro? Esta é uma tarefa importante porque não podemos ter um relacionamento funcional com algo (ou com alguém) se não soubermos com o que (ou com quem) estamos lidando — ou pior, quando o identificamos como algo que não é. Sem uma definição universal e sistematicamente verdadeira do dinheiro, o nosso manuseio dessa substância situa-se em algum ponto entre o inepto e o insano, e quase sempre incapaz de obter o que imaginamos desejar.

Antes de avançar às pressas como um aluno ansioso por "descobrir a resposta certa" (isto é, a *nossa* resposta), faça uma pausa e escreva a definição mais precisa de dinheiro que você conhece. Qual definição do dinheiro é universal e sistematicamente verdadeira?

Já escreveu? Então junte-se a nós em uma jornada em direção às profundezas do dinheiro, enquanto buscamos essa verdade absoluta.

A contemplação do dinheiro

Geralmente, quando falamos a respeito de dinheiro, estamos na verdade nos referindo ao que queremos fazer com ele. Como consegui-lo, gastá-lo, investi-lo, poupá-lo, pagar (ou evitar pagar) com ele os nossos impostos e garantir que teremos uma grande quantidade dele na velhice. Quer o odiemos ou amemos, o ataquemos ou cobicemos, o acusemos de maléfico ou o louvemos pelo bem que pode realizar, o dinheiro em si é uma das realidades da vida. No entanto, quase todos o compreendemos bem menos do que as outras "realidades da vida". E quase ninguém postou-se na presença dele da maneira como nos comportaríamos diante de uma sequóia, de um *Rembrandt* ou de uma noite estrelada no deserto. Podemos venerá-lo, admirá-lo ou sacrificar a vida por ele — mas não o contemplamos.

O que *é* efetivamente o dinheiro? O que realmente contemplamos quando contemplamos o dinheiro?

O dinheiro como um objeto de contemplação é como um *koan,* o tipo de pergunta sem resposta que serve como objeto de meditação no zen-budismo. Qual é o som de uma única mão batendo palmas? Qual é a realidade do dinheiro? Você pode até imaginar monges silenciosos deslizando por jardins impecavelmente cuidados, corroendo suas mentes racionais com uma inescrutável pergunta: "O que *é* o dinheiro?", que é o perfeito *koan* para os MBAs com a alma enferma que se voltam para a religião quando o mercado os desaponta.

O nosso primeiro impulso talvez fosse pegar algumas cédulas ou moedas da carteira e depositá-las em um pequeno altar. Poderíamos então nos sentar diante dele, endireitar a coluna, relaxar os ombros, estabilizar a respiração e... contemplar o "dinheiro". Mas o que temos diante de nós não é dinheiro; é apenas a forma física da moeda do nosso país, que não possui um valor intrínseco. Você não pode comê-la, não pode vesti-la e, em muitas partes do mundo, nem mesmo pode comprar alguma coisa com ela. Esses pedaços de papel e metal não podem representar o que o dinheiro *é*.

Então, o que *é* o dinheiro?

Para responder a essa pergunta, precisamos expandir os nossos horizontes. Precisamos observar não apenas o nível material do dinheiro mas, transcendendo a matéria, examinar igualmente os aspectos não-materiais.

As quatros perspectivas do dinheiro

Vamos ilustrar essa perspectiva mais ampla empreendendo uma pequena viagem para contemplar a paisagem do dinheiro a partir de perspectivas ainda mais elevadas. Usaremos a imagem de uma cidade como metáfora. A imagem será certamente mais vívida para os habitantes da cidade, mas quase todos conhecemos um pouco as áreas metropolitanas. Vamos começar no nível da rua de Major Metropolis, Estados Unidos, em seguida subir de elevador ao terraço de observação de um prédio comercial do centro da cidade, o Tower of Baubles [Torre das Bugigangas], depois entrar em um helicóptero de reportagem do trânsito para obter uma visão mais abrangente e finalmente pegar um avião para lograr uma vista ainda mais ampla.

1. A perspectiva do dinheiro a partir do nível da rua — A esfera prática, física

Começamos no nível do solo. O que vemos é o caos normal da vida na cidade: pessoas andando em todas as direções, algumas com um propósito definido, outras caminhando indolentes, olhando as vitrines das lojas. Carros, caminhões e ônibus buzinam, expelem fumaça e freiam, subindo e descendo as ruas. Motoboys passam zunindo nas bicicletas e motocicletas. Vendedores empurram carroças. Alguns mendigos estendem canecas ou chapéus. Os sons são tão numerosos e variados que parecem desaparecer em um único rugido de fundo. O simples ato de atravessar a rua aproxima-se perigosamente de arriscar a vida. Na verdade, descobrir onde você se encaixa na dissonância dessa rua da cidade seria um desafio.

O que acaba de ser descrito representa a perspectiva do dinheiro cotidiana, "do pedestre". Ela está relacionada não apenas com os pedaços físicos de papel e metal, mas também com todas as nossas transações financeiras do berço ao túmulo. A nossa primeira mesada. Os nossos esforços para conseguir um emprego. O nosso empenho em obter um emprego melhor. Na verdade, essa esfera abarca todas as nossas atividades remuneradas. Além disso, é nela que aprendemos a administrar o dinheiro. Como e onde guardar o dinheiro. A diferença entre uma conta corrente e uma conta de poupança. A diferença entre um certificado de depósito e uma conta de aplicações no mercado monetário. Como conseguir um empréstimo. O que é uma hipoteca. Como comparar preços e qualidade? Como calcular o saldo de uma conta corrente. Conta individual de aposentadoria. Imposto de Renda. Que seguro contratar — saúde, de vida, residencial, de invalidez, de automóvel, das jóias? O que é franquia, cláusula adicional e prêmio? Temos então o investimento. Saber a diferença e as vantagens dos diferentes títulos. Comprar e vender ações, negociar no mercado de futuros e de opções, além de nos familiarizar com as debêntures de alto risco. E não devemos nos esquecer do rito de passagem essencialmente ocidental — o cartão de crédito, o bilhete para o Sonho Realizado. Que freqüentemente conduz à crise muito comum da meia-idade: dar entrada no pedido de falência. Há então o planejamento de impostos e o planejamento da aposentadoria. Doações para instituições de caridade. Testamentos. Seguro funeral.

Desde as mais simples informações às mais sofisticadas fórmulas, essa perspectiva a partir do nível da rua representa todo o leque de transações financeiras que encontramos durante a nossa vida. Quase todos os livros sobre dinheiro nos ensinam a percorrer esse nível da rua com uma maior habilidade e lucratividade. É aqui que dançamos ao ritmo do samba "quanto mais, melhor", raramente, e talvez nunca, prestando atenção àquela batida diferente.

Mais, melhor e diferente

Repare também que é nesse nível que a maioria dos nossos desastres financeiros parece existir — e é onde procuramos a solução. Se estamos insatisfeitos com as nossas roupas, carro ou casa, saímos para comprar outros. Se estamos com pouco dinheiro, sabemos que precisamos mendigar, pedir emprestado, roubar ou ganhar mais. Isso é óbvio. Será que é? Como disse um amigo meu: "Sempre que consigo alcançar um equilíbrio financeiro, alguém mexe em alguma coisa e desequilibra tudo." Não apenas ele, como quase todos nós, continuamos a fazer "mais, melhor ou diferente" dentro do mesmo campo limitado de opções e oportunidades, sem jamais questionar se vale a pena jogar o jogo ou se não haverá um jogo melhor.

Por exemplo, a maioria dos investidores individuais provavelmente não tinha nada que estar negociando na bolsa de valores. Baseiam as suas decisões em palpites, impulsos, no que deveriam ter feito na semana anterior, no que o corretor lhes diz e na sua avaliação mal informada do futuro. Em outras palavras, eles se aventuram onde os anjos, e os profissionais, temem pisar. No entanto, quando perdem dinheiro em uma ação, por acaso recuam e reavaliam os seus motivos e as suas qualificações para estar no mercado? Não. Chegam à conclusão de que devem comprar mais ações, uma ação melhor ou diferente para que possam recuperar o que perderam.

De que maneira "o mais, o melhor e o diferente" funcionam na *sua* vida? Você algum dia percebeu que para cada suposta solução surge outro problema? Tentar resolver os nossos problemas financeiros exclusivamente no nível físico equivale a manipular as peças em um tabuleiro sem uma perspectiva mais ampla do jogo.

Não que esse nível não seja importante. Faz parte da estrutura e do conhecimento popular da nossa cultura, e todo aluno do ensino médio deveria se formar conhecendo pelo menos os princípios básicos.

*Lamentavelmente, nem **Jason** nem **Nedra** (nem quase ninguém) receberam esse tipo de instrução. Nedra não entendia as implicações de comprar "a prazo". Acreditava que poderia arcar com as "baixas prestações mensais" e nunca avaliou o custo a longo prazo do seu apartamento cheio de mobília e dos armários repletos de roupas. A idéia de investir as suas economias estava bem além do seu entendimento — ela jamais economizara o suficiente para poder investir. A extensão da sua responsabilidade fiscal estava pagando as suas contas e deixando o seu talão de cheques com um saldo positivo. Jason era igualmente pouco instruído com relação ao dinheiro, mas a sua ignorância se revelava de uma maneira diferente. Desde que se formara no ensino médio e saíra de casa, Jason evitara o dinheiro com relativa habilidade. Morava com um grupo dedicado ao crescimento e à honestidade, e executava tarefas em troca de casa e comida. Para obter o mínimo fluxo de caixa necessário para sobreviver no século XX nos Estados Unidos, Jason aceitava trabalhos esquisitos — ajudar os deficientes físicos e ser motorista de um serviço de coleta e entrega de encomendas. No que dizia respeito ao dinheiro, Jason e Nedra eram funcionalmente analfabetos, sem ser muito diferentes de muitos dos seus amigos.*

O dinheiro deve encerrar claramente mais coisas do que exploramos até agora. Mesmo com a "alfabetização financeira", algumas pessoas prosperam enquanto outras perecem. A nossa investigação do dinheiro não pode parar aqui. Vamos então entrar no prédio comercial de quarenta andares, de aço e vidro, e subir de elevador até o terraço de observação, onde a nossa perspectiva aumenta, os nossos horizontes se expandem e outro aspecto do dinheiro torna-se visível.

2. A perspectiva do dinheiro a partir do nível da vizinhança — A esfera emocional/psicológica

Do terraço de observação, podemos contemplar a confusão da rua e verificar como ela se encaixa na vizinhança. Constatamos um padrão sistemático na afobação das pessoas. Nós as vemos sair de um prédio, caminhar três quarteirões e entrar em outro prédio. Elas tem origens e destinos.

– 91 –

Vemos crianças brincando nas ruas transversais, sendo observadas pelas mães nos conjuntos habitacionais. Avistamos pessoas comprando gêneros alimentícios e parando para conversar umas com as outras. Essas atividades aleatórias no nível da rua tornam-se coerentes quando começamos a perceber como as ações das pessoas e os veículos estão relacionados uns com os outros. Essa perspectiva a partir do nível da vizinhança poderia ser o primeiro nível "não-material" do dinheiro, o adesivo emocional e mental que mantém coesas as interações do dia-a-dia com o dinheiro. Esse é o nível dos nossos pensamentos pessoais e sentimentos a respeito do dinheiro — o nosso estilo de dinheiro ou personalidade. Você é impulsivo? Cauteloso? Competitivo? Generoso? Exibicionista? Mesquinho? Sexista ("O meu marido/mulher cuida de tudo")? Está sempre preocupado? Tende a evitar situações difíceis? É esnobe? Irremediavelmente indefeso? Nesse nível, passamos a perceber como as nossas atitudes sobre o dinheiro foram moldadas pelo ambiente psicológico no qual crescemos.

A sua família se considerava rica, pobre ou mediana? Você foi criado em uma família na qual o dinheiro era discutido abertamente? Ou falar sobre dinheiro era considerado indelicado? Você recebia uma mesada? Você a ganhava em troca da execução de serviços domésticos? Ela o separava dos seus colegas porque você tinha menos ou mais do que os outros? Quem administrava o dinheiro na sua família? Como eles se sentiam a respeito disso? Você cresceu acreditando que a sua família tinha dinheiro suficiente para comprar qualquer coisa que você realmente desejasse e precisasse? Quando os seus pais negavam um dos seus desejos, era por causa de dinheiro? Você associava o dinheiro à recompensa na sua família? A discussões? A nunca ver o seu pai? Que mensagens os seus pais lhe transmitiam a respeito do dinheiro? A grande maioria dos divórcios é causada pelo dinheiro, como você pode bem imaginar depois que passa a entender que cada um de nós é criado em um ambiente financeiro diferente. O simples fato de você responder a essas perguntas pode mudar a sua vida. Passe algum tempo refletindo sobre elas. Ou então passe uma noite com o seu parceiro compartilhando as suas respostas. Extraia delas tudo o que têm de valor.

Existem livros e até terapeutas capazes de nos ajudar a entender a nossa personalidade financeira particular e a corrigir os padrões defeituosos do nosso comportamento monetário. Podemos perceber de imediato que esse primeiro aspecto não-material do dinheiro poderia nos ajudar a fazer escolhas melhores no nível da rua do dinheiro. Conhecer a sua psicologia financeira é outro nível de sofisticação a respeito do dinheiro.

Esta segunda perspectiva do dinheiro também abrange o que o dinheiro significa para nós, a nossa mitologia do dinheiro. À medida que exploramos esses mitos mais profundos, devemos ter consciência de que a nossa mente racional poderá negar o que o nosso comportamento revelar. Podemos dizer que não somos supersticiosos, mas mesmo assim não passamos debaixo de escadas. Podemos dizer que o dinheiro nada mais é do que pedaços de papel e de metal que administramos bem ou mal, mas as nossas ações falam mais alto do que as palavras. Cada um de nós vive em uma teia intricada de convicções a respeito desses pedaços de papel e metal.

Quais são alguns dos seus mitos pessoais a respeito do dinheiro?

O dinheiro como elemento de segurança

O dinheiro representa segurança para você? Enxergar o dinheiro como segurança — um amortecedor entre o nosso eu frágil e vulnerável, e o mundo frio, cruel e com freqüência imprevisível — é uma das percepções mais comuns. Na verdade, para muitas pessoas, segurança significa ter dinheiro no banco e estabilidade no emprego para que sempre possam conseguir mais. A tendência para acumular dinheiro das pessoas que equiparam o dinheiro à segurança vai da mesquinhez (negar a si mesmas não apenas o luxo mas também as necessidades da vida), ao interesse dependente por pechinchas (compre agora, compre mais, compre dois) à compulsão de poupar (cujo extremo patológico envolve juntar cédulas em colchões e caixas de papelão). Para muitas pessoas, a segurança financeira significa segurança emocional. Vemos pessoas usando o dinheiro para se defender de estados emocionais desagradáveis como o medo, a preocupação, a ansiedade e a solidão comprando companhia, guarda-costas, amigos, títulos de sócio nas organizações certas e, quando tudo o mais falha, terapeutas para limpar a bagunça.

Na verdade, a crença de que dinheiro equivale à segurança é uma das insanidades mais racionais que você pode ter. Se você vive nessa cultura, é apropriado dar crédito a essa crença na medida em que precisamos nos alimentar, vestir e abrigar adequadamente. Mas se você fosse um mensageiro andando pelas ruas do centro de Chicago à noite com uma pasta cheia de dinheiro amarrada ao pulso com algemas, você se sentiria seguro? Se o dinheiro realmente equivalesse à segurança, é exatamente assim que você se sentiria. Desse modo, o mito de que o dinheiro representa segurança é exatamente isso: um mito.

O dinheiro como poder

E o poder? O dinheiro significa poder para você? Você age como se o caminho do sucesso estivesse coberto de dinheiro? Você acredita no "poder de quem tem o dinheiro nas mãos"? Pareceria que uma pessoa em posição de dar ou reter o dinheiro pode exigir obediência e lealdade (ou pelo menos a impressão disso) daqueles que dependem dela, como a família, empregados, instituições de caridade. Você acredita que sem uma instrução universitária dispendiosa (ou sem uma instrução exorbitantemente dispendiosa em uma das faculdades da Ivy League*) você estaria condenado ao fracasso?

O dinheiro parece lhe conferir o poder de fazer o que quer e ir aonde quiser, quando quiser. O dinheiro também lhe confere o poder de *não* fazer aquilo que não lhe interessa; você pode pagar alguém para fazê-lo.

Mas se o dinheiro é poder, como você explica o poder de alguém como Gandhi? O tipo de poder que libertou a Índia dos ingleses nada tinha a ver com o dinheiro, e sim com o que Gandhi rotulou de *satyagraha,* ou "força da alma". O dinheiro não possuía nenhum poder quando tinha pela frente a vontade indomável de Gandhi e os seus seguidores, pessoas que viviam uma vida que poderíamos chamar de pobreza mas que, no entanto, experimentavam uma alegria irreprimível e exerciam uma enorme influência.

Embora na nossa cultura a idéia de que o dinheiro é poderoso encerre alguma legitimidade, quando agimos a partir desse mito deixamos escapar as inúmeras oportunidades de exercer o "poder da alma" e nos tornamos imensamente mais vulneráveis ao erro.

O dinheiro como aceitação social

Alguns de nós operamos a partir do mito de que o dinheiro é aceitação social. A ânsia de fazer parte de um grupo é profunda. Ser excluído é experimentado, em um nível inconsciente, como uma ameaça à sobrevivência. O

---

* A Ivy League é uma associação de oito universidades do Nordeste dos Estados Unidos. A designação tem conotações acadêmicas de excelência e também de certo elitismo. Estas universidades também são referidas como As Oito Antigas. (N.T.)

desejo de ter o mesmo padrão de vida de outras pessoas pode não se basear exclusivamente na ostentação e na competição, mas também em um profundo desejo de aceitação. A indústria do entretenimento se aproveita da nossa baixa auto-estima promovendo produtos capazes de nos tornar mais toleráveis para as outras pessoas: podemos cheirar melhor da cabeça (xampu) aos pés (desodorante para os pés), ter um corpo mais magro e o carro certo, e aprender a dançar — por dinheiro. Até mesmo a amizade parece ter um custo. Você precisa gastar dinheiro para desfrutar a companhia do seu grupo de amigos?

Vamos examinar outra maneira de aceitação social: o namoro e o casamento. Sabemos tanto historicamente quanto através das culturas que o dinheiro (ou vacas, cabras ou terras) quase sempre figuravam nos contratos de casamento. Mas e na nossa sociedade liberada? O dinheiro também desempenha um papel no romance? Ainda acreditamos em um certo nível que o dinheiro é sinônimo de sucesso com o sexo oposto?

Como acontece com os outros conceitos errôneos sobre o dinheiro, operar a partir do mito de que o dinheiro equivale à aceitação parece encerrar algum mérito. Afinal de contas, desfrutar a companhia de outras pessoas enquanto jantamos, assistimos a um filme ou tomamos banho de sol é um prazer que não gostaríamos de eliminar apenas porque custa dinheiro. Isso só se torna perigoso quando perdemos de vista o fato de que o companheirismo, a amizade e a intimidade estão disponíveis gratuitamente às pessoas que sinceramente oferecem o seu amor aos outros. As distorções começam quando igualamos o dinheiro à aceitação social. É como ir a um excelente restaurante que serve uma grande variedade de pratos deliciosos e comer o cardápio em vez da refeição. Isso não traz alegria, assim como gastar dinheiro para obter aceitação mas nunca experimentar a verdadeira intimidade também não nos deixa felizes.

O dinheiro como algo maléfico

Talvez você viva em um mundo no qual o dinheiro é algo que traz tristeza e dor. Na sua mitologia pessoal, o dinheiro é maléfico? O que expressa o seu comportamento? Ele diz que o dinheiro é sujo, desumano ou um instrumento de repressão? Você guarda na mente uma lista dos pecados que o dinheiro cometeu?

A idéia de que o dinheiro é maléfico provavelmente se origina da advertência bíblica de que "o amor ao dinheiro é a raiz de todos os males". É o nosso apego às coisas em detrimento das pessoas que nos impele a praticar a ação errada. Um momento de reflexão deveria bastar para que percebêssemos que o dinheiro não magoa as pessoas; as pessoas magoam as pessoas. O dinheiro não é pernicioso; as pessoas às vezes decidem fazer coisas perniciosas com o dinheiro. O dinheiro não é sujo; as pessoas fazem coisas sujas umas com as outras e às vezes o fazem usando o dinheiro. O dinheiro é moralmente neutro. É a nossa dependência do que o dinheiro pode comprar que nos faz praticar ações nocivas à vida.

*As personalidades financeiras muito diferentes de **Nedra** e **Jason** eram uma configuração para o conflito ou o crescimento. Nedra foi criada em uma família da classe operária no sul da Califórnia. O seu pai morreu quando ela era pequena, de modo que a mãe precisou trabalhar para sustentar os filhos, e Nedra tinha que ficar em casa fazendo grande parte do trabalho de mãe. Após estudar dois anos em uma faculdade batista, Nedra abandonou os estudos, determinada a viver uma vida mundana repleta das satisfações materiais que não tivera na infância e na adolescência. Um dos mitos de Nedra era que o dinheiro equivalia à felicidade e a um elevado padrão de vida. Os pais de Jason, por outro lado, sempre foram "alternativos" e enfaticamente contrários ao materialismo. Jason cresceu viajando em um ônibus escolar e participando de passeatas pela paz, e ia dormir à noite ouvindo a voz dos pais discutindo política com os amigos até altas horas da madrugada. Jason examinou os valores dos pais, considerou-os corretos e decidiu continuar a viver em função deles. A mitologia do dinheiro de Jason incluía a crença de que "o dinheiro simplesmente não era importante". Desse modo, Jason e Nedra, com procedências muito diferentes, contraíram matrimônio tentando combinar dois pontos de vista econômicos opostos. A tarefa, por mais intimidante que pudesse parecer, não era mais difícil do que a que a maioria dos jovens casais costuma enfrentar.*

E você?

Passe agora alguns minutos fazendo um pouco de *brainstorming* e verifique qual a *sua* posição com relação ao dinheiro. Qual a sua personalidade financeira? Quais as suas idéias a respeito do dinheiro? Os seus sistemas pessoais de crenças? Quais são as suas excentricidades e mitos a respeito do dinheiro? De que maneira o seu relacionamento com os outros tem sido influenciado pelo seu orgulho e preconceito financeiro? De que maneira o dinheiro diz respeito ao seu sentimento de valor pessoal? No que tange ao dinheiro, você se sente "superior" ou "inferior" aos que o cercam? O que o dinheiro significa para você? Examine o seu comportamento com relação ao dinheiro. Ele é às vezes irracional? O que isso lhe diz? Este é o momento para examinar mais profundamente o que aprendeu sobre o dinheiro e como você se relaciona com ele — realmente. Qual é a *sua* personalidade financeira?

Curar as feridas que a nossa psicologia e mitologia do dinheiro possam ter infligido a nós e aos outros encerra um grande valor. Está claro que entender a perspectiva do dinheiro a partir do nível da vizinhança esclarece e informa as nossas interações com a realidade física do dinheiro. Mas está igualmente claro que o nosso mapa interior do dinheiro não é o território. Existem outras coisas a ser feitas nesta jornada cujo objetivo é descobrir a verdade sobre o dinheiro. Ainda não temos uma definição do dinheiro universal e sistematicamente verdadeira.

3. A perspectiva do dinheiro a partir do nível da cidade — A esfera cultural

Deixamos o terraço de observação e partimos no helicóptero de reportagem do trânsito para obter uma visão ainda mais abrangente da cidade. Aqui do alto, as pessoas e os carros no nível da rua se fundem em um fluxo de movimento. Nem as pessoas nem o seu relacionamento mútuo capta a nossa atenção. O que nos deixa sem fôlego é poder enxergar toda a cidade em um único exame do horizonte. Reconhecemos os pontos de referência que identificam os diversos bairros, mas em vez de perceber cada região administrativa como uma ilha, obtemos um entendimento instantâneo de que o que mantém a cidade coesa é mais importante do que o que separa os seus habitantes em enclaves étnicos ou econômicos. Todos fazemos parte dessa entidade metropolitana mais ampla. A perspectiva do dinheiro a partir do nível da cidade abrange os pressupostos que todos compartilhamos a respeito do dinheiro, o nosso entendimento cultural sobre o dinheiro. Vivemos e morremos pressupondo que o dinheiro vale alguma coisa. O dinheiro, dizem os economistas, é uma "reserva de valor" e um "meio de troca".

Embora façamos referência a ele como o dólar todo-poderoso, não existe nada sagrado com relação ao dinheiro. O dinheiro é uma invenção social humana, que existe há apenas quatro mil anos. Nas famílias (geralmente), não cobramos pelas tarefas domésticas de varrer, tirar o pó, cozinhar, cuidar das crianças e trabalhar no jardim. Tampouco pagamos por cada refeição que comemos. As coisas também eram assim nos antigos clãs e tribos. Com o tempo, contudo, as transações se tornaram excessivamente complexas para a permuta direta. Assim sendo, "no oitavo dia" os seres humanos criaram o dinheiro como um vale de caixa para bens ou serviços recebidos. O dinheiro recebe o seu valor no momento da troca. Ele é simplesmente um símbolo, uma marca essencialmente desprovida de valor para algo que *teoricamente,* um dia, teve valor para alguém. Mas ainda existe muitas pessoas na terra que nunca o tocam. E apesar da nossa arrogância com relação ao dólar todo-poderoso, ele não é respeitado em todos os cantos do mundo. O dinheiro é uma "reserva de valor" e um "meio de troca" somente dentro dos limites do acordo cultural. De fato, em um nível prático na América do Norte no final do século XX, na maioria das vezes o dinheiro efetivamente *é* um meio de troca. No entanto, estamos tentando penetrar a realidade mais profunda do dinheiro. Queremos chegar à essência e não ao K-Mart.

A perspectiva do dinheiro a partir do nível da cidade examina não apenas a história do dinheiro e os princípios da economia, como também a sociologia e a antropologia do dinheiro. Aqui passamos a entender que a nossa definição de dinheiro foi condicionada por muitas forças culturais, e esse discernimento nos possibilita afastar-nos ainda mais dele. Por exemplo, na condição de norte-americanos compartilhamos alguns pressupostos comuns a respeito do dinheiro e do trabalho, pressupostos que um italiano ou um nativo da floresta amazônica poderá muito bem não compartilhar.

Como afirmamos no Capítulo 1, um dos nossos pressupostos generalizados é que o crescimento é positivo. A nossa economia depende do crescimento para sobreviver, e nós, como americanos, absorvemos essa ética do crescimento e a inserimos nas nossas aspirações para a vida. Se temos um carro, precisamos de dois. Se temos um par de calças, precisamos de dois; se temos dois, precisamos de três. Não damos a menor atenção ao crescimento intelectual, emocional e espiritual; ficamos emperrados em tentar continuar a crescer fisicamente adquirindo um número cada vez maior de bens.

O medo ergue a feia cabeça

É nesse nível que encontramos vários monstros econômicos: a inflação, o custo de vida, a recessão e a depressão. Se o Produto Nacional Bruto estiver crescendo a uma taxa de 1 por cento ou menos, somos informados de que nos encontramos em uma recessão, e todos sentimos o aperto (quer a nossa renda seja afetada ou não). Consideramos esses indicadores econômicos como pessoais. Se o economista nos diz que o custo de vida está elevado, automaticamente nos sentimos mais pobres, embora o que esteja hoje incluído no Índice de Preços ao Consumidor fosse um artigo de luxo vinte anos atrás, algo sem o que todos vivíamos e do qual nunca sentíamos falta, como hospedar-nos em hotéis e viajar de avião. Analogamente, acreditamos na inflação com a mesma tenacidade com que, quando crianças, acreditávamos nos amigos ocultos. No entanto nós, os autores, não sofremos por causa da inflação já há vinte anos. Por meio das compras inteligentes (o que será discutido no Capítulo 6), você pode se expor repetidamente ao fogo do mercado e não se queimar. Embora o preço da moradia em algumas partes dos Estados Unidos possa ter subido, muitos outros preços caíram, e produtos de luxo da década de 1950 estão hoje disponíveis aos consumidores da década de 1990 em lojas de descontos.

Os espectros da inflação, do custo de vida, da recessão e da depressão nos assustam e nos levam a aderir à receita econômica do bem-estar, "o crescimento é positivo", e ao seu corolário, o mito americano de que "quanto mais, melhor". E, à semelhança de qualquer religião baseada no medo, esse credo econômico nos mantém prisioneiros da nossa própria ignorância, dependentes dos padres do Banco Central para preservar a nossa passagem segura do berço ao túmulo com a nossa renda ajustada ao custo de vida ultrapassando por pouco o espectro da inflação. No entanto, como muitos de nós descobrimos no início da década de 1990, a Nossa Senhora do Perpétuo Crescimento não nos trouxe a segurança e a felicidade que estávamos certos de que seriam nossas por termos acreditado nela. Nesse meio tempo, viver nessa terra do nunca de eterna imaturidade nos impediu de dedicar essa mesma energia ao crescimento em outros níveis.

Esses pressupostos culturais de que "mais é melhor e o crescimento é bom" também criam em nós sutis preconceitos econômicos. Calculamos a nossa importância e a das outras pessoas por meio de critérios materiais, como o valor do nosso contracheque, o tamanho da nossa casa, o volume do nosso portfólio. Avaliamos uns aos outros e nos sentimos superiores ou inferiores baseados nessas avaliações quase inconscientes. A partir da perspectiva do nível da cidade, esse sistema de castas informal torna-se bem visível, tanto nos outros quanto em nós mesmos.

*Por mais diferentes que **Jason** e **Nedra** fossem psicologicamente, ambos eram filhos da América de "quanto mais, melhor". Eles apenas reagiam à mensagem de um modo diferente. Nedra se submetia e Jason se rebelava. No entanto, nenhum dos dois estava escolhendo livremente uma relação madura com o dinheiro e com o mundo material. Em um certo sentido, a atitude de "o dinheiro não é importante" de Jason era tão limitante quanto a busca da felicidade de Nedra por meio dos bens tangíveis. Como Jason se recusava a participar do jogo cultural típico de dinheiro e emprego, as suas escolhas na vida estavam gravemente limitadas. Descobriu que passava mais tempo tentando se arranjar e fazendo bicos do que se trabalhasse em um emprego estável. Se lhes fosse perguntado, nenhum dos dois teria reconhecido que estavam vivendo a sua programação cultural. Nenhum dos dois havia cursado a cadeira básica de economia. Nenhum deles ao menos conhecia a definição clássica de dinheiro como "reserva de valor". No que diz respeito a essa falta de consciência, eles também eram típicos. Quem entre nós cresce com um entendimento cultural objetivo do dinheiro?*

O entendimento econômico e cultural mais amplo que obtemos do helicóptero lança muita luz sobre a nossa psicologia do dinheiro, bem como sobre a atividade ironicamente chamada de "ganhar a vida". Podemos perceber muito melhor as razões por trás de algumas das estratégias para ganhar dinheiro no nosso ambiente cultural particular e a razão pela qual parte da nossa loucura monetária parece ser lúcida: porque é isso que todo mundo pensa. Esse é o nível a respeito do qual aprendemos na Harvard Business School e na Wall Street. Embora a educação nesse nível seja esclarecedora, ainda assim essa perspectiva não nos oferece uma definição do dinheiro universal e sistematicamente verdadeira, definição da qual possamos depender e aplicar em qualquer situação. Entender as múltiplas facetas do dinheiro não conduz necessariamente à verdade.

4. A perspectiva do dinheiro a partir do nível do avião a jato — A responsabilidade e a transformação pessoal

Agora é chegada a hora de dar um passo atrás, de abandonar tudo que você *acha* que sabe sobre o dinheiro. Esvazie a mente. À semelhança dos monges clássicos, exaurimos as "verdades" que aprendemos sobre o dinheiro e somos chamados a entrar em contato com um reservatório interior da Verdade. É nele que vamos descobrir a entrada para outra esfera monetária. O nosso helicóptero nos deixa no aeroporto e decolamos em um jato para obter uma perspectiva ainda mais elevada do dinheiro. Com um rugido o avião desliza pela pista e graciosamente alça vôo. Logo atingimos uma altitude a partir da qual avistamos toda a região. Dessa altura, reconhecemos que a cidade não é o mundo todo. Além dos limites da cidade, o mundo agrícola e natural se estende em direção ao horizonte. Daqui, podemos ver que todas as nossas convicções e comportamentos financeiros têm origem no fato de termos escolhido viver nessa cidade particular. Além dos limites da cidade, outras escolhas estão disponíveis. Você não é um prisioneiro de Major Metropolis, Estados Unidos, destinado a passar a vida ganhando dinheiro nos mercados que ela oferece. Mesmo que tenha nascido aqui, você permaneceu na cidade por escolha. É aqui que começa a responsabilidade pessoal.

A definição de dinheiro que descobrimos nessa esfera de responsabilidade pessoal atravessa a rede emaranhada de pensamentos, sentimentos, atitudes e convicções. Trata-se de uma definição qualitativamente diferente, uma definição universal e sistematicamente verdadeira, que nos devolve o poder que inconscientemente havíamos conferido ao dinheiro.

Todas as nossas falsas noções sobre o dinheiro até agora têm uma falha comum: identificam o dinheiro como algo extrínseco a nós. É algo que freqüentemente não temos, que lutamos para conseguir, e ao qual associamos as nossas esperanças de poder, felicidade, segurança, aceitação, sucesso, satisfação, realização e valor pessoal. O dinheiro é o senhor e nós somos os escravos. O dinheiro é o vencedor e nós, os vencidos.

Qual é, então, a saída? Qual é a declaração sistematicamente verdadeira que podemos fazer a respeito do dinheiro que nos permitirá ser objetivos, magistrais e poderosos na nossa relação com ele?

O dinheiro é algo pelo que escolhemos trocar a nossa energia vital.

Vamos repetir a frase porque você talvez não tenha captado o seu pleno significado. **O dinheiro e algo pelo que escolhemos trocar a nossa energia vital.**

A nossa energia vital é a nossa distribuição do tempo aqui na terra, as preciosas horas de vida que nos estão disponíveis. Quando vamos para o trabalho, estamos trocando energia vital por dinheiro. Essa verdade, embora simples, é muito profunda. Algo menos óbvio, mas igualmente verdadeiro, é o fato de que quando damos entrada no pedido de auxílio desemprego, estamos trocando energia vital por dinheiro. Quando vamos a Reno, estamos trocando energia vital por dinheiro (pelo menos é o que esperamos). Até mesmo uma herança inesperada precisa de alguma maneira ser "ganha" para efetivamente pertencer ao herdeiro; a energia vital precisa ser permutada. Passamos tempo com advogados, contadores, fiduciários, corretores da bolsa e consultores de investimento para administrar o dinheiro. Ou então passamos tempo na terapia tentando elucidar o nosso relacionamento com o falecido ou a culpa por ter recebido o dinheiro. Ou então passamos tempo investigando causas de valor para ser financiadas. Tudo isso é energia vital trocada por dinheiro.

Essa definição de dinheiro nos fornece uma importante informação. A nossa energia vital é mais *real* na nossa experiência efetiva do que o dinheiro. Poderíamos até afirmar que o dinheiro *equivale* à nossa energia vital. Assim sendo, embora o dinheiro não possua uma realidade intrínseca, a nossa energia vital possui, pelo menos para nós. Ela é tangível e finita. A energia vital é tudo o que temos. Ela é preciosa porque é limitada e irrecuperável, e porque as nossas escolhas a respeito de como a utilizamos expressam o significado e o propósito do nosso tempo na terra.

Quando Jason e Nedra participaram do nosso seminário no início da década de 1980, a conscientização de que dinheiro = energia vital transformou cada um dos seus relacionamentos com o dinheiro. Para Nedra, a fórmula atravessou a sua negação a respeito do seu débito. Ela percebeu, com considerável objetividade e remorso, que a energia vital proveniente do seu salário e a energia vital que estava despendendo para sustentar o seu estilo de vida jamais corresponderiam à quitação do seu débito. Não poderia mais usar o cartão de crédito para tampar os vazamentos no seu navio financeiro. A carga estava pesada demais, e usar o crédito para pagar o débito era como arrancar tábuas da lateral do

– 102 –

casco. Nedra reconheceu que estava afundando. No caso de Jason, a fórmula o fez enxergar claramente que apesar das suas melhores intenções de "tornar o mundo um lugar melhor", a sua obstinada ignorância financeira tornava os seus esforços ineficazes. Para que o seu desejo de exercer uma influência de peso no mundo fosse realmente eficaz, Jason precisava conhecer profundamente o dinheiro. Onde que quer ele fosse no mundo para participar de uma passeata, fazer piquetes, construir ou corrigir coisas, precisaria ser capaz de se sustentar ou então ele seria um fardo para outras pessoas. Embora o dinheiro e a religião pareçam estar em pólos opostos, tanto para Jason quanto para Nedra o discernimento de que dinheiro = energia vital foi uma experiência esclarecedora.

A sua energia vital

O que "dinheiro = energia vital" significa para você? Afinal de contas, o dinheiro é algo que você considera suficientemente valioso para facilmente despender um quarto do tempo que lhe foi destinado na terra para obtê-lo, gastá-lo, preocupar-se com ele, ter fantasias a respeito dele ou reagir a ele de alguma outra maneira. Sim, vale a pena aprender e aceitar muitas convenções sociais a respeito do dinheiro, mas em última análise, é *você* quem determina o que o dinheiro vale para *você*. Ele é a *sua* energia vital. Você "paga" pelo dinheiro com o seu tempo. Você escolhe como gastá-lo.

Se você tem quarenta anos de idade, pode esperar ter aproximadamente 329.601 horas (37 anos) de energia vital remanescente antes de morrer. (Ver a Figura 2-1 para a expectativa de vida em diferentes idades.) Pressupondo que você gaste a metade do seu tempo na necessária manutenção do corpo — dormindo, comendo, eliminando, banhando-se e exercitando-se — você tem 164.800 horas de energia vital remanescente para gastar livremente em coisas como:

- ❖ relacionar-se consigo mesmo
- ❖ relacionar-se com as outras pessoas
- ❖ dedicar-se à sua expressão criativa
- ❖ contribuir para a sua comunidade
- ❖ contribuir para o mundo
- ❖ alcançar a paz interior e...
- ❖ manter um emprego

Agora que você sabe que o dinheiro é algo pelo que você troca a sua energia vital, você tem a oportunidade de estabelecer novas prioridades para o uso desse valioso produto. Afinal de contas, existe alguma "coisa" mais vital para você do que a sua energia vital?

FIGURA 2-1

Idade e expectativa média de vida restante

Idade	Expectativa média de vida restante	
	Anos	Horas
20	56,3	493.526
25	51,6	452.326
30	46,9	411.125
35	42,2	369.925
40	37,6	329.601
45	33,0	289.278
50	28,6	250.708
55	24,4	213.890
60	20,5	179.703
65	16,9	148.145
70	13,6	119.218
75	10,7	93.796

Dados extraídos do U.S. National Center for Health Statistics, *Vital Statistics of the United States,* anual. Impresso no U.S. Bureau of the Census, *Statistical Abstract of the United States: 1991* (11ª edição), Washington, D.C., 1991, p. 74.

Um primeiro exame da "Independência Financeira"

Como dissemos no prólogo, um dos propósitos deste livro é aumentar a sua Independência Financeira. Ao seguir os passos, você avançará inexoravelmente em direção à Integridade Financeira e à Inteligência Financeira, e um dia (esperamos que antes de morrer) alcançará a Independência Financeira. No entanto, antes de lhe mostrar como isso é possível, precisamos lhe mostrar o que a Independência Financeira não é.

Comecemos explorando que imagens a expressão "Independência Financeira" lhe traz à mente. Ganhar uma fortuna? Herdar uma fortuna? Ganhar na loteria? Cruzeiros, ilhas tropicais, viagens ao redor do mundo? Jóias, Porsches, roupas de grandes estilistas? Quase todos nós imaginamos a Independência Financeira como uma fantasia inatingível de riquezas inexauríveis.

A idéia de que a Independência Financeira significa riqueza é proveniente da primeira perspectiva do dinheiro, a do nível da rua. Essa é a Independência Financeira no nível material. Embora ela apenas requeira que sejamos ricos, um impasse oculto tem lugar. O que é ser "rico"? Ser rico só existe em comparação com alguma coisa ou alguém. Ser rico é ter muito mais do que tenho agora. Ser rico é ter muito mais do que a maioria das pessoas tem. No entanto, conhecemos a falácia do mito do mais. O mais é como uma miragem. Nunca podemos alcançá-lo, porque não é real. John Stuart Mill declarou certa vez: "Os homens não querem ser ricos; querem apenas ser mais ricos do que outros homens." Em outras palavras, assim que ser rico tornar-se disponível para nós, já não seremos ricos.

É na perspectiva financeira no nível do avião a jato, na esfera da responsabilidade pessoal, que encontramos a nossa primeira definição da verdadeira Independência Financeira.

A nossa definição de Independência Financeira atravessa o nó górdio de não saber o que é ser rico. A Independência Financeira não tem nada a ver com ser rico. A Independência Financeira é a experiência de ter o *suficiente* — e um pouco mais. Você deve se lembrar de que a suficiência situa-se no topo da Curva de Satisfação. Ela é quantificável, e você a definirá *para si mesmo* enquanto trabalha com os passos deste programa. A antiga noção de Independência Financeira como ser rico para sempre não é alcançável. A suficiência é. O que é suficiente para você pode ser diferente do que é suficiente para o seu vizinho, mas é um número real para você e está ao seu alcance.

A liberdade financeira e psicológica

O seu primeiro passo em direção à experiência de ter **o suficiente, e um pouco mais**, é livrar-se da identificação com o nível do pedestre (a realidade material do dinheiro), com a perspectiva do nível da vizinhança (a realidade psicológica do dinheiro) e com a perspectiva do nível da cidade (os acordos culturais a respeito do dinheiro). Depois de fazer isso, você terá alcançado a Independência Financeira, independentemente de quanto dinheiro você possa ter. E enquanto não *puder* fazer isso, você nunca será financeiramente independente, não importa quanto dinheiro você possa ter.

A Independência Financeira é uma experiência de liberdade em um nível psicológico. Você está livre da escravidão a pressupostos inconscientemente nutridos a respeito do dinheiro, bem como da culpa, do ressentimento, da inveja, da frustração e do desespero que possa ter sentido com relação a assuntos monetários. Você talvez tenha esses sentimentos, mas da maneira como tem uma peça de roupa — pode experimentá-la, mas é livre para despi-la a qualquer momento. Você não é mais influenciado pelas mensagens que recebeu quando criança dos seus pais e da sociedade — mensagens a respeito de como *devemos* nos relacionar com o dinheiro para ser bem-sucedidos, respeitados, virtuosos, seguros e felizes. Você está livre da confusão que sentia com relação ao dinheiro. Você não se deixa mais intimidar por ter que calcular o saldo do talão de cheques ou decifrar as palavras ininteligíveis do seu corretor sobre fundos mútuos sem sobretaxa e pecúlios. Você nunca compra coisas que não quer ou não precisa, e é imune à sedução dos *shoppings*, dos mercados e da mídia. O seu sucesso emocional não está mais ligado ao seu sucesso econômico; a sua disposição de ânimo não oscila com a Banda Dow Jones. O disco rachado na sua cabeça pára, aquele que calcula as horas que faltam para o término do expediente, os dias que faltam para o dia do pagamento, os dias de pagamento que faltam até você conseguir juntar o dinheiro para dar entrada na motocicleta, os custos para a próxima reforma da casa e os anos que faltam para a aposentadoria. No início, o silêncio é atroador. Dias e até semanas podem se passar sem que você pense em dinheiro, sem que você pegue mentalmente a sua carteira para lidar com os desafios e as oportunidades da vida.

Quando você é financeiramente independente, a maneira como o dinheiro funciona na sua vida é determinada por você, e não pelas suas circunstâncias. Assim, o dinheiro não é algo que lhe acontece e sim algo que você inclui na sua vida de um modo premeditado. A partir desse ponto de vista, o drama normal de "trabalhar das nove às cinco até os sessenta e cinco anos", de ganhar a morte, de avançar, de ser rico e famoso — todas as grandes chances que automaticamente tentamos aproveitar — podem ser vistas apenas como uma série de escolhas entre muitas. Ter Independência

Financeira significa ficar livre da névoa, do medo e do fanatismo que tantos de nós sentimos com relação ao dinheiro.

Se isso soa como paz de espírito, acredite que é. Bem-aventurança fiscal. E se soa tão inatingível quanto a idéia de ser rico, acredite que não é. Tem sido a experiência de milhares de pessoas que seguiram a abordagem ao dinheiro descrita neste livro, pessoas que executaram os passos práticos e fizeram as simples observações recomendadas.

Segundo passo: estar no presente — rastrear a sua energia vital

De que maneira esta grande verdade — **dinheiro = energia vital** — manifesta-se na sua vida? Quando você pensava que o dinheiro era apenas algo com o que você precisava lidar, que significava segurança ou poder, que era um instrumento do demônio ou o primeiro prêmio da loteria, você podia racionalizar o seu comportamento em função de deveres e obrigações. Mas agora você sabe que dinheiro = energia vital, *sua* energia vital, e tem um crescente interesse em saber exatamente que quantidade dele está efetivamente passando pelas suas mãos. É no Segundo Passo do caminho em direção à liberdade financeira que você satisfaz essa curiosidade.

O Segundo Passo contém duas partes:

A. Estabelecer os custos efetivos em tempo e dinheiro requeridos para manter o seu emprego, e calcular o seu salário-hora efetivo.

B. Ficar atento a cada centavo que entra ou sai da sua vida.

A. Por quanto você está trocando a sua energia vital?

Determinamos que o dinheiro é simplesmente algo pelo que você troca a sua energia vital. Agora vamos examinar a quantidade de energia vital (em horas) que você está atualmente trocando por qual quantia (em dólares) – isto é, **quanto dinheiro você está ganhando pela quantidade de tempo que trabalha?**

Quase todo mundo encara a razão energia vital/renda de uma maneira irrealista e inadequada: "Ganho 440 dólares por semana e trabalho quarenta horas por semana, de modo que troco uma hora de energia vital por 11 dólares."

Não é provável que seja assim tão simples.

Pense em todas as maneiras como você usa a energia vital que estão diretamente relacionadas com o emprego no qual você ganha dinheiro. Pense em todos os gastos monetários que estão diretamente associados ao seu trabalho. Em outras palavras, se você não precisasse desse emprego no qual ganha dinheiro, que dispêndios de tempo e de dinheiro desapareceriam da sua vida?

Esteja preparado... Algumas pessoas não gostam do emprego — das horas de trabalho árduo, do tédio, da política do escritório, do fato de ter que passar um tempo afastados do que realmente gostariam de estar fazendo, dos conflitos pessoais com o chefe ou os colegas — e muitas sentem-se impotentes para mudar as suas circunstâncias. Uma reação comum a esses sentimentos de desprazer e impotência é gastar dinheiro. "Foi um dia tão duro que mereço me divertir um pouco. Vamos sair para jantar/dançar/ir ao cinema/ir ao *shopping*." Esteja, portanto, preparado para descobrir o quanto você se entrega ao sentimento de "detesto o meu emprego" como a razão subjacente.

Esteja também preparado para descobrir o quanto você gasta em alternativas dispendiosas de cozinhar, limpar a casa, fazer consertos e outras coisas que você mesmo faria se não tivesse que trabalhar.

Esteja preparado para descobrir os inúmeros custos da ambição profissional, todas as coisas que você "precisa" ter para continuar a ascender profissionalmente. O carro certo. As roupas adequadas. Os lugares certos para ir nas férias. A casa adequada na vizinhança adequada na cidade adequada. As escolas particulares adequadas para os seus filhos. Até mesmo o terapeuta adequado.

Usando a discussão que se segue como estímulo, descubra por si mesmo as *verdadeiras* concessões de tempo e energia associadas a manter o seu emprego de horário integral. Nem todas as categorias necessariamente se aplicarão a você, e talvez possam lhe ocorrer categorias mais relevantes no seu caso que não são mencionadas aqui.

Nos exemplos que se seguem, vamos atribuir valores numéricos *arbitrários* a essas concessões de tempo e dinheiro simplesmente para gerar uma tabulação hipotética. Qualquer semelhança com a sua situação é puramente acidental. No final da discussão, tabularemos esses cálculos e criaremos uma razão de troca *efetiva* de energia vital por dinheiro, lembrando que essa taxa horária "efetiva" ainda é arbitrária, baseada nos nossos números hipotéticos. (Quando você fizer os seus cálculos, estará usando os seus números efetivos e calculará o seu salário-hora pessoal.)

Ir e voltar do trabalho

Ir e voltar do trabalho acarreta um dispêndio de tempo ou dinheiro, ou ambos, quer você vá dirigindo para o trabalho, caminhe ou use o transporte público. Para a nossa finalidade, vamos supor que você vá de carro para o trabalho. Não se esqueça de incluir o valor do estacionamento e o pedágio das pontes ou estradas, bem como o desgaste do seu veículo. Digamos que você gaste uma hora e meia por dia, ou sete horas e meia por semana, no percurso de ida e volta do trabalho, o que equivale a uma despesa de cinqüenta dólares semanais com gasolina e manutenção. (Se você usa o transporte público, os seus números serão diferentes.)

7 ½ horas por semana — 50 dólares por semana

O traje

Você trabalha com as mesmas roupas que usa nos dias de folga ou nas férias, ou precisa de um guarda-roupa especial para vestir-se apropriadamente para o trabalho? Incluímos aqui não apenas os trajes óbvios como o uniforme de enfermeiro, as botas com bico de aço dos operários da construção civil e o avental do *chef*, como também os ternos e conjuntos feitos sob medida e os sapatos de salto alto, a meia-calça e as gravatas que são a norma nos escritórios. Você usaria um laço no pescoço ou andaria de um lado para o outro todos os dias com um salto de quase oito centímetros se isso não fosse o esperado no trabalho? Leve em conta também o tempo e o dinheiro que você gasta com a aparência, desde a loção após barba até os cosméticos exóticos.

Quantifique todas as atividades relacionadas com o seu aspecto físico, como fazer compras, aplicar máscaras faciais, fazer a barba e dar o nó na gravata. Digamos que você gaste uma hora e meia por semana fazendo essas coisas a um custo médio de 15 dólares por semana (isto é, os gastos anuais com o vestuário, dividido por 52 semanas, mais o custo dos cosméticos).

1 ½ hora por semana — 15 dólares por semana

Refeições

Os custos adicionais, em tempo e dinheiro, para as refeições afetadas pelo seu emprego assumem muitas formas, como por exemplo o dinheiro gasto com o café da manhã e o pedaço de bolo, o tempo gasto na fila do refeitório da empresa, a comida pronta cara que você compra porque está cansado demais para preparar o jantar, despesas de restaurante não reembolsadas, programas de emagrecimento nos quais você se inscreve porque deixou de lado uma nutrição adequada por causa do emprego.

Digamos que você compareça a reuniões dos Vigilantes do Peso uma hora por semana e gaste cinqüenta minutos por dia almoçando. São quatro horas por semana para o almoço e uma hora para as reuniões do programa de emagrecimento, o que totaliza cinco horas por semana. O almoço na lanchonete local custa mais cerca de 15 dólares por semana do que se você preparar o almoço em casa, as pausas para tomar café expresso que você faz como uma recompensa para si mesmo por estar trabalhando montam a cinco dólares por semana. Total gasto: vinte dólares.

5 horas por semana — 20 dólares por semana

"Descompressão" diária

Você chega em casa do trabalho entusiasmado e cheio de vida, atirando-se alegremente em projetos pessoais ou planetários, ou desejoso de passar algumas horas compartilhando a intimidade com a sua família ou outros entes queridos? Ou você chega cansado e esgotado, e se joga taciturno na poltrona diante da televisão, com uma cerveja na mão, porque "o dia foi muito duro"? Se você leva algum tempo para fazer a "descompressão", esse "algum tempo" é uma despesa relacionada com o emprego. Um palpite seria incluí-la nos itens recreativos como consumindo cinco horas e vinte dólares por semana.

5 horas por semana — 20 dólares por semana

Entretenimento de fuga

Observe essa expressão comum "entretenimento de fuga". Fuga do quê? Qual é a prisão ou circunstância restritiva da qual você precisa fugir? Se a sua experiência na vida fosse sistematicamente satisfatória e estimulante, do que você fugiria? As horas diante da televisão ou da tela do cinema seriam necessárias? Pense em cenas como "Foi uma semana muito pesada no trabalho; vamos passar uma noite na cidade para descontrair!" ou "Vamos nos afastar de tudo neste fim de semana e ir para Vegas!" Isso seria necessário? Quais são os custos de energia vital e dinheiro? Que parte do seu divertimento nos fins de semana você considera a sua recompensa justa por aturar um emprego maçante? Vamos atribuir a esta área cinco horas e vinte dólares por semana.

5 horas por semana — 20 dólares por semana

Se o que você fizesse *todos os dias* fosse realmente satisfatório e lhe conferisse um sentimento de realização e satisfação interior, de uma real contribuição para a vida daqueles que o cercam e para a família global, você desejaria tirar férias? Você precisaria daquela viagem ao Havaí? E a casa de férias, o barco ou o veículo que você só usa poucas semanas por ano apenas para "escapar?" Que proporção do tempo e do dinheiro envolvido nessas atividades está ligada ao dinheiro? Pense na mensalidade do clube ou da sua organização profissional: você faria parte dessas entidades se não tivesse o seu emprego? Compile tudo, divida por 52, e você talvez chegue a um total semanal de cinco horas e vinte dólares.

5 horas por semana — 20 dólares por semana

Doenças ligadas ao trabalho

Que percentual de doenças é ligado ao trabalho, ou seja, induzido pelo *stress*, causado pelas condições físicas do trabalho, pelo desejo de uma razão "legítima" para ficar um tempo afastado do trabalho ou pelo conflito com empregadores ou colegas de trabalho? Um número cada vez maior de indícios médicos indica que um grande percentual das doenças é psicossomático. Expressando o raciocínio de uma maneira simples, as pessoas satisfeitas são mais saudáveis. Na nossa experiência no decorrer dos anos, constatamos um número consideravelmente menor de doenças e absenteísmo causado por doenças nos voluntários do que nos funcionários remunerados.

No caso desta categoria, uma "sensibilidade interior" mais subjetiva é a única maneira de avaliar o percentual de custos médicos (tempo e dinheiro) atribuível ao seu emprego. Vamos imaginar que no decorrer de um ano você ficará de licença durante uma semana devido a doenças relacionadas com o trabalho, a um custo de 15 dólares por semana para remédios exóticos não cobertos pelo seguro-saúde.

1 hora por semana — 15 dólares por semana

Outras despesas relacionadas com o emprego

Examine o ativo e o passivo do seu balanço patrimonial (Primeiro Passo). Existem itens ali relacionados que você não teria comprado caso não estivessem diretamente relacionados com o seu emprego? Analise o que você paga a "empregados": você precisaria de uma governanta, jardineiro, faz-tudo ou mecânico se não tivesse um emprego? As despesas com creches para o pai ou a mãe que cria os filhos sozinho ou para as famílias nas quais o pai e a mãe trabalham fora abocanham um bom pedaço do seu salário, e não seriam necessárias se você não tivesse um emprego. Faça um histórico de tempo de uma semana típica. Quantas horas estão estritamente relacionadas com o trabalho? Inclua coisas como ler os classificados em busca de outro emprego ou reuniões sociais à noite para fazer contatos profissionais. As horas que você passa descarregando no seu cônjuge as suas frustrações a respeito do trabalho são uma atividade relacionada com o emprego? À medida que você progredir por intermédio dos outros passos deste programa, preste bem atenção a essas despesas ocultas relacionadas com o emprego.

<u>FIGURA 2-2</u>

Energia vital *versus* ganhos: qual é o seu salário *real* por hora?

	Horas/Semana	Dólares/Semana	Dólares/Hora
Emprego básico			
(antes dos ajustes)	40	40	11
<u>Ajustes</u>			
Ida e volta do trabalho	+ 7 ½	- 50	
Vestuário	+ 1 ½	- 15	
Refeições	+ 5	- 20	
Descompressão	+ 5	- 20	
Entretenimento de fuga	+ 5	- 20	
Férias	+ 5	- 20	

Doenças relacionadas com o trabalho	+ 1	- 15
Tempo e dinheiro gastos para manter o emprego (total de ajustes)	+ 30	- 160
Emprego, com ajustes (total efetivo)	70	280	4

Cada dólar gasto representa 15 minutos de energia vital

Não deixe de lado despesas com itens destinados ao aperfeiçoamento profissional, como programas educacionais, livros, ferramentas e conferências. Lembre-se de que a sua situação é única, mas as idéias básicas se aplicam a todos os casos. Descubra as suas categorias particulares do tempo e das despesas relacionados com o emprego.

O seu salário *real* por hora

Compile agora os números e elabore uma tabela, *acrescentando* as horas adicionais aproximadas relacionadas com o emprego à sua "semana normal" de trabalho e *subtraia* as despesas relacionadas com o trabalho da sua remuneração habitual. No caso de itens com um prazo mais longo como as férias ou as doenças, faça simplesmente um cálculo *pro rata* ao longo de cinqüenta semanas (um ano menos as duas semanas de férias). Férias de mil dólares que você não teria tirado se gostasse do seu emprego devem ser computadas como mil dólares divididos por cinqüenta semanas, o que é igual a vinte dólares por semana... e assim por diante.

É claro que os lançamentos específicos serão aproximações, mas se você se empenhar poderá chegar a números relativamente precisos.

A figura 2-2 ilustra o processo do cálculo do seu salário-hora efetivo, bem como o de um corolário: o número de minutos da sua vida que cada dólar que você gasta representa. Lembre-se de que os números são arbitrários, escolhidos exclusivamente pelo seu valor como "números redondos". Os seus serão provavelmente muito diferentes desses, bem como as suas categorias.

O Ponto Principal: a figura 2-2 mostra claramente que você está na verdade vendendo uma hora de energia vital por quatro dólares, e não pelos onze aparentes. O seu salário *efetivo* por hora é de quatro dólares. Uma boa pergunta neste ponto é a seguinte: você está disposto a aceitar um emprego que pague esse salário por hora? (Você deve fazer esses cálculos sempre que mudar de emprego ou mudar os hábitos relacionados com o emprego.)

O número a que chegamos como corolário também é interessante. Neste exemplo, cada dólar que você gasta representa 15 minutos da sua vida. Pense nesse número na próxima vez que for desembolsar dinheiro para comprar outro vício de consumo. Faça a si mesmo a seguinte pergunta: esta mercadoria vale 120 minutos da minha energia vital?

Repare que os nossos cálculos desconsideraram coisas intangíveis como o tempo que você passa planejando estratégias para subir os degraus da empresa, o tempo que você passa lidando com a vida familiar que está se deteriorando devido a exigências do emprego e o tempo e o dinheiro que você gasta para manter um estilo de vida compatível com o seu emprego.

*Quando **Larry Graham** executou a primeira parte do Segundo Passo, a sua vida virou de cabeça para baixo. Ele trabalhava havia cerca de dez anos como gerente de projetos na indústria de construção civil. "Eu me sentia infeliz com o que fazia para ganhar a vida", escreveu, "mas a renda igualava as despesas, de modo que seguia em frente com a atitude de 'Bem, esta é a vida na cidade grande'. Larry executou então o Segundo Passo e calculou o seu salário **efetivo** por hora. "Depois de analisar os nossos padrões de gastos, ficou claro que quase a metade do que eu ganhava era despendido no emprego, ou seja, era gasto com gasolina, óleo, manutenção, almoços, um pouco aqui, um pouco ali, sendo que a maior parte era irrecuperável. Em resumo, eu poderia ficar em casa, trabalhar tempo parcial onde moro e efetivamente economizar dinheiro fazendo a metade do que eu fazia antes." Foi então, quando Larry compreendeu que poderia desistir do emprego e perseguir os seus verdadeiros desejos e metas, que tudo mudou. Conseguiu lidar com assuntos da sua vida financeira que adiara durante anos, coisas como liquidar as dívidas com os cartões de crédito, eliminar os almoços em restaurantes e ser capaz de discutir questões de dinheiro com a mulher sem as antigas discussões. À medida que Larry foi reorganizando o seu mundo financeiro, ele a esposa perceberam que poderiam sobreviver muito bem com o salário que ela recebia em um emprego que adorava (ensinando pessoas com limitações educacionais), e que ele poderia voltar a estudar para se especializar na carreira que sempre desejara seguir: orientador psicológico e terapeuta. "Estamos na verdade sentindo muito menos stress porque estamos concentrados em* *curar a nossa relação estapafúrdia com o dinheiro, e não apenas [concentrados] nos dólares.".*

Por que executar este passo?

Por que este exercício é essencial para uma relação transformada com o dinheiro?

1. O exercício possibilita que você contemple o emprego remunerado a partir de uma perspectiva real e enfatiza o quanto você efetivamente está ganhando, que é o ponto principal.

2. Possibilita que você avalie realisticamente o seu emprego atual e os futuros, sob o aspecto do ganho efetivo. É proveitoso aplicar as informações reunidas neste passo aos possíveis empregos futuros: um emprego que exija que você faça um percurso mais longo de ida e volta do trabalho ou no qual você tenha que se vestir melhor pode ter uma remuneração efetiva menor do que outro com um salário mais baixo. Compare as ofertas de emprego a partir da *verdadeira* perspectiva do valor pelo qual você está realmente vendendo a sua energia vital.

3. Conhecer o perfil econômico do seu emprego o ajudará a esclarecer melhor os seus motivos para trabalhar e escolher um emprego em detrimento de outro. A história de Larry Graham não é uma anomalia. Um grande número de pessoas gasta tudo o que ganha e um pouco mais para manter o emprego, e se consideram afortunadas. Outro Pensador FI disse que este passo aumentou de tal maneira a sua conscientização das despesas desnecessárias relacionadas com o emprego que a sua renda líquida por hora duplicou. Quando reconheceu que muitos dos seus gastos estavam ligados ao trabalho, foi capaz de reduzir e até eliminar muitos deles. Começou, por exemplo, a levar o seu almoço para o trabalho em vez de pedir comida na lanchonete, passou a usar o transporte público em vez de ir de carro para o trabalho (duplicando o benefício dessa escolha ao usar o tempo de volta para casa para a "descompressão"), reavaliou a suposta necessidade de ter uma quantidade tão grande de roupas elegantes, e começou a fazer caminhadas diárias com a esposa (melhorando assim o relacionamento e a saúde deles). Certa mulher usou os resultados deste passo como um critério para aceitar ou recusar empregos. Quando passou a saber calcular exatamente o salário que iria receber por hora, pôde discernir claramente se o emprego valia ou não a pena. Na verdade, existem alguns empregos aos quais ela tal-

vez tivesse se candidatado anteriormente, mas que agora nem mesmo leva em consideração.

Será coincidência o fato de "job" [emprego, em inglês] também ser o nome do personagem do Antigo Testamento [Jó, em português] que era assolado por dificuldades? "As provações de Jó" assumem um significado inteiramente novo; muitos de nós certamente refletimos sobre a pergunta de Jó: "Por que eu, Senhor?" enquanto enfrentamos o trânsito da hora do *rush* ou suportamos um tédio excruciante.

Se não há vergonha, não existe culpa

E lembre-se: é aqui que os seus sentimentos a respeito do seu trabalho/emprego/identidade ascenderão com mais força à superfície. O segredo é a autoconsciência compassiva. Apenas observe cada sentimento quando ele se apresentar, sem criticá-lo, e sem criticar o seu emprego, o seu chefe ou a si mesmo, e sem julgar este livro bom ou ruim. E daí se você vem pagando para trabalhar? E daí se você vem gastando todo o seu salário "recompensando-se" por ter sobrevivido mais uma semana? E daí se você vem levando um estilo de vida dinâmico e competitivo ganhando quatro dólares por hora? Está tudo no passado. Era o que você precisava fazer antes de saber que dinheiro = energia vital.

LISTA DE VERIFICAÇÃO: ENERGIA VITAL *VERSUS* SALÁRIO

	Tempo *horas/semana mais*	*Dinheiro* *dólares/semana menos*
Transporte:		
desgaste com os quilômetros percorridos		
gasolina e óleo		
transporte público		
custo do estacionamento		
pedágio		
pneus		
andar a pé ou de bicicleta		
Vestuário:		
roupas compradas para o trabalho		
maquiagem comprada para o trabalho		

| | *Tempo* | *Dinheiro* |
| | *horas/semana mais* | *dólares/semana menos* |

pasta executiva de luxo
sapatos comprados para o trabalho
fazer a barba para trabalhar

Refeições:
    pausas para o café
    almoços
    divertimento para o trabalho
    recompensa em comida pelo trabalho desagradável
    comida pronta

"Descompressão" diária:
    tempo até que as crianças possam gritar de novo
    tempo adicional até ficar tranqüilo
    itens recreativos
    tempo até ser capaz de trabalhar produtivamente

Entretenimento de fuga:
    filmes
    bares
    HBO
    retiros de fim de semana

Férias, equipamentos e bens dispendiosos:
    férias em _____
    equipamento de exercícios
    equipamento esportivo
    barco
    casa de verão
    mensalidade do clube

Doenças relacionadas com o emprego:
    resfriados, gripes, etc.
    hospitalização

Outros gastos relacionados com o trabalho:
ajuda contratada para:
    limpar a casa
    cortar a grama
    consertar o carro
    lavar e passar a roupa
    cuidar das crianças
creche para as crianças
programas educacionais
consultor de cores
revistas (de negócios)
conferências
preceptores para as crianças
    comunicações especiais
    sistemas para manter-se atualizado

B. Acompanhe cada centavo que entrar ou sair da sua vida

Até agora determinamos que o dinheiro equivale à energia vital, e aprendemos a calcular quantas horas de energia vital trocamos por cada dólar. Agora precisamos nos conscientizar do movimento da forma de energia vital chamada dinheiro em todos os momentos da nossa vida; precisamos nos manter a par da nossa renda e das despesas preenchendo um **Diário Monetário**. A segunda parte do Segundo Passo é simples, porém não necessariamente fácil. De agora em diante, acompanhe cada centavo que entrar ou sair da sua vida.

Muitas pessoas permanecem intencionalmente alheias ao dinheiro. A sua mitologia coloca o "dinheiro" e o "amor-verdade-beleza-espiritualidade" em dois compartimentos separados. Essa dicotomia encerra uma série de variações. Existem as organizações ativistas populares que não sabem fazer o balanço dos seus livros contábeis, e nem mesmo mantê-los. Existem pessoas que não sabem dizer não quando um amigo pede um empréstimo mas nem sonham em assinar um recibo da transação (porque afinal de contas *somos* amigos!). Existem então as pessoas que freqüentam seminários, grupos de apoio e palestras a respeito do "crescimento pessoal e planetário", pagando tudo com cheque ou cartão de crédito sem manter um registro das despesas — deixam que o banco cuide desses detalhes. Há igrejas que estão indo à falência porque não conseguem discutir com a congregação as suas necessidades financeiras fundamentais. Existem até mesmo casais que não discutem as suas finanças comuns porque... bem, eles se amam. Todas essas situações derivam da mesma idéia básica: dinheiro é dinheiro, e amor é amor, e os dois nunca se encontrarão. Examine as suas atitudes. Você justifica a sua falta de conscientização financeira com preceitos "espirituais"?

A disciplina espiritual

As religiões antigas e modernas, bem como os seminários de desenvolvimento pessoal do movimento do potencial humano dispõem de técnicas destinadas a treinar a mente a permanecer no aqui e agora, "no momento". Essas práticas assumem muitas formas e incluem técnicas aparentemente distintas como contar a respiração, concentrando a atenção cada vez que o ar entra e sai do pulmão; repetir incessantemente uma frase para pôr em foco a mente que insiste em divagar; concentrar-se em um objeto sem cogitar memórias passadas ou fantasias futuras a respeito dele — apenas ficando com o objeto, no momento; praticar várias artes marciais (como aikidô e karatê); desenvolver uma "testemunha" interior objetiva que meramente observa o que você está fazendo no momento.

Acrescentamos a essa lista outra disciplina destinada a aguçar a percepção e que é indispensável ao programa financeiro e talvez aceita com mais facilidade pela nossa mentalidade terrena e materialista do que algumas dessas práticas mais "esotéricas". Em vez de observar a respiração, você observa o seu dinheiro. A prática é simples: **acompanhe cada centavo que entrar ou sair da sua vida.**

As regras para esse instrumento de tecnologia da transformação altamente desenvolvido são as seguintes: **acompanhe cada centavo que entrar ou sair da sua vida.**

A metodologia para esse milagre da metafísica monetária é a seguinte: **acompanhe cada centavo que entrar ou sair da sua vida.**

Podemos encontrar em toda parte seguidores desse ensinamento e identificá-los pelo seu método infalível de pegar no bolso ou na bolsa um pequeno caderno e uma caneta sempre que o dinheiro está para entrar ou sair da sua presença.

Não existem especificações para esse Diário Monetário. Não existe um caderno oficial a ser comprado. Se há um lugar no programa financeiro no qual você pode ser criativo e fazer as coisas do seu jeito, esse lugar é o Diário Monetário. No caso de muitas pessoas, um diário de bolso é o perfeito companheiro para que possam anotar cada centavo que entra ou sai da vida delas, junto com a data do evento. Após passar anos refinando o sistema, uma mulher descobriu que uma ficha e uma pequena caneta inserida na carteira fazem com que ela sempre se lembre de anotar todas as vezes que gasta ou recebe dinheiro. Certo homem, mais enamorado do tempo do que do dinheiro, anota as entradas e saídas de dinheiro em uma seção especial do seu diário. Outra mulher, que no passado era muito distraída com relação ao dinheiro, aprecia a importância e o significado de carregar consigo o seu livro contábil e lançar cada item por categoria, com espaço para calcular os totais diários, semanais e mensais.

Independentemente do sistema que você escolher, *faça as anotações* (o programa só funciona se você o fizer!) com precisão. Deixe que anotar toda e qualquer entrada de dinheiro, o momento exato e o motivo do intercâmbio torne-se um hábito. Faça com que efetuar um registro imediato *sempre* que você gastar ou receber dinheiro torne-se para você uma segunda natureza. Esta técnica é tão valiosa que você talvez continue a praticá-la muito depois de ter alcançado as suas metas financeiras; para os autores, ela se tornou um hábito para a vida inteira.

A figura 2-3 é um exemplo fictício dos lançamentos de dois dias. Observe o grau do detalhe conferido a cada dispêndio. Repare na diferenciação dos gastos no Circle K entre os lanches ("batata frita, molho, refrigerante") e o "pacote com 3 CDs virgens". Diferenciações semelhantes de categorias de gastos são feitas das compras de sábado no Safeway e no K-Mart. As subcategorias ou desmembramentos dentro do total são aproximações arredondadas (embora você certamente seja estimulado a ser rígido nas aproximações, seria muito demorado calcular o custo exato do papel higiênico, do vinho, etc.), mas é necessário que o total seja preciso até o centavo.

Cada centavo? ... Mas por quê?

Lembre-se de que o objetivo deste exercício é simplesmente **acompanhar cada centavo que entrar ou sair da sua vida.**

"Por que", você talvez pergunte, "preciso ser tão meticuloso?"

Porque é a melhor maneira de você se conscientizar da quantidade de dinheiro que efetivamente entra e sai da sua vida em oposição a como você *acha* que ele entra e sai. Até agora, quase todos nós tivemos uma atitude indiferente diante das nossas pequenas transações monetárias diárias. Na prática, freqüentemente invertemos o antigo princípio de que as pessoas são "sábias com as moedas mas tolas com as notas". Podemos ficar imensamente na dúvida e conversar com o nosso parceiro a respeito da conveniência de gastar quarenta dólares em um novo aparelho maluco de quatro cores para canhotos, mas no decorrer do mês uma quantia ainda maior inconscientemente saiu do nosso universo em pequenas e "insignificantes" compras (a síndrome de gastar cada centavo até a morte).

"Mas eu preciso ficar atento a cada *centavo*?", você poderá perguntar. Precisa sim, a cada centavo!

FIGURA 2-3

Exemplo de Diário Monetário

Sexta-feira, 24 de agosto	Entradas	Saídas
Pedágio na ponte para o trabalho		1,00
Café e bolinho no trabalho		1,50
(Encontrado no banheiro)	0,25	
Almoço no trabalho		4,63
Gorjeta do almoço		1,00
(Reembolsados por Jack		
pelo almoço de segunda-feira)	5,00	
Cafezinho (trabalho)		1,00
Contribuição no escritório		
(chá-de-panela da Di)		5,00
Coca-Cola na máquina		
automática do trabalho		0,75
Barra de chocolate da		
máquina automática do trabalho		0,50
Gasolina: 40 litros a 0,32/litro		12,80
Circle K: batata-frita, molho, refrigerante		3,65
Circle K: pacote com 3 CDs virgens		5,89
(Contracheque, valor líquido da semana)	285,40	
(ver a dedução no canhoto)		

Sábado, 25 de agosto
Compras no Safeway   68,14
    Desmembramento: aproximado

óleo para o motor	4,00
fita cassete, pacote com 3	2,50
revistas	3,00
artigos para o lar	12,00
artigos de toalete	8,50
vinho	<u>6,00</u>
subtotal aproximado	36,00
gêneros alimentícios	<u>32,14</u>
TOTAL	68,14

Compras no K-Mart   46,84
    Desmembramento aproximado

artigos para a casa	8,00
camisa, para o trabalho	14,00
doces	3,00
fotos	10,80
artigos de metal	4,00
acessórios para o carro	<u>7,04</u>
TOTAL	46,84

Almoço no Burger King	3,60
Jantar com o amigo, China Star	16,20
Gorjeta do jantar	3,00
Cinema com o amigo	12,00

Por que cada centavo, em vez de pelo menos arredondar tudo para o inteiro mais próximo, ou usar números aproximados? Porque isso ajuda a estabelecer hábitos importantes para a vida inteira. Afinal de contas, qual a definição de um "Fator de Correção?" Que aproximação é "próxima o suficiente"? Sendo a natureza humana como é, se você começar a trapacear, mesmo que "só um pouquinho", esse pouquinho tende a aumentar e logo você se pegará pensando, "Bem, não preciso anotar *tudo,* apenas as despesas mais importantes"; e depois, "Bem, já segui tudo à risca durante um mês, de modo que acho que vou começar a arredondar os valores para o milhar mais próximo". (É como a dieta: se você sai da dieta na terça-feira de manhã comendo um brioche com manteiga em vez de uma torrada simples, a tendência é que você trapaceie ainda mais, e à noite estará devorando um pote de sorvete e um enorme pedaço de bolo.) Se quiser que o programa funcione, vale a pena executá-lo da maneira correta.

Como o dinheiro apresenta uma correlação direta com a sua energia vital, por que não respeitar o bastante esse bem precioso, a sua energia vital, para conscientizar-se de como ele é despendido?

Este é o passo que, de certa maneira, exerce o maior impacto nas pessoas. Com freqüência participantes entusiásticos dos seminários nos procuram e declaram: "O seu seminário foi a melhor coisa que já me aconteceu sob o aspecto financeiro. Desde que participei dele, passei a acompanhar cada centavo!"

Perguntamos então: "Que maravilha! E você concluiu os outros passos?"

"Não, não se aplicam ao meu caso, mas tenho sido fiel ao programa e presto atenção a cada centavo."

Embora este seja um passo importante, não é o único; é apenas uma peça do mecanismo que faz o programa funcionar. O único resultado que você tem garantido se fizer *apenas* este passo é que terá uma coleção de pequenos cadernos com o registro de cada centavo que gastou desde o dia que começou.

Você poderá apresentar uma resistência inicial a se empenhar nesta parte do programa e realizá-la de um modo impecável, mas no final este passo precisa ser seguido, independentemente do que você possa sentir, pois ele é uma seção vital do caminho real em direção à maestria do dinheiro.

Acompanhe cada centavo que entrar ou sair da sua vida.

Atitudes proveitosas

Nada de liberdade de movimento. Ou você é cem por cento a favor da Integridade Financeira ou não é. Um telescópio com apenas *uma* das lentes levemente fora de alinhamento não lhe permite ver as estrelas. O mesmo é verdade com relação à vida humana. Uma pequena trapaça reduz a quantidade de luz que pode brilhar. É aqui que você se torna cruel, impiedoso e ditatorial.

O seu compromisso de esclarecer a sua relação com o dinheiro é realmente testado aqui. Quase todos temos a tendência de conceder a nós mesmos liberdade de movimento, e a tentação de "esquecer" de acompanhar cada centavo pode ser grande. Um dos segredos do sucesso neste programa (e na vida) é transformar a atitude de frouxidão e liberdade de movimento em uma atitude de precisão e impecabilidade. (Aliás, essa integridade pode fazer milagres em outros aspectos da sua vida. Pessoas perderam peso, arrumaram a mesa de trabalho e consertaram relacionamentos abalados, apenas por ter executado este passo. Integridade é integridade é integridade.)

Nenhum julgamento — muito discernimento. Julgar (culpar os outros e a nós mesmos) significa rotular as coisas em função do bem e do mal. Foi o julgamento que fez com que Adão e Eva fossem expulsos do Jardim do Éden: eles comeram o fruto da árvore do *conhecimento* do bem e do mal, ou seja, começaram a julgar tudo, a começar pelo próprio corpo, e ficaram envergonhados. Você descobrirá que o julgamento e a culpa não são satisfatórios na estrada em direção à mudança da sua relação com o dinheiro e à obtenção da Independência Financeira. O *discernimento,* por outro lado, é uma habilidade fundamental. Discernir significa separar o verdadeiro do falso, o joio do trigo. No simples processo de anotar cada centavo que entra e sai, você começará a discernir que despesas são adequadas e gratificantes, e quais são desnecessárias, extravagantes ou até mesmo pura e simplesmente inadequadas. O discernimento está relacionado com a nossa mais elevada faculdade, a que conhece a verdade e enxerga o que é necessário e desejado pela vida, que reconhece como verdadeiro o nosso desejo de exercer uma influência de peso antes de morrer. Essa faculdade se tornará cada vez mais ativa à medida que você for trabalhando com o programa financeiro. A chave da Integridade Financeira é sintonizar os seus gastos com essa faculdade. Ao anotar cada centavo que entra e sai da sua vida, você está despertando essa faculdade e convidando-a a orientar cada vez mais a sua vida.

Resumo do Segundo Passo

1. Determine (com precisão e sinceridade) por quanto dinheiro você está trocando a sua energia vital, e descubra o seu salário *efetivo* por hora.
2. Tome conhecimento do seu comportamento monetário acompanhando cada centavo que entrar e sair da sua vida.

3

Para onde está indo tudo?

Parabéns! Você chegou ao presente. Saber quanto dinheiro entrou e saiu da sua vida — hoje, na semana passada, no mês passado e desde a sua primeira mesada — é uma façanha monumental, um passo gigantesco em direção à Inteligência Financeira. Sob o aspecto de aonde este programa o levará, contudo, você acaba de começar. Os vislumbres que você teve, por mais vívidos que possam ter sido, são apenas uma prova do que lhe está reservado.

Para dar o Primeiro e o Segundo Passos, você só precisou aceitar a palavra de algumas pessoas aparentemente entendidas (os autores e todos os que usaram com sucesso este programa) que afirmaram que esse tipo de contagem obsessiva é necessária para romper o domínio que o dinheiro exerce sobre a sua vida. Você só precisou designar e numerar itens tangíveis como a sua renda, despesas, saldo bancário e bens. Entretanto, para que o Terceiro Passo funcione, uma maior parte de *você* precisará estar envolvida. Nele você iniciará o processo de avaliar as informações que recolheu. Usando a analogia de uma dieta, o Primeiro e o Segundo Passos diziam respeito à contagem das calorias. O Terceiro Passo envolve subir na balança.

Assim como as dietas, os orçamentos não funcionam

Orçamentos! Eles mencionaram orçamentos? Todos sabemos o que acontece com os orçamentos, não é mesmo? Você vai à papelaria e compra um caderno comum de orçamento (anotando o quanto ele custou, é claro). Em seguida, faz um enorme esforço para fazer a vida se ajustar às categorias convencionais. As vacinas que o cachorro tomou na semana passada no veterinário entram como Despesas Médicas? E a comida dele? Entram em Gêneros Alimentícios? O empréstimo que fiz a Sally é uma Despesa? E a

– 125 –

gasolina da motocicleta de dar a volta na pista de corrida... é Transporte? Depois de se esforçar ao máximo para atribuir todo o seu leque de excentricidades às dez categorias convencionais (como é possível que o item Diversos esteja maior do que Moradia?), você avança para o plano de despesas. Quanto eu deveria orçar para cada categoria no próximo mês? Você coloca o seu melhor palpite, já que as categorias não se encaixam muito bem, e entra inseguro no mês seguinte. Esse ritual em geral se repete por mais dois meses, quando você chega à conclusão de que ou terá que adotar uma vida muito mais restrita e maçante, ou abandonar essa farsa. Desistir parece bem mais fácil. Muitos de nós repetimos em vão esse ritual de arrependimento fiscal várias vezes na vida. **Não se preocupe. Relaxe. Este programa *não* consiste em fazer um orçamento!**

Voltemos à analogia da dieta para destacar a diferença essencial entre este programa financeiro e os orçamentos convencionais.

Nenhum de nós nasceu sabendo o que é uma caloria. Houve uma época em que comíamos biscoitos recheados, sorvete e uma grande quantidade de maionese simplesmente porque isso nos dava prazer. Geralmente, as calorias (e a primeira dieta) entram em cena na puberdade, pois é nessa época que nos tornamos dolorosamente conscientes de que o nosso manequim não é exatamente tamanho 42. A partir desse dia, o que importa é a maneira como as nossas roupas caem em nós. Se conseguimos entrar na calça vermelha, estamos bem. Caso contrário, somos inúteis, feios, indisciplinados e inadequados — sem a menor chance de um livramento condicional. E somos banidos para a dieta seguinte. Mas as dietas não funcionam. Não dão certo porque lidam com os sintomas e não com a causa. A causa da gordura não são realmente as calorias da comida e sim os desejos da nossa mente. Embora a pessoa que faz uma dieta possa afirmar que está morrendo de fome, a verdade é que ela está passando pelo processo de retirada da droga que usa para aliviar o tédio, vingar-se da mãe, estruturar o tempo, acalmar a inquietação, sentir-se incluída no grupo, aumentar a auto-estima, superar a solidão e curar de um modo geral o que a aflige.

O que tudo isso tem a ver com o dinheiro? Muita coisa. Assim como as pessoas que comem em excesso detestam subir na balança, aquelas que gastam muito odeiam a época de fazer a declaração do imposto de renda — e, na verdade, qualquer época em que tenham que computar despesas — porque isso significa que estarão diante do Período do Orçamento. No caso das pessoas que fazem dieta, ocorre a descrença inicial (como descer da balança para certificar-se de que o ponteiro está voltando para o zero). Em seguida vêm as desculpas ("Estou retendo água", ou "O que você esperava que acontecesse depois das Festas?" ou "Estamos no inverno, todos os animais engordam nessa época"). Segue-se então a auto-recriminação ("Feio, indisciplinado, inútil, incompetente"). E depois, de cabeça baixa e o rabo entre as pernas, elas se submetem ao suplício de A Dieta. Enfrentar a realidade (a balança) representa um castigo.

E é assim que os gastadores inconscientes se sentem. Recusam-se a abrir qualquer coisa que se pareça com uma conta, usam todos os cartões de crédito até o limite, emitem cheques pré-datados na esperança de que o seu salário seja depositado no banco antes que a pessoa tente sacar o cheque sem fundos, pede dinheiro emprestado aos amigos, toma empréstimos de dívidas consolidadas, despe um santo para vestir outro, e assim por diante até que, após meses (ou até anos) de negação e racionalização, decidem tomar uma atitude e levam os seus registros incompletos e tristemente organizados a um planejador financeiro para confessar os seus pecados e submeter-se a um orçamento de recuperação. Fim da diversão. Fim dos filmes. Fim dos fins de semana em Las Vegas. Fim das roupas bonitas e das visitas ao salão de bronzeamento. Apenas promessas desesperadas de não usar os cartões de crédito ("Mas por favor não me obrigue a cancelá-los!"), pão e água, e muito trabalho.

Embora esses exemplos possam ser extremos, eles contêm uma semente de verdade a respeito dos padrões de gastos inconscientes. Por acaso alguns deles assemelham-se a coisas que você possa ter sentido ou feito? A ênfase do seu vício pode não ser dinheiro ou comida, mas milhões de pessoas são viciadas em algum tipo de substância. A única diferença é que alguns viciados vão para a cadeia, alguns para o tribunal de falências, outros para os Vigilantes do Peso e outros ainda para o topo da lista do *jet set*.

Parece esquisito pensar no dinheiro como um vício socialmente aceitável? Claro que sim, já que todo mundo quer dinheiro, e o quer em abundância, de modo que não pode ser um vício. Mas que outro nome você daria a uma substância ou atividade que tentamos compulsivamente conseguir apesar de ela não nos deixar realizados? Que outro nome você daria para algo sem o qual achamos que não podemos viver? Na verdade, a própria idéia de não possuí-lo nos enche de medo. Que outro nome você daria a uma necessidade que é intensa, crônica e vista como fundamental para o nosso sentimento de totalidade? Que outro nome você daria a uma coisa que transcende a preocupação racional, que ocupa os nossos devaneios e também os nossos sonhos noturnos? Que outro nome você daria a algo que torna-se mais importante para nós do que o nosso relacionamento com a família e os amigos, algo cuja aquisição torna-se um fim em si próprio? Que outro nome você daria a uma coisa que amontoamos, acumulando um estoque irracionalmente grande a fim de nos sentirmos seguros? O vício é uma necessidade que fugiu ao nosso controle, que se tornou um câncer, migrando para o tecido saudável e com o tempo consumindo o seu hospedeiro.

Há relativamente pouco tempo, uma amiga conversou conosco a respeito de uma amiga rica que durante muito tempo fora atormentada pela insegurança e que cometera suicídio. Como uma homenagem ao longo relacionamento da nossa amiga com a falecida, a família convidou-a a escolher uma recordação entre os bens da mulher. Foi uma tarefa ao mesmo tempo terna e difícil, mas o aspecto mais perturbador talvez tenha sido abrir uma gaveta que continha 38 suéteres brancas, impecavelmente dobradas. O que significava essa coleção de suéteres praticamente idênticas? Para a nossa amiga, elas contavam a história de uma mulher desesperadamente infeliz viciada em roupas, particularmente em suéteres brancas. Todas as vezes que era dominada pela crescente sensação de que alguma coisa estava faltando, ela saía para comprar alguma coisa que a "alegrasse". Talvez tenha tido alguns momentos de prazer ao comprar cada suéter branca, felicidade que provavelmente se dissipava logo depois que a suéter desaparecia na gaveta de suéteres brancas. Como comentou certa pessoa, nunca conseguimos obter o suficiente daquilo que realmente não queremos.

A ganância é outro componente da nossa relação dependente e irracional com o dinheiro. A "ganância" declarou Gordon Gekko, o vigarista no filme *Wall Street,* "é uma coisa boa". Trata-se, de fato, de uma motivação socialmente aceitável e até mesmo estimulada. Ao lado do seu sombrio primo, o medo, ela dirige o cassino chamado Wall Street e é citada nos jornais e revistas mais respeitáveis do mundo. A ganância também toma conta de muitos de nós quando vamos além do ápice da Curva de Satisfação e acumulamos a bagunça. A nossa sociedade, com a sua distorcida distribuição do dinheiro, gratifica a ganância em detrimento da necessidade, a ponto de parecer levemente não-americano sugerir que os pobres merecem pelo menos uma parte do lucro. "Para isso, eles têm que trabalhar como eu trabalho", afirmam aqueles que têm o bastante. Na verdade, a ganância é de tal maneira parte da nossa natureza que nem mesmo a reconhecemos como a indicação de uma dependência.

Apenas diga "sim" à idéia de ser consciente

Nada do que foi dito tem a intenção de fazer você se contorcer. Na verdade, contorcer-se é um sinal de culpa, e é extremamente provável que a culpa o faça recuar a estratégias de abstinência como dietas ou orçamentos. Em contrapartida, reconhecer e dizer a verdade a respeito da nossa irracionalidade a respeito do dinheiro e do nosso comportamento dependente é simplesmente o primeiro passo em direção à sanidade. E é nesse ponto que este programa difere das milhares de outras receitas para a saúde fiscal. Ele se baseia na conscientização, na satisfação e na escolha, e não na elaboração de orçamentos e na privação.

Voltando à analogia da dieta, um livro chamado *Diets Don't Work [As Dietas Não Funcionam]* de autoria de Bob Schwartz oferece quatro regras para sairmos do ciclo da dieta:

1. Coma quando sentir fome.
2. Coma exatamente o que o seu corpo deseja.
3. Coma cada pedaço conscientemente.
4. Pare quando o seu corpo já tiver recebido o suficiente.

É muito simples. Tudo que você precisa fazer é permanecer consciente. Nada de contar calorias ou se ater a dietas líquidas dispendiosas. Nada de privações. Nada de porções fixas de comida. Todas essas coisas lidam com os sintomas, e você se torna uma pessoa que faz dieta compulsivamente em vez de alguém que come compulsivamente. Ser consciente significa que você se conscientiza do que está pensando e sentindo quando está comendo. Você aprende a comer quando o seu corpo está com fome, e não porque está entediado, sentado à mesa de jantar, sozinho na cozinha, fazendo hora entre dois afazeres, querendo uma recompensa por um trabalho bem feito, deprimido, sentindo inveja ou furioso. Você come quando o seu corpo lhe diz que você precisa comer. Pára quando come o suficiente. E presta atenção. É simples, mas nem sempre é fácil. É preciso descobrir e exercitar alguns músculos mentais que talvez estejam atrofiados devido ao uso indevido. Você precisa identificar o que é estar "com fome", o que é estar "satisfeito", o que você realmente quer em contraste com o que deseja por se sentir eternamente carente, e o que você está efetivamente comendo enquanto come. Os dois importantes aspectos de estar consciente, em contraste com fazer dieta, são os seguintes:

1. Você precisa identificar e seguir sinais internos, e não advertências externas ou desejos habituais.
2. Você precisa modificar os seus padrões de alimentação a longo prazo, e não o que você come a curto prazo.

Este programa financeiro o conduz na mesma direção. Ele não exige que você siga os nossos orçamentos (nem os de ninguém), com categorias padronizadas e um percentual de renda sugerido para cada categoria. Ele não consiste em jurar no início de cada mês que você vai melhorar. Este programa *não* envolve a culpa e sim você identificar para si mesmo o que precisa em oposição ao que quer, que compras ou tipos de compras efetivamente lhe conferem satisfação, o que representa para você o "suficiente" e em que você efetivamente gasta dinheiro. Este programa baseia-se na *sua* realidade e não em um conjunto de normas externas. Por conseguinte, o sucesso deste programa reside na *sua* honestidade e integridade. É no Terceiro Passo que você começa a exercitar esses músculos. Se você estiver fora de forma, poderá sentir um pouco de dor, mas *na realidade* não existe nada doloroso com relação a este passo. Na verdade, ele é divertido!

Se não há vergonha, não existe culpa

Lembre-se do mantra: se não há vergonha, não existe culpa. Você está apenas enfrentando a verdade sobre as escolhas que vem fazendo na vida. Se não há vergonha, não existe culpa. Que sorte poder fazer isso você mesmo, em vez de ser investigado pela Receita Federal. Que sorte poder fazer isso agora e não nas suas últimas horas na terra. Se não há vergonha, não existe culpa. Lembre-se de usar o mantra nos momentos em que tiver vontade de se esconder debaixo da cama, empreender uma orgia consumista até se esquecer do que o estava perturbando ou chegar à conclusão de que este programa não funciona e desistir. Se não há vergonha, não existe culpa.

*Anita Cleary precisava de algo como esse mantra que a ajudasse a exami-
nar o seu armário com esse novo refletor de consciência. Não havia nenhuma
dúvida a respeito de qual era o seu vício: roupas e bijuteria. Ela tinha mania de
fazer compras. Todas as vezes que entrava no carro tinha a compulsão de parar
no shopping, apenas para verificar quais eram as ofertas. De alguma maneira,
esse ritual de fazer compras e gastar dinheiro a ajudava a sentir-se bem com
relação a si mesma. Mas o resultado de anos dessa dependência estava ali no
seu armário. Teria sido bom se ela tivesse tido nessa ocasião uma experiência
transformadora, mas não teve. Continuou a comprar até que ocorreu um desequilíbrio e Anita deixou de se sentir bem tendo tanta coisa que não usava. Como
medida intermediária, ela justificou o seu excesso dando as roupas de presente.
Era divertido dar coisas que nunca usara para a amiga ou parente adequada.
Pouco a pouco, o desejo de fazer compras diminuiu, até que um dia ela se viu em
uma das suas lojas preferidas, examinando as novas cores das suéteres, quando
a sua consciência atacou. "É isso o que vou fazer com a minha vida? Tudo vai
sempre girar em torno disso? Afinal o que estou fazendo? Já tenho o suficiente!"
Anita saiu da loja de mãos vazias, perplexa com a essência daquela revelação.
Algum tempo depois da experiência, Anita descobriu que perdera a vontade de
fazer compras.*

Se Anita estivesse trabalhando com o orçamento convencional e o plano
estratégico de gastos, talvez não tivesse reconhecido as suas compras como
um vício. Teria continuado a ser uma pessoa que "faz compras socialmente", como as inúmeras pessoas que bebem socialmente e negam que são
alcoólatras. Ao aplicar sistematicamente a conscientização e a compaixão
ao seu hábito de fazer compras, Anita foi capaz, com o tempo, de fazer a
profunda descoberta de que já tinha o suficiente. Ela se tornou tão alérgica
a fazer compras que perdeu algumas antigas amigas cujo ritual social básico
é percorrer o *shopping*, mas fez muitas novas amizades.

Assim sendo, tendo definido o contexto, vamos prosseguir com o Terceiro Passo, criando a sua Tabulação Mensal.

Terceiro Passo: Tabulação Mensal

Depois de passar um mês acompanhando o seu fluxo de dinheiro (Segundo Passo), você terá uma profusão de informações específicas sobre
o fluxo de dinheiro na sua vida, até o nível do centavo. Neste passo, você

determinará categorias de gastos que refletem a qualidade única da *sua* vida (em contraste com as categorias excessivamente simplificadas do caderno de orçamento, como Alimentação, Moradia, Vestuário, Transporte e Saúde).

Embora você ainda possa optar por incluir essas categorias básicas, dentro de cada categoria principal, você encontrará e separará várias importantes subcategorias que lhe oferecerão uma imagem imensamente mais precisa dos seus gastos. A diversão e o desafio deste passo é descobrir as suas categorias e subcategorias exclusivas de dispêndio. As subcategorias serão como um dicionário dos seus hábitos exclusivos de dispêndio. Elas talvez venham a ser a descrição mais precisa até hoje do seu estilo de vida, inclusive das suas peculiaridades e pecadilhos.

O retrato detalhado da sua vida é o seu verdadeiro perfil econômico. Esqueça a mitologia da sua vida. Esqueça a história que você conta para si mesmo e para os outros. Esqueça o seu currículo e a lista de associações a que pertence. Quando executar o Terceiro Passo, você terá um espelho claro e tangível da sua vida efetiva, da sua renda e das suas despesas ao longo do tempo. Nesse espelho, você verá exatamente o que está recebendo pelo tempo que investe em ganhar dinheiro.

A determinação de categorias

Ao determinar as suas categorias, você deverá ser preciso, sem se tornar exageradamente detalhista.

Alimentação

A não ser que você seja *muito* diferente dos outros seres humanos, terá uma categoria ampla denominada Alimentação. No entanto, quando você examina os seus gastos com comida durante o mês, talvez note que existem na verdade vários tipos diferentes de compras de alimentos que você pode controlar produtivamente. Existe a comida que você come em casa com a família e há também a comida que você come em casa quando recebe visitas. Você poderá então ter duas categorias: Em casa, Família e Em Casa, Recebendo Visitas. Mas não se torne um fanático. Não fique em cima dos seus convidados, registrando no seu caderninho o que e quanto cada um comeu. A pergunta "Aceitaria um pouco mais, sr. Snodgrass?" poderia assumir um significado inteiramente novo. Basta que você avalie, dentro do

– 132 –

total exato da sua compra de gêneros alimentícios, que proporção foi usada com as visitas. Por exemplo, se quatro pessoas foram convidadas e você normalmente só faz compras para duas pessoas, mais ou menos dois terços dessa conta de gêneros alimentícios deverá ser atribuída a Em Casa, Recebendo Visitas. Os totais são precisos até o centavo, mas o desmembramento deles são estimativas.

Você talvez tenha vontade de verificar quanto beliscar está lhe custando. Quanto custam efetivamente os lanches durante o mês? E o que você consome enquanto assiste à televisão — a batata frita, a pipoca, as balas, os chocolates e os refrigerantes que freqüentemente acompanham os momentos passados diante da televisão? Você está gastando um pouco mais com os gêneros alimentícios para comprar produtos orgânicos de qualidade e depois minando os seus escrúpulos com comida de baixo valor nutritivo entre as refeições?

Outra subcategoria que talvez possa ser instrutiva são os almoços no trabalho, sejam eles almoços importantes com clientes ou apenas pastrami com pão de centeio na lanchonete da esquina. Todos esses padrões de dispêndio se destacarão se você definir categorias que reflitam o seu comportamento efetivo em vez de apenas anotar tudo na coluna do caderno de orçamento chamada Alimentação. Esta precisão não tem em vista uma confissão mais exata para o seu consultor financeiro. Ela tem como objetivo fazer com que você possa dar a si mesmo uma resposta firme e segura quando levantar as mãos indignado e gritar: "Para onde vai todo o meu dinheiro? Eu quase não compro nada!" (versão da pessoa que faz dieta: "Como posso ter engordado mais de dois quilos? Eu como igual a um passarinho!"). A resposta que você dará é a seguinte: "O dinheiro vai para a máquina automática de balas e chocolates no terceiro andar do prédio onde eu trabalho."

Vestuário

No que diz respeito ao vestuário, você talvez perceba que não está obtendo informações suficientes a respeito dos seus padrões exclusivos de compras se tiver apenas uma categoria denominada Vestuário. Você talvez precise estabelecer uma distinção entre utilidade e vaidade (a necessidade de nunca ir trabalhar duas vezes seguidas com a mesma roupa, por exemplo, ou a rivalidade que se externa no uso de trajes elegantes nas reuniões sociais). Em outras palavras, seja específico. Estabeleça distinções adequa-

– 133 –

das. Para obter um mapa preciso dos seus padrões de dispêndio, você talvez precise de várias subcategorias. Há a roupa que você usa em casa todos os dias, a roupa que você considera adequada para o local de trabalho e qualquer acessório especializado que você ache necessário para as atividades recreativas. Certo médico, que seguiu este programa para entender como 20 por cento da sua renda desapareciam sistematicamente de um modo inexplicável, descobriu que tinha uma enorme inclinação para comprar sapatos. Ele tinha sapatos de golfe, de tênis, de corrida, de caminhada, de caminhada acelerada, de alpinismo e ainda sapatos para andar de barco. Tinha ainda sapatos de esqui *cross-country*, botas de esqui para descidas e botas para depois de esquiar. Definir uma categoria especial para sapatos o ajudou a descobrir parte dessa renda desaparecida e fez com que ele enfrentasse o fato de que raramente usava outra coisa além de sapatos confortáveis para andar em casa. Esse médico não estava sozinho nesse fetiche pelos sapatos. O homem americano típico possui, em média, 2,5 pares de tênis, e a mulher, 2,6. A Reebok estima que por volta de meados da década de 1990, os seus clientes terão, cada um, de seis a sete pares de tênis. Ainda mais impressionante é o fato de que 80 por cento dos sapatos de atletismo neste país nunca são usados para a atividade para a qual foram projetados.

Isto não é apenas contabilidade e sim um processo de autodescoberta. Talvez seja até o único processo de autodescoberta que promete deixá-lo financeiramente em melhor forma do que quando você começou.

Quais são outras maneiras de categorizar o item Vestuário? As roupas são freqüentemente usadas como um modo de auto-expressão, como uma tentativa de compensar uma auto-imagem insatisfatória ou de se promover. Fazer uma "análise de cor" é uma excelente maneira de duplicar os seus gastos com vestuário. Existe também o conselho interminável (e perversamente contraditório) nas revistas femininas sobre como se vestir para conseguir um emprego (um guarda-roupa) ou atrair um homem (outro guarda-roupa). O vestuário também é usado como tranqüilizante ou estimulante: "Estou tão deprimido. Acho que comprar uma roupa nova vai me deixar mais alegre." Um amigo nosso chama isso de "terapia de varejo". A seguinte notícia foi publicada em um jornal de Madri:

> Nove mulheres estão sendo tratadas de um curioso problema causado por hábitos sociais modernos. A doença, que os especialistas chamaram de

– 134 –

"Síndrome da Moda", caracteriza-se pela compra descontrolada de roupas, jóias e cosméticos em quantidades e preços desproporcionais às necessidades ou aos recursos. O distúrbio foi identificado pela primeira vez em 1984 por um psiquiatra americano. Outros médicos em todo o mundo também se interessaram pelo problema. A Síndrome da Moda se faz em geral acompanhar por outros distúrbios como a depressão e a bulimia [comer em excesso e vomitar em seguida]. As mulheres exibem uma baixa auto-estima, sentimentos de culpa e uma imagem distorcida do próprio corpo.

Se *você* sofresse da "Síndrome da Moda", não preferiria descobrir o problema por intermédio de um simples exercício contábil do que por meio de outras situações mais dolorosas ou humilhantes?

Transporte

Se você usar subcategorias apropriadas para o item Transporte, poderá ter idéias que farão com que você economize centenas de dólares por ano. Fazer os seus registros é uma grande oportunidade de refletir sobre por que você tem um carro em vez de usar somente o transporte público. Por conveniência, *status*, necessidade, para sentir que está ajustado à sociedade, para ter a sensação de liberdade...? Essa também é uma boa ocasião para você rever o seu seguro: que parte dele é necessária e que parte representa um hábito, uma convenção e o fato de você ter se deixado convencer pelas táticas amedrontadoras do seu corretor? E em que categoria se enquadraria o seu segundo carro: Transporte, *Hobby* ou Ostentação? E o *trailer*? Ele entra em Transporte, Moradia ou em uma coisa totalmente inútil que fica estacionada na sua entrada de veículos 51 semanas por ano?

Refinando as categorias

O que torna suportável esse tipo de sinceridade cruel é o fato de você poder enfrentar as suas pequenas transgressões e leviandades na privacidade do seu livro contábil, e não no momento em que "é apanhado". Assim sendo, não evite ser verdadeiro se der consigo frente a frente com alguns dos seus defeitos e pontos fracos enquanto estiver inocentemente fazendo a sua Tabulação Mensal. Existe maneira melhor de agüentar as conseqüências? Se você se lembrar de que fazer o exercício não o levará à punição de um orçamento e sim à liberdade da aceitação de si mesmo, insistirá em seguir em frente. Por exemplo, em que categoria você insere a parte do dinheiro da alimentação que usa para jogar nos cavalos ou comprar bilhetes da loteria? Outro momento da verdade poderia surgir quando você vacilar com relação à categoria em que deve colocar a bebida. É um alimento? Diversão? Ou uma droga?

Também é importante estabelecer uma distinção entre despesas relacionadas com o emprego e outras despesas. Por exemplo, no item Transporte, você relacionaria separadamente o custo de ir e voltar do trabalho e outros gastos com transporte (não reembolsados). Se você usa o mesmo veículo para ir trabalhar e para se divertir, divida os custos de acordo com a quilometragem em cada categoria. Analogamente, se você usa o telefone para dar telefonas profissionais e pessoais, os custos deverão ser relacionados separadamente.

Dentro da categoria médica você poderá encontrar várias subcategorias: doenças, cuidados com a saúde (isto é, o que você compra para se manter em forma, como vitaminas, a mensalidade da academia, *check-up* anual); seguro saúde; remédios controlados; medicamentos não-controlados, etc. Você pode perceber por que esse processo possibilitou que muitas pessoas transformassem algo mais do que apenas a relação que têm com o dinheiro.

Um refinamento ulterior terá lugar quando você tiver que decidir como deseja contabilizar gastos grandes e "incomuns" como prêmios de seguro anuais, despesas de capital como uma geladeira nova, o dinheiro que você coloca no seu plano de previdência ou o pagamento da última prestação da sua casa, muito maior do que as anteriores. No que nos diz respeito, não há uma maneira "certa" de fazer isso. Depois de passar anos ouvindo a nós mesmos dar a mesma desculpa, mês após mês, a respeito das despesas extraordinárias ("Este foi um mês atípico porque precisei pagar _____"), compreendemos que todo mês é atípico e que esses gastos extraordinários são uma parte constante da vida.

Você pode aperfeiçoar as suas categorias com o tempo. O exercício deve ser fácil e divertido. Ele extrairá simultaneamente de você uma mistura de sinceridade e criatividade, estimulará a sua imaginação e desafiará a sua moralidade. É melhor do que a maioria dos jogos de cartas, da televisão e de tabuleiro reunidos.

Lembre-se de que você também está registrando todo o dinheiro que *entra* na sua vida e talvez deseje definir categorias para a renda. É importante estabelecer uma distinção entre honorários/salário/gorjetas e a renda de juros/dividendos. Onde você registrará os centavos que encontra na calçada, os cartões telefônicos esquecidos nos telefones públicos e os seus ganhos nos jogos de azar? Se você é um trabalhador autônomo, terá que decidir como e quando registrar os pagamentos irregulares do seu trabalho.

Depois de examinar os lançamentos detalhados do mês no seu Diário Monetário e de criar categorias que retratam com precisão os seus padrões de dispêndio, imagine um modelo para registrar os gastos em cada categoria de uma maneira que funcione para você. A Figura 3-1 lhe dará uma idéia de como poderia ser organizada essa tabulação. Você vai notar que existem quatro linhas em branco na parte inferior da tabulação. Falaremos mais tarde a respeito da finalidade desses quadrados, mas no momento apenas desenhe-os.

A totalização

Uma palavra de advertência. Os viciados em computador vão querer encontrar ou criar um programa que possa "ajudá-los" nessa tarefa contábil. Cuidado. A Tabulação Mensal é uma tarefa relativamente simples que em geral não requer um *software* sofisticado. Os autores obtiveram a Independência Financeira sem utilizar o computador, de modo que, por favor, certifiquem-se de que o seu romance com o computador não esteja privando-o de horas e devolvendo-lhe minutos. Embora não tenhamos feito um levantamento, poderíamos apostar que não existe nenhuma correlação entre a sofisticação contábil e a execução efetiva dos passos deste programa. Pode ser até que haja um relacionamento inverso.

No final de cada mês, você transferirá cada lançamento do seu Diário Monetário para a coluna apropriada da Tabulação Mensal. Some as colunas da renda para obter a renda mensal total. Some os dispêndios de cada coluna e coloque o total de cada subcategoria na parte inferior da coluna. Adicione então os totais de cada categoria de dispêndio, o que representará o total dos seus gastos mensais.

	ALIMENTAÇÃO			MORADIA			CONCESSIONÁRIAS			VESTUÁRIO		
	Em casa	Fora de casa	Com visitas	Principal	Juros	Hotéis	Eletricidade	Telefone	Gás	Necessário	Trabalho	Especial
Total em moeda corrente												

	SAÚDE			DIVERSÃO				TRANSPORTE				OUTROS	RECEITA			
	Remédios controlados	Medicamentos não-controlados	Médicos	Drogas	Shows	Hobbies	Bebidas alcoólicas	Gasolina/Óleo	Manutenção	Transporte público	Pedágio/ Estacionamento		Salário	Gratificações/ Gorjetas	Juros	Empréstimos

(A) Receita total no mês_____

(B) Despesa total no mês_____

Poupança total no mês_____

(A - B)

FIGURA 3-1

Modelo do Formulário da Tabulação Mensal — com Receitas e Despesas

O saldo final

Conte a seguir o dinheiro que você tem na carteira e no cofre de porquinho, e calcule com precisão o saldo da sua conta corrente e da sua poupança. Agora você tem informações suficientes para verificar até que ponto acompanhou rigorosamente o fluxo do dinheiro que entrou e saiu da sua vida no último mês. Se você fez registros precisos (e não perdeu fisicamente nenhum dinheiro), o dinheiro que você efetivamente tiver no fim do mês (em dinheiro e no banco) será igual ao dinheiro que tinha no início do mês *mais* a sua receita total no mês *menos* o total das suas despesas no mês. Se você não fez registros precisos (ou perdeu fisicamente algum dinheiro), você terá perdido ou ganho dinheiro que é incapaz de explicar. A diferença entre a sua receita mensal total e o total das suas despesas (menos ou mais o seu erro mensal) é o dinheiro que você economizou no mês. Quando o seu erro mensal for sistematicamente igual a zero, você terá dominado o Segundo Passo (acompanhar cada centavo). Parabéns! Você alcançou um pequeno milagre.

A figura 3-2 mostra um exemplo de valores mensais, mas use-o apenas como modelo. O divertimento e o poder têm lugar quando você cria um sistema de calcular o saldo que funciona para a sua situação em particular.

Tornando o dinheiro real

Chegamos agora a um dos segredos mágicos deste programa. O que você tem diante de si, por mais preciso e perfeito que possa ser, ainda não tem o poder de mudar a sua relação com o dinheiro. Trata-se apenas do subproduto de um mês em que você acompanhou com sucesso pequenos pedaços de papel e de metal. Você talvez tenha tido reações emocionais a essa contabilidade, mas elas serão esquecidas assim que você empreender a próxima viagem à loja dos seus vícios de consumo. O fato de você poder gastar, digamos, 88 pedaços de papel em revistas não tem uma relevância direta na sua experiência de vida. No entanto, relembrando que o dinheiro é algo pelo qual você troca a sua energia vital, você pode transformar esses 88 dólares em algo que *seja* real para você, ou seja, a sua energia vital. Use a fórmula que se segue na página 136.

FIGURA 3-2

Exemplo do Balanço no Final do Mês

Parte I

Equação:

$ no INÍCIO do mês + $ que entrou no mês – $ que saiu durante o mês = $ no fim do mês

$ no INÍCIO:		Dinheiro em caixa	68,75
	+	Saldo da conta corrente	+ 255,73
	+	Saldo da poupança	+ 963,07
			1.287,55
+ $ QUE ENTROU:	+	Receita total no mês (da Tabulação Mensal)	+1.348,17
			2.635,72
– $ QUE SAIU:	–	Despesas totais no mês (da Tabulação Mensal)	– 982,46
= $ no FINAL:	=	$ Que deverá ter no fim do mês	1.653,26 (A)

Parte II

$ EFETIVO NO FINAL DO MÊS:		Dinheiro em caixa	94,88
	+	Saldo da conta corrente	+ 369,21
	+	Saldo na conta de poupança	+1.188,07
	=	$ Que você efetivamente tem no final do mês	1.652,16 (B)

Parte III

ERRO EFETIVO NO MÊS:		$ Que você deveria ter (A)	1.653,26 (A)
	–	$ Que você efetivamente tem (B)	– 1.652,16 (B)
	=	$ Perdido ou indevidamente registrado	1,10

Parte IV

POUPANÇA:		Receita mensal total	1.348,17
	–	Despesas totais do mês	– 982,46
	±	Erro efetivo no mês	– 1,10
	=	$ Economizado no mês	364,61

$$\frac{\text{Dinheiro gasto com revistas}}{\text{Salário-hora efetivo}} = \text{Horas de energia vital}$$

No Capítulo 2 apresentamos como exemplo um cálculo que mostrou que um salário teórico de 11 dólares por hora poderia acabar sendo, na realidade, de 4 dólares por hora. Obviamente a sua remuneração por hora será diferente, mas por causa do exemplo, vamos usar 4 dólares por horas. Assim sendo, no caso desse hábito de comprar revistas, você pode dividir os 88 dólares pelo seu salário-hora efetivo e descobrir que gastou 22 horas da sua vida nesse prazer particular:

$$\frac{\$88,00}{\$4/\text{hora}} = 22 \text{ horas de energia vital}$$

Agora você pode equiparar a crescente pilha de revistas maravilhosas (que você ainda não leu) no seu banheiro a algo real — 22 horas irrecuperáveis da sua jornada unidirecional do berço para o túmulo. Essas revistas esgotam triplamente a sua energia. A primeira vez quando você ganha o dinheiro para comprá-las, a segunda quando fica acordado até tarde para lê-las e, finalmente, ao sentir-se culpado quando não termina a leitura antes de o número seguinte chegar (sem mencionar o fato de ter que guardá-las ou jogá-las fora). Essas 22 horas poderiam ter sido mais bem gastas? Ainda é verdade que você não tem tempo para gastar com a sua família? Como isso afeta a procrastinação habitual? Você tem desejado colocar o sono em dia; descobriu uma maneira de fazê-lo? Ou essas revistas realmente valem cada hora que gastou para adquira-las? Elas lhe proporcionaram mais de 22 horas de prazer? Não responda ainda a essas perguntas. Apenas repare que converter dinheiro em horas da sua vida revela as verdadeiras concessões que você está fazendo para ter o seu estilo de vida. No Capítulo 4 analisaremos mais a fundo essas constatações.

Vamos examinar outro exemplo: o seu aluguel ou o pagamento da hipoteca. Digamos que você pague mil dólares por mês pelo privilégio de morar na sua casa ou apartamento. Para algumas pessoas, esse valor pode parecer absurdamente elevado e, para outras, extremamente baixo. Lembre-se de que não estamos afirmando que esse seja um custo apropriado para a moradia e sim apenas dando um exemplo. Utilizando o conhecimento de que o seu salário-hora efetivo é de quatro dólares, divida os mil dólares por quatro. Eis a realidade. Você gasta 250 horas por mês para colocar esse teto particular sobre a sua cabeça. Se você trabalha as quarenta horas convencionais por semana, logo perceberá que o custo da sua moradia é maior do que as horas que você trabalha. Cada hora sua de trabalho vai pagar por uma casa que você desfruta talvez duas ou três horas por dia. Vale a pena? Repare que não estamos falando sobre o mercado imobiliário da sua cidade. Não estamos falando a respeito do que todo mundo sabe que você pode ou deveria fazer a respeito da moradia. Estamos apenas observando que você paga 250 horas por mês para morar onde você mora. É apenas uma constatação. Se não há vergonha, não existe culpa — e tampouco nenhuma desculpa.

Agora pegue o total de cada coluna e converta o dinheiro gasto em cada subcategoria em horas de energia vital despendida (você pode arredondar as horas para a meia hora mais próxima). O seu formulário de Tabulação Mensal se parecerá com o da Figura 3-3.

Algumas imagens que valem mil palavras

Vamos examinar alguns exemplos da vida real de como algumas pessoas financeiramente independentes fazem este passo trabalhar para elas.

*Dê uma olhada em como **Rose Irwin** organizou as suas categorias na Figura 3-4. Você não tem a impressão de que conhece um pouco da personalidade individual de Rose ao examinar a tabulação dela para janeiro de 1991? Ela obviamente valoriza muito a beleza, já que tem duas categorias que se referem a esse item (Beleza e Estética). Rose cuida claramente do corpo e está disposta a gastar dinheiro para manter a saúde. É significativo o fato de ela ter categorias de "cuidados com a saúde" como Produtos Naturais e Serviços Ligados à Saúde em vez de categorias de "doença" como Remédios e Médicos. A categoria Doações mostra que Rose contribui o suficiente para algumas causas a ponto de justificar uma categoria separada, em vez de colocar as doações no item Diversos. Não encontraríamos a categoria Crescimento Pessoal em um caderno de orçamentos convencional.*

O processo de criar esse formulário forneceu a Rose valiosas informações a respeito das suas prioridades e ofereceu-lhe uma maneira palpável de verificar que proporção da sua energia vital estava dedicando a coisas importantes para ela. O ritual mensal de preencher os números encerra a qualidade de um jogo

	ALIMENTAÇÃO			MORADIA			CONCESSIONÁRIAS			VESTUÁRIO		
	Em casa	Fora de casa	Com visitas	Principal	Juros	Hotéis	Eletricidade	Telefone	Gás	Necessário	Trabalho	Especial
Total em moeda corrente												
Total de horas de energia vital												

SAÚDE			DIVERSÃO				TRANSPORTE				OUTROS	RECEITA			
Remédios controlados	Medicamentos não-controlados	Médicos	Drogas	Shows	Hobbies	Bebidas alcoólicas	Gasolina/Óleo	Manutenção	Transporte público	Pedágio/ Estacionamento		Salário	Gratificações/ Gorjetas	Juros	Empréstimos

(A) Receita total no mês _____

(B) Despesa total no mês _____

Poupança total no mês _____

(A - B)

FIGURA 3-3

Modelo do Formulário da Tabulação Mensal — com Horas de Energia Vital

Mês <u>Janeiro</u>   Ano <u>1991</u>   Salário-hora efetivo <u>$6,75</u>

Despesas	Total em Dólares	Horas de Energia Vital	Receita	
Aluguel	200,00	30 h	Salário	1.345,16
Gás natural			Reembolso de	
Eletricidade	14,00	2 h	quilometragem	23,87
Concessionárias			Outros	15,00
Telefone	3,72	6 min		
Artigos para o lar	18,96	2 h 8 min		
Gêneros alimentícios	55,00	8 h		
Guloseimas	2,22	3 min		
Refeições fora de casa	3,89	6 min		
Bebidas alcoólicas	4,24	6 min		
Gasolina/óleo	24,44	3 h 6 min		
Conserto do carro/manutenção				
Seguro do carro/registro	160,30	24 h		
Estacionamento	0,25			
Ônibus/balsa				
Seguro-saúde	36,06	5 h		
Produtos naturais				
Serviços de saúde	5,00	7 min		
Higiene				
Beleza	8,50	1 h 30 min		
Roupas, necessárias	6,93	1 h		
Roupas, desnecessárias	16,42	2 h 4 min		
Entretenimento				
Estética				
Presentes/cartões	12,00	1 h 8 min		
Livros/revistas	16,20	2 h 4 min		
Crescimento pessoal				
Correios	2,03	3 min		
Produtos de papelaria				
Cópias				
Doações				
Tarifas bancárias				
Diversos	0,40			
Pagamento de empréstimos	50,32	7 h		
TOTAL	640,88		TOTAL	1.384,03

FIGURA 3-4

Tabulação Mensal de Rose com as Horas de Energia Vital

estimulante. Como Rose se saiu em cada categoria? Ela subiu ou desceu com relação ao mês anterior?

Vamos examinar agora como certo casal criou categorias e uma Tabulação Mensal para acompanhá-las.

FIGURA 3-5

Cálculo do Salário-hora efetivo de Steve e Lu

	Energia Vital *versus* Rendimentos		
	Horas/semana	Dólares/semana	Dólares/hora
Emprego básico de Lu, após os descontos (antes dos ajustes)	50	750	15
Ajustes de Lu (lista):	Adição de horas	Subtração de custos	
Transporte	3	7	
Alimentação no trabalho	5	15	
Aprontando-se	½	2	
Diversão e refeições fora de casa	7	30	
Férias	12	25	
Total de ajustes de Lu	+ 27 ½ horas	− 79	
Emprego com ajustes: Lu	77 ½	671	
Steve	67 ½	250	
Total	145	921	6,35

Como esse cálculo se compara com a média do ano anterior para a mesma categoria? As tendências estão subindo ou descendo?

Lu Bauer e Steve Brandon *moram na região rural do Maine. Na área profissional encontram-se em extremidades opostas do espectro: ele dirige um caminhão e ela é contadora. Pessoalmente, no entanto, se dão muito bem e estão desfrutando a conscientização e a comunicação provenientes do fato de combinarem as suas rendas e despesas. Quando calcularam a remuneração horária real, combinaram os totais para chegar a um valor único para ambos: 6,35 dólares por hora. Como você pode verificar na figura 3-5, o total das horas ajustadas de Lu foi de 77 ½ o de Steve 67 ½, ou 145 horas combinadas. A renda*

– 147 –

STEVE BRANDON E LU BAUER – RECEITAS E DESPESAS 1990

Para o mês de <u>Agosto de 1990</u>

RECEITAS	Steve	Lu	Total	
Receita de Steve de negócios				
Salário líquido de Steve	684,64		684,64	
Retirada de Lu nos negócios		2.075,31	2.075,31	
Renda de invalidez				
Presentes recebidos	150,00		150,00	
Restituição de impostos				
Receita de juros		0,52	0,52	
Dividendos (Calvert)				
Dinheiro encontrado				
Receitas diversas				
Total de receitas no mês	834,64	2.075,83	2.910,47	

DESPESAS				Unidades de Vida FI
				(horas)
Despesas de Steve com o trabalho				
Taxas e assinaturas				
Lavanderia	15,60		15,60	2 h 5
Anúncios e promoção	17,00		17,00	2 h 7
Educação				
Telefone				
Total de despesas com o trabalho	(32,60)		(32,60)	(5 h 2)
Automóveis - Steve		265,35	265,35	41 h 8
Imposto				
Tarifas bancárias		2,65	2,65	4 min
Contribuições para caridade	10,00	2,00	12,00	1 h 9
Contribuições – não-dedutíveis		35,00	35,00	5 h 5
Vestuário				
Médicos/saúde/ orientação psicológica		140,00	140,00	22 h
Taxas e publicações	29,97	41,40	71,37	11 h 2
Filmes e revelação				
Material de jardinagem				
Presentes a serem dados	34,00	170,00	204,00	32 h 1
Gêneros alimentícios/ refeições em casa	55,96	63,91	119,87	18 h 9
Artigos para a casa – diversos	42,96	79,99	122,95	19 h 4
Consertos na casa				
Material de construção da casa		264,58	264,58	41 h 7
Mão-de-obra p/ a construção da casa				
Pagamento da hipoteca da casa		817,97	817,97	128 h 8

	Steve	Lu	Total	Unidades de Vida FI
				(horas)
Seguro:				
Seguro residencial		1,00	1,00	2 min
Saúde		171,26	171,26	27 h
Total dos seguros		(172,26)	(172,26)	(27 h 2)
Junk food e lanches		30,8	30,8	4 h 7
Refeições fora de casa		168,79	168,79	26 h 6
Música e entretenimento em casa	42,50	93,39	135,89	21 h 4
Cinema, concertos, etc.		16,00	16,00	2 h 5
Deduções diversas detalhadas				
Despesas diversas		(1,02)	(1,02)	(2 min)
Despesas com animais de estimação:				
Alpiste				
Pedigree				
Cat Chow	38,44		38,44	6 h 1
Annie	11,25		11,25	1 h 8
Outros				
Total das despesas com animais de estimação	(49,69)		(49,69)	(7 h 9)
Correios				
Pagamento de empréstimo de estudante — Steve	81,29		81,29	12 h 8
Viagens, pedágio e estacionamento		1,75	1,75	3 min
Concessionárias:				
Eletricidade		10,78	10,78	1 h 7
Gás - propano	22,40		22,40	3 h 5
Lenha				
Óleo para aquecimento				
Telefone - total		87,29	87,29	13 h 7
Coleta de lixo		21,00	21,00	3 h 3
Total das concessionárias	(22,40)	(119,07)	(141,47)	(22 h 2)
Cheques cancelados				
Gastos não identificados				
_____				
_____				
_____				
_____				
TOTAL DAS DESPESAS	401,37	2.483,17	2.884,54	454 h 3

Nota: Os números envoltos por um círculo representam o total das subcategorias; os números entre parênteses representam rendimentos.

FIGURA 3-6

Tabulação Mensal de Steve e Lu com Horas de Energia Vital

total de Lu era de 671 dólares e a de Steve 250 dólares, perfazendo um total geral de 921 dólares. Eles definiram o valor de 6,35 dólares por hora dividindo a renda combinada pelas horas combinadas, o que significou que cada dólar despendido representava quase 9 ½ minutos de energia vital. Vamos examinar agora a Figura 3-6, a tabulação deles para agosto de 1990. Você notará que a renda deles não está totalmente de acordo com o cálculo anterior, o que é compreensível, já que ambos trabalham um número de horas variável de acordo com a estação e outros fatores. No entanto, o valor de 6,35 dólares por hora continua sendo preciso. Vamos examinar agora as categorias. O número de subcategorias em Animais de Estimação os caracteriza como amantes dos animais. E o que significa o item "outros" na categoria Animais de Estimação? Gatos perdidos? Hóspedes? A vaca quando não está produzindo leite? Eles também parecem ser pessoas generosas, pois têm duas categorias para Contribuições. As despesas com a casa nos dizem que eles talvez estejam construindo ou reformando a casa como um projeto contínuo, e provavelmente são pessoas do tipo faça-você-mesmo, a julgar pelo baixo custo do item mão-de-obra em agosto. O pagamento da hipoteca de 818 dólares inclui 200 dólares para pagamento do principal. Estão economizando uma grande parte dos juros da hipoteca pagando-a o mais rápido possível. Além disso, Steve relata que a tabulação em si fez com que economizasse dinheiro de uma maneira bastante inusitada. Em um determinado mês (não neste mês particular), quando examinava a categoria de Alimentos sem Valor Nutritivo e Lanches, Steve descobriu que era "viciado em biscoitos". Gastara duas vezes mais com biscoitos do que com música, que é uma das suas grandes paixões. "Se não fosse a tabulação", declara Steve, "eu teria feito terapia durante dez meses para modificar o meu comportamento e conseguir lidar com o meu peso. Em vez disso, conscientizei-me da situação por meio da Tabulação Mensal."

Unificar as receitas e as despesas funciona para Lu e Steve. Outros casais descobriram que separar as suas receitas e despesas era a única maneira de obter um reflexo preciso dos seus padrões únicos.

Você poderia achar que como **Lynn e Carl Merner** compartilhavam a mesma paixão (música) e a mesma profissão (programação de computadores), seria natural que acompanhassem juntos as suas receitas e despesas. Entretanto, embora fossem aparentemente um casal equilibrado, a personalidade e o estilo deles encontravam-se em extremidades opostas do espectro. Carl aproximava-

se da extremidade racional, conservadora e ponderada. Lynn inclinava-se mais para a extremidade emocional, experimental e desorganizada. Os seus vícios de consumo eram diferentes. Os hábitos de fazer compras eram diferentes. Os hobbies (fora a música) eram diferentes. Fazer em conjunto a Tabulação Mensal não estava fornecendo a nenhum dos dois boas informações. Além disso, logo depois de começar o programa, Lynn deixou o emprego de programadora e começou a dar aulas de piano fora de casa em tempo integral. As suas horas e a sua remuneração tornaram-se irregulares, de modo que decidiram que ela compensaria a sua menor contribuição financeira na casa executando as tarefas domésticas. A maneira como esse acordo não-monetário aparecia nas Tabulações Mensais não satisfazia a nenhum dos dois. Quanto mais se esforçavam para fazer as tabulações funcionarem, mais a tensão crescia. Para poder manter uma atmosfera cordial no casamento e permanecer no programa, decidiram separar as suas finanças. Para Carl, tratava-se de uma medida sensata. Para Lynn, era ameaçadora, mas ela concordou em experimentar. Para seu espanto, Lynn descobriu que ter a sua própria contabilidade lhe conferia uma maravilhosa sensação de autonomia. Descobriu que havia se tornado dependente de muitas maneiras sutis durante os anos do casamento, e conseguiu religar-se à força e à independência que sentia quando era solteira.

Vamos examinar agora como outro Pensador FI fez o seu balanço.

Diane Grosch *aplicou a sua mente lógica de programadora de computadores à tarefa de preparar um balanço para si mesma. As suas categorias de Tabulação Mensal são bastante parecidas com as de Rose, de modo que não precisamos reproduzi-las, mas o seu balanço contém uma precisão e elegância instrutivas (ver a Figura 3-7). A elaboração do formulário tornou o processo do cálculo da situação no fim do mês fácil e preciso. O seu capital é a combinação do que tem na poupança, em uma conta de aplicações no mercado monetário e em ações. Todo esse dinheiro está rendendo juros, que ela gosta de manter separados do dinheiro da sua conta corrente.*

A finalidade dessas histórias não é lhe fornecer um padrão a ser seguido e sim inspirá-lo a criar um formulário de Tabulação Mensal que funcione para *você*. Lembre-se de que não se trata de um caderno de orçamento ou de um plano de gastos. Não se trata de tentar impor um método que não se adapta às suas necessidades. Criar o *seu* formulário será um processo de autodescoberta. Você não está aprendendo "da maneira certa" e sim criando o seu próprio estilo. A única maneira certa de fazê-lo *é fazendo*, como nos faz lembrar a próxima história.

*O que há de extraordinário a respeito da experiência de **Leslie Nelson** com a Tabulação Mensal não é o seu formulário, e sim o impacto que a elaboração da tabulação exerceu na sua vida. Leslie é ativista e trabalha como garçonete em Santa Fé, Novo México. Ela é por natureza muito mais interessada em política do que em contracheques. O acompanhamento das suas finanças não lhe ocorreu instintivamente, o que talvez seja o motivo pelo qual este passo foi tão importante para ela. Antes de seguir o programa de FI, Leslie estava "endividada e totalmente inconsciente com relação ao dinheiro". Fazer as tabulações forneceu uma âncora para a sua vida. Quando Leslie "deixa as coisas rolarem", dá consigo escorregando de novo em direção às dívidas. O fato de ter o seu formulário de tabulação montado para poder registrar diariamente as suas despesas a torna muito mais impecável com relação a anotar tudo. Esse empenho tem sido compensador. Ao longo de mais ou menos cinco anos, Leslie conseguiu poupar vinte mil dólares, que ela considera intocáveis, mesmo quando se desvia do caminho certo e se vê*

Agosto de 1990

	Final	Início	Diferença
Capital: Poupança	5,64	5,61	0,03
CBA (Capital Builder Account)	1.538,84	3.695,19	− 2.156,35
Ações	70.000,00	65.000,00	5.000,00
Conta corrente	1.341,61	435,03	906,58
Dinheiro em caixa	69,44	94,24	− 24,80
Pacotes de moedas	—	—	—

Diferença total	= 3.725,48
Despesas totais	+ 537,38
Receita total	− 4.272,40
Valor não contabilizado	= − 9,56

<u>FIGURA 3-7</u>

Balanço de Diane

tentada a esbanjar. Além disso, a época da entrega da declaração do imposto de renda deixou de ser um pesadelo e passou a ser um sonho.

Este passo é fundamental para o restante do programa, e é o motivo pelo qual as pessoas que orgulhosamente relatam que estão seguindo o programa só porque estão acompanhando cada centavo estão muito erradas. Este passo proporciona discernimento e fortalecimento, e valerá cada minuto que você investir configurando-o para que funcione para você.

Segue-se um exemplo de algumas possíveis maneiras de desmembrar as grandes categorias em subcategorias menores que refletem a qualidade pessoal da sua vida. *Este é apenas um exemplo, cuja finalidade é ilustrar.* Se você simplesmente adaptá-lo para você, estará deixando de aproveitar uma parte importante deste passo, que é descobrir e refinar os seus padrões de gastos pessoais. Este programa foi concebido para que *você* se torne *consciente*.

Lista de verificação

1. Alimentação
   A. Em casa, refeições básicas
   B. Em casa, lanches e guloseimas
   C. Em casa, com visitas
   D. No trabalho, refeições básicas
   E. No trabalho, lanches e intervalos para o café
   F. Fora de casa, restaurantes, para o prazer
   G. Fora de casa, *fast food*, conveniência enquanto faz compras, etc.
   H. Alimentos naturais, dieta especial, dieta da moda, etc.
   I. *Junk food*, vícios atuais
   J. Gulodices especiais: sorvete, alimentos defumados, etc.
   K. Produtos para a horta: sementes, fertilizante, etc.

2. Moradia
   A. Pagamento da hipoteca (principal — os juros estão na categoria 11) ou aluguel
   B. Motel. Hotel
   C. Aluguel da casa de férias
   D. Consertos na casa
   E. Reforma
   F. Imposto predial e territorial

3. Concessionárias
   A. Conta de luz
   B. Combustível para o aquecimento
   C. Lenha
   D. Propano ou gás natural
   E. Carvão para churrasco
   F. Conta de água
   G. Conta de telefone
   H. Coleta de lixo e/ou taxas de despejo
   I. Conta de esgoto

4. Manutenção da casa
   A. Material de limpeza
   B. Lavanderia e lavagem a seco
   C. Ferramentas e consertos
   D. Produtos para o banheiro
   E. Produtos para a cozinha (fora a comida)
   F. Serviços especiais: bombeiro, empregada, cortar a grama, etc.
   G. Ferramentas adquiridas para projetos da casa, mesmo que os projetos não tenham sido levados adiante
   H. Gastos com o quintal e o jardim

5. Vestuário e ornamentos (jóias e acessórios)
   A. Necessidades do dia-a-dia, roupas para manter o corpo coberto e protegido
   B. Roupas para o trabalho
   C. Roupas para exibir a moda
   D. Roupas para diversão: conjunto para fazer *jogging*, traje de tênis, sapatos de golfe, botas para caminhadas, equipamento de bicicleta, trajes de banho, objetos de couro, culotes, calça de exercício e malha de ginástica, vestido para dança *country*, etc.
   E. Roupas comprada por compulsão
   F. Roupas compradas por motivos psicológicos e emocionais

6. Transporte
   A. Ida e volta do trabalho

B. Carro: gasolina

C. Carro: óleo

D. Carro: manutenção regular

E. Carro: consertos

F. Carro: seguro, inspeção, registro, carteira de motorista

G. Transporte público, local

H. Avião, trem, ônibus interestadual

I. Aluguel de carro

J. Conserto de manutenção da bicicleta

K. Pagamentos do carro

L. Pedágio e taxas de estacionamento

7. Comunicação

A. Telefone: assinatura básica, tarifas interurbanas, custo do telefone celular (todos separados por trabalho e social)

B. Correios, papelaria, correspondência expressa, serviço de encomendas

C. Fotocópias, serviços de gráfica

D. Telegrama, *mailgram*

E. Fax

F. Modem

G. Servidor de *e-mail*

H. Telefonemas 0300 para programas de televisão (ou este item deveria entrar na categoria diversão?)

8. Saúde

A. Contas de médicos

B. Contas de dentistas

C. Seguro-saúde

D. Outros profissionais da área da saúde: quiroprático, acupunturista, etc.

E. Remédios controlados

F. Vitaminas e suplementos

G. Dietas recomendadas pelo médico

H. Academia ou salão de beleza

I. Aparelhos ortopédicos, próteses, óculos, palmilhas ortopédicas, aparelhos ortodônticos

9. Diversão e lazer
   A. Bebidas alcoólicas: em casa, no bar
   B. Cigarro
   C. Drogas vendidas sem receita médica para "diversão"
   D. Eventos esportivos
   E. Teatro, concertos, museus
   F. Cinema
   G. Fitas cassete, discos, CDs
   H. Fitas de vídeo
   I. Equipamento eletrônico: VCRs, rádios, televisões, gravadores (*Walkman*, som portátil, aparelho de som, etc.)
   J. Fins de semana, férias, *resorts*, retiros
   K. Educacionais — seminários, aulas, palestras
   L. Livros, revistas, jornais
   M. *Hobbies*, artesanato, material artístico
   N. Brinquedos
   O. Computador Pessoal e acessórios
   P. Equipamento esportivo e de *camping*
   Q. Taxas esportivas (elevador, ingresso no ringue de patinação, etc.)

10. Presentes e doações
    A. Presentes pessoais
    B. Igreja
    C. Instituições de caridade (Cruz Vermelha, Exército da Salvação, etc.)
    D. Coleções de escritório
    E. Ativista (direitos iguais, antinuclear, etc.)
    F. Contribuições políticas
    G. Mendigos, moradores de rua

11. Juros e Tarifas bancárias (o custo de ganhar e gastar dinheiro)
    A. Juros sobre a(s) hipoteca(s)
    B. Custo anual dos cartões de crédito

C. Juros dos cartões de crédito
D. Juros do pagamento do carro
E. Encargos e juros de compras a prazo
F. Juros e encargos de empréstimos bancários
G. Custo excedente da compra de gasolina com o cartão de crédito *versus* dinheiro
H. Encargos da conta corrente
I. Encargos por pagamento em atraso
J. Imposto de renda estadual e federal

12. Perdas
    A. Dinheiro efetivamente perdido
    B. Dinheiro roubado
    C. Dinheiro perdido nas máquinas automáticas e nos telefones
    D. Dinheiro emprestado (quando lhe for pago, inclua em receita)
    E. Perdas no jogo, bolões, etc.
    F. Bilhetes de loteria
    G. Déficit na contabilidade mensal

13. Vícios de consumo
    Uma lista parcial desses itens pode ser encontrada no seu catálogo predileto de vendas pelo correio. Cada item em cada página é potencialmente um desses artigos, como material artístico, lentes de *zoom*, etc.

14. Outras despesas

15. Receitas
    A. Remuneração, salário, gorjetas: líquido
    B. Dinheiro encontrado
    C. Empréstimos que lhe foram pagos
    D. Heranças, presentes
    E. Juros das contas de poupança
    F. Juros de investimentos
    G. Dividendos
    H. Restituições do imposto de renda
    I. Gratificações

J. Abatimentos oferecidos na venda de produtos e remetidos sob a forma de cheques, pelo correio, depois que a compra é efetuada
K. Reembolsos
L. Dinheiro apurado na venda de objetos pessoais
M. Dinheiro apurado na venda de objetos de arte, artesanato
N. Prêmios em dinheiro
O. Ganhos de jogo

16. Poupança — capital
    A. Contas de poupança
    B. Cofre de porquinho, dinheiro do pote de biscoitos, títulos do governo, certificados de depósito, etc.
    D. Outros investimentos e especulações

A propósito, você levou muito mais tempo para ler esta seção do que levará para fazer a sua Tabulação Mensal depois que a tiver elaborado.

Resumo do terceiro passo

1. **Extraia as suas categorias exclusivas de despesa e receita, bem como as subcategorias, dos lançamentos do mês do seu Diário Monetário.**
2. **Elabore a sua Tabulação Mensal.**
3. **Lance todas as transações monetárias na categoria apropriada.**
4. **Totalize o dinheiro despendido em cada subcategoria.**
5. **Some o total da renda mensal e o total das despesas mensais. Some o dinheiro em caixa que você tem e calcule o saldo de todas as contas bancárias. Aplique a equação (o total da renda mensal menos o total das despesas mensais mais ou menos o erro mensal) para verificar o seu grau de precisão. O dinheiro que você efetivamente tiver no final do mês deverá ser igual ao que você tinha no início *mais* a sua renda mensal *menos* as suas despesas mensais.**
6. **Converta o "dinheiro" despendido em cada subcategoria em "horas de energia vital", utilizando o salário-hora efetivo que você calculou no Segundo Passo.**

4

Quanto é suficiente?
A natureza da realização

O que é a realização? Seja no sentido de alcançar um objetivo ou desfrutar um momento de verdadeiro contentamento, a realização é a experiência de profunda satisfação quando você pode dizer, Aaahh... essa foi uma refeição deliciosa, um trabalho bem-feito ou uma compra que valeu o dinheiro pago por ela. No entanto, para encontrar a realização, você precisa saber o que está procurando. É relativamente fácil saber o que é a realização no que diz respeito à comida ou a outros prazeres temporários. Entretanto, para sentir a realização no sentido mais amplo, para ter uma vida realizada, você precisa ter um sentimento de propósito, um sonho do que uma vida de qualidade deve ser.

Para muitos de nós, contudo, "crescer" significou abandonar os nossos sonhos. A aspiração de escrever um grande livro encolheu e restringiu-se a escrever matérias de publicidade. O sonho de ser um pastor que pregaria sermões inspiradores transformou-se em ser um administrador e mediador entre as facções da congregação. Em vez de saber realmente quem são os seus pacientes, como eles vivem ou que desafios existem na vida deles, os médicos hoje em dia são assolados por consultas consecutivas de quinze minutos com os pacientes e ações de negligência médica. O sonho de viajar pelo mundo transforma-se em duas semanas por ano de visita às armadilhas turísticas. Viver uma vida realizada parece quase impossível, considerando-se as exigências necessárias para atender às necessidades e aos problemas do dia-a-dia. No entanto, em um ou outro momento, praticamente todos nós tivemos um sonho de como desejávamos que a nossa vida fosse.

Onde quer que você esteja, passe agora alguns momentos refletindo sobre os seus sonhos. Muitos de nós passamos um número tão grande de horas, dias e anos da nossa vida dedicados à programação de outra pessoa que pode ser difícil entrar em contato com os nossos sonhos pessoais. Muitos de nós desbastamos a nossa singularidade para que pudéssemos ser cavilhas quadradas em buracos quadrados, de modo que nos parece uma atitude levemente egoísta perguntar que tipo de buraco estaríamos inclinados a talhar para nós mesmos. Faça isso agora. Olhe por uma janela. Feche os olhos e visualize o que seria para você uma vida verdadeiramente satisfatória. Para tornar mais fácil o início da jornada, faça a si mesmo as seguintes perguntas:

- ❖ O que você queria ser quando crescesse?
- ❖ O que você sempre quis fazer que ainda não fez?
- ❖ O que você fez na vida que o deixa realmente orgulhoso?
- ❖ Se você soubesse que iria morrer daqui a um ano, como passaria esse ano?
- ❖ O que o deixa mais realizado — e de que maneira isso está relacionado com o dinheiro?
- ❖ Se você não tivesse que trabalhar para viver, o que faria com o seu tempo?

Talvez seja interessante escrever as suas respostas. As perguntas o ajudam a concentrar-se no que você realmente valoriza, no que faz valer a pena viver a sua vida. Neste passo, você descobrirá o quanto os seus gastos estão em harmonia com esses valores.

Todo mundo tem um sonho

Algumas pessoas têm sonhos relativamente convencionais, do tipo que muitos americanos valorizariam.

Amy e Jim Dacyczyn, por exemplo, tinham um sonho simples. Queriam criar os filhos em uma grande fazenda em uma região rural. Quando se casaram, tinham, somados, mais de vinte anos de experiência no mundo profissional — Jim era militar de carreira na marinha e Amy, artista gráfica — mas tinham uma poupança conjunta de apenas 1.500 dólares. De acordo com Amy, o primeiro filho do casal nasceu "nove meses e quinze minutos depois que nos casamos". Ambos reconheceram que davam mais valor à família e à comunidade

– 160 –

do que ao estilo de vida agitado que vinham levando até então e decidiram criar os filhos e realizar o seu sonho com apenas um salário — o que Jim ganhava na marinha.

Para tornar o sonho realidade, apelaram para o treinamento frugal que haviam recebido dos pais econômicos e conceberam inúmeras estratégias para economizar dinheiro. Nenhum dos dois sentiu nenhum tipo de privação. Investiram nesse desafio à sua criatividade, e o relacionamento floresceu baseado nesse propósito comum. Em sete anos, tiveram quatro filhos e economizaram 49 mil dólares (apenas com a renda de Jim que era inferior a trinta mil dólares anuais; Amy ficava em casa com as crianças), o que foi suficiente para que dessem uma entrada em uma propriedade rural no Maine, pagassem todas as dívidas e comprassem um carro novo, mobília e eletrodomésticos. Dois anos depois, Amy decidiu pôr em prática as suas habilidades gráficas e criou um fórum onde idéias sobre como economizar poderiam ser discutidas. Em junho de 1990, Amy publicou a primeira edição de The Tightwad Gazette, *um boletim informativo repleto de dicas práticas sobre como viver uma vida de qualidade com pouco dinheiro. Um ano depois, tiveram gêmeos, e ainda são capazes de viver com os seus recursos. A história desse casal é um testemunho do fato que sonhos simples, como ter uma casa no campo e ficar em casa para criar os filhos, estão realmente ao nosso alcance.*

Outras pessoas têm sonhos menos convencionais:

*A paixão de **Wes Lambert** é a natureza; ele aprecia tanto estar nela quanto preservá-la. Para ele, o programa de FI é uma maneira de fazer o que sempre quis: contribuir para que a humanidade compreenda e respeite o mundo natural — em tempo integral. Ele está sintonizando com esse sonho o maior número possível de aspectos da sua vida. Wes é químico e, no seu emprego remunerado, trabalha medindo a qualidade do ar. Mudou-se para perto do trabalho e vai a pé para o emprego para contribuir o mínimo possível para a poluição do ar que ele mede. Nas férias, anda de caiaque em áreas preservadas da natureza, e nos fins de semana ensina as pessoas a andar de caiaque para que possam experimentar a natureza com segurança e respeito. Além disso, com a sua "renda disponível", Wes aumenta a sua poupança e contribui financeiramente para importantes organizações de preservação da natureza. Wes vive dentro da amplitude do mundo natural, e todos os aspectos da sua vida apontam nessa direção.*

E algumas pessoas anseiam por realizar vários sonhos.

Kees *(pronuncia-se "Queis") e* **Helen Kolff** *são um bom exemplo. Kees é médico e diretor da área médica de uma clínica que dá assistência médica às minorias e a trabalhadores imigrantes. Helen é ex-professora e hoje participa de programas de várias organizações sem fins lucrativos e é quem cuida da casa e da família. A vida do casal reflete os sonhos que tinham quando se conheceram na faculdade. Embora tenham adorado os 24 anos de casamento e o fato de terem criado dois filhos, apreciam a perspectiva de o "ninho ficar vazio" para escapar. O programa financeiro lhes proporcionou uma maneira de aposentar-se do emprego remunerado ao mesmo tempo que deixam de ser pais em tempo integral, e já estão examinando projetos nos quais possam trabalhar juntos como voluntários, talvez em um país do Terceiro Mundo.*

O Quarto Passo deste programa financeiro possibilita que você avalie as suas prioridades e reveja o saldo das suas contas. Permite que você tire os seus sonhos do prego e os reincorpore ao seu cotidiano de ganhar a morte. Com o tempo, você descobrirá que finalmente está ganhando a vida!

Quarto Passo: três perguntas que transformarão a sua vida

Neste passo, você avalia o seu dispêndio fazendo três perguntas a respeito do total gasto em cada uma das suas subcategorias:

1. O que recebi em realização, satisfação e valor é proporcional à energia vital despendida?
2. Esse dispêndio de energia vital está em harmonia com os meus valores e o meu propósito na vida?
3. Como esse dispêndio poderia mudar se eu não tivesse que trabalhar para viver?

Para executar este passo, volte ao seu formulário de Tabulação Mensal e observe as três linhas em branco na parte inferior. É nelas que você vai escrever as respostas às nossas três perguntas (ver a Figura 4-1). Você já converteu a "moeda corrente" em "horas de energia vital"; agora pode pensar em como deseja gastar esse precioso bem. As três perguntas, aplicadas a cada subcategoria de dispêndio na sua Tabulação Mensal, lhe darão uma base para avaliar a maneira como você gasta o seu dinheiro.

Primeira pergunta: o que recebi em realização, satisfação e valor é proporcional à energia vital despendida?

Esta pergunta oferece uma maneira de você avaliar os seus gastos. Examine cada subcategoria tendo em mente esta pergunta. Se a realização que esse dispêndio de energia vital lhe proporcionou foi tão grande que você até gostaria de gastar mais nessa subcategoria, coloque um + (ou seta para cima) no primeiro retângulo. Se a realização foi pequena ou inexistente, insira um – (ou seta para baixo) no retângulo. Se o dispêndio lhe parece adequado como é, coloque um zero no retângulo.

Este simples exercício lhe mostrará onde os seus gastos são automáticos, talvez até mesmo com características de vício. Você poderá até encontrar as suas "fraquezas", os seus vícios de consumo. No início você talvez possa defender alguns dos seus hábitos consumistas. "Eu *gosto* de ter muitos sapatos. Cada par tem uma função. Afinal de contas, o dinheiro é meu." Mas ninguém está tentando tirar esses hábitos de você. Na verdade, ninguém está prestando atenção, pois a sinceridade que o exercício requer emerge mais prontamente na solidão. Com o tempo, o fato de você verificar o número de horas da *sua* vida que gastou para premiar-se com ainda mais um desses objetos poderá tornar este último mais um prêmio de consolação do que um tesouro.

Evy McDonald, enfermeira especializada em tratamento intensivo, fala a respeito das suas compras prediletas: "Descobri que comprava todos os meses pelo menos um novo par de sapatos, usava-o algumas vezes e depois colocava-o na parte de trás do closet junto com os mais de quarenta pares que lá já se encontravam — abrindo espaço para o novo par que eu iria comprar. Calculei que em um mês trabalhei dez horas para pagar um par de sapatos. Coloquei um grande sinal de menos no retângulo correspondente à categoria de sapatos. Por mais que eu tentasse racionalizar, não pude deixar de enxergar a simples verdade: ter tantos pares de sapato não me conferia nenhum valor."

Por outro lado, você poderá descobrir que tem sido muito sovina em categorias nas quais obtém muita satisfação. Não deixe de observar essas

	ALIMENTAÇÃO			VESTUÁRIO		
	Em casa	Fora de casa	Com visitas	Necessário	Trabalho	Especial
	35,47	22,30	5,63	2,15	5,98	25,00
	20,10	3,48		10,00	35,00	36,52
	5,17	,55			55,00	
	3,23	2,90				
	7,82	,35				
		,40				
		10,11				
		13,84				
		,40				
		,75				
		,50				
		,80				
		1,08				
		4,00				
Dólares	71,79	61,46	5,63	12,15	95,98	61,52
Horas de energia vital	18	15	1 1/2	3	24	15
Satisfação	0	–	+	0	0	–
Harmonização	0	–	+	0	0	–
Depois de FI	0	–	+	0	–	0

	SAÚDE			DIVERSÃO			
	Remédios controlados	Remédios não-Controlados	Médicos	Drogas	Shows	Hobbies	Bebidas Alcoólicas
	8,17	5,42	55,00	55,00	4,50	1,98	3,98
	10,82	3,20	18,00		4,50	3,10	6,65
	4,63				10,00	25,00	1,75
							2,00
							5,60
							4,55
							6,50
	23,62	8,62	73,00	50,00	19,00	30,08	31,03
	6	2	18	12 1/2	5	7 1/2	8
	0	0	0	0	0	+	−
	0	0	0	−	0	0	−
	−	0	−	−	0	0	−

Satisfação = Este dispêndio de energia vital me deu satisfação?
Harmonização = Este dispêndio de energia vital estava em harmonia com o propósito na vida que declarei?
Depois de FI = Quanto eu poderia gastar nesta categoria se não tivesse que trabalhar para viver?
+ = aumentar para obter mais satisfação
- = reduzir para obter mais satisfação
0 = OK como está

FIGURA 4-1

Tabulação Mensal Típica — com as três perguntas

áreas de suprema satisfação e coloque um + (ou uma seta para cima) nas colunas em que você estiver efetivamente gastando *a menos*.

O truque para fazer essa avaliação é fazê-la objetivamente, sem racionalizar para si mesmo por que o gasto foi tão elevado ou tão baixo, e sem se condenar, martirizando-se a respeito de como *você* pôde ter gasto *tanto nessa* categoria. A frase fundamental a ser lembrada é "Se não há vergonha, não existe culpa".

Alguns casais também descobriram que este passo é uma maneira valiosa de discutir as diferenças nos seus hábitos de dispêndio com calma e objetividade.

Ted e Martha Pasternak descobriram que essa pergunta proporcionava uma maneira delicada de avaliar os padrões de gastos um do outro sem assumir uma atitude defensiva ou antagônica. Em vez de desafiar diretamente uma das compras de Ted, Martha pôde simplesmente perguntar se a realização, a satisfação e o valor que ele obteve são realmente proporcionais à quantidade de energia despendida. Constataram que são capazes de observar, e até mesmo comentar, os gastos compulsivos um do outro como objetos desnecessários com muito mais compaixão. No caso de Marta são livros. No de Ted, são telefones (ele tem um em cada aposento, e alguns nem sempre funcionam). Ser capazes de discutir escolhas financeiras sem brigas bobas foi inestimável para eles e na verdade beneficiou o casamento.

Desenvolva um parâmetro interior de realização

Responder a esta pergunta o ajuda a desenvolver um **parâmetro interior de realização** e nesse meio tempo eliminar hábitos de compras não-saudáveis. Você poderá descobrir que tem avaliado a sua realização, ou falta dela, em função do que as pessoas ao seu redor possuem ou do que a propaganda afirma que você deve desejar. Estar satisfeito é ter o suficiente. Pense nisso. Seja comida, dinheiro ou coisas, se você não souber, a partir de um padrão interior, o que é suficiente, você irá diretamente de "insuficiente" para "demais", e o "suficiente" será apenas uma parada secundária no caminho que você perde se piscar. Raramente você terá uma experiência de realização. Ao trabalhar ativamente com essa pergunta, você começará a definir, para si mesmo, um parâmetro interior que poderá usar para determinar o quanto é suficiente.

– 166 –

O instrumento básico para desenvolver esse parâmetro interior é a conscientização. A abundância que nos cerca tem sido chamada de Sonho Americano, e por um bom motivo: estamos adormecidos. A maneira de despertar é questionar o sonho. **Perguntar a nós mesmos, todos os meses, se efetivamente a realização que obtemos é proporcional à energia vital despendida em cada subcategoria desperta o sentimento natural de saber quando o suficiente é suficiente.**

Você passa a diferenciar entre uma fantasia passageira e a verdadeira realização, o ponto de perfeito equilíbrio no qual os desejos desaparecem porque foram totalmente satisfeitos. Qualquer redução tornaria o resultado insuficiente. Qualquer acréscimo o tornaria excessivo. A refeição satisfatória é aquela na qual todos os sabores, aromas e texturas combinam-se perfeitamente e o seu apetite é saciado sem nenhum vestígio do desconforto que tem lugar quando você come em excesso. Analogamente, o carro satisfatório é aquele que atende perfeitamente às suas necessidades de transporte, aquele que você terá prazer em possuir por muitos milhares de quilômetros, que não ofende a sua carteira ou os seus valores e que, com uma boa manutenção, será ao mesmo tempo confiável e prazeroso de dirigir. O seu parâmetro interior descartaria qualquer desejo superficial de impressionar os outros, de aliviar a monotonia de dirigir um carro de dois anos, de possuir um Mercedes porque almeja o símbolo do *status* ou de ter um conversível azul que combine com os seus olhos. Esses são parâmetros externos. Se uma determinada experiência ou compra é satisfatória, o desejo desaparece por um longo tempo. Você fica satisfeito, contente e em paz.

Ter um parâmetro interior de realização é, na verdade, uma das partes do que chamamos de Integridade Financeira. Você aprende a fazer as suas escolhas financeiras independentemente do que a propaganda e a indústria decidiram ser bom para o negócio delas. Você se liberta da humilhação de ser manipulado e convencido a despender a sua energia vital em coisas que não lhe trazem realização. Marcia Meyer, cuja história é narrada no Capítulo 7, declarou que antes de fazer essa avaliação, costumava sentir-se impotente com relação ao dinheiro que tinha na bolsa. "Eu entrava em uma loja, e o meu dinheiro simplesmente voava para fora da minha carteira. Isso não acontecia literalmente, mas é o que eu sentia. Não conseguia evitá-lo." Ser capaz de "simplesmente dizer não" ao dispêndio inconsciente é um tipo de Independência Financeira.

Recapitulação

Ao avaliar as suas subcategorias, coloque um 0 no retângulo se sentir que o dispêndio é adequado como está, um + (ou uma seta para cima) se tiver sentido uma satisfação tão grande a ponto de querer aumentar esse dispêndio ou um – (ou uma seta para baixo) se a quantia despendida não tiver sido satisfatória. Esta pergunta representa uma oportunidade para você contemplar o grau de satisfação na sua vida examinando algo simples e tangível como a maneira como você usa a sua energia vital. Se não há vergonha, não existe culpa. Trata-se simplesmente dos fatos.

Segunda pergunta: este dispêndio de energia vital está em harmonia com os meus valores e o meu propósito na vida?

Esta pergunta é esclarecedora. Ela lhe confere uma maneira concreta de analisar se você é ou não coerente com o seu discurso. À semelhança do que fez no caso da primeira pergunta, indague o seguinte a cada subcategoria de dispêndio: "Este dispêndio de energia vital está em harmonia com os meus valores e o meu propósito na vida?" Se a sua resposta for inequivocamente um "Sim", insira um + (ou uma seta para cima) no segundo retângulo, na coluna correspondente a essa categoria. Se for um "Não", insira um – (ou uma seta para baixo). Se estiver adequada, insira um 0. Reflita durante o tempo que precisar.

Pessoas como Amy e Jim Dacyczyn tinham um conjunto de valores bem definidos e um forte sentimento de propósito quando empreenderam a sua campanha parcimoniosa. O mesmo é verdadeiro com relação a Wes Lambert, Kees e Helen Kolff. Avaliar as suas escolhas financeiras em função desses dois fatores as ajudou a harmonizar as suas finanças com os seus sonhos. Por outro lado, muitas pessoas que vivem uma vida próspera sob outros aspectos estão sofrendo de uma deficiência de ideais. Muitos herdeiros estão entre aqueles que estão perdidos e confusos, financeiramente bem equipados, porém sem ter para onde ir. E muitas pessoas comuns que alcançaram o Sonho Americano também estão se perguntando se a vida não encerra outras coisas além... disso.

E você? Os seus valores e o seu propósito na vida são claros, ou estão embaçados, enterrados sob o peso de um estilo de vida que não parece ajustado?

Valores

Vamos falar primeiro sobre os valores. Afinal, o que são valores? Os nossos valores são os princípios e qualidades importantes para nós, que são realmente fundamentais para a nossa sensação de bem-estar. Em um determinado nível, são as idéias e convicções nas quais baseamos as nossas decisões. São como um DNA invisível, formado pelo nosso sentimento do certo e errado, que estrutura as nossas escolhas. Quando decidimos fornecer comida, abrigo e roupas para os nossos filhos, estamos fazendo uma escolha baseada em valores. Quer passemos o nosso dia de folga passeando no parque ou indo trabalhar no escritório, a nossa escolha baseia-se em valores. A maneira como gastamos o nosso tempo "livre" e a nossa renda "disponível" reflete os nossos valores.

Desse modo, os nossos valores são as nossas convicções. No entanto, considerando-se que a maneira como agimos revela as nossas verdadeiras motivações, os nossos valores também são os nossos comportamentos. (Os pais tentam se esquivar desse fato com a frase "Faça o que eu digo, e não o que eu faço!") Este livro lida com uma das principais manifestações sociais dos nossos valores, ou seja, a maneira como manipulamos o dinheiro na nossa vida.

Você aprende muita coisa a respeito dos valores que você vive quando examina as suas Tabulações Mensais. Que valores revelam os cem dólares (ou 25 horas de energia vital, a quatro dólares por hora que calculamos no exemplo do Capítulo 2) gastos para comer fora? Poderiam indicar várias coisas: que você valoriza a conveniência, que aprecia a boa comida ou que deseja participar de atividades sociais com os amigos. E as 12 horas doadas para caridade? E as 30 horas da conta de telefone?

Você poderá descobrir que se sente à vontade com muitos desses dispêndios, mas que talvez questione outros. Vinte e cinco horas de energia vital gastas com refeições fora de casa podem parecer adequadas, até que, após refletir, você se dá conta de que dedicou apenas oito horas nesse mês a um dos seus filhos. Para muitas pessoas, os valores expressos nos seus gastos não são aqueles que realmente desejam estar vivendo. O seu total em algumas das categorias poderá revelar que o hábito, a pressão dos colegas ou até mesmo o tédio conseguiram levar a melhor.

Volte às perguntas do início do capítulo. Se você não precisasse trabalhar para viver, o que faria com o seu tempo? O que você fez na vida que o deixa realmente orgulhoso? Se você soubesse que iria morrer daqui a um ano, como passaria esse ano? As suas respostas a essas perguntas lhe revelarão muitas coisas a respeito do que você realmente valoriza.

As suas Tabulações Mensais são como um espelho. À medida que você fizer todos os meses a pergunta "Este dispêndio está em harmonia com os meus valores?", descobrirá que está se examinando profundamente. Como um simples resultado de fazer essas perguntas e respondê-las, você efetuará pequenas e grandes mudanças que o aproximarão da Integridade Financeira, onde todos os aspectos da sua vida financeira estarão em harmonia com os seus verdadeiros valores. O processo de assimilar a integridade é como o telescópio de que falamos no Capítulo 2. As múltiplas lentes do telescópio possibilitam que você, o observador, estenda e expanda a sua visão, mas somente se cada lente estiver limpa e polida, e apenas se todas as lentes estiverem alinhadas e adequadamente orientadas umas com relação às outras. Se qualquer aspecto de nós mesmos estiver em desarmonia com o nosso ser total, não seremos capazes de enxergar muito longe; na verdade, a nossa visão será completamente obstruída pela única lente que está desalinhada.

*Em 1985, **Tom Clayton** tinha todos os requisitos para viver uma vida muito agradável. Todas as peças que perfariam o sucesso estavam presentes: uma esposa incrível, dois filhos, dois carros, uma linda casa e uma grande quantidade de benefícios tangíveis e intangíveis oriundos do seu cargo de administrador escolar. Tom era respeitado, e tinha segurança e uma boa renda. Era bem-sucedido, mas não era feliz. Na verdade, estava zangado, irritado e frustrado com o sistema que o levara a acreditar que se tivesse as coisas certas (isto é, casa, carros, emprego, etc.) sentiria-se realizado. Não era assim que se sentia. Ao procurar uma saída, Tom compareceu a um dos nossos seminários de FI. Naquele dia, compreendeu algo que sabia mas não sabia que sabia, ou seja, que a felicidade não provém das circunstâncias externas e sim da integração dos nossos valores com o nosso relacionamento com o dinheiro. Não havia nada errado com a vida de Tom Clayton, mas as peças não perfaziam algo de que ele interiormente se orgulhasse. A sua vida era boa, mas não era real. Quando Tom examinou os seus valores, percebeu que o seu desejo dominante era contribuir com algo para resolver alguns dos problemas do mundo em vez de ser apenas uma das milhões de pessoas decentes porém adormecidas que consideram os seus assuntos o seu bem maior. Mas como poderia viver os seus valores? O seu* *emprego, embora agradável, nada fazia para expressar a sua preocupação com o mundo. Tom decidiu correr um risco e viver com uma renda menor, deixando o sistema escolar para abrir um consultório de orientação psicológica e trabalhar em uma clínica em parceria com um médico. A sua nova carreira lentamente começou a se consolidar. Com o tempo, associou-se a um colega, passando a oferecer sessões de treinamento e seminários como Wellness Unlimited. Tom e o seu sócio ajudam as pessoas a entrar em contato com os seus valores e importância pessoal, bem como com a sua responsabilidade para consigo mesmas e para com a comunidade mais ampla. Tom reuniu as suas habilidades, valores e interesses em uma vida adequada para ele. O seu interior combina com o exterior, e ele finalmente está feliz.*

O que é o propósito?

A segunda parte da pergunta pede que você avalie o seu dispêndio à luz do seu "propósito na vida". Você precisa entender o que significa ter um propósito na vida. No caso de algumas pessoas, como Amy e Jim Dacyczyn, trabalhar no que gostam ou criar uma família adorável define o seu propósito. No caso de outras, o sentimento de propósito pode ser evasivo, indefinido. Algumas pessoas passam anos procurando o seu propósito, ao passo que outras, com Wes Lambert, parecem tê-lo definido desde o nascimento. Afinal, o que é essa coisa chamada propósito na vida?

Segundo uma perspectiva, o propósito é descoberto na resposta que você dá quando alguém pergunta: "Por que você está fazendo o que está fazendo?" A ação pode ser óbvia, como almoçar, mas a motivação pode ser várias coisas, como a fome, o desejo de aceitação social, a necessidade de se empanturrar de carboidratos para aumentar a resistência física em uma turnê de esqui.

O propósito também é o significado que você atribui às ações. Existe uma história a respeito de três escultores de pedra que estão trabalhando em uma grande rocha. Um transeunte aproxima-se do primeiro escultor e pergunta: "Por favor, o que você está fazendo?" O escultor responde com uma certa rispidez: "Não está vendo? Estou desbastando este grande pedaço de pedra." Curiosa, a pessoa faz a mesma pergunta ao segundo escultor, o qual levanta os olhos com uma mistura de orgulho e resignação e replica: "Estou ganhando a vida para cuidar da minha mulher e dos meus filhos." Aproximando-se do terceiro escultor, o transeunte pergunta: "E *você*, o que está fazendo?" O homem levanta os olhos, com o rosto reluzente, e retruca com reverência: "Estou construindo uma catedral!"

O significado que atribuímos a uma ação vem de dentro de nós. À semelhança do primeiro escultor, temos a escolha de negar que as nossas ações tenham qualquer significado além da realidade física do que estamos fazendo. Como o segundo, podemos absorver os significados que a nossa cultura atribui às nossas ações. Sustentar a família é um propósito culturalmente aceito. O mesmo podemos dizer de obter instrução, casar e ter filhos, criar um negócio bem-sucedido, descobrir a cura de uma doença, receber homenagens... a lista é interminável. A resposta do terceiro escultor aponta outro nível de significado — viver os nossos ideais mais elevados, dedicar-nos a algo que pareça nobre e mereça a nossa constante devoção.

Há também um sentido no qual o "propósito" é genérico. Além do "meu" propósito, muitos acreditam que existe "o" propósito. As religiões ensinam que existe dentro de cada um de nós um núcleo de bondade, a capacidade de distinguir o certo do errado e o desejo de "fazer a coisa certa". Embora cada cultura possa ter uma definição diferente do bem, do verdadeiro e do belo, todas reverenciam aqueles que personificam esses ideais.

Finalmente, o propósito também é a nossa missão, o comprometimento apaixonado que está incessantemente alimentando as nossas ações. Uma declaração de missão, seja para uma empresa ou uma pessoa, geralmente encerra uma oração tangível ("A nossa missão é fabricar tal e tal coisa") e outra impalpável ("segundo os mais elevados padrões de precisão e integridade"). As pessoas freqüentemente têm um sentimento de missão a respeito de tornar a sua comunidade ou o mundo um lugar melhor, talvez ajudando a resolver os problemas da fome, dos sem-teto, dos relacionamentos familiares nos quais ocorre o abuso ou do aquecimento global. Às vezes a missão de uma pessoa é personificar certas qualidades, como o amor, a paz ou a não-violência. Nesse sentido, o propósito consiste em nos estendermos no mundo.

Como encontrar a nossa missão?

Joanna Macy, educadora, ecologista e escritora, sugeriu três direções nas quais podemos procurar a nossa missão:

1. *Trabalhe com a sua paixão* em projetos que lhe interessam profundamente. Qual era o seu sonho antes de você parar de sonhar? Que traba-

lho você executaria mesmo que não fosse remunerado? Você não está procurando preferências superficiais como as descritas nos adesivos colados nos automóveis, "Gostaria de estar surfando", e sim algo que você aprecia mais do que o seu conforto e a sua conveniência.

2. *Trabalhe com a sua dor* com pessoas cuja dor atinja o seu coração. Você "já passou por isso, de modo que sabe qual a sensação" — na dor, na tristeza, no desespero, na fome, no terror? Você é capaz de oferecer aos outros a sabedoria e a compaixão que obteve nessa experiência? Existe algum aspecto do sofrimento no mundo que o incentive a agir? Se você estiver sentindo uma dor tão intensa a ponto de perder o contato com a sua capacidade de ajudar os outros, este é o momento perfeito para estender a mão para os que estão sofrendo. É revigorante.

3. *Trabalhe com o que você tem à mão,* com as oportunidades que surgem diariamente para corresponder às necessidades simples dos outros. Encontrar o nosso propósito tem sido freqüentemente igualado à descoberta do emprego ou projeto humanitário que o estimulará a ser tão santo quanto Madre Teresa. Esta sugestão de trabalhar com o que está disponível é um lembrete de que em um mundo interligado, todas as ações humanitárias contribuem para o bem do todo. Se você se lembrar de que não existe um ato único de grandeza, apenas uma série de pequenos atos praticados com grande paixão ou amor, ao fazer o que você percebe que precisa ser feito — levar o jantar para um vizinho doente, ajudar uma criança a ler, escrever uma carta para o editor do seu jornal, ser um defensor dos sem-teto na sua cidade —, você descobrirá uma vida repleta da experiência de ter um propósito pelo qual vale a pena viver.

Avaliando o nosso movimento em direção ao propósito

Uma vez mais, volte às perguntas do início deste capítulo. O que você sempre quis fazer que ainda não fez? O que o deixa mais realizado? As suas reflexões com relação a essas perguntas também fornecerão indícios para o seu propósito.

Pare de ler por alguns minutos e escreva o seu propósito na vida. Ele pode não ter nenhuma relação com a maneira como você gasta o seu tempo. Pode ou não parecer importante para os outros. Pode até mesmo ainda não estar claro para você. Apenas faça o melhor que puder. Use esse propósito declarado para avaliar as suas ações. Não se preocupe se observar que o seu propósito muda com o tempo, porque isso é aceitável; simplesmente escreva o que o propósito na vida significa agora para você e use essa nova declaração de propósito como o seu parâmetro.

Independentemente de como definir o seu propósito, você precisará de uma maneira de *medir* os seus resultados, de um *feedback* que lhe diga se você está no caminho certo. Freqüentemente avaliamos como estamos nos saindo na realização do nosso propósito por meio do sucesso material, ou do reconhecimento profissional ou comunitário.

Existe uma maneira mais precisa de avaliar se você está vivendo o seu propósito, maneira essa que vai além do sucesso material e transcende as recompensas e o reconhecimento. Trata-se da sua resposta à pergunta "Este dispêndio de energia vital está em harmonia com os meus valores?" Fazer fielmente essa pergunta — todos os meses, em cada categoria — o empurrará na direção de esclarecer os seus valores, viver em harmonia com o seu propósito declarado e definir o seu verdadeiro propósito na vida.

Consta que George Bernard Shaw disse, certa vez, o seguinte a uma senhora da sociedade: "Madame, aposto como a senhora iria para a cama comigo por 5 libras." A dama em questão ficou instantaneamente indignada. Como poderia ele pensar tal coisa? George Bernard Shaw fez uma pausa como se estivesse refletindo e em seguida perguntou: "E se eu lhe oferecesse 100.000 libras?" A dama hesitou, e o seu silêncio a denunciou. "Então", comentou Shaw, "não estamos discutindo o ato, mas apenas o preço." O dinheiro é uma medida extremamente irresistível para todos nós, mesmo para aqueles dedicados a objetivos elevados.

Outra maneira de avaliar o seu movimento em direção ao seu propósito é por meio do Teste do Propósito na Vida, que se baseia no trabalho de Viktor Frankl. Tendo sobrevivido aos campos de concentração nazista, Frankl observou que havia um fator além do intelecto ou da psicologia que permitia que algumas pessoas conservassem a condição humana em circunstâncias desumanas. Ele chegou à conclusão que esse fator era o "significado" (ou propósito) — a capacidade de encontrar, por intermédio de um profundo diálogo com a própria consciência, um significado positivo nos acontecimentos da nossa vida. A vontade de ter significado e propósito na vida, disse ele, é superior à vontade de ter poder ou à vontade de encontrar o prazer. Na verdade, esses últimos impulsos assumem o comando quando a vontade de encontrar significado foi tolhida. Frankl também observou que "ser humano significa relacionar-se e ser orientado para algo ou alguém diferente de nós mesmos". Responder ao questionário na Figura 4-2, que baseia-se no profundo trabalho de Frankl, favorecerá o seu movimento em direção ao significado na sua vida.

Para calcular o seu resultado, some os números que você envolveu com um círculo. Se o seu total for inferior a 92, você provavelmente carece de significado e propósito na vida; se o seu resultado estiver entre 92 e 112, o seu sentimento de propósito é indeciso ou nebuloso; e se o seu total foi maior do que 112, você tem um propósito claro. Como se saiu? Lembre-se de que fazer a pergunta "Este dispêndio está em harmonia com o meu propósito?" o ajudará a definir e juntar os elementos básicos do seu sentimento de propósito.

Faça uma pausa para fazer algumas anotações e, quem sabe, para ler o emocionante livro de Frankl, *Man's Search for Meaning*.

FIGURA 4-2

Teste do Propósito na Vida

Em cada uma das seguintes afirmações, faça um círculo em volta do número que mais se aproximaria da verdade no seu caso. Repare que os números sempre vão de um extremo de sentimento ao tipo oposto de sentimento. "Neutro" indica a ausência de julgamento; procure usar o mínimo possível este conceito.

1. Sou uma pessoa em geral:
   1. 1 2 3 4 5 6 7
   totalmente entediada — (neutro) — exuberante, entusiástica

2. A vida para mim parece:
   2. 7 6 5 4 3 2 1
   sempre estimulante — (neutro) — totalmente rotineira

3. Na vida eu tenho:
   3. 1 2 3 4 5 6 7
   uma total ausência de metas ou objetivos — (neutro) — metas e objetivos muito claros

4. A minha existência pessoal é:
   4. 1 2 3 4 5 6 7
   totalmente desprovida de significado, sem propósito — (neutro) — repleta de propósito e de significado

5. Os dias:
   5. 7 6 5 4 3 2 1
   constantemente se renovam — (neutro) — são exatamente os mesmos

6. Se eu pudesse escolher,

6.   **1**   **2**   **3**   **4**   **5**   **6**   **7**
preferiria nunca ter nascido   (neutro)   gostaria de ter mais nove vidas como esta

7. Quando me aposentar, eu

7.   **7**   **6**   **5**   **4**   **3**   **2**   **1**
faria algumas das coisas emocionantes que sempre quis fazer   (neutro)   viveria completamente ocioso pelo resto da vida

8. Ao tentar alcançar as minhas metas na vida, eu

8.   **1**   **2**   **3**   **4**   **5**   **6**   **7**
não fiz nenhum progresso   (neutro)   realizei-me completamente

9. A minha vida é:

9.   **1**   **2**   **3**   **4**   **5**   **6**   **7**
vazia, cheia de desespero   (neutro)   repleta de coisas boas e estimulantes

10. Se eu morresse hoje, sentiria que a minha vida:

10.   **7**   **6**   **5**   **4**   **3**   **2**   **1**
realmente valeu a pena   (neutro)   foi totalmente inútil

11. Quando penso na minha vida,

11.   **1**   **2**   **3**   **4**   **5**   **6**   **7**
freqüentemente me pergunto por que existo   (neutro)   sempre encontro uma razão para estar aqui

12. Quando contemplo o mundo com relação à minha vida, o mundo:

12.   **1**   **2**   **3**   **4**   **5**   **6**   **7**
deixa-me totalmente confuso   (neutro)   ajusta-se de um modo significativo à minha vida

13. Eu sou uma:

13.   **1**   **2**   **3**   **4**   **5**   **6**   **7**
pessoa muito irresponsável   (neutro)   pessoa muito responsável

14. No que diz respeito à liberdade do homem de fazer as suas escolhas, acredito que o homem:

14.   **7**   **6**   **5**   **4**   **3**   **2**   **1**
é absolutamente livre para fazer todas as escolhas da vida   (neutro)   está totalmente restringido pelas limitações da hereditariedade e do meio ambiente.

15. No que diz respeito à morte, sinto-me:

15.   **7**   **6**   **5**   **4**   **3**   **2**   **1**
preparado e destemido   (neutro)   despreparado e assustado

16. No que diz respeito ao suicídio:

16.   **1**   **2**   **3**   **4**   **5**   **6**   **7**
pensei seriamente nele como uma saída   (neutro)   nunca pensei nele duas vezes

17. Considero a minha capacidade
de encontrar um significado,
propósito ou missão na vida
como sendo:

17.

1	2	3	4	5	6	7
muito grande			(neutro)		praticamente inexistente	

18. A minha vida está:

18.

7	6	5	4	3	2	1
nas minhas mãos e eu a controlo			(neutro)		fora das minhas mãos e é controlada por fatores externos	

19. Enfrentar as minhas tarefas
cotidianas é:

19.

7	6	5	4	3	2	1
uma fonte de prazer e satisfação			(neutro)		uma experiência dolorosa e maçante	

20. Na vida:

20.

1	2	3	4	5	6	7
não encontrei nenhuma missão ou propósito			(neutro)		encontrei metas bem definidas e um propósito satisfatório	

Copyright de Psychometric Affiliates, Box 807, Murphreesboro, TN 7133. É preciso obter autorização para reproduzir este teste.

O retorno à integridade

Volte à segunda pergunta do Quarto Passo: "Este dispêndio de energia vital está em harmonia com os meus valores e o meu propósito na vida?" Agora que você examinou mais profundamente os valores e o propósito, faça novamente essa pergunta. Pergunte sem se criticar ou se condenar, e sim com sinceridade e imparcialidade. Observe a maneira como você avaliou anteriormente os seus gastos. Você ainda concorda com essa avaliação? Modifique as suas respostas se a sua apreciação de uma categoria particular for diferente.

Você tem agora um mapa explícito dos seus padrões de dispêndio e do relacionamento deles com os valores e propósitos que você definiu. Você poderá enxergar divergências entre a sua declaração de propósito e a sua expressão dele, divergências que antes você não percebia. Para retornar à integridade (o equilíbrio entre os valores e as ações), você pode ajustar os seus gastos ou o seu propósito. Na verdade, essa pergunta é o seu principal instrumento para alcançar a Integridade Financeira. Charles Givens enfatiza a mesma coisa no livro *Financial Self-Defense*:

– 177 –

Quando as suas ações não estão em harmonia com os seus valores, você pode sentir medo, culpa, frustração e desequilíbrio emocional. Por sorte, você pode livrar-se desses sentimentos negativos indesejáveis. Você pode:

1. Modificar as suas ações para harmonizá-las com os seus valores, ou
2. Modificar os seus valores para harmonizá-los com as suas ações.

Terceira pergunta: como essa despesa mudaria se eu não precisasse trabalhar para viver?

Use esta pergunta para avaliar o quanto o seu emprego custa para você, e para começar a concentrar-se de um modo mais inequívoco na sua vida independentemente do trabalho. Pergunte a si mesmo: "Que despesas diminuiriam e quais desapareceriam se eu não fosse todos os dias para o trabalho?" Na terceira fileira debaixo das suas categorias de despesas coloque um – (ou seta para baixo) se você acha que essa despesa diminuiria, um + (ou seta para cima) se acha que aumentaria ou um 0 se acha que provavelmente permaneceria inalterada. Se conseguir estimar uma quantia, anote-a em uma linha separada na Tabulação Mensal.

Essa pergunta dá origem à possibilidade de um estilo de vida no qual você não precisa comparecer a um emprego toda as semanas. Como seria a sua vida se você não trabalhasse, para ganhar dinheiro, quarenta horas, ou mais, por semana? Que despesas desapareceriam? Se você não tivesse que trabalhar para ganhar dinheiro, compraria mais roupas? Menos roupas? Gastaria mais combustível? Menos combustível? Venderia o carro? Mudaria para uma casa ou apartamento mais barato, mais distante de um centro comercial? Gastaria mais, ou menos, com médicos (o seguro talvez aumentasse, mas as doenças diminuiriam)? Você continuaria a passar fins de semana em hotéis para relaxar? As suas despesas com viagens aumentariam ou diminuiriam?

À medida que for fazendo essa pergunta a si mesmo, poderá chegar a uma conclusão surpreendente. Se você não estivesse tentando encaixar o tempo todo uma cavilha redonda num buraco quadrado, a vida poderia ser muito mais barata, porque os seus dias são consumidos pelo seu emprego, você precisa de dinheiro para lidar com quase todos os aspectos da sua vida, como creches, consertos na casa, diversão e até para ser ouvido com compaixão.

Eis uma charada: quem é financeiramente mais independente? A pessoa que consegue consertar uma torradeira, ou aquela que precisa pagar alguém para fazê-lo?

Na verdade, nós nos tornamos, de muitas maneiras, financeiramente mais dependentes. Quantas vezes você não ficou frustrado com um produto moderno que não funciona? Quando você tenta consertá-lo em uma loja do bairro, dizem que o envie de volta à fábrica. A remessa custa mais do que você gastaria para substituir o produto. Você gostaria de consertá-lo você mesmo, mas como? O fato de você precisar de dinheiro para poder viver não é na verdade um tipo de dependência? Se este é o caso, fazer a pergunta "Como seria este dispêndio se eu tivesse o tempo e a habilidade para fazer pessoalmente a manutenção dos meus bens?" o levará em direção a uma menor dependência monetária para satisfazer as suas necessidades.

A Avaliação das três perguntas

Examine agora a sua folha de tabulação. Procure todas os sinais de – (ou setas para baixo). Observe quais as categorias que não satisfizeram o seu critério para a Primeira Pergunta, ou seja, a satisfação que você obteve não foi proporcional à quantidade de energia despendida. Quais as que não corresponderam à exigência da Segunda Pergunta, ou seja, o dispêndio não estava em harmonia com os seus valores e o seu propósito na vida. E quais representam despesas que mudariam de modo significativo se você não tivesse que "ganhar a morte". Agora, examine a sua lista. Você percebe quaisquer padrões? O que aprendeu a respeito de si mesmo? Não puna a si mesmo e não decida "ter um melhor resultado no mês que vem". (Lembre-se de que isto não é um orçamento!) Apenas lance mão das informações e de quaisquer idéias que possa ter tido que possam ajudá-lo a esclarecer os seus valores e o seu propósito. Lembre-se: quando não há vergonha, não existe culpa.

Vamos voltar às tabulações mensais que analisamos no Capítulo 3 e observar como Rose, Lu e Steve se saíram nessas avaliações.

A de Rose é relativamente clara. Embora ela não tenha optado por estimar quanto gastaria em cada categoria se parasse de trabalhar para viver, as categorias que ela imagina que diminuiriam fornecem um bom material

Mês <u>Janeiro</u>   Ano <u>1991</u>   Salário-hora efetivo <u>$6,75</u>

Despesas	Total em Dólares	Horas de Energia Vital	Satisfação	Harmoni-zação	Depois do FI
Aluguel	200,00	30 h	O	O	O
Gás natural					
Eletricidade	14,00	2 h	O	O	O
Concessionárias					
Telefone	3,72	6 min	O	O	O
Artigos para o lar	18,96	2 h 8	O	O	O
Gêneros alimentícios	55,00	8 h	O	O	O
Guloseimas	2,22	3 min	O	O	O
Refeições fora de casa	3,89	6 min	O	O	O
Bebidas alcoólicas	4,24	6 min	O	O	O
Gasolina/óleo	24,44	3 h 6	–	–	–
Conserto do carro/manutenção					
Seguro do carro/registro	160,30	24 h	O	–	O
Estacionamento	0,25		O	O	O
Ônibus/balsa					
Seguro-saúde	36,06	5 h	O	O	O
Produtos naturais					
Serviços de saúde	5,00	7 min	O	O	O
Higiene					
Beleza	8,50	1 h 3	O	O	O
Roupas, necessárias	6,93	1 h	O	O	O
Roupas, desnecessárias	16,42	2 h 4	–	–	–
Entretenimento					
Estética					
Presentes/cartões	12,00	1 h 8	O	O	O
Livros/revistas	16,20	2 h 4	–	–	–
Crescimento pessoal					
Correios	2,03	3 min	O	O	O
Produtos de papelaria					
Cópias					
Doações					
Tarifas bancárias					
Diversos	0,40		O	O	O
Pagamento de empréstimos	50,32	7 h	–	–	–
TOTAL	640,88				

FIGURA 4-3

**Tabulação Mensal de Despesas de Rosemary —
com as Três Perguntas**

para reflexão. A tabela de Lu e Steve é particularmente interessante porque eles produziram algumas adaptações e interpretações originais.

A primeira coisa que você notará é que Lu e Steve acrescentaram uma quarta pergunta: "Este nível de dispêndio é proveitoso para o planeta?" O que você mudaria nos seus padrões de gastos se fizesse a si mesmo essa pergunta?

A outra variação que você perceberá é que o valor que eles colocaram em contribuições para a caridade depois de FI (quando estão financeiramente auto-suficientes e não têm mais um trabalho remunerado) é o mesmo que a sua renda depois de FI. Lu e Steve reconhecem que quando estiverem livres do emprego remunerado, poderão trabalhar como voluntários em causas do seu interesse. Em vez de fazer doações nominais todos os meses, poderão se doar. A vida deles equivalerá às suas contribuições humanitárias.

Vamos examinar agora como Kees e Helen Kolff estimaram que serão as suas despesas quando os seus filhos se formarem no ensino médio, deixando-os livres para se dedicar juntos a projetos de serviço comunitário. Na Figura 4-5, eles comparam os seus gastos típicos mensais em cada categoria com as despesas que projetaram para 1994. Chegaram a esses valores após acompanhar as despesas durante vários anos e fazer as três perguntas. As estimativas para 1994 *não* são um orçamento. Foram obtidas experimentalmente a partir de meses de acompanhamento e avaliação do custo real de uma vida satisfatória.

Você não precisa saber precisamente o que faria se não tivesse um emprego. Nem mesmo precisa querer deixar o emprego. Necessita apenas fazer a pergunta com relação a cada categoria de dispêndio: de que maneira o dispêndio nesta categoria mudaria se eu não tivesse que trabalhar para viver? Lembre-se de que se não há vergonha, não existe culpa. Você não está violando o compromisso que tem com a sua profissão ao fazer a pergunta. Tampouco está expressando deslealdade com o seu chefe ou insatisfação com o seu emprego ao pensar em como poderia gastar o dinheiro se estivesse fazendo outra coisa. Se você ama o seu emprego, o simples exercício mensal de fazer a pergunta apenas aumentará a sua satisfação no emprego porque intensificará a sua certeza de que trabalha nele por escolha.

STEVE BRANDON E LU BAUER — RECEITAS E DESPESAS 1990

Para o mês de <u>Agosto de 1990</u>
RECEITAS

	Steve	Lu	Total	Terceira Pergunta FI Total/FI	
Receita de Steve de negócios					
Salário líquido de Steve	684,64		684,64	1.505	
Retirada de Lu no negócio		2.075,31	2.075,31		
Renda de invalidez					
Presentes recebidos	150,00		150,00		
Restituição de impostos					
Receita de juros		0,52	0,52		
Dividendos (Calvert)					
Dinheiro encontrado					
Receitas diversas					
Total de receitas no mês	834,64	2.075,83	2.910,47	1.505	

Primeira Pergunta FI: você está recebendo um valor proporcional às unidades de energia vital que este dispêndio custa?

Segunda Pergunta FI: este nível de dispêndio está em harmonia com o seu propósito na vida?

Quarta Pergunta FI: este nível de dispêndio é proveitoso para o planeta?

Dólares por hora de Steve e Lu: $6,35

Perguntas FI

	Steve			Total		Unidades de Vida FI (horas)	Steve 1	2	4	Lu 1	2	4
DESPESAS												
Despesas de Steve com o trabalho												
Taxas e assinaturas												
Lavanderia	15,60		15,60	-	0	2 h 5	-	0	-	0	0	0
Anúncios e promoção	17,00		17,00	-	0	2 h 7	-	0	-	0	0	0
Educação												
Telefone												
Total de despesas com o trabalho	(32,60)		(32,60)	(0)		(5 h 2)						
Automóveis — Steve		265,35	265,35	0	265	41 h 8	0	0	0	0	0	0
Imposto												
Tarifas bancárias		2,65	2,65	0	2	4 min	+	0	0	+	0	0
Contribuições para caridade	10,00	2,00	12,00	+	1.505	1 h 9	-	0	+	-	-	+
Contribuições — não-dedutíveis		35,00	35,00	-	0	5 h 5	-	-	-	-	-	-
Vestuário												
Médicos/saúde/orientação psicológica		140,00	140,00	-	130	22 h	-	-	-	-	-	-
Taxas e publicações	29,97	41,40	71,37	0	71	11 h 2	0	0	-	-	-	0
Filmes e revelação												
Material de jardinagem												
Presentes a serem dados	34,00	170,00	204,00	-	50	32 h 1	-	-	-	0	-	-
Gêneros alimentícios/refeições em casa	55,96	63,91	119,87	0	120	18 h 9	0	0	0	0	0	0
Artigos para a casa — diversos	42,96	79,99	122,95	0	123	19 h 4	0	0	0	0	0	0
Consertos na casa				+	100							
Material de construção da casa		264,58	264,58	-		41 h 7	0	0	0	0	0	0
Mão-de-obra para a construção da casa												
Pagamento da hipoteca da casa		817,97	817,97	-	0	128 h 8	0	0	0	0	0	0

Seguro:

Categoria	Lu	Steve	Total									
Seguro residencial		1.00	1.00	+	22	0.2	0	0	0	0	0	0
Saúde		171.26	171.26	-	0	27.0	0	0	-	-	-	-
Total dos seguros		**172.26**	**172.26**	-	**22**	**27.2**						
Junk food e lanches		30.08	30.08	-	0	4.7	0	-	-	0	0	0
Refeições fora de casa		168.79	168.79	-	60	26.6	0	-	-	0	-	0
Música e entretenimento em casa	42,50	93.39	135.89	-	15	21.4	+	+	+	+	0	0
Cinema, concertos, etc.		16.00	16.00	0	16	2.5	0	0	0	0	0	0
Deduções diversas detalhadas												
Despesas diversas		(1.02)	(1.02)			(0.2)						
Despesas com animais de estimação:												
Alpiste												
Pedigree	38,44	38.44	38.44	0	38	6.1	0	0	0	0	0	0
Cat Chow	11,25	11.25	11.25	0	11	1.8	0	0	0	0	0	0
Annie												
Outros												
Total das despesas com animais de estimação	**49,69**	**49.69**	**49.69**	0	**50**	**7.9**						
Correios												
Pagamento de empréstimo de estudante - Steve	81,29	81.29	81.29	-	0	12.8	0	0	0	0	0	0
Viagens, pedágio e estacionamento		1.75	1.75	0	2	0.3	0	0	0	0	0	0
Concessionárias:												
Eletricidade		10.78	10.78	0	10	1.7	0	0	0	0	0	0
Gás - propano	22,40	22.40	22.40	0	22	3.5	0	0	0	0	0	0
Lenha												
Óleo para aquecimento												
Telefone - total		87.29	87.29	-	40	13.7	0	-	0	-	-	-
Coleta de lixo		21.00	21.00	-	7	3.3	0	0	0	0	0	0
Total das concessionárias	**22,40**	**119.07**	**141.47**	-	**79**	**22.2**						
Cheques cancelados												
Gastos não identificados												
TOTAL DAS DESPESAS	401,37	2.483,17	2.884,54	-	2.610	454.3						

FIGURA 4-4

Tabulação Mensal de Steve e Lu - com as Três Perguntas

Nota: Os números envoltos por um círculo representam o total das subcategorias; os números entre parênteses representam rendimentos; Terceira Pergunta FI = como este dispêndio poderia ser diferente depois da FI=?; Total/FI = renda projetada e despesas depois da FI.

Custo/Mês Médio — Efetivo e Projeções

	Efetivo 1990	Projeção 1994
Alimentação	510	300
Restaurante	32	10
Gato	5	5
Eletricidade	33	30
Gás	35	40
Outras concessionárias (esgoto, água, etc.)	33	30
Artigos de cozinha/de toalete	32	20
Manutenção da casa	89	100
Jardim/flores	18	10
Vestuário	59	50
Carro: combustível/conserto	167 (77 + 90)	150
Telefone	47	50
Artigos de papelaria/impressão/correios	42	20
Esportes	51	40
Entretenimento	33	20
Viagens	51	100
Educação/livros	117	50
Presentes	187	50
Doações	131	30
Mesada	150	0
Médicos/dentistas	68	25
Seguro dental		50
Diversos (foto)	(10)	100
Hipoteca	349,07	350
Seguro do carro	144,17	150
Seguro residencial	28,50	40
Seguro de jóias	6,17	0
Seguro de vida	122,25	0
Seguro de saúde	110,26	180
Imposto predial	196,85	300
DESPESAS TOTAIS	2.856/mês (x 12 = 34.272/ano)	2.300/mês

Imposto de renda não incluído

FIGURA 4-5

Tabulação de Kees e Helen das Despesas Médias Mensais

As implicações deste passo

O Quarto Passo é a essência deste programa. Não se preocupe se o seu propósito na vida ou o seu parâmetro interior não estiver cristalino. Para algumas pessoas, este programa representou o processo pelo qual definiram os seus valores e propósito. O processo de fazer as três perguntas e respondê-las durante meses a fio esclarecerá e aprofundará o seu entendimento de realização e propósito. Apenas faça as perguntas e marque as respostas na parte inferior de cada coluna de despesa, usando tanto a intuição quanto o intelecto.

Os nove passos deste programa são fáceis. Você não precisa entendê-los; basta executá-los. Na verdade, as pessoas que têm a maior dificuldade neste programa são aquelas que acreditam poder saltar os passos que julgam não lhes dizer respeito. Se pudéssemos encurtar o programa e reduzir o número de passos, nós o faríamos. Na verdade, o programa é o atalho. Somos pessoas práticas. Não douramos a pílula e nem incluímos no programa nenhuma sabedoria arcana apenas para nos divertir. Cada passo do programa é fundamental. Todos funcionam sinergicamente, baseando-se uns nos outros e expandindo-se mutuamente. Por conseguinte, relaxe e execute os passos.

Com o tempo, mudanças incríveis terão lugar, não apenas na sua relação com o dinheiro mas também na maneira como se relaciona com a vida. Seguem-se alguns lembretes a respeito do trabalho com o Quarto Passo que maximizarão os seus benefícios.

Informação e conscientização, e não vergonha ou culpa

Este é simplesmente um processo de acumulação de informações. É o primeiro passo em direção à sua reprogramação. Quaisquer padrões de dispêndio causados pelo hábito serão expostos e identificados quando você os trouxer à luz de uma avaliação sincera e de uma expressão numérica e objetiva. A idéia é ajustar os seus gastos até ter zeros ou sinais de + em todas as colunas.

Dando valor a si mesmo

Uma mudança terá lugar na esfera de valores à medida que a maneira como você lida com o dinheiro sintonizar-se cada vez mais com o que realmente é importante para você. Na década de 1980 (assim como em muitas outras épocas) conseguimos nos convencer de que comprar coisas para nós mesmos era uma expressão de auto-estima. "Mereço o que há de melhor", foi como aprendemos a pensar. "Não vou mais ser um cidadão de segunda classe. Terei tudo que quiser, e se eu não tiver o dinheiro para pagar, usarei o cartão de crédito." Então surge o processo de repensar a sua relação com o dinheiro e com o mundo, e tudo vira de cabeça para baixo. "Gastar dinheiro comigo de maneiras que poderão gerar uma felicidade superficial mas que não contribuem para uma realização duradoura", você pensa, "na verdade significa *não* dar valor a mim mesmo. Significa desperdiçar a *minha* preciosa energia vital unidirecional. Quem eu achava que iria pagar o cartão Visa?" A verdadeira Inteligência Financeira envolve entender que se *você* comprar agora, *você* pagará mais tarde, com juros. A Inteligência Financeira envolve saber que se *você* despender a *sua* energia vital em coisas que só produzem uma satisfação passageira e não respaldam os seus valores, *você* acabará com *menos vida*.

Este passo não consiste em fazer um orçamento, na condenação de si mesmo e nem em privar-se das coisas. Diz respeito a respeitar e valorizar o recurso limitado chamado energia vital. Diz respeito a usar essa elevada auto-estima para produzir uma maior realização, uma maior satisfação e um maior sentimento de totalidade. Você alcança esse resultado conscientizando-se de uma maneira indolor dos seus padrões de dispêndio não-examinados e insatisfatórios.

Integridade e sinergia

Este passo o ajuda a harmonizar o valor e o comportamento, ajustando um ou outro. A Independência Financeira é edificada sobre a Integridade Financeira, e esta última é construída sobre a harmonização da visão e dos valores com a ação.

Por mais traumático que possa ser observar os seus padrões de gastos inconscientes se materializarem sob a forma de colunas impecavelmente totalizadas em moeda corrente, essa rígida sinceridade é fundamental. As pessoas pagam milhares de dólares em terapia, *workshops* e seminários a fim de enfrentar os seus padrões autodestrutivos de pensar e agir. Este passo lhe possibilita atingir essa mesma meta, sem nenhum custo e na privacidade do seu lar. Quando você conseguir atravessar todo o processo de tabulação e avaliação com a mente e o coração totalmente tranqüilos, terá conquistado a sua faixa preta na Integridade Financeira.

A integridade é naturalmente gratificante. A harmonização da visão, dos valores e da ação, quer estejamos falando de uma só pessoa, de uma equipe ou de toda a sociedade, estimula um processo conhecido como sinergia. Esta última é o estado de funcionamento no qual o todo é maior do que a soma das partes. Na presença da sinergia, mais sinergia emerge de um sistema que aparentemente foi alimentado. A sinergia é poderosa.

Como freqüentemente trabalhamos com objetivos contraditórios, dentro de nós mesmos e das nossas organizações, a sinergia parece mágica, abençoada e milagrosa. Mas não é. A sinergia ocorre dentro da pessoa quando todos os aspectos da sua natureza estão em sintonia e voltados para a mesma direção. Se você é um tigre no trabalho mas um rato em casa, alguma coisa dentro de você está em desarmonia. A sua energia ficará obstruída em um ato de malabarismo no qual você está sempre deixando cair as bolas. Mas se a felicidade, a objetividade e a paz caracterizarem todos os aspectos da sua vida, e o que você fizer estiver em harmonia com o seu propósito, você será uma pessoa poderosa e realizada. E isso torna-se possível se você passar alguns minutos por mês fazendo essas três perguntas a cada uma das suas subcategorias de dispêndio. Você descobrirá o que é suficiente no nível material, e terá em abundância a alegria originária de uma vida que tem importância.

Alcançando a suficiência

No Capítulo 1, falamos a respeito da Curva de Satisfação e do lugar interessante no ápice da curva denominado "suficiência". Você tem o suficiente para a sua sobrevivência, para o seu conforto e até mesmo alguns artigos de luxo especiais, sem nenhum excesso que o sobrecarregue desnecessariamente. A suficiência é um lugar poderoso e livre. Um lugar confiante e flexível. E é um lugar que você definirá numericamente para si mesmo enquanto segue este programa. Fazer as três perguntas, meses a fio, é o recurso fundamental para definir, experimentalmente, quanto é suficiente *para você*.

A nossa experiência, bem como a dos participantes dos seminários, é que a "suficiência" encerra quatro componentes, quatro qualidades comuns:

1. **Controle**, saber quanto dinheiro está saindo e entrando na sua vida, é Inteligência Financeira básica. É óbvio que se você nunca sabe quanto tem ou para onde está indo todo o dinheiro, você nunca poderá ter o suficiente.

*Independentemente de quanto ganhasse, **Marilynn Bradley**, chef e fornecedora de refeições para eventos, estava sempre preocupada com a possibilidade de o seu dinheiro acabar antes do pagamento seguinte. Embora sempre tivesse o suficiente, nunca tinha o bastante na sua experiência, porque ela não sabia onde se encontrava. Foi somente quando começou a controlar meticulosamente o seu dinheiro que os seus receios desapareceram.*

Tanto os ricos quanto os pobres lucram com o controle. Algumas pessoas nos programas sociais do governo, como a assistência social, a invalidez e os programas de pensão, têm o suficiente, e outras não. O *The Wall Street Journal* narrou a história de uma mãe que recebia uma pensão de 500 dólares e que conseguiu economizar três mil dólares em quatro anos sendo cautelosa, econômica e prudente. A explicação era simples. Estava economizando para pagar a faculdade da filha, de modo que fazia com que cada centavo contasse. Ao mesmo tempo, o advogado de uma família sem-teto de Los Angeles contou que fizera uma manobra para conseguir extrair 800 dólares do governo para que pais e filhos pudessem comprar roupas dignas e alimentar-se adequadamente. No entanto, ao receber o dinheiro, o pai comprou um aparelho de som de 800 dólares. Achou que como todos tinham passado por tantas dificuldades, mereciam algo agradável. Muitas pessoas vão à falência e acabam nas ruas em parte por não ter aprendido os princípios básicos da gestão do dinheiro, especialmente o controle.

2. **Um parâmetro interior de realização.** Como ressaltamos anteriormente, você jamais terá o suficiente se estiver se avaliando em função do que os outros pensam.

3. **Um propósito na vida** mais elevado do que a satisfação das suas necessidades e desejos, porque você nunca poderá ter o suficiente se cada desejo tornar-se uma necessidade que precisa ser satisfeita. O desejo gera o desejo. Foi o que a arguta empresa de batata-frita quis dizer com a frase "Aposto como você não consegue comer uma só". Se você basear a sua sensação de ter suficiente nas suas carências e desejos, a sua experiência será, na melhor das hipóteses, efêmera.

O que é um propósito mais elevado do que obter o que queremos? O oposto de obter é dar, e nisso reside um dos segredos da realização. Além do ponto do suficiente, alcançamos a felicidade exercendo a nossa capacidade de dar. Se você tiver um propósito na vida mais elevado do que conseguir mais e progredir, as suas energias se concentrarão em satisfazer esse propósito, seja ele amar a sua família, fazer parte do conselho de educação ou trabalhar pela paz. Quando você pára de definir o seu valor em função da moeda corrente, você pode descer do fútil e interminável carrossel monetário, no qual a sua vida consistia em tentar ultrapassar a pessoa que estava na sua frente.

4. **Responsabilidade**, o sentimento de como a sua vida se encaixa na sua comunidade e nas necessidades do mundo. Se só nos importarmos com nós mesmos, não poderemos ter o suficiente enquanto não tivermos tudo. A palavra "responsabilidade" encerra a chave do motivo pelo qual ela é uma parte essencial de ter o suficiente. Se você a desmembrar, verá que contém as palavras "responder" e "habilidade". Se você passar pela vida como um robô, seguindo padrões determinados pela genética, pelos seus pais ou pela sociedade, você pode *reagir* mas não *responder*. Para responder, você precisa estar consciente de que tem uma escolha, que pode selecionar a sua resposta. Se você é responsável, pode escolher quando parar. Se você não tiver a "habilidade de responder", você parará somente quando surgir uma barreira externa, seja o tamanho do seu estômago, o limite do seu cartão de crédito ou as fronteiras da lei. Com responsabilidade, podemos escolher os nossos limites e manter um sentimento de equilíbrio, tanto interiormente quanto com relação aos nossos semelhantes. Inicialmente, a responsabilidade consiste em identificar quando você tem o suficiente e parar aí, em prol do seu próprio bem-estar. Em última análise, a responsabilidade consiste em todas as pessoas no mundo terem o suficiente, e descobrir maneiras pelas quais todos possamos chegar lá — para o bem-estar do planeta. Nós nos tornamos responsáveis pela vida em si.

Nesse meio tempo, de volta ao planeta: A visão do dinheiro a partir da nave espacial

Vamos colocar de lado a nossa exploração de valores e de propósito por um momento e empreender uma jornada imaginária em uma nave espacial para que possamos olhar para trás e ver todo o planeta. O que vemos? Vemos um pequeno planeta azul suspenso em uma vasta escuridão. Vemos um mundo sem fronteiras nacionais, um sistema interligado de suporte de vida.

A partir da nossa nave espacial, podemos tomar conhecimento da maior visão possível do dinheiro e da economia, visão essa que abrange as outras quatro perspectivas monetárias que discutimos no Capítulo 2. Certamente você se lembra de que o primeiro nível monetário era o que víamos da rua, os elementos básicos das transações financeiras e da gestão monetária. No nível seguinte, onde tínhamos uma visão a partir da vizinhança, encontramos os nossos pensamentos e sentimentos a respeito do dinheiro. No terceiro nível, investigamos os acordos culturais a respeito do dinheiro, e finalmente entendemos a perspectiva a partir do nível do avião a jato, onde nós mesmos escolhemos o papel que o dinheiro desempenha na nossa vida.

A perspectiva monetária e econômica a partir do nível da nave espacial esclarece como o "dinheiro" atua em um nível global. Não o dinheiro no sentido do PNB e da dívida externa de cada país. Não a economia global no sentido das corporações multinacionais ou dos bilhões de dólares que circulam entre os traficantes de drogas e de armas, e os mais diversos tipos de terroristas. Trata-se da economia global no sentido do entendimento de que tudo o que comemos, vestimos, habitamos e somos vem da terra e do relacionamento de bilhões de anos da terra com o sol.

A partir da nossa nave espacial, vemos que toda a nossa atividade econômica está apenas adicionando a nossa vontade, engenhosidade, ganância e talento ao que nos foi livremente concedido por eras de interação generativa entre o sol e os elementos da terra, a nossa conta bancária natural. Toda a nossa produção industrial se apóia em processos químicos e biológicos que precedem a inteligência humana. A moeda que inserimos em um telefone público vem da terra. As roupas que compramos, usamos e depois doamos para caridade vêm da terra. A gasolina que alimenta o nosso carro provém de um suprimento limitado de luz solar (combustíveis fósseis) na terra. A torradeira que quebra e precisa ser substituída porque não tem conserto vem da terra. Este livro e os olhos que você usa para lê-lo fazem parte da terra. E não devemos nos enganar, porque todas essas coisas um dia irão se decompor nos aterros sanitários e voltarão a alimentar a vida em qualquer período significativo. No caso da maioria dos produtos modernos, trata-se de um bilhete unidirecional, ou seja, da terra viva para um túmulo lacrado de aterros sanitários.

A conscientização do vigor e da fragilidade da natureza pode ser ao mesmo tempo impressionante e apavorante. Contemplar a criação pode inspirar admiração pela bondade e perfeição da vida. O fato de existirmos é um milagre. Na verdade, a perspectiva do nível da nave espacial também abarca esse sentimento de assombro diante da unidade da vida. O fato de que somos literalmente formados pelo corpo da terra significa que a totalidade da vida é uma criação, expandindo-se simultaneamente em toda parte. Pertencemos à vida. Somos uma única família humana, parte da família da vida. O que nos une é mais forte e mais fundamental do que o que nos separa. De uma estranha maneira, a vida nos vive tão seguramente quanto vivemos a vida.

Essa conscientização da natureza também pode incutir em nós um terrível sentimento de como nos tornamos negligentes com o que nos foi dado. A nossa vida depende do acesso ao ar puro, à água limpa e à terra fértil, e todos estão sendo exauridos em um ritmo assustador. A nossa verdadeira riqueza foi comprometida pelo que chamamos de atividade econômica, que converte os recursos naturais em produtos a serem vendidos, com os subprodutos da poluição e da destruição. E se o navio afundar na nossa ronda? Ou se ficar tão cheio de água e depauperado a ponto de as gerações futuras precisarem gastar toda a sua energia para tentar sobreviver?

Sustentabilidade

A busca de um ponto de vista que reconheça a nossa dependência do mundo natural para todas as nossas atividades, econômicas ou não, nos conduz ao conceito da sustentabilidade. Como podemos nós e outras pessoas da nossa geração satisfazer as nossas necessidades sem comprometer a capacidade das gerações futuras de satisfazer as delas? A sustentabilidade reconhece que a "economia" e a "ecologia" têm o mesmo radical, "eco", que significa "casa". Trata-se de uma verdadeira "economia doméstica" com a qual podemos implementar a constatação de que a nossa casa é a nossa base de recursos, que os nossos recursos são finitos e a nossa necessidade de um planeta limpo e fértil é absoluta.

Dos consumidores individuais às grandes corporações, estamos reavaliando as nossas escolhas financeiras em função dos princípios da sustentabilidade, não apenas para saltar sobre o trio elétrico ambiental, mas porque isso faz sentido economicamente. À medida que você progredir por intermédio deste programa, poderá perceber que está fazendo naturalmente escolhas mais sustentáveis. Poderá observar que comprar um bom casaco e conservá-lo durante dez anos faz mais sentido economicamente do que comprar dez casacos da moda. Poderá constatar que comprar menos alimentos embalados na verdade reduz o valor das suas compras no supermercado. Poderá até despertar uma certa manhã e descobrir que já não deseja um carro de luxo.

Buckminster Fuller fez esta polêmica declaração: "Aprendi cedo, de uma maneira dolorosa, que temos que decidir desde o início se estamos tentando fazer dinheiro ou fazer sentido, pois sinto que são coisas mutuamente exclusivas." E você descobrirá mais ainda quando examinar o dinheiro a partir de uma perspectiva planetária.

Na conferência da Global Tomorrow Coalition [Coalizão do Amanhã Global] realizada em novembro de 1989 em Los Angeles, por exemplo, Maximo Kalaw, um jovem filipino exaltado, descreveu um abrangente programa de auto-ajuda que ele ajudara a desenvolver para acabar com a pobreza e o desespero dos povos indígenas do seu país. À semelhança de muitas outras pessoas, Maximo citou o consumismo ocidental como uma das forças mais destrutivas do planeta. Perguntaram-lhe que reformas ele precisaria ver acontecer na América do Norte para acreditar que havíamos de fato mudado e que seríamos parceiros justos e íntegros em um processo de desenvolvimento lúcido e sustentável. Maximo não mencionou o transporte solidário, a reciclagem ou mesmo a redução de gastos com o consumo. Citou apenas duas coisas:

1. Começar a trabalhar novamente em comunidade para resolver os nossos problemas.
2. Restabelecer a ligação com a espiritualidade.

Muitos americanos não apreciariam essa observação. Geralmente nos consideramos pessoas boas, religiosas e com espírito comunitário. Por que alguém do mundo em desenvolvimento acharia que exatamente essas qualidades estão ausentes? Será que realmente conquistamos o mundo e perdemos a alma?

O Sonho Americano nos levou a acreditar que poderíamos desfrutar um padrão de vida cada vez mais elevado sem desistir de nada que já tínhamos. Estávamos em uma escada rolante subindo em direção à grande cornucópia de abundância ilimitada. Na verdade, a promessa era que precisaríamos trabalhar cada vez menos e mesmo assim ter cada vez mais. Já se estima que, graças à combustão dos combustíveis fósseis, o americano típico tem um estilo de vida que equivale ao trabalho realizado por aproximadamente duzentos escravos. Este é o Eldorado. A Fonte da Juventude. Os anseios de toda a humanidade, materializados na nossa vida. No entanto, como foi amplamente demonstrado, inclusive pelo acadêmico Paul Wachtel e pelos pesquisadores de opinião Roper e Harris, já não estamos felizes. O que está acontecendo? Ou talvez devêssemos perguntar, o que (ou quem) não está mais acontecendo?

O restabelecimento da ligação com a comunidade

Precisamos reconhecer que efetivamente trocamos algo mais do que o tempo pelo dinheiro que temos. No artigo de capa de 8 de abril de 1991, a revista *Time* falou sobre o crescente desejo de vários profissionais bem-sucedidos de voltar à "vida simples". Um estudo de 500 adultos, realizado pela *Time* em parceria com a rede de televisão CNN, revelou uma nítida tendência de "voltar às origens":

❖ 69 por cento disseram que gostariam de "diminuir o ritmo e viver uma vida mais relaxada", ao passo que apenas 19 por cento afirmaram desejar "viver uma vida mais estimulante e agitada".

❖ 61 por cento concordaram em que "ganhar a vida hoje em dia exige tanto esforço que é difícil encontrar tempo para aproveitar a vida".

❖ 89 por cento surpreendentemente declararam que era mais importante para eles agora passar períodos significativos com a família, e 56 por cento informaram desejar ter tempo para se dedicar a interesses pessoais e *hobbies*.

❖ Somente 7 por cento foram de opinião que fazer compras visando a símbolos de *status* valia o tempo e o dinheiro despendido, e apenas 13 por cento desejavam acompanhar a moda e as tendências.

A revista *Fortune* anunciou essa volta à frugalidade no artigo publicado em 14 de agosto de 1989 "Is Greed Dead?" [A Ganância Está Morta?] de autoria de Ronald Henkoff. Recorrendo a um estudo realizado por Research & Forecasts para a Chivas Regal, o artigo relatou que 75 por cento dos trabalhadores americanos com idade entre 25 e 49 anos gostariam de "ver o país retomar um estilo de vida simples, com menos ênfase no sucesso material". Apenas 10 por cento dos entrevistados acharam que "ganhar muito dinheiro" era um dos indicadores do sucesso, enquanto 62 por cento afirmaram que "uma vida feliz em família" era o símbolo de *status* mais importante.

Tudo indica que a principal "coisa" que muitas pessoas sacrificaram ao empreender a "corrida do ouro" foi o relacionamento com as outras pessoas. Se pararmos para pensar, coisas como o casamento feliz, passar tempo com os filhos, a amizade entre vizinhos, o círculo íntimo de amigos, os donos das pequenas lojas que sabem quem somos, o envolvimento cívico, o espírito comunitário ou simplesmente morar em um lugar onde podemos ir a pé para o trabalho e o guarda-civil é nosso amigo, estão desaparecendo do cenário americano. A rede de conexão humana, que está repleta de oportunidades de sinergia, foi substituída por uma abundância que mede o sucesso pelo tamanho da casa, do jardim e da área que podemos colocar entre nós e outro ser humano.

Lewis Thomas, autor de *The Lives of a Cell,* fala a respeito do destino dos iks, uma tribo de antigos caçadores e colhedores de Uganda que foram desalojados do terreno que habitavam por um parque nacional e obrigados a se tornar agricultores no solo pobre de uma encosta. O total desmantelamento da sua cultura tradicional aliado à miséria da nova vida os despojaram da experiência comunitária. Tornaram-se mesquinhos e mal-humorados, encorajados apenas pela idéia de roubar a comida ou defecar na soleira da porta uns dos outros, repelindo-se mutuamente de todas as maneiras disponíveis. É isso, pergunta Thomas, que resta dos seres humanos quando o nosso sentimento comunitário desmorona, quando deixamos de reconhecer os outros como parte de nós mesmos? E não é assim, pergunta ainda Thomas, que muitos grupos, como clubes, cidades e nações, se comportam uns com os outros, com essa mesma qualidade de "ganância, avidez, crueldade e irresponsabilidade?"

A característica inconfundível e o segredo da comunidade é uma base de cooperação. Na verdade, cada um de nós coopera dentro de muitas comunidades (onde todo mundo é um "eles"). Tudo tem a ver com o lugar em que colocamos os nossos limites e com a maneira e a compaixão com que respeitamos os limites dos outros.

Em última análise, todo o planeta pode ser visto como uma comunidade de comunidades, como círculos de "nós" em eterno crescimento, repletos de oportunidades de co-criação sinérgica em eterna expansão. Roger Ringer, que mora na região rural do Kansas, nos enviou uma carta:

> O que é bom para a casa de uma pessoa também é bom para o Planeta se for realizado com visão e propósito. O interesse pessoal pode ser nosso aliado para ajudarmos uns aos outros a sair da monotonia. Mas a cultura consumista tornou-se versada em empanar a distinção entre o interesse pessoal e o egoísmo, de maneira que quase todos temos facilidade em resvalar em atoleiros de débito, gastos e consumo quando tudo que realmente queremos é um nível razoável de conforto e segurança.

O restabelecimento da ligação com a espiritualidade

Como indicou Maximo Kalaw, o rapaz filipino, expandir o nosso sentimento de identidade para abarcar essa comunidade mais ampla de comunidades representa apenas a metade da jornada em direção a um futuro sustentável. Precisamos também aprofundar a nossa identidade restabelecendo o nosso vínculo com a espiritualidade. Se os problemas são realmente oportunidades de crescimento, os problemas que enfrentamos enquanto espécie constituem um chamado para um novo entendimento do que significa ser humano. Este tipo de entendimento não virá da tecnologia, da ciência ou de instituições governamentais. Ele terá origem nas profundezas de cada um de nós. Tanto dentro quanto fora das estruturas das religiões tradicionais, os americanos têm lutado para restabelecer a ligação com esse aspecto mais profundo da vida. Qual seria uma maneira compassiva de nos relacionarmos com esses milhões de seres humanos, pessoas que talvez morem do outro lado do planeta, mas que entram todas as noites na nossa casa por meio da televisão? Que respeito e proteção eu devo a outras espécies? O que os meus valores dizem a respeito da guerra, a respeito de como o meu consumo pode afetar a biosfera, a respeito do enorme número dos sem-teto e da fome superabundante? Temos a assombrosa tarefa de viver nessa comunidade global de comunidades e participar como "cidadãos globais". A enormidade dessa tarefa está nos remetendo às nossas origens, tanto dentro das nossas tradições religiosas quanto de nós mesmos. O novo mapa do dinheiro é parte desse novo mapa da família humana, coexistindo com a totalidade da vida no lar que compartilhamos: a terra.

Ter o suficiente

Cidadãos globais vivendo de uma maneira sustentável em uma comunidade global de comunidades — que tipo de mundo seria esse? Vamos tentar imaginar este mundo por um momento, um mundo no qual todos têm o suficiente — o suficiente para a sobrevivência pessoal, o suficiente para as coisas que nos trazem conforto e até mesmo o suficiente para aquelas ocasiões especiais que representam o verdadeiro prazer.

Iniciamos este capítulo falando a respeito dos nossos sonhos pessoais e de sintonizar o que ganhamos e gastamos com os nossos valores e o nosso sentimento de propósito. O sonho de "todo mundo ter o suficiente" está conosco enquanto espécie há milhares de anos, mas jamais se realizou.

Seguir os passos deste programa, fazer o acompanhamento, a Tabulação Mensal e formular para a si mesmo as três perguntas se tornará algo tão simples, de tal modo uma segunda natureza, que você poderá se perguntar o que aconteceria se todos que vivem com "mais do que o suficiente" fizessem o mesmo. O sonho de um mundo sustentável poderia começar a parecer bastante possível se o desnecessário, a bagunça e o excesso da vida, desaparecesse. Isso soa como um sonho impossível? Talvez... mas se você concordar com Viktor Frankl de que existe em cada um de nós a vontade de ter significado, as possibilidades proliferarão.

Os japoneses têm um provérbio maravilhoso: "Os deuses só riem quando as pessoas lhes pedem dinheiro."

E o Tao Te Ching, o antigo livro da sabedoria chinesa, apresenta essa idéia da seguinte maneira: "Aquele que sabe que tem o suficiente é rico."

Resumo do quarto passo

1. Faça a Primeira Pergunta a cada uma das subcategorias de dispêndio na sua Tabulação Mensal: "O que recebi em realização, satisfação e valor é proporcional à energia vital despendida?" Marque a sua resposta com um + (ou seta para cima), um – (ou seta para baixo) ou um 0.

2. Faça a Segunda Pergunta a cada uma das subcategorias na sua Tabulação Mensal: "Este dispêndio de energia vital está em harmonia

com os meus valores e o meu propósito na vida?" Marque a sua resposta com um + (ou seta para cima), um – (ou seta para baixo) ou um 0.

3. Faça a Terceira Pergunta a cada uma das subcategorias na sua Tabulação Mensal: "Como este dispêndio mudaria se eu não precisasse trabalhar para viver?" Marque a sua resposta com um + (ou seta para cima), um – (ou seta para baixo) ou um 0 e escreva a mudança estimada na Tabulação Mensal.

4. Faça uma revisão e elabore uma lista de todas as subcategorias que contêm o sinal – (ou seta para baixo).

5

A visão do progresso

Quinto passo: tornar visível a energia vital

No Quinto Passo você torna visível os resultados dos passos anteriores, traçando-os em um gráfico que lhe oferece uma imagem clara e simples da sua relação atual com o dinheiro (energia vital), a *tendência* da sua situação financeira e a transformação da sua relação com o dinheiro.

Crie o seu gráfico

O Quinto Passo envolve montar um gráfico da sua receita e das suas despesas, grande o suficiente para acomodar de três a cinco anos de dados. Criar, manter e interpretar esse gráfico será muito simples. Todas as informações de que você precisa já se encontram na sua Tabulação Mensal. Você não precisa de um programa de computador para executar o Quinto Passo. Precisa apenas executá-lo!

Compre uma folha grande de papel quadriculado (uma folha com 45cm por 55cm com dez quadrados por centímetro ou uma folha com 60cm por 90cm com dez quadrados por cada 2,5 centímetros será adequada). Se não conseguir encontrar uma folha assim, não se preocupe. Pode usar qualquer pedaço grande de papel e traçar as linhas com uma régua (ver a Figura 5-1). O eixo vertical do lado esquerdo representa o dinheiro. Nele você indicará tanto a sua receita quanto as suas despesas. Marque-o em incrementos da unidade monetária que estiver usando, neste caso, dólares. Comece com 0 na parte inferior, deixando bastante espaço na parte superior do gráfico. Por mais chocante que possa parecer no momento, você deve provavelmente deixar um espaço suficiente na parte superior para que a sua receita possa duplicar. Vários Pensadores FI nos mostraram timidamente um gráfico com outra folha de papel quadriculado colado na parte superior para poder registrar um nível de receita que eles nunca julgaram ser possível. Monte a sua escala de maneira que o maior dos dois valores (receita ou despesas) deste mês caia mais ou menos no meio da escala. A escala horizontal inferior representa o tempo em incrementos de meses. Esse eixo deverá conter de cinco a sete anos, o que é tempo suficiente para você poder visualizar tendências em grande escala, e talvez bastante para que você atinja a Independência Financeira!

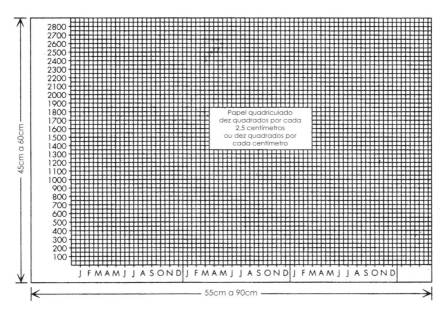

FIGURA 5-1

Tamanho Sugerido e *layout* do Quadro-mural

No final de cada mês você marcará no gráfico os valores da sua receita mensal total e das despesas mensais totais. É prático usar uma cor para a receita e outra para as despesas. Ligue cada ponto ao lançamento do mês anterior. Você estará traçando duas linhas de cores diferentes, uma para a receita e outra para as despesas.

Isso é tudo. Ao executar este passo no primeiro mês, você terá um instantâneo extremamente revelador dos seus hábitos com relação ao dinheiro. No entanto, o verdadeiro aprendizado e a grande diversão têm lugar à medida que você vai marcando os valores mês a mês, ano a ano. O seu Quadro-mural pegará o mundo bidimensional das suas Tabulações Mensais e adicionará a ele a dimensão dinâmica do tempo. É como transformar um álbum de fotografias em um filme: as Tabulações Mensais são como instantâneos de *momentos* específicos na sua jornada em direção à Independência Financeira, mas o gráfico realçará o seu *movimento* em direção à meta, o seu progresso ao longo do tempo. O seu gráfico será, sob vários aspectos, um "filme". Mostrará o seu movimento e também o motivará, renovando o seu empenho em prosseguir.

O ciclo inicial de purificação e ostentação

No primeiro mês em que registrar os seus valores, você talvez enfrente uma das suas maiores fraquezas. O lançamento da sua receita pode muito bem ter sido mais baixo do que o das suas despesas. Você pode ter gasto mais do que ganhou. (Afinal de contas, esse é o estilo de vida americano.) Enxergar essa realidade pode representar um choque. É bastante provável que você deseje que as coisas mudem, e que mudem agora. Acostumado a orçamentos, dietas e resoluções de ano-novo, você jura sobre uma pilha de extratos bancários e faturas de cartão de crédito que no mês seguinte tudo será diferente.

É nessa ocasião que as pessoas freqüentemente fazem uma "dieta da carteira" com o tipo de empenho característico daquelas que fazem dieta pela primeira vez. Apertam o cinto. Economizam. Causam privações a si mesmas e à família, fazendo com que todos comam apenas feijão, arroz e mingau de aveia. Concentram-se diariamente na linha das despesas, determinadas a reduzi-las à metade em um mês. O incrível é que muitas pessoas o conseguem. Ao registrar o valor das despesas no segundo mês, orgulhosamente constatam um íngreme declínio.

No entanto, esse tipo de austeridade não é sustentável. No terceiro mês, as despesas freqüentemente se recuperam de maneira vingativa, compensando a privação do segundo mês.

E agora? No antigo modo de pensar, você ficaria tentado a assumir novamente o fardo do orçamento... ou então desistir. Mas tenha coragem. Existe uma maneira melhor, e ela funciona.

Diane Grosch, a programadora de computadores que conhecemos no Capítulo 1, que odiava o emprego mas não conseguia encontrar uma saída, não teve nenhuma dificuldade em montar o seu Quadro-mural. Números e acompanhamento eram a sua especialidade. Embora tivesse conquistado muitos troféus para provar o seu sucesso, como um carro esporte caro e souvenirs colecionados em viagens a lugares exóticos, o seu Quadro-mural não era diferente do de muitos outros que viviam o sonho americano. As suas despesas eram maiores do que a sua renda.

"O que eu vi realmente me deixou chocada. Eu não tinha a menor idéia de que gastava mais do que ganhava. Mas os números não mentiam: renda de 2.280 dólares naquele mês e despesas de 2.470 dólares."

Diane sentiu que estava enfrentando um desafio. Se a sua tendência era gastar mais do que ganhava, queria inverter essa tendência. Decidiu experimentar maneiras de reduzir as despesas. Em vez de sair para almoçar com os colegas de trabalho ou mesmo pedir pratos mais baratos, Diane optou por fazer a refeição no trabalho. Durante um mês, não comprou roupas novas e nem saiu para jantar; afinal de contas, é possível suportar qualquer coisa durante um mês. E vejam só! No segundo mês, as suas despesas haviam se tornado bem menores do que a renda. Diane provara que era capaz de fazê-lo.

"Eu estava nas nuvens! Mas no mês seguinte, prestei menos atenção ao que estava fazendo, de modo que retomei os meus antigos hábitos e eliminei grande parte do ganho financeiro do mês anterior. A aparência do meu Quadro-mural era péssima."

Foi quando Diane compreendeu que em vez tentar modificar o gráfico, teria que mudar a si mesma. No entanto, ao longo dos anos, gastara milhares de dólares em seminários que se destinavam a mudar tudo, desde a auto-estima à eficiência no emprego, mas a mudança nunca durava muito tempo. Então o que era diferente dessa vez? Um importante componente era o Quadro-mural, pois parecia representar um desafio à maneira como estava vivendo a vida como um todo. O gráfico desenhou uma imagem dos seus hábitos de dispêndio, mostrando claramente por que não havia dinheiro no fim do mês. Diane decidiu seguir os passos do programa e verificar aonde conduziriam. Ela invertera muitas outras tendências. Inverteria essa também. (Ver a Figura 5-2)

Como essa mudança nos gastos aconteceu? Diane explica que à medida que seguiu os passos do programa e constatou as suas conquistas, a sua auto-estima aumentou. Percebeu que era capaz de ter êxito, e a sua insatisfação deu lugar ao impulso de fazer o melhor possível. Esta disposição de ânimo transformou a sua experiência de trabalho, surpreendendo-a tanto quanto assombrou os seus supervisores.

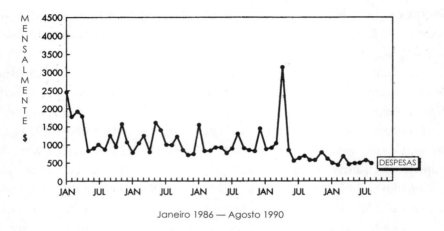

Janeiro 1986 — Agosto 1990

FIGURA 5-2

Quadro-mural de Diane — com as Despesas

"Quatro meses depois eu estava livre de dívidas e as minhas despesas haviam caído para 850 dólares. Reduzira a conta do supermercado de 186 dólares para 105 sem nem mesmo tentar. Talvez parte disso se devesse ao fato de eu estar mais feliz no emprego, de modo que precisava gratificar-me menos. Fizera com que a conta do restaurante caísse de 120 dólares por mês para 40, simplesmente jantando fora apenas quando realmente estava com vontade. Mudei-me para uma casa com um aluguel menor e que ficava mais perto do meu emprego, de modo que passei a gastar 60 por cento menos com gasolina. As despesas médicas também caíram pela metade, provavelmente pelo mesmo motivo que passei a gastar menos com comida. Eu estava gostando mais do meu trabalho e não precisava ficar doente. Mas nada disso fez com que eu sentisse privação. Não estava me esforçando para gastar menos. Na verdade, nem mesmo parecia que eu estava fazendo alguma coisa específica nesse sentido. Tudo aconteceu aos poucos. Ao mesmo tempo, passei a adorar inserir mensalmente os valores no gráfico e observar as mudanças. Que emoção!

O Quadro-mural nos faz lembrar que transformar a nossa relação com o dinheiro requer tempo e paciência. A impaciência, a negação e a ganância são, na verdade, parte do que está sendo transformado. Precisamos de tempo para refletir sobre a nossa vida e verificar se queremos continuar seguindo na mesma direção. A intuição pode ter lugar em um minuto, mas o crescimento acontece com o tempo. A leitura deste livro pode durar apenas alguns dias, mas a transformação da sua relação com dinheiro ocorrerá com o tempo. Pense nas pessoas que ganham na loteria. Mesmo que você ganhasse um prêmio muito grande, a sua *relação* com o dinheiro não se transformaria, e a sua vida não seria de repente invadida pela felicidade ou paz de espírito. Se você *observar* as suas reações ao Quadro-mural em vez de ficar irritado, você estará eliminando atitudes e convicções que o conduziram ao ponto em que você se encontra hoje.

Existem dois segredos que fazem este processo funcionar para você:

1. Comece.
2. Siga em frente.

Ouvimos freqüentemente que a jornada de mil quilômetros começa com o primeiro passo. O que não escutamos com tanta freqüência é que chegamos ao nosso destino por meio de centenas de milhares de pequenos passos à frente. Continue a dar esses passos. Eles são importantes para o constante crescimento da sua consciência e do fortalecimento da sua integridade, dia após dia. Com o tempo, você começará a viver a magia desse processo. Sem nem mesmo tentar, você verá a linha das suas despesas inclinar-se para baixo. Como?

Como as três perguntas podem fazer você economizar dinheiro

Você se lembra das três perguntas do Quarto Passo? Você vai descobrir o profundo efeito que essas perguntas exercem na sua consciência a respeito do dinheiro e, por conseguinte, no seu Quadro-mural.

Redução automática das despesas

A Primeira Pergunta é: "**O que recebi em realização, satisfação e valor é proporcional à energia vital despendida?**" Fazer essa pergunta todos os meses a respeito de cada uma das categorias de dispêndio aumenta a sua conscientização com relação às escolhas que faz, resultando assim em uma redução automática das despesas mensais, o que lhe proporciona o prazer de ver a linha de despesas no gráfico declinar. Como vimos no Capítulo 4, a maior conscientização dos dispêndios que realmente nos trazem felicidade e dos que não trazem ativa o nosso "mecanismo de sobrevivência". Na verdade, você está se reprogramando. Cada uma das suas marcas é uma afronta ao seu instinto de sobrevivência, o movimento automático que avança em direção ao prazer e se afasta da dor. Esse poderoso mecanismo torna-se um aliado à medida que você se conscientiza de que alguns dispêndios que você achava que produziam prazer, ou que você simplesmente fazia por força do hábito, não são na verdade gratificantes ou prazerosos.

Você se lembra dos vícios de consumo, as coisas que você não consegue deixar de comprar? Logo descobrirá quais são os seus. Aqueles momentos ofuscantes de consciência nos quais você se apanha prestes a despender a sua energia vital em outro vício de consumo resultarão em uma redução das despesas. Vejamos como isso funciona.

No passado, quando você tentava mudar os seus hábitos e dessa maneira aumentar a sua experiência de satisfação, você não tinha uma visão geral precisa dos seus padrões de gastos. Em vez de identificar a compra desses vícios de consumo como uma fonte de insatisfação, você continuava a pensar que essa era uma coisa à qual você tinha que se agarrar. Você pode ter tentado às vezes desistir dessas compras como uma punição dolorosa para os seus hábitos perdulários... mas logo depois dava consigo no balcão do seu vício de consumo pensando: "Só desta vez. Só desta vez." Mas agora você identificou esses becos sem saída e está olhando para baixo a partir de um lugar acima do labirinto do dinheiro. Você viu a luz: "Na verdade, não estou obtendo satisfação com esse dispêndio de energia vital." Você se sentirá com se estivesse despertando de um sonho e compreendendo, com enorme alívio, que ele não era real. De fato, é exatamente isso que está acontecendo.

Esse tipo de reprogramação é incrivelmente poderosa. Ela será fortemente acionada na próxima vez que você estiver prestes a comprar automaticamente alguma coisa. Lá está você, mecanicamente estendendo a mão em direção ao seu vício de consumo, quando, de repente, uma "luz vermelha" se acende no seu cérebro: "Espere. Eu realmente quero este objeto? *Não!* Ele apenas irá para a gaveta junto com os vinte que já tenho. Gastei cinco horas da minha vida em cada um desses objetos, e nem mesmo os uso." Recuando do seu vício de consumo, você grita: "Não!" (Depois de algum tempo, você aprenderá a permanecer tranqüilo durante esse processo.) Esse pequeno momento de consciência faz uma enorme diferença. Agora que o vínculo entre gastar dinheiro e ficar realizado está no lugar, a aquisição de um vício de consumo não implica automaticamente satisfação, até pelo contrário. Agora você pode ficar em harmonia consigo mesmo; você não está nem lutando consigo mesmo, nem tentando comprar a felicidade e a satisfação. Pelo contrário, você está alcançando a realização a partir de outras utilizações da sua energia vital; você a está valorizando e, por conseguinte, atribuindo valor a si mesmo. A partir dessa perspectiva, é fácil mudar de direção.

Ivy Underwood era filha de pais de descendência mexicana e fora criada na pobreza. O dinheiro nunca era suficiente, mas em vez de reconhecer esse fato e conversar a respeito da dor da pobreza, os seus pais lhe diziam coisas banais. "Somos abençoados", dizia o pai, que era católico, "porque somente os pobres podem entrar no reino dos céus." A religião, a pobreza e a frustração de contar centavos se emaranharam, deixando Ivy confusa e ressentida. A menina tomou a decisão de que quando crescesse teria dinheiro suficiente para nunca mais ter que se preocupar com o saldo do talão de cheques e poder comprar tudo o que desejasse.

Ivy identificou facilmente o seu principal vício de consumo: roupas. Ao fazer o seu inventário no Primeiro Passo, ela percorreu rapidamente a sua casa, satisfeita com a simplicidade que encontrou, até que chegou ao armário do seu quarto. De onde vinham todas aquelas roupas? Claro que vinham de várias lojas, a maioria de dispendiosas lojas de departamentos. Mas por quê? A sua determinação de nunca mais voltar a ser pobre transformara-se na necessidade de estar sempre impecavelmente vestida. Ivy conseguia medir a sua distância da pobreza em função do número de elogios diários que recebia com relação à roupa que estava usando.

O seu cargo exigia que se vestisse muito bem, mas para Ivy isso equivalia a comprar vários trajes novos por mês. Sentia que estava desleixada se usasse uma blusa comprada no mês anterior com o conjunto adquirido no corrente.

Ao fazer as Tabulações Mensais, Ivy rapidamente percebeu que a satisfação que obtinha não era proporcional às horas de energia vital que despendia para garantir o lucro de várias lojas que freqüentava. Sem esforço, negação ou privação, parou de comprar roupas de que não precisava. Para seu espanto, o número de elogios que recebia por dia não diminuiu nem um pouco.

Tudo caminhou bem durante muitos meses. Um dia então, quando estava deprimida por causa de algo que acontecera, Ivy deu consigo novamente examinando os cabides de roupas em uma loja. Estava procurando um short e teve um despertar deslumbrante. "O que estou fazendo aqui? Nem mesmo estou precisando de um short!" Saiu da loja de mãos vazias e com um sentimento mais forte de poder e integridade.

Gordon Mitchell, o ativista negro que tornou-se o planejador financeiro que conhecemos no Capítulo 1, descobriu que as suas categorias de gastos inconscientes eram bem mais devastadoras do que o "vício de consumo" de Ivy, as roupas. Teríamos que chamá-los de "megavícios de consumo", ou simplesmente um importante ponto vulnerável de gastos. O Curso de FI para Gordon assemelhou-se mais a uma cirurgia de catarata do que à aquisição de um novo par de óculos.

Quando Gordon fez a si mesmo as perguntas a respeito da realização e da harmonização, compreendeu que estivera extremamente entediado e cansado nos oito anos anteriores. Gordon também percebeu claramente o que lhe causara problemas. Em primeiro lugar, para desempenhar a função de planejador financeiro que assumira, precisou de um escritório dispendioso. No entanto, quando examinou a quantidade de energia vital que o escritório lhe estava custando — 2.600 dólares por mês —, Gordon questionou se estaria realmente obtendo valor. Na verdade, não estava. A maior parte das suas transações eram feitas por telefone, por correspondência ou na casa dos clientes. Ninguém ia ao seu escritório. Assim sendo, Gordon transferiu o escritório para a sua residência, e gasta atualmente com o escritório 500 dólares por mês.

O segundo maior ponto vulnerável de Gordon eram os filhos. Moravam com a mãe, mas Gordon lhes dava uma excelente pensão alimentícia. Isso não era problema. O problema era que ele dava mais dinheiro aos filhos sempre que lhe pediam porque sentia-se culpado por não morar com eles. O pior de tudo é que Gordon tem nove filhos. Independentemente de quanto ele desse, sempre queriam mais. Depois de ter ficado mais esperto devido a esse processo de avaliação sincera, Gordon reconheceu que os seus filhos tinham ficado viciados, e ele era o facilitador. Decidiu então mudar, e embora as crianças estejam agora *passando por um tipo de abstinência, Gordon está satisfeito com a sua opção de parar de pagar em dinheiro pela culpa que sentia por ser um pai ausente. Aliado a outros pequenos ajustes, o fato de fazer as três perguntas reduziu as despesas de Gordon em 50 por cento, o que o deixou muito mais feliz.*

Nem todo mundo tem a fibra de Gordon, mas depois de examinar centenas de gráficos de Pensadores FI, podemos afirmar que aqueles que conseguem passar pelos três primeiros meses constatarão que as suas despesas se equilibrarão em cerca 20 por cento menos do que quando começaram — e de maneira *indolor*. Essas pessoas não sentem privações e nem a necessidade de se esforçar para cumprir um orçamento; observam apenas um declínio natural. O fato de você saber que não está obtendo uma satisfação proporcional ao dispêndio de energia vital em uma determinada subcategoria de gastos gera uma inversão automática dos hábitos de dispêndio destinada a proteger-lhe. Com o tempo, você efetivamente se sentirá melhor quando *não* gastar; *não* comprar um vício de consumo torna-se agora uma fonte de realização porque você mesmo determinou que os vícios de consumo não lhe trazem satisfação.

A harmonização e a integração pessoal

Ainda há mais a esperar à medida que você trabalha com o seu Quadro-mural. Observe a linha de despesas declinar enquanto faz, mês a mês, a Segunda Pergunta: **"Este dispêndio de energia vital está em harmonia com os meus valores e o meu propósito na vida?"**

Este é um sistema de *feedback* para a integridade. A sua declaração de valores e propósito na vida reflete a sua visão mais elevada, o que você realmente deseja para si mesmo. Assim sendo, você *desejará* agir na sua vida do dia-a-dia de uma maneira compatível com os seus valores e o seu propósito. Lamentavelmente, contudo, às vezes é fácil demais deixar de examinar a realidade do que você está realmente *fazendo*. É possível que você se comporte de maneiras que, além de não apoiar a sua visão e intenção superiores, lhes são contraditórias, sem ter consciência do que está fazendo. Pior ainda, você às vezes resolve os conflitos entre os caprichos e o propósito superior silenciando rapidamente as vozes da consciência. Os dados sobre como você despende a sua energia vital oferecem um indicador direto, prático e tangível dessa integridade, que representa um inestimável apoio para que você mantenha a sua vida material em sintonia com os seus ideais e as suas metas. Quando os seus gastos e os seus objetivos estão em harmonia, você tem uma experiência de totalidade e integridade; sente-se bem com relação a si mesmo. Quando não estão em harmonia, quando a resposta à pergunta "Este gasto respalda os meus valores e o meu propósito na vida?" é um sonoro *Não!*, é mais provável que a experiência seja de desapontamento e autocrítica.

O processo sutil porém eficaz de fortalecimento (gastar dinheiro em X = sentir-se bem, gastar dinheiro em Y = sentir-se mal) efetivamente funciona; serve para interromper os padrões automáticos de gastos. O simples reconhecimento de que você não está experimentando a harmonia a partir de uma determinada categoria de dispêndio funciona para você voltar a sintonizar as suas respostas com os estímulos nessa categoria. Você começará automaticamente a gastar menos nas coisas que não respaldam os seus valores e o seu propósito na vida, e se sentirá melhor com relação a si mesmo, sabendo que cada vez mais *está* colocando o seu dinheiro onde se encontra o seu propósito na vida, integrando a vida material com a percepção interior. Essa integração está no âmago da Integridade Financeira.

*Até onde conseguia perceber, **Diane Grosch** não tinha um propósito na vida. Desejava apenas seguir em frente, buscando o prazer e evitando o máximo possível a dor. Recuando à época da infância, Diane recordou que a sua única felicidade fora vagar pela floresta quando a família viajava para o interior.*

Na ocasião em que começou o programa de FI, Diane era a única entre os irmãos que "vencera na vida". Um deles era um eremita que vivia da assistência social, outro se suicidara e o terceiro morava nas ruas. O fato de ter um emprego bem remunerado, um carro esporte e uma bela casa fazia com que ela parecesse uma vencedora, para si mesma e para a família.

A pergunta a respeito da harmonização dos seus gastos com os seus valores abalou a serenidade de Diane. Como sempre avaliara a si mesma em função de coisas externas, Diane começou a investigar secretamente os seus amigos e colegas de trabalho. Eles tinham um propósito superior? Certa mulher que trabalhava no seu escritório era um desses tipos que contribuíam para "salvar o mundo". Fascinada por alguém que não avaliava o seu valor em função de bens materiais, Diane cultivou a sua amizade. Pouco tempo depois, ambas estavam comparecendo a reuniões de um grupo da cidade em defesa da paz. As pessoas que Diane conheceu nessas reuniões questionavam como poderiam viver melhor os seus valores, e que medidas poderiam tomar no mundo para expressar o seu sentimento de propósito.

Essas reuniões tornaram-se o seu principal modo de diversão. Em vez de participar de seminários dispendiosos ou sair para assistir aos filmes mais recentes, Diane comparecia a palestras e participava de campanhas por telefone. Descobriu que havia um grande parque perto da sua casa e passava horas nos fins de semana passeando na mata. E na hora de inserir os dados no gráfico, a sua despesa foi sistematicamente declinando. Partindo de um desembolso de mais de 3.000 dólares, o custo de vida de Diane caiu até se fixar entre 600 e 800 dólares mensais. Procurar o seu propósito na vida revelou-se um componente fundamental na mudança pela qual estava passando.

E os "meses incomuns"?

Certamente haverá meses "incomuns", nos quais a sua linha de gastos dará um preocupante salto ascendente. Chega o mês do pagamento do seguro. Você tem um gasto inesperado com consertos. Abril chega e vai embora, com a sangria conhecida como declaração de imposto de renda. Como lidar com tudo isso?

Em primeiro lugar, você precisa reconhecer que cada mês é incomum. Você aprende a aceitar com calma as despesas "incomuns" e a pagar por elas com dinheiro em vez de escondê-las debaixo de uma camada de plástico chamada cartão de crédito. O pagamento de impostos de um determinado mês equivale ao pagamento do seguro de outro e à conta do médico de um terceiro. Com o tempo, essas "despesas incomuns" geralmente se equilibram.

Outra estratégia seria ratear as despesas anuais pelos doze meses. Por exemplo, se o valor anual do seu seguro é de 500 dólares por ano, você pode optar por dividi-lo por doze e torná-lo, para efeito de cálculo, uma despesa mensal (além de questionar se o carro merece que você faça um seguro nesse valor). Você pode fazer o mesmo com o seguro-saúde, o pagamento do imposto de renda, o imposto predial, etc.

Não existe uma maneira certa de fazer a contabilidade. Você precisa escolher a maneira que lhe fornece as informações necessárias de modo que ao passar os olhos pelo gráfico você saiba onde está e para onde está indo.

Ponha as suas finanças à vista

Outro segredo para que você possa ter êxito ao trabalhar com o seu Quadro-mural é o seguinte: pendure-o onde possa vê-lo todos os dias. Para poder beneficiá-lo ao máximo, o gráfico precisa estar visível para poder incentivá-lo, com freqüência, a permanecer no caminho certo. Você precisa pendurá-lo, mas onde?

Algumas pessoas começam por colocar o gráfico no armário — literalmente. Penduram-no na parte de dentro da porta. Isso mantém confidencial os seus assuntos financeiros ao mesmo tempo que lhes serve de lembrete, todos os dias quando se vestem para o trabalho, de que devem ser conscientes ao lidar com o dinheiro. No caso daqueles que optaram pela Independência Financeira, reforça a conscientização de que o trabalho não consiste mais em "outro dia, outro dólar", e sim em aproximá-los mais da meta de se libertarem dos receios financeiros e dos fracassos fiscais. É um estimulante, como uma xícara de café ou um abraço.

Ivy Underwood, que nunca mais queria ser pobre, conheceu o seu Príncipe Encantado. Assim, como acontece nos contos de fadas, Ivy passou a ter um marido bem-sucedido, dois filhos, a casa dos seus sonhos com três varandas e três pátios, construída de acordo com as suas especificações, a mobília escolhida por um decorador, e nenhuma necessidade de verificar o saldo do seu talão de cheques. Mas a realidade interveio. As fantasias sobre as quais construíra a vida não foram fortes o suficiente para sustentar o seu casamento ou a sua sanidade. Em 1983, disse adeus ao marido, à casa, à mobília e ao emprego altamente estressante, colocou em um caminhão de mudança alguns pertences selecionados e foi para o oeste com os dois filhos.

*Sete anos depois, por meio do curso de FI, Ivy encontrou um caminho em direção a uma liberdade ainda maior. Ela e a amiga **Margaret Parsons** convidaram um grupo de vinte amigos para fazer o curso para que pudessem incentivar-se mutuamente a seguir o programa. Reuniam-se mensalmente, compartilhando idéias, vitórias e obstáculos, bem como os detalhes íntimos da sua vida financeira.*

Quando Ivy construiu o seu gráfico, apresentou a si mesma o desafio de mostrá-lo ao grupo, o que trouxe à tona alguns dos seus antigos temores. A primeira coisa que lhe passou pela cabeça foi: "Os meus pais achariam que sou louca. Não se mostra aos outros quanto ganhamos e gastamos. Não é de bom-tom. É...." O que significava aquela relutância? Por que estava com medo de expor as suas finanças? Ivy percebeu que o motivo na verdade era o medo de que essa exposição possibilitasse que as pessoas a julgassem, avaliando se ela era ou não uma pessoa de valor. Poderiam resumi-la em função de alguns números e descartá-la se ficasse aquém das expectativas. Com a mesma determinação que a ajudou a abandonar o casamento, Ivy apresentou o gráfico ao grupo. O medo desapareceu, e algo dentro dela ficou bem mais relaxado com relação ao dinheiro. O que gastava era apenas... o que gastava. A sua renda era apenas a sua renda. Podia dizer isso a alguém da mesma maneira que revelava a cor do sofá da sua sala. Não era nada demais!

Você poderá descobrir com o tempo que os seus sentimentos a respeito do seu gráfico estão mudando como um reflexo das modificações na sua relação com o dinheiro. O gráfico torna-se uma representação da maneira como você está vivendo os seus valores, algo que reflete o cuidado que está tomando com cada decisão relacionada com o mundo material. Torna-se uma fonte de orgulho. Não estou falando de arrogância, e sim do tipo de satisfação profunda que acompanha a integridade. Quando isso acontece, muitas pessoas descobrem que se sentem tão bem a respeito do seu progresso que tiram o gráfico do armário e o penduram na parede.

Pare um minuto e reflita sobre o que você sente a respeito da sua relação atual com o dinheiro. Como você se sentiria se pendurasse a representação gráfica dos seus assuntos financeiros na parede da sala de estar, em um lugar onde todos que entrassem na sua casa pudessem vê-la? Você se sentiria à vontade ou constrangido? O grau do seu constrangimento é um indicador do seu desequilíbrio financeiro. Não se preocupe. Esse constrangimento desaparecerá à medida que você for seguindo os passos do programa.

A Independência Financeira como um subproduto da execução dos passos

As pessoas que colocam em prática os passos deste programa relatam que o processo de transformação da sua relação com o dinheiro torna-se ao mesmo tempo estimulante e fascinante. Registrar cada centavo torna-se um ritual agradável no caixa, quando você paga as suas compras, e também dá origem a algumas discussões interessantes com observadores curiosos que querem saber o que você está fazendo. A época da Tabulação Mensal é um destaque. Fazer as três perguntas possibilita que você verifique os seus valores e o seu propósito na vida. A inserção dos valores da receita e das despesas no Quadro-mural torna-se um momento em que você reflete sobre a verdade da sua conscientização com relação ao dinheiro. Depois de seguir esses passos durante alguns meses ou um ano, você começará a observar um subproduto do processo muito satisfatório: à medida que você sistematicamente ganha mais do que gasta, acaba eliminando as dívidas e formando uma poupança.

Parte disso lhe parece impossível, tendo em vista a sua situação financeira particular? Não são as condições da sua vida e sim a maneira como você interage com elas que lhe permitirão avançar. Entre os seguidores deste programa estão pessoas que estavam profundamente endividadas e desempregadas, que não tinham grau universitário e cujo currículo apresentava grandes lacunas, que tinham uma família para sustentar e que moravam em áreas carentes do país. O vento seguramente não soprava a favor delas. Essas pessoas apenas usaram com habilidade as condições que encontraram e navegaram através delas.

No sentido mais exato, a Independência Financeira, como a definimos, significa ter uma renda suficiente para cobrir as suas necessidades básicas e o seu conforto essencial oriunda de uma fonte que não seja o emprego remunerado. No entanto, como veremos, a FI encerra outros aspectos, como deixar de ficar endividado e formar uma poupança.

A Independência Financeira envolve acabar com as dívidas

No caso de muitas pessoas, pagar as dívidas é um momento importante na vida, uma façanha de Independência Financeira. Com freqüência, elas só percebem o fardo que é estar endividado quando o débito desaparece.

E você? Está endividado? Sabe quanto deve e a quem? Sabe quanto está lhe custando estar endividado? Ou você apenas faz os pagamentos da sua hipoteca, das prestações do carro e dos seus cartões de crédito até que a morte os separe?

Ouvimos recentemente um advogado dos sem-teto declarar que a maioria dos americanos está a dois contracheques de distância da condição de sem-teto. A afirmação me pareceu excessiva, quase inacreditável. No entanto, quando conversamos com outros profissionais que lidam diretamente com o débito do consumidor, alguns disseram que dois contracheques é uma estimativa conservadora. Um único contracheque ou uma doença grave seriam suficientes para que muitas pessoas transpusessem o limite.

Os jovens americanos gastam atualmente 1,20 dólares para cada 1,00 dólar que ganham. Você é, ou foi, um deles?

Uma jovem participante de um grupo de Devedores Anônimos declarou que acumulara uma dívida de trinta mil dólares antes de completar trinta anos. Tinha uma carreira competitiva de rápida ascensão, e a sua renda chamara a atenção dos vilões dos cartões de crédito. Quando o American Express enviou-lhe um Cartão Gold, ela achou que chegara aonde queria. Se *eles* achavam que ela merecia tanto crédito, então isso deveria ser verdade! De cabeça erguida, ombro reto, ela marchou em direção à melhor loja de móveis da cidade e comprou tudo o que queria, sem parar para pensar que pagaria juros sobre aquelas compras.

Eis uma dura realidade a ser considerada. Você paga, nos Estados Unidos, juros de 16 a 20 por cento ao ano nos cartões de crédito, o que equivale a trabalhar cinco dias por semana e receber por quatro. Se o seu empregador anunciasse uma redução salarial dessa monta, você e os seus colegas de trabalho pegariam em armas. As pessoas que encaram o débito como interminável e pagam o mínimo possível estão na verdade optando por essa diminuição na renda. Não percebem que ao comprar um novo equipamento de som "a prazo" para comemorar um aumento estão eliminando o aumento que receberam e até mesmo reduzindo o salário. Um carro comprado "a prazo" no final custará duas vezes e meia o preço à vista. Uma casa com uma hipoteca de trinta anos a dez por cento ao ano poderá custar três vezes o preço de compra quando a última parcela for paga.

Os Devedores Anônimos afirmam que nos endividamos para evitar sentimentos, especialmente os de privação. À semelhança de outros vícios, o débito nos permite negar a dor, a tristeza, a raiva, a solidão e o desespero. A sua tendência de usar o cartão de crédito é simplesmente um hábito, ou é um vício?

Uma pesquisa de opinião publicada no *The People's Almanac* indica que as pessoas gastam 23 por cento mais quando compram com cartões de crédito do que quando compram com dinheiro. O endividamento passou a fazer parte do estilo de vida americano, fazendo com que tenhamos dificuldade em perceber que o que nos prende ao emprego são as dívidas. São elas que nos obrigam a trabalhar arduamente, ganhando a morte para pagar prazeres dos quais há muito já nos esquecemos e artigos de luxo que mal temos tempo de desfrutar.

Certa amiga, depois de reconhecer a sua dependência dos cartões de crédito, decidiu cortar o hábito "na marra". Não acreditando que iria conseguir se controlar se apenas guardasse os cartões, cortou cada um ao meio. Os pedaços encheram um grande saco plástico. A nossa amiga talvez não esteja sozinha. Talvez venhamos a presenciar uma revolução de cartões de crédito na década de 1990. Pessoas de classe média, anteriormente dóceis, podem se rebelar, queimando os cartões de crédito diante dos *shoppings* do jeito que estudantes universitários queimavam os cartões de convocação na década de 1960. "Que diabos, não iremos!," é o que gritarão em resposta aos pacotes de férias no Taiti que lhes forem oferecidos. Não ria. Isso poderá acontecer quando as pessoas despertarem para o lado negro dos pagamentos com plástico.

Sally Morris costumava intitular a sua vida da seguinte maneira: "Bombas durante o Dia — Paz à Noite." Trabalhava por dinheiro como artista gráfica em uma empresa de alta tecnologia que tinha importantes contratos com a indústria bélica e trabalhava por amor em vários projetos humanitários patrocinados pela igreja. Devido à sua dívida de 17.000 dólares, não parecia haver nenhuma alternativa. E como havia escutado repetidamente que não havia outra maneira, a sua consciência parara de importuná-la.

O programa de FI forneceu-lhe um espelho impiedoso, mas libertou-a. Sally colocou uma pequena legenda no seu gráfico que dizia: "Estou a caminho de livrar-me das minhas dívidas." Embaixo, ela aplicou uma série de pedaços de velcro com números e controlava a quantia exata que devia. "Era como se eu estivesse derretendo uma vela ou perdendo cinqüenta quilos", nos disse ela. Sem receber um único aumento e sem nenhum sentimento de privação, Sally livrou-se das dívidas em dois anos.

Quando procurou o que era realmente gratificante na sua vida, Sally percebeu que a sua maior alegria provinha de viagens curtas que fizera a trabalho, colaborando em serviços de construção em lugares como a Costa Rica e o Quênia. Ao voltar da primeira viagem ao Quênia, Sally ficara extremamente deprimida. De fato, ajudara a construir um anexo a um hospital rural em uma remota aldeia na montanha, mas e agora? Continuava rica e aquelas pessoas, pobres. Começou então a juntar material médico que seria jogado fora e a enviá-lo para o Quênia por intermédio de turistas que se dirigiam àquele país para fazer safári.

Quando finalmente viu-se livre das dívidas, Sally sabia exatamente qual seria o seu passo seguinte. Descobrira que as pessoas no Quênia estavam morrendo de abscessos não tratados nos dentes. Pediu demissão do emprego, alugou a sua casa, fez um leasing com o carro e foi para o Quênia por um ano para ajudar a montar uma clínica dentária. Por estar livre das dívidas e com o aluguel da casa e do carro proporcionando-lhe o dinheiro necessário para viver na região rural do Quênia, Sally estava financeiramente liberada. Por estar livre das dívidas, tinha agora uma escolha, e optou por seguir o seu coração.

Livrar-se das dívidas, portanto, é um tipo de Independência Financeira. A quitação da dívida lhe devolve a liberdade de escolher. Independentemente do clima econômico, ser capaz de dizer: "Não devo nada a ninguém" é uma declaração de sensatez, dignidade e liberdade.

Quando se livra das dívidas, você tem opções. Pode escolher, como fez Sally, seguir o seu coração para terras distantes ou dedicar-se a diferentes atividades. Mas também pode continuar a desfrutar o processo de transformar a sua relação com o dinheiro exatamente onde está. À medida que continuar a gastar menos do que ganha (ao mesmo tempo que aproveita a vida ao máximo), um intervalo ainda maior se formará no seu Quadro-mural entre a linha das suas receitas e a das suas despesas. Esse intervalo tem um nome, o qual caiu em desuso nos últimos anos. Chama-se *poupança* (ver a Figura 5-3). A poupança é outro tipo de Independência Financeira.

A Independência Financeira é dinheiro no banco

Quanto você está poupando no momento? Como seria a sua vida se você tivesse dinheiro para cobrir um ano de despesas sob a forma de uma poupança facilmente acessível?

Já que os cartões de crédito aumentam o nosso consumo em mais de 20 por cento, como foi mencionado anteriormente, se você eliminá-los, estará reduzindo as suas despesas nessa proporção. Curiosamente, as pessoas que seguem o programa dos Devedores Anônimos também constatam que gastam 20 por cento menos do que antes. Avalie também o conselho da conhecida consultora econômica Jane Bryant Quinn. Ao promover a estratégia

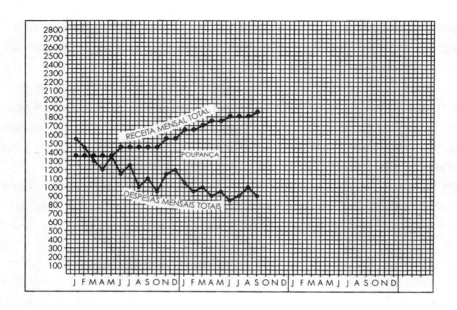

FIGURA 5-3

Gráfico com Despesas, Receita e Poupança

chamada "pague primeiro a si mesmo" (separe a poupança *antes* de pagar as contas e abastecer a sua carteira), Jane observou que foi somente quando atingiu uma taxa de poupança de 20 por cento que começou a sentir o aperto, o que significa que quase 20 por cento do seu dinheiro escorria-lhe pelos dedos sem proporcionar-lhe nenhum prazer substancial.

A capacidade de poupar está verdadeiramente ao seu alcance. Ela *terá lugar* à medida que você for seguindo os passos.

O que isso significa para você?

Se você tiver uma poupança, o desemprego não é uma tragédia. Se você ficar sem o seu contracheque mas tiver uma poupança, não precisará perder nenhum dos seus bens. Além disso, poderá enxergar a oportunidade de explorar opções que estava ocupado ou cansado demais para analisar anteriormente. Você poderia reunir a família em um *trailer* e viajar pelo país. Poderia colocar uma mochila nas costas e viajar pelo mundo. Poderia ler. Poderia executar todos os projetos para o lar da sua lista. Poderia aprender uma nova profissão. Poderia explorar o seu lado criativo, pintando quadros ou compondo músicas por prazer. Poderia passar um ano inteiro procurando sistematicamente o emprego perfeito para você. Poderia obter um diploma universitário ou a licenciatura plena e qualificar-se para um novo nível na área profissional de sua escolha. Poderia oferecer-se como voluntário em uma causa que lhe interesse, sendo até possível que o convidassem para fazer parte da equipe remunerada. Poderia reaproximar-se da sua família.

Experimente o seguinte: pergunte a si mesmo como você passaria o seu tempo se pudesse ficar um ano sem receber dinheiro. Não fique surpreso se der um branco na sua cabeça; a completa identificação com o emprego pode ter temporariamente reprimido os seus verdadeiros sonhos e desejos. Mas não desista da pergunta, e descubra as possibilidades do que você escolheria fazer se tivesse uma poupança suficiente para não precisar trabalhar em uma ocupação remunerada durante um ano.

Como você se sente com relação a ter uma poupança? Quais são as suas idéias a respeito do assunto — contra ou a favor? Ter uma poupança compromete a sua auto-imagem? Ela representa a passagem da sua juventude ou a sua capitulação aos seus pais? Você é um perdulário que acha que a expressão "renda disponível" significa que é seu direito gastar tudo que tem no bolso até o último centavo? Poupar parece um sonho impossível, tendo em vista a sua situação financeira atual? Quais são as suas convicções religiosas ou políticas a respeito de economizar? Você deveria estar pagando o dízimo para a igreja, ou doando o dinheiro para os pobres ou uma causa? A questão aqui não é necessariamente mudar os seus hábitos de poupança e sim entrar em contato com a sua predisposição a respeito da poupança para que você seja capaz de administrar, com tranqüilidade e integridade, o aumento da poupança que tem lugar como um subproduto da execução dos passos deste programa.

A poupança, então, é um tipo de Independência Financeira. Ela pode conferir-lhe mais coragem no emprego e mais energia para que você explore as partes negligenciadas da sua vida. A poupança cobre as épocas magras do trabalhador autônomo e dos trabalhos periódicos. A poupança tranqüiliza o medo inconsciente que você possa ter de tornar-se um sem-teto. A poupança o impede de fazer más escolhas por causa do desespero.

Poupar é como construir uma barragem em um rio. A água que se acumula atrás da barragem encerra uma crescente quantidade de energia potencial. Se permitir que a sua energia vital (dinheiro) se acumule em uma conta bancária, você estará pronto para empreender qualquer coisa, desde pintar a sua casa a reorientar a sua vida.

Tudo isso em um gráfico?

O Quadro-mural não contém nada mágico. Você pode inserir os seus valores no início do mês e não dar atenção a ele durante o restante do mês, e nada acontecerá. Mas se você interagir com ele, o mantiver à vista, prestar atenção ao que ele está lhe dizendo e *seguir em frente,* notará mudanças *com o tempo.* Parte da Independência Financeira envolve a contínua conscientização dos seus padrões de ganhos, de gastos e de poupança ao longo do tempo.

* O gráfico é um constante *lembrete* do seu compromisso de transformar a sua relação com o dinheiro. Ele se opõe à síndrome de "longe dos olhos, longe da mente". Ele o mantém consciente da sua intenção de modificar os seus hábitos inconscientes de dispêndio.
* O gráfico é um *sistema de feedback* que lhe mostra de relance, de modo claro e explícito, a sua situação atual e o seu progresso em direção à sua meta. Você não precisa puxar para fora o seu cofre do porquinho ou as suas Tabulações Mensais para ver como está se saindo. As duas linhas do seu gráfico estão subindo ou descendo.
* O gráfico pode ser uma *inspiração,* uma experiência de satisfação com o progresso que você está fazendo que o estimula a ascender a alturas ainda maiores. Quando você estiver convencido de que o processo não está funcionando, o seu gráfico lhe lembrará que ele está.
* O gráfico pode ser uma *motivação,* um incentivo que o mantém no caminho certo quando o desânimo se insinua nos seus indicadores de energia. Quando surgir a tentação, a idéia de enfrentar o seu gráfico no final do mês poderá ajudá-lo a fazer uma escolha melhor.
* O gráfico coloca a sua *integridade* na berlinda. É difícil (ou pelo menos mais difícil) mentir para si mesmo a respeito do seu progresso na presença dele.
* O gráfico é uma constante *indicação* de que você respeita a sua energia vital. A sua receita representa muitas horas da sua preciosa permanência neste belo planeta, e as suas despesas representam as

maneiras como você decidiu usar essas horas valiosas. O Quadro-mural o faz lembrar que deve administrar o melhor possível esse recurso do tempo.

❖ Finalmente, o gráfico alicia um contínuo *apoio*. Ao pendurá-lo na parede onde outros possam vê-lo, você atrairá o interesse e a participação. Ele o ajuda a ter os amigos e parentes torcendo por você.

Lista de verificação do material necessário

❖ Folha de papel quadriculado — com aproximadamente 45cm por 55cm com dez quadrados por centímetro, ou 60cm por 90cm com dez quadrados por cada 2,5cm.

❖ Três canetas — uma preta e duas de cores diferentes.

Resumo do quinto passo

Organize e mantenha atualizado um gráfico da sua receita e despesas mensais totais.

6

O sonho americano — com recursos escassos

É ao mesmo tempo triste e revelador que não exista nenhuma palavra na língua inglesa que caracterize a situação no ápice na Curva de Satisfação, onde sempre temos o suficiente mas nunca somos sobrecarregados com excesso. A palavra precisaria evocar a cuidadosa administração dos recursos tangíveis (tempo, dinheiro, bens materiais) aliada à prazerosa expansão dos recursos espirituais (criatividade, inteligência, amor). Infelizmente não podemos dizer "estou suficientizando" para explicar a mistura de abundância e parcimônia que tem lugar quando seguimos os passos deste programa. A palavra "frugalidade" costumava atender essa função, mas a partir da segunda metade do século XX ela adquiriu uma má reputação.

De que maneira a frugalidade caiu em desgraça entre os americanos? Afinal de contas, ela é um ideal perene e um marco do caráter americano. Tanto Sócrates quanto Platão elogiavam o "áureo meio-termo". Tanto o Antigo Testamento ("Não me deis nem a pobreza nem a riqueza, apenas o suficiente") e os ensinamentos de Jesus ("Não podeis servir a Deus e ao dinheiro") enaltecem o valor da simplicidade material para o enriquecimento da vida espiritual. Na história americana, pessoas famosas (Benjamin Franklin, Henry David Thoreau, Ralph Waldo Emerson, Robert Frost) bem como grupos bastante conhecidos (Amish, Quacres, Hutterites, Menonitas) transmitiram a virtude da parcimônia, tanto por respeito à terra quanto pela sede de um toque celeste. E os desafios ligados à construção da nossa nação exigiram a frugalidade da maioria dos cidadãos. Na verdade, a riqueza que desfrutamos hoje é resultado de séculos de frugalidade. Como dissemos anteriormente, a cultura do consumidor de "quanto mais, melhor" é recente no cenário americano. A nossa base é a frugalidade, e está mais do que na hora de fazer amizade com a palavra e com a prática.

Vamos explorar a palavra "frugalidade" para verificar se não podemos resgatá-la como a chave da realização da década de 1990.

Os prazeres da frugalidade

Procuramos a palavra "frugal" em um dicionário Merriam-Webster de 1986 e encontramos o seguinte: "caracterizado pela economia no dispêndio de recursos ou refletindo essa economia." Isso parece correto; uma palavra útil, prática e relativamente desinteressante, desprovida da graça ou elegância da "suficiência" experimentada pelos Pensadores FI. Mas quando nos aprofundamos, o dicionário no diz que "frugal" compartilha um radical latino com *frug* (que significa virtude), *frux* (que significa fruto ou valor) e *frui* (que significa desfrutar ou usufruir). Agora faz sentido. Frugalidade significa **desfrutar** a **virtude** de obter um valor adequado para cada minuto da nossa energia vital e de tudo que **usufruímos**.

Isso é muito interessante. Na verdade, é mais do que interessante. É transformador. Frugalidade significa que devemos *apreciar* o que temos. Se você tem dez vestidos mas mesmo assim acha que não tem nada para vestir, você provavelmente é esbanjadora, mas se tem dez vestidos e tem tido prazer em usar todos durante vários anos, você é frugal. O desperdício não reside no número de bens que possuímos e sim no fato deixarmos de desfrutá-los. O seu sucesso em ser frugal não é medido pelos tostões que você economiza e sim pelo seu grau de apreciação do mundo material.

Apreciação do mundo material? Isso não é hedonismo? Embora as duas coisas tenham a ver com apreciar o que você tem, a frugalidade e o hedonismo são respostas opostas ao mundo material. O hedonismo envolve o deleite com os prazeres dos sentidos e implica o consumo excessivo de bens materiais e a busca constante de um número sempre maior deles. As pessoas frugais, contudo, obtêm valor de todas as coisas: um dente-de-leão ou um buquê de rosas, um único morango ou uma refeição requintada. Um hedonista pode tomar o suco de cinco laranjas como um prelúdio a um desjejum de panquecas. A pessoa frugal, por outro lado, pode deliciar-se comendo uma única laranja, desfrutando a cor e a textura da fruta, o aroma e o leve borrifo que tem lugar quando começa a descascá-la, a qualidade translúcida de cada gomo, o sabor que emana do gomo quando este se rompe sobre a língua... e a parcimônia de guardar a casca para assá-la depois.

Ser frugal significa ter um coeficiente elevado de alegria para objetos. Se você obtém uma unidade de alegria para cada bem material que possui, você é frugal. No entanto, se precisa de dez bens para que o medidor de alegria comece a marcar alguma coisa, você não está percebendo o sentido exato de estar vivo.

Existe uma palavra em espanhol que abarca tudo isso: *aprovechar [aproveitar]*. Significa usar sabiamente uma coisa, sejam os zíperes de roupas muito usadas ou um dia de sol na praia. Significa extrair o pleno valor da vida, desfrutando todo o bem que cada momento e cada coisa tem a oferecer. Você pode *"aproveitar"* uma simples refeição, uma bandeja de morangos excessivamente maduros ou um cruzeiro nas Bahamas. Não há nada mesquinho a respeito de *aproveitar*; é uma palavra suculenta, repleta de sabor e da luz do sol. Se ao menos "frugal" fosse tão doce.

A mentalidade norte-americana de que "mais é melhor e nunca é suficiente" não passa no teste da frugalidade não apenas devido ao excesso, mas também por causa da falta de apreciação pelo que já temos. Na verdade, os norte-americanos têm sido chamados de materialistas, mas este é um termo errado. Freqüentemente, não são na verdade as coisas materiais que apreciamos e sim o que elas simbolizam: a conquista, o *status*, o sucesso, a realização, o sentimento de valor e até mesmo as boas graças do Criador. Uma vez que conseguimos a casa dos nossos sonhos, o carro que nos confere *status* ou o parceiro perfeito, raramente paramos para desfrutá-los completamente. Em vez disso, partimos em busca da próxima aquisição que cobiçamos.

Outra lição que aprendemos com a definição de "frugal" no dicionário é o reconhecimento de que não temos que possuir uma coisa para desfrutá-la; precisamos apenas *usá-la*. Se estamos apreciando um item, *seja ele nosso ou não*, estamos sendo frugais. No caso de muitos prazeres da vida pode ser bem melhor "usar" uma coisa do que "possuí-la" (e pagar a sua manutenção com tempo e energia). Freqüentemente fomos como senhores feudais, buscando em toda parte o maior número de bens possíveis e reunindo-os dentro dos muros do nosso castelo. Se queremos uma coisa (ou a queríamos no passado, ou imaginamos que talvez possamos querê-la no futuro), achamos que podemos trazê-la para dentro dos limites do mundo chamado "meu". O que deixamos de reconhecer é que o que está fora dos muros do "meu" não pertence ao inimigo, e sim ao "restante de nós". E se o que está fora dos nossos muros não é "eles" e sim "nós", podemos nos dar ao luxo de afrouxar o nosso domínio sobre as nossas posses. Podemos abrir com cautela as portas da nossa fortaleza e deixar que os bens (materiais e espirituais) entrem e saiam das nossas fronteiras.

A frugalidade, portanto, também envolve aprender a compartilhar, enxergar o mundo como "nosso" em vez de como "deles" e "meu". Além disso, embora não esteja explícito na palavra, ser frugal e ser feliz por ter o suficiente significa que mais coisas estarão disponíveis para os outros. Aprender a compartilhar eqüitativamente os recursos da terra situa-se no topo da política global, e um pouco de frugalidade criativa na América do Norte poderia ajudar muito a promover esse equilíbrio.

Frugalidade *é* equilíbrio. Frugalidade é a idéia grega do áureo meio-termo. Ser frugal significa colher com eficácia a felicidade no mundo em que vivemos. Ser frugal é usar adequadamente, administrar sabiamente o dinheiro, o tempo, a energia, o espaço e os bens materiais. Goldilocks o expressou bem quando declarou que o mingau "não está quente demais e não está frio demais; está no ponto". A frugalidade é algo assim: não é demais e não é muito pouco; é adequado. Nada é desperdiçado. Ou deixado sem uso. É uma máquina harmoniosa. Reluzente. Perfeita. Simples e ao mesmo elegante. É a palavra mágica — suficiência. O ápice da Curva de Satisfação. O ponto inicial de uma vida de realização, aprendizado e contribuição para o bem-estar do planeta.

"Frugal, cara." Esta é a maneira legal, bacana de dizer "impressionante" na década de 1990. Surfistas falarão em ondas frugais. Meninas adolescentes falarão em caras frugais. Figurinistas falarão sobre a moda frugal. Registrem as nossas palavras!

Lembre-se disso à medida que explorarmos maneiras de economizar. Não estamos dizendo que você deve ser mesquinho, pão-duro, avarento ou satisfazer-se com o que tem. Estamos falando a respeito da frugalidade *criativa,* um estilo de vida no qual você obtém a máxima satisfação para cada unidade de energia vital despendida.

Na verdade, agora que você sabe que o dinheiro é a sua energia vital, parece tolo pensar em desperdiçá-lo em coisas de que você não gosta e que nunca usa. Relembrando a aritmética que fizemos no Capítulo 2, você se lembrará que se tiver quarenta anos, o cálculo atuarial indica que você tem apenas 329.601 horas de energia vital no banco. Isso agora pode dar a impressão de ser muito, mas essas horas parecerão muito preciosas no *final* da sua vida. Gaste-as bem agora para não se arrepender mais tarde.

No final, essa frugalidade criativa é uma expressão de auto-estima. Ela homenageia a energia vital que você investe nos seus bens materiais. Economizar esses minutos e horas de energia vital por meio de um consumo cuidadoso é o supremo tipo de auto-respeito.

Sexto passo: valorizar a energia vital — minimizar os gastos

Este passo diz respeito ao uso inteligente da energia vital (dinheiro) e a redução ou eliminação consciente das despesas. Organizamos as sugestões e dicas que se seguem em várias listas, todas baseadas em décadas de experiência de vida frugal. Incluiremos também algumas dicas que Amy e Jim Dacyczyn generosamente compartilham no seu boletim informativo, *The Tightwad Gazette* (cujo subtítulo é "Promoting Thrift as a Viable Alternative Lifestyle" [Promovendo a Parcimônia como um Estilo de Vida Alternativo Viável]), que mencionamos no Capítulo 4.

Considere a lista que se segue como um menu de opções. Explore aquelas que o interessam ou lhe inspiram e deixe de lado o restante. Há alguma coisa para todo mundo aqui, mas nem tudo é para você. No entanto, talvez seja instrutivo perguntar a si mesmo por que você está descartando algumas idéias e adotando outras. Poderá encontrar alguma programação da infância, mitos culturais e até informações reveladoras a respeito dos seus valores. Lembre-se de que essas idéias são oportunidades e não obrigações. A frugalidade consiste em prazer, não em contar tostões! Feliz poupança, ou talvez devêssemos dizer feliz frugalidade...

Uma maneira certa de economizar dinheiro

Pare de tentar impressionar os outros

As outras pessoas estão provavelmente tão ocupadas tentando impressioná-lo que, na melhor das hipóteses, não notarão os seus esforços. Na pior das hipóteses, ficarão ressentidas por você estar chamando mais atenção do que elas.

Thorstein Veblen não causou muito furor quando publicou *The Theory of the Leisure Class* em 1899, mas o termo que ele criou, "consumo conspícuo", penetrou a essência da nossa cultura. Stuart Chase, escritor e comentarista social, resumiu a tese de Veblen no prefácio do livro:

> As pessoas que estão acima da linha da subsistência indigna, tanto nesta era quanto em todas as anteriores, não usam o excedente, que a sociedade lhes deu, principalmente para fins proveitosos. Não buscam expandir a própria vida, viver de uma maneira mais sábia, inteligente e compreensiva, e sim impressionar os outros com o fato de que têm um excedente... gastando inutilmente dinheiro, tempo e esforço na atividade prazerosa de inflar o ego.

No entanto, o fato de o consumo conspícuo ser uma aberração transcultural e histórica da espécie humana não significa que *você* tenha necessariamente que ser vítima dele. Se você parar de tentar impressionar os outros, conseguirá economizar milhares, talvez milhões, de dólares. (E pense em como as pessoas ficarão impressionadas com a quantia que você tiver economizado!)

Dez maneiras certas de economizar dinheiro

1. Não saia para fazer compras

Se você não sair para fazer compras, não gastará dinheiro. É claro que se você realmente precisar de alguma coisa, vá até a loja e compre-a, mas não saia simplesmente para fazer compras sem ter nada em mente. De acordo com Carolyn Wesson, autora de *Women Who Shop Too Much*, "59 milhões de pessoas nos Estados Unidos são viciadas em sair para fazer compras ou em gastar". Cerca de 53 por cento dos gêneros alimentícios e 47 por cento dos artigos de lojas de eletrodomésticos são comprados "por impulso". **Quando foi perguntado a 34.300 pessoas que estavam fazendo compras em centros comerciais do país inteiro qual tinha sido a principal razão que as levara até lá, somente 25 por cento declararam ter ido em busca de um artigo específico.** Cerca de 70 por cento de todos os adultos visitam semanalmente um centro comercial da região. O número de *shoppings* nos Estados Unidos cresceu de dois mil em 1957 para mais de trinta mil hoje em dia, segundo o International Council of Shopping Centers. O número de centros comerciais ultrapassou recentemente o de escolas de ensino médio nos Estados Unidos.

Com efeito, fazer compras é um dos passatempos nacionais prediletos. Além do simples ato de adquirir mercadorias e serviços necessários, a atividade de fazer compras tenta satisfazer (mas obviamente falha, já que temos que fazer compras com tanta freqüência) várias necessidades: estimular o contato social e a estruturação do tempo, promover uma gratificação após um trabalho bem-feito, e atua como antidepressivo, aumentando a auto-estima, a auto-afirmação, o *status* e o bem-estar pessoal. Um antropólogo marciano poderia chegar à conclusão de que os centros comerciais e os *shoppings* são os nossos locais de devoção, e fazer compras o ritual central de comunhão com a nossa divindade. Lewis Lapham comenta: "Expressamos os nossos anseios pelo inexprimível na ferocidade do nosso apetite... As orgias de consumo tornam-se assim rituais de comunhão." **O consumo parece ser o nosso êxtase favorito, o vício nacionalmente admitido, a forma tipicamente americana de toxicomania.**

Por conseguinte, não saia para fazer compras. E se tiver que fazê-lo, fique longe da propaganda que aguça o seu apetite por coisas que você não quer. E pelo amor de Deus não sintonize o *Shoptime* ou qualquer outro canal semelhante na televisão. Você poderá estar economizando mais do que dinheiro. Poderá estar salvando a sua sanidade, sem falar na sua alma.

2. Viva com os seus recursos

Esta idéia está tão fora de moda que alguns leitores talvez nem saibam o que ela significa. Viver com os seus recursos quer dizer comprar apenas o que você puder se permitir comprar com prudência, evitar contrair dívidas a não ser que tenha certeza de que poderá pagá-las imediatamente e sempre ter uma reserva para os momentos de dificuldade. Apenas há uma geração, essa era uma maneira elegante de viver, antes de começarmos a viver além dos nossos recursos. Viver além dos seus recursos encerra dois aspectos. O aspecto agradável é que você pode ter agora todas as coisas que deseja. O aspecto desagradável é que você pagará por elas com a vida. Comprar a prazo, sejam carros ou férias, freqüentemente resulta em você ter que pagar três vezes o preço da compra. Vale a pena ir ao Havaí por duas semanas este ano e ter que trabalhar quatro meses adicionais no ano que vem para pagar a dívida? Isso não significa que você tenha que cancelar todos os seus cartões de crédito; basta que você evite usá-los.

Viver com os seus recursos sugere que você espere ter o dinheiro para comprar alguma coisa. Esta atitude lhe oferece o benefício de evitar as taxas de juros. Também lhe proporciona um período de espera durante o qual você poderá muito bem descobrir que na verdade não deseja algumas dessas coisas. Quem hesita economiza. O lado brilhante de viver com os seus recursos é que você usará e desfrutará o que tem e extrairá dessas coisas um elevado grau de satisfação, seja o seu carro, a sua casa ou o seu casaco velho. Também significa que você conseguirá enfrentar os tempos econômicos difíceis quando chegarem, porque certamente chegarão. Alfred Malabre, editor econômico do *The Wall Street Journal*, publicou um livro em 1987 cujo título diz tudo: *Beyond Our Means: How America's Long Years of Debt, Deficits and Reckless Borrowing Now Theaten to Overwhelm Us [Além dos Nossos Recursos: Como os Longos Anos de Débito, Déficits e Empréstimos Temerários dos Estados Unidos Ameaçam Hoje Nos Esmagar]*. No texto do livro, ele diz:

> Em resumo, o jogo praticamente acabou e, apesar da sabedoria acumulada de todos os eminentes economistas das diversas escolas, retirar-nos de maneira indolor da nossa situação aflitiva será simplesmente impossível.

Esse é um argumento convincente para que você viva com os seus recursos, se é que algum dia já houve um!

3. Cuide do que você tem

Existe uma coisa que todos temos e que queremos que dure muito tempo: o nosso corpo! A simples atenção às práticas preventivas comprovadas fará com que você economize muito dinheiro. Escovar os dentes, por exemplo, poderá economizar milhares de dólares em tratamentos dentários. E comer o que você sabe ser adequado ao seu corpo (em função da sua energia e não das suas papilas gustativas) poderá evitar que você gaste milhares de dólares em procedimentos dispendiosos, sem falar na sua vida.

Estenda esse princípio a todos os seus bens. Todos sabem que trocar regularmente o óleo aumenta a vida do carro. Limpar as ferramentas torna a vida delas mais longa. (Quantos secadores de cabelo e aspiradores não se entupiram com chumaços de cabelo?) Tirar o pó do condensador da geladeira economiza energia e pode salvar o aparelho. Uma grande diferença entre os seres humanos e as máquinas é que estas últimas não curam a si mesmas. Se você não der atenção a uma dor de cabeça, ela provavelmente irá embora. Mas se não der atenção a um barulho estranho em uma máquina, o seu carro poderá enguiçar, uma bomba de água poderá quebrar ou outro dano importante (e dispendioso) poderá ter lugar.

Muitos de nós temos vivido com excesso durante tantos anos que não nos ocorre conservar o que temos. "Sempre posso buscar mais no lugar de onde isto veio", dizemos a nós mesmos. No entanto, esse "mais" custa dinheiro e poderá, com o tempo, não estar mais disponível.

4. Use até o fim

Qual foi o último objeto que você efetivamente usou até o fim? Os americanos jogam fora anualmente 660 quilos de lixo (esta é uma área na qual ainda estamos em primeiro lugar no mundo), e grande parte desse lixo provavelmente ainda é perfeitamente aproveitável. As fibras sintéticas são extremamente duráveis. É difícil efetivamente usar roupas até que acabem hoje em dia.. Se não fosse a indústria da moda (e o tédio) poderíamos usar o mesmo guarda-roupa básico anos a fio. Inspecione os seus bens. Você está simplesmente fazendo o *upgrade* ou duplicando o equipamento eletrônico, a mobília, os utensílios de cozinha, o tapete e os artigos de cama e mesa, ou está realmente usando-os até que acabem? Pense em quanto dinheiro você poderia economizar se simplesmente decidisse usar as coisas por um período 20 por cento mais longo. Se você normalmente substitui as toalhas a cada dois anos, experimente fazer isso a cada dois anos e meio. Se troca de carro a cada três anos, tente estender esse prazo por mais um ano. Se compra um casaco novo a cada dois invernos, verifique se fazê-lo a cada três invernos não daria no mesmo. E quando estiver prestes a comprar alguma coisa, pergunte a si mesmo: "Já tenho algo igual que esteja em perfeitas condições de uso?"

Outra maneira de economizar é perguntar aos seus botões, antes de jogar qualquer coisa fora, se poderá haver outra maneira de usá-la, integralmente ou pelo mesmo em parte. Cartas antigas tornam-se papel de rascunho. Uma xícara lascada transforma-se em um porta-lápis. Uma torradeira velha torna-se um sortimento de parafusos, além de um fio elétrico, fio de Nicromo, uma pequena bandeja de metal e uma alça resistente ao calor. A mobília velha pode fornecer a madeira de que você precisa para o seu próximo trabalho de marcenaria. Os especialistas em frugalidade da década de 1930 (e antes) sempre tinham nos fundos uma pilha de pedaços de madeira e outros tipos de refugo, e tinham o dom de aproveitar o que era necessário nos objetos disponíveis. Basta reconhecer que tudo é útil e usar a criatividade para verificar quais as possíveis utilizações. Depois, em vez de comprar alguma coisa, você pode perguntar a si mesmo: "Eu já tenho este objeto de uma outra forma? Se for esse o caso, o que seria preciso fazer para que atenda às minhas necessidades atuais?"

Uma advertência para aqueles que já são frugais. Usar uma coisa até o fim não significa usá-la até que ela o desgaste. Se você precisa ficar o tempo todo mexendo em uma luminária para que funcione e já tentou consertá-la, talvez a energia vital que você despende não compense ficar com o objeto durante mais um ano. Se o seu carro está lhe dando trabalho, fazendo com que você passe mais horas mexendo nele (ou gastando dinheiro na oficina) do que ele está lhe servindo, compre um novo. Se as suas articulações do joelho estiverem sofrendo por causa de um tênis deformado, seria mais barato comprar um par novo (na liquidação) do que fazer uma cirurgia no joelho.

5. Faça você mesmo

Você sabe regular o carro? Concertar um vazamento em um cano? Confeccionar os seus presentes? Trocar o fio da torradeira? Trocar o pneu da bicicleta? Preparar um bolo sem usar ingredientes semiprontos? Fabricar uma estante? Consertar o telhado? Limpar a chaminé? Costurar um vestido? Cortar o cabelo dos membros da sua família? Criar a sua empresa sem fins lucrativos? Antigamente aprendíamos as habilidades básicas da vida com os pais durante a nossa fase de crescimento. Depois, a Revolução Industrial colocou os nossos pais nas fábricas e, depois da aprovação da lei do trabalho infantil e das leis da educação pública obrigatória, ela nos mandou para a escola. Em seguida, os nossos avós foram colocados em clínicas de repouso, removendo do lar as pessoas que tradicionalmente ensinavam as habilidades às crianças enquanto os pais trabalhavam. Com o tempo, a economia doméstica e aulas de fazer compras tiveram que ser incorporadas ao currículo escolar para suplementar a constante redução do aprendizado de habilidades no lar. Na década de 1970, já não era elegante as mães ficarem em casa com os filhos. Na década de 1980, muitos casais partiam do princípio que era economicamente impossível que as mães ficassem em casa com os filhos. É por acaso surpreendente que a única maneira que temos de saber como cuidar de nós mesmos na década de 1990 seja consumindo bens e serviços fornecidos por outros? Para inverter essa tendência, simplesmente pergunte a si mesmo quando estiver para contratar um especialista: "Sou capaz de fazer isto sozinho? O que seria preciso para que eu aprendesse agora? Seria proveitoso aprender essa habilidade?"

As habilidades básicas da vida bem como as de sobrevivência podem ser aprendidas por intermédio da educação para adultos, de agentes de extensão, de programas residenciais rurais de verão e também, finalmente, e igualmente importante, dos livros. Até mesmo os enguiços podem ser usados como uma oportunidade de aprendizado e fortalecimento. Você poderá contratar pessoas para fazer o que você não puder fazer, ou decidir não fazer, e seguir de perto o que está acontecendo. Cada partícula de energia que você despende na resolução desses enguiços não apenas lhe ensina algo que você precisa saber na vez seguinte como também ajuda a evitar erros e diminui a conta. Certa pensadora FI conta a história de como o seu sistema de aquecimento enguiçou em um inverno. Três empresas enviaram técnicos para avaliar o problema e apresentar um orçamento. Todas lhe informaram com a mais absoluta certeza qual era o problema. Infelizmente, cada uma delas contou uma história diferente. Assim sendo, ela abriu os livros, refletiu sobre a complexidade da situação, chegou a uma conclusão fundamentada e escolheu a empresa que mais se aproximou da sua análise, economizando assim centenas de dólares de um trabalho desnecessário e possivelmente destrutivo. Ao ficar ao lado do técnico e acompanhar o trabalho, essa mulher também foi capaz de evitar outros erros mais dispendiosos e poupar um tempo (caro) executando pessoalmente algumas das tarefas mais simples. Um casal típico, em que marido e mulher trabalham fora, poderia ter pago dez vezes o que ela pagou pelo serviço e depois ter se considerado pessoas de sorte pelo fato de a família ter dois contracheques "pois o custo de vida no mundo moderno é muito elevado".

6. Anteveja as suas necessidades

O planejamento das compras pode gerar uma tremenda economia. Com um intervalo de tempo suficiente, os artigos de que você precisa inevitavelmente entrarão em oferta quando você precisar deles, às vezes com um desconto de 20 a 50 por cento do valor habitual. Mantenha-se atualizado com relação aos catálogos e folhetos de propaganda dos revendedores nacionais e locais que vendem por catálogo. Leia os anúncios de vendas no jornal de domingo. Fique atento às ofertas especiais de artigos de cama e mesa em janeiro e agosto, às liquidações de verão, inverno e de fim de ano.

Se você simplesmente observar o péssimo estado do pneu esquerdo traseiro do seu carro enquanto ele ainda pode rodar um pouco, poderá antever uma necessidade. O simples fato de você estar consciente dessa necessidade fará com que repare naturalmente na oferta sensacional de pneus que aparecerá no jornal de domingo daqui a três semanas, e você *saberá* que a liquidação é sensacional porque andou dando uma olhada nos preços.

A curto prazo, fazer compras na loja de conveniência da esquina pode sair caro. O fato de você prever as suas necessidade e saber que vai precisar de tira-gostos para comer à noite, que o leite vai acabar no meio da semana ou que você vai ter que gravar algumas fitas e que os seus cassetes virgens estão acabando pode eliminar a sua ida à loja da esquina para comprar esses artigos. Em vez disso, você pode comprá-los quando fizer as compras de supermercado ou der um pulo na loja de descontos. Essa medida pode resultar em uma economia substancial. Dê uma olhada no Diário Monetário que demos como exemplo no Segundo Passo (página 121) e observe a diferença de preço entre os cassetes virgens comprados na loja de conveniência na sexta-feira e os adquiridos no sábado em uma loja de descontos.

Antever as suas necessidades também elimina uma das maiores ameaças à sua frugalidade: a compra impulsiva. Se você não previu que precisava de uma coisa quando saiu de casa às 3h05, é bastante provável que você não precise dela às 3h10 quando estiver no balcão do seu vício de consumo na loja da esquina. Não estamos dizendo que você só deve comprar coisas que estejam na sua lista de compras (embora essa não seja uma idéia tão má para os compradores compulsivos); o que *estamos* dizendo é que você precisa ser escrupulosamente sincero quando sair de casa. Dizer: "Prevejo que vou precisar disto", quando estiver olhando com desejo para um objeto enigmático destinado a pessoas canhotas ou para uma suéter de *cashmere* não é o mesmo que *já* ter antevisto que iria precisar de uma dessas coisas e reconhecer que o objeto ou suéter particular é uma pechincha. Lembre-se do corolário da Lei de Parkison ("O trabalho se expande para encaixar-se no tempo permitido para a sua conclusão"): "As necessidades se expandem para abranger qualquer coisa que você queira comprar por impulso."

7. Pesquise o valor, a qualidade, a durabilidade e a multifuncionalidade

Obtenha informações sobre os produtos que deseja comprar. O *Consumer Report* e outras publicações oferecem excelentes avaliações e comparações de quase tudo o que você possa querer comprar, além de proporcionar uma leitura divertida. Decida que caraterísticas são mais importantes para você. Não seja um viciado em pechinchas que automaticamente compra a mercadoria mais barata que está disponível. A durabilidade pode ser decisiva no caso de algo que você pretenda usar durante vinte anos. Uma maneira óbvia de economizar dinheiro é gastar menos em cada artigo que comprar, mas também é verdade que gastar quarenta dólares em uma ferramenta que dure dez anos em vez de comprar por trinta dólares uma que terá que ser substituída em cinco anos o fará economizar vinte dólares no final. A multifuncionalidade também é um fator importante. Comprar por dez dólares um artigo que atende à finalidade de quatro diferentes produtos de cinco dólares cada permitirá que você poupe dez dólares. Uma panela resistente pode (e talvez devesse) substituir meia dúzia de produtos sofisticados para a cozinha, vários deles elétricos, como uma panela de fazer arroz, uma máquina de fazer pipoca, uma panela de cozimento lento, uma fritadeira, uma panela de fazer *paella* e uma espagueteira. Assim sendo, se você realmente acha que vai usar uma mercadoria, procurar uma que seja durável e multifuncional pode ser uma boa técnica para economizar. No entanto, se você pretende usar o produto apenas ocasionalmente, talvez não deseje gastar os dólares adicionais em um artigo de alta qualidade. Conhecer as suas necessidades e todo o leque do que está disponível no mercado lhe possibilitará escolher a mercadoria adequada.

Além de ler as revistas dirigidas ao consumidor, você pode avaliar a qualidade dos produtos desenvolvendo um olhar aguçado e examinando cuidadosamente o que está comprando. As costuras da roupa estão bem-feitas? O acabamento é perfeito? O tecido é durável? É lavável ou você terá que arcar com o custo adicional da lavagem a seco? Os parafusos que sustentam um aparelho são resistentes o bastante para a finalidade a que se destinam? O material é forte ou frágil? A mobília é montada com pregos, grampos ou parafusos? É aqui que você se tornará um especialista, conhecendo tão bem os materiais que será capaz de detectar a provável longevidade de um produto da maneira como um silvicultor consegue verificar a idade e a história de uma árvore tombada. Isso é o oposto do materialismo obtuso. **É reverenciar** o milagre da criação tanto quanto postar-se em um bosque de sequóias. Tudo que compramos tem origem na terra. Tudo. Conhecer os padrões de desgaste do alumínio e do aço inoxidável significa homenagear a terra tanto quanto fazer *lobby* para que sejam promulgadas leis mais poderosas de proteção ao meio ambiente.

8. Pague menos

Existem inúmeras maneiras de procurar pechinchas. Eis algumas delas:

1. *Empresas que vendem com desconto pelo correio.* Quando você sabe exatamente o que quer, inclusive a marca e o modelo, pode eliminar o intermediário e fazer o pedido por intermédio dos catálogos de descontos. Os descontos em equipamentos fotográficos e de filmagem, em computadores e na parafernália que lhe é associada, em fitas, e em equipamento de som e de vídeo são enormes; olhe os anúncios nas revistas de fotografia, informática e de som. Solicite catálogos de descontos especializados; eles estão disponíveis não apenas para fotografia, computador, suprimentos de áudio e vídeo, mas também para ferramentas, peças e equipamentos de automóveis, material esportivo e muito mais. Além de nos ajudar a economizar, os catálogos representam um excelente aprendizado de consumo consciente. Reflita sobre os enigmáticos produtos para pessoas canhotas. Para que servem? Por que estão na sessão de quinquilharias? Havia objetos enigmáticos no catálogo do ano passado ou esta é uma inovação tecnológica? Será que um produto desses me poupará a dor de cabeça de ter que substituir todos os anos esses @#!$@!!*%$!!! produtos? *Nós* somos viciados em ler catálogos — de J. C. Penney a J. C. Whitney — e podemos dizer que adquirimos mais cultura geral com essa atividade do que nos anos que passamos na faculdade.

2. *Lojas de redes de descontos:* O fato de você comprar uma coisa na "melhor loja da cidade" não significa que ela seja de melhor qualidade do que o mesmo artigo adquirido em uma loja de uma rede de descontos. As empresas que oferecem descontos e os grandes varejistas vendem com desconto muitos produtos de marca, de alta qualidade, mas você precisa conhecer os preços. Assim sendo, mesmo que prefira fazer a sua pesquisa em um centro comercial de alto nível porque sabe que os compradores de lá só escolherão o melhor equipamento, compre depois em uma rede de lojas

de descontos. No entanto, precisamos dar um aviso: o fato de o aparelho de som que você deseja estar disponível no Harry's Low-Cost Cash-and-Carry não significa que seja uma pechincha. O preço do Harry's pode de fato ser mais barato, se ele estiver passando para você um custo indireto baixo, se o estoque do artigo estiver excessivo, se a mercadoria não for mais fabricada ou se estiver sendo usada como chamariz (vendida ao custo ou abaixo do custo para atrair as pessoas para dentro da loja e levá-las a fazer uma orgia de compras). No entanto, por outro lado, pode ser que nada disso esteja acontecendo. *Conheça os preços das mercadorias que pretende comprar.* Como você pode saber quando e onde comprar o quê? Veja o item número 3 a seguir.

3. *Compare preços por telefone:* Onde você faz compras e como escolhe a mercadoria? Onde sempre comprou? No centro comercial mais próximo da sua casa? Onde os seus amigos fazem compras? Onde a propaganda ou a busca de *status* lhe disseram que é o *único lugar* para fazer compras? *Nós* compramos por telefone. Assim que sabemos exatamente o que queremos, damos vários telefonemas em busca do melhor preço. Quanto mais esclarecido você estiver com relação ao produto e quanto mais específico você puder ser a respeito da marca ou do modelo exato que deseja, mais bem-sucedido você será na sua "caça às pechinchas". Ficará impressionado com a amplitude dos preços cobrados pela mesma mercadoria. Se você prefere fazer negócio com uma loja ou fornecedor específico, pesquise o melhor preço por telefone e depois pergunte ao seu vendedor predileto se ele pode cobrir a oferta. Em 1984, depois de muito pesquisar, chegamos à conclusão de que queríamos um Toyota Tercel com tração nas quatro rodas. Em seguida, telefonamos para todos os revendedores em um raio de 160 quilômetros e conseguimos retirar quatro mil dólares (33 por cento) do preço mais elevado comprando um modelo de demonstração (um modelo deluxe totalmente equipado, exceto o ar-condicionado) com pouco menos de seis mil quilômetros rodados. Sete anos e 160 mil quilômetros depois, *nada* dera errado.

4. *Pechinche:* Você pode pedir um desconto se pagar com dinheiro vivo. Pode pedir um desconto no caso de artigos com defeito. Pode pedir para pagar o preço da liquidação mesmo que esta só comece no dia seguinte ou tenha terminado na véspera. Pode pedir um desconto adicional em mercadorias já remarcadas. Pode pedir um desconto se comprar vários artigos

ao mesmo tempo. Pode pedir um desconto em qualquer lugar, a qualquer hora. Quem não arrisca, não petisca. Pechinchar é uma tradição respeitada através das gerações. O preço de tabela de qualquer mercadoria para o consumidor está geralmente inflacionado. Assim que ouvir as palavras: "O preço de tabela é..." você deve dizer: "Sim, mas estou querendo saber qual é o *seu* preço." Segundo Jim Dacyczyn, devemos conseguir retirar 24 por cento do preço de tabela de um carro, mas esta estratégia aplica-se a outras coisas além de casas, carros e outras compras de vulto. Você nada tem a perder pedindo um desconto em qualquer estabelecimento comercial, seja ele a loja de ferragens do seu bairro ou uma grande loja de roupas. Um bom exemplo é uma ocasião recente em que saímos para comprar novos tênis de corrida. Um par de 60 dólares (preço de tabela) estava sem preço na estante de saldos. Ficaram perfeitos. Perguntamos a um vendedor qual era o preço deles. "24,99 dólares", respondeu o homem. "Você não pode deixar por 19,99?" perguntamos. Dando uma olhada nos pares restantes, ele disse: "18 dólares." Poderíamos ter salientado para o vendedor que a etiqueta da arte de pechinchar requeria que a sua oferta fosse superior à nossa. No entanto, fomos espertos o suficiente para calar a boca, abrir a carteira e aproveitar uma grande pechincha. Um repórter do *The Wall Street Journal*, ao fazer uma pesquisa sobre o aumento do ato de pechinchar ocasionado pela recessão de 1990-91, experimentou pechinchar no bairro onde morava, em Nova York. Pechinchou nos mais diversos tipos de lojas: lojas de eletrodomésticos, antiquários, grandes lojas de departamentos, etc., e quase todas se mostraram dispostas a abater uma quantia substancial do preço marcado na mercadoria. Assim sendo, pechinche. O que você tem a perder?

9. Compre objetos usados

Reexamine as suas atitudes com relação a comprar objetos usados. Se você é viciado em brechós e liquidação, verifique se está realmente economizando ou se está comprando coisas que na verdade não precisa somente por elas serem "uma grande pechincha". No entanto, se você é do tipo que não passa nem perto de uma loja de artigos de segunda mão do Exército da Salvação, dê uma olhada na sua cidade: os brechós se tornaram lojas "badaladas". Até mesmo a *Newsweek* diz isso. Em "I Can Get It for You Resale" a revista declarou que "Fazer compras em brechós é ao mesmo tempo chique e econômico.... A mudança reflete o novo espírito nacional da época.... A qualidade e o valor são mais importantes do que a ostentação e o dinheiro". Roupas, utensílios de cozinha, mobília, cortinas e muitas outras coisas podem ser encontradas nos brechós, e você talvez fique surpreso com a qualidade de muitas delas. Aliás, doar objetos novos em folha para os brechós é uma das maneiras pelas quais os viciados em fazer compras justificam as suas aquisições excessivas. Se você simplesmente não consegue fazer compras em brechós, considere então as lojas que vendem produtos em consignação. Os preços são mais elevados do que nas lojas de objetos usados, mas a qualidade também é quase sempre melhor. De acordo com a nossa experiência, é bom comprar roupa nos brechós, mas é melhor comprar eletrodomésticos, mobília e artigos para o lar nas *garage sales* porque os produtos são mais baratos (e mais confiáveis). Se você chegar bem cedo (antes mesmo de as pessoas que estão vendendo os produtos terem tomado o café da manhã), freqüentemente consegue encontrar excelentes ofertas. Por outro lado, quanto mais tarde você chegar em uma *garage sale,* mais ansiosas estarão as pessoas para livrar-se das mercadorias por qualquer preço. Há também os mercados das pulgas, geralmente bazares ao ar livre onde vendedores de todos os tipos exibem as suas mercadorias: camelôs espertos, colecionadores e famílias que esperam livrar-se do que têm em excesso antes de se mudar para o outro lado do país. Da mesma maneira como quando faz compras nas lojas de descontos, você precisa conhecer os seus preços. Alguns nômades espertos que trabalham no circuito dos mercados das pulgas vendem ferramentas, trajes rústicos importados, cristais e outros artigos por *mais* do que você pagaria no *shopping*.

10. Siga os nove passos deste programa

Milhares de pessoas seguiram com sucesso os passos deste programa. Essas pessoas descobriram que executar todos os passos conduz a uma nova experiência do dinheiro e do mundo material. Todos os passos são importantes. Fazem um esforço conjunto para incentivá-lo. Se você sentir que o seu ritmo está esmorecendo, verifique se não pulou um passo (talvez por pensar que ele não diz respeito a você); caso tenha pulado, volte atrás e execute-o. Garantimos que a sua velocidade e objetividade se recuperarão. Você não precisa acreditar que os passos darão certo. É aceitável que os execute mecanicamente. Mas *execute-os*, porque você seguramente economizará mais do que dinheiro.

101 maneiras certas de economizar

Apresentamos a seguir estratégias mais específicas para você economizar. Repetimos, uma vez mais, que nem todas podem se adequar a você, mas mantenha a mente aberta e experimente o maior número possível. Você nada tem a perder, exceto o excesso na sua fatura do cartão de crédito.

O pagamento dos juros e dos encargos financeiros

Reduzir o que você paga pelo privilégio de usar dinheiro emprestado é uma regra fundamental quando se trata de economizar dinheiro. Afinal de contas, você trabalhou no escritório pelo privilégio de ter o dinheiro no bolso. Por que pagar novamente, e também arrastar com você o peso do débito enquanto avança capengando pela estrada da vida?

1. Quite o saldo devedor do seu cartão de crédito.

   As empresas de cartão de crédito cobram juros de 16 a 20 por cento ao ano sobre o saldo devedor do seu extrato. Em 1989, a taxa média nacional de juros sobre os cartões de crédito nos Estados Unidos era de 18,66 por cento. Cada 100 dólares de débito custava 18,66 dólares por ano de juros. Isso significa que uma pessoa que estivesse na faixa de 28 por cento do imposto de renda tinha que ganhar 25,92 dólares antes dos impostos para pagar pelo privilégio de ter gasto esses 100 dólares. Sem dúvida os cartões de crédito podem ser uma conveniência, mas não são uma pechincha. Quando você começar a economizar dinheiro, procure pagar primeiro as dívidas mais dispendiosas.

2. Cancele todos os cartões de crédito exceto um, que você usará para emergências, e pare de pagar taxas anuais desnecessárias.

   Com raras exceções, cada cartão de crédito que você tem cobra anualmente entre 20 e 300 dólares para que você tenha o privilégio de usá-lo, *mesmo* que você pague mensalmente o seu saldo devedor.

3. Pague todas as suas compras com dinheiro, até mesmo as grandes, como o seu carro.

   Siga esta regra simples e você eliminará as dívidas da sua vida. Além disso, você será obrigado a esperar para fazer compras até ter economizado dinheiro suficiente, mas a essa altura você talvez nem queira mais adquirir o mais recente vício de consumo.

4. Liquide a sua hipoteca o mais rápido possível.
Se você tiver contratado o financiamento nos habituais trinta anos, poderá estar gastando até três vezes o valor de compra da sua casa. Isso significa que se comprar uma casa de cem mil dólares com uma hipoteca de trinta anos a 9,5 por cento ao ano, terá desembolsado trezentos mil dólares quando efetuar o último pagamento. Pagar antecipadamente a hipoteca pode ser mais fácil do que você pensa. De acordo com um artigo de jornal, um aumento de apenas 5 por cento nos pagamentos poderá cortar quase sete anos de uma hipoteca de trinta anos. Pagar 10 por cento adicionais poderá reduzir o prazo da hipoteca para pouco mais de dezenove anos.

5. Se o seu banco não cobrar pelos cheques que você emite ou não cobrar a taxa de serviços se você mantiver um saldo mínimo na conta, não faça saques além desse mínimo.
Isso requer a disciplina de manter o seu talão de cheques atualizado, mas é muito simples evitar essas taxas desnecessárias. E, afinal de contas, manter o talão de cheques atualizado não é um hábito tão mal assim.

6. Não passe cheques sem fundos
(Ver o número 5). Os cheques sem fundos desperdiçam a energia vital de uma série de outras pessoas que precisarão passar parte do precioso tempo que têm na terra tentando receber de você. A melhor maneira de demonstrar ao mundo que você *não* é uma pessoa íntegra é passar um cheque sem fundos.

Custos de transporte

7. Avalie se realmente precisa ou não daquele segundo carro (ou terceiro). Você talvez ache melhor eliminá-lo e economizar na gasolina, no óleo, na manutenção, nos reparos, estacionamento, seguro, licença e multas.
Lu Bauer e *Steve Brandon tinham herdado um carro da clássica "velhinha que só dirigia para ir à igreja aos domingos". A carroceria estava em perfeito estado (um milagre em uma área que põe sal nas estradas*

durante quase seis meses por ano). O ronco do motor era música para os ouvidos. Eles não precisavam do carro, mas já que o tinham decidiram mantê-lo como reserva. Depois de acompanhar as despesas durante um ano, Lu e Steve reconheceram que manter aquele lindo carro obstruindo o celeiro estava lhes custando centenas de dólares devido às despesas do licenciamento e do seguro. Compreenderam que se vendessem o carro agora, economizariam milhares de dólares quando efetivamente precisassem trocar o carro principal. Além disso, outra pessoa da comunidade rural em que viviam poderia ter o prazer de dirigir o tesouro da vovó.

Steve West *estava em uma posição semelhante. Como trabalhava com reformas de casas, raciocinara que os seus dois veículos adicionais (uma velha pickup e outra velharia) eram úteis para transportar ferramentas e materiais para os locais onde estivesse trabalhando. Como os veículos não valiam muito no mercado, Steve partira do princípio que era mais barato ficar com eles, mas isso não era verdade. As suas Tabulações Mensais lhe mostraram o elevado custo da conveniência de ter, e manter, esses veículos de reserva. Entre pagar pelo seguro e licenciamento, e pelos litros de gasolina que eles bebiam avidamente, mesmo em pequenos trajetos, Steve descobriu que por menos dinheiro poderia alugar um caminhão quando precisasse. Assim sendo, vendeu os dois veículos e até agora não precisou alugar nada.*

8. Sempre que possível, faça o percurso a pé.
    Que distância é longa demais para percorrer a pé? Usar o carro para pequenos trajetos quando o motor está frio é uma das principais causas do desgaste dos automóveis e do baixo rendimento do combustível. Examine as razões pelas quais você usa o carro para ir a locais que estão a menos de um quilômetro e meio da sua casa. Conveniência? Rapidez? Segurança? E agora verifique o que isso está lhe custando sob o aspecto de dinheiro e exercício. Experimente ir a pé a esses lugares.

9. Use o transporte público.
    Esta opção é geralmente muito eficaz no que diz respeito ao custo, especialmente se estacionar for um problema. Lembre-se de que o custo de ir de carro ao centro da cidade não se restringe ao preço

do estacionamento. Ele inclui o custo da gasolina e do desgaste do carro. Se o IRS* calcula a quilometragem em 17 centavos de dólar por quilômetro, por que você não pode fazer o mesmo?

FIGURA 6-1

Exemplo de Histórico do Carro

Data	Hodômetro	Litros colocados	Custo	KPL	Outros
26/7	77759	48,5	$14,00	11,21	
4/8	78269	50,0	$14,35	10,21	Nível do óleo baixo
6/8	78456	1 litro de óleo			
6/8	78456	rodízio dos pneus — pneu esquerdo traseiro ficando careca			

10. Mantenha em dia um histórico do carro

Ter um caderno com um histórico detalhado do veículo é um excelente hábito que oferece um valioso instrumento de diagnóstico. Esse caderno é um registro de tudo que foi feito no carro junto com a data e a leitura do hodômetro no momento em que foi feita a anotação. Não deixe de incluir a quantidade de combustível todas as vezes que abastecer o carro, quantos quilômetros por litro você está fazendo cada vez que abastecer, a quantidade de óleo colocada, a substituição ou o revezamento dos pneus, regulagens, consertos e substituições. (A figura 6-1 mostra um exemplo.) Esses registros são utilizados por todos os operadores de frotas de veículos e podem evitar enormes contas de consertos. Não apenas os seus mecânicos gostarão muito de saber o que foi feito no carro no passado, como também você terá informações valiosas que o manterão em dia com relação à saúde do seu carro. Uma queda da quilometragem por litro, por exemplo, pode alertá-lo para a necessidade de uma regulagem. As peças podem ser substituídas a intervalos regulares, *antes* de ficar obstruídas, se romper ou falhar (e o mesmo é verdade com relação às conexões, pontos, condensador, filtros de ar e de gasolina). Finalmente, as pessoas que têm carros com mais de 160 mil

---

* Internal Revenue Service. Equivale à nossa Receita Federal. (N.T.).

quilômetros rodados concordam com um simples procedimento de manutenção: freqüentes trocas de óleo. Robert Sikorsky, autor de *Drive It Forever,* recomenda as freqüentes trocas de óleo, por considerá-las a melhor coisa que podemos fazer para proporcionar uma vida longa ao nosso carro. O intervalo *mínimo* de troca de óleo deve equivaler à recomendação de "manutenção rigorosa" do fabricante, e Sikorsky nos encoraja a reduzir esse intervalo em 10 por cento no verão e 20 por cento no inverno.

11. Aprenda os elementos básicos da manutenção de automóveis

Sem dúvida você conhece as duas suposições não-declaradas da manutenção de automóveis. Um delas é que "Se você é homem, sabe consertar carros de uma maneira natural e intuitiva". A outra é que "Se você é mulher, você não conserta o seu carro e nem sabe fazê-lo". Esses dois pontos de vista promovem a ignorância. Se você acha que já sabe uma coisa, não há espaço para aprendê-la. Muitos homens ainda ficam atrapalhados com um problema no carro que não conseguem resolver, um *kit* de ferramentas que não conseguem usar (que provavelmente lhes custou os olhos da cara) e uma parceira impaciente para quem não conseguem confessar a sua ignorância. Analogamente, se você acha que não sabe uma coisa e, além disso, que não pode sabê-la, não há espaço para descobrir a resposta. Muitas mulheres ainda ficam sentadas na calçada ao lado de um pneu furado, esperando por um reboque ou um bom samaritano, quando tudo que é necessário para que façam o serviço está na mala do carro. Assim sendo, arranje um professor e aprenda. Esse professor pode ser o seu cunhado, que faz a manutenção no próprio carro e pode ensiná-lo a trocar o óleo, regular o motor e trocar o pneu. Ou você pode se inscrever em um curso de manutenção de automóveis para adultos. Nele você aprenderá a executar procedimentos simples e seguros, sob a supervisão de um profissional, em uma oficina, onde os erros podem ser evitados e corrigidos.

Eis alguns cálculos impressionantes sobre os quais o mecânico principiante pode refletir. Se a troca do amortecedor vai lhe custar 65 dólares em uma oficina, você pode ganhar 32,64 dólares por hora fazendo você mesmo o serviço. Como? Se o amortecedor e as braçadeiras custam 18 dólares em uma autopeça que vende produtos com desconto, e o trabalho dura duas horas, você já estará ganhando 47 dólares, ou os 23,50 dólares por hora que a oficina lhe cobraria pelo serviço. No entanto, se você estivesse na faixa de 28 por cento do imposto de renda, teria que ganhar 65,28 dólares para pagar o imposto de 28 por cento e ter 47 dólares sobrando para pagar pela instalação do amortecedor. Seriam outros 18,28 dólares que desceriam pelo ralo, o que aumenta o seu "salário-hora" em 9,14 dólares. No todo, você estaria ganhando 32,64 dólares por hora para substituir o amortecedor do seu carro. É um bom dinheiro para ganhar por algo que alguns de nós consideraríamos uma experiência agradável, instrutiva e prazerosa. (Por sinal, com esse salário, você estaria ganhando 67.891,00 dólares por ano!)

12. Procure um mecânico confiável que cobre preços razoáveis — *antes* de precisar de um.

Às vezes, os cursos de manutenção de carros para adultos são oferecidos por mecânicos da vizinhança, ansiosos para ensinar os seus clientes a entender os seus carros, de modo que isso também poderá resolver o desafio de encontrar um mecânico em quem você possa confiar. Assim como é sensato escolher um bom médico antes que ocorra um problema de saúde, é importante selecionar um mecânico antes que uma avaria tenha lugar. Pergunte aos seus amigos aonde eles levam o carro para consertar. Ao avaliar candidatos para o importante papel de Seu Mecânico, você deve fazer algumas perguntas: a oficina é limpa? Você sente que pode confiar nele? Quanto é a hora da mão-de-obra? É uma oficina autorizada? O serviço tem garantia? Quase todos os mecânicos são sem dúvida honestos, mas alguns indicam trabalhos dispendiosos e desnecessários que em nada contribuem para o conserto ou a melhora do seu carro. Superar a sua ignorância, aprender a fazer a manutenção básica do carro e escolher um mecânico confiável pode fazer uma diferença de milhares de dólares.

13. Compre você mesmo, por telefone, as peças do carro de que precisa. Se necessário, contrate um mecânico para instalá-las.

As peças originais de fábrica para o seu carro podem custar centenas de dólares a mais do que as "peças de reposição" que são igualmente confiáveis. Freqüentemente, você conseguirá encontrar peças recauchutadas em vez de novas que vêm com uma garantia igual à da peça nova. Além disso, aumentar o preço das peças é uma das maneiras pelas quais os postos de gasolina ganham um pouco mais em cada serviço. Por conseguinte, faça uma pesquisa por telefone nas lojas de autopeças tendo à mão a marca, o modelo e o ano do seu carro, o nome da peça e, se possível, o número da peça. Não se esqueça de pechinchar; pergunte se ela está em oferta ou se podem lhe dar um desconto. Se você não souber instalar a peça, verifique se o seu mecânico estaria disposto a instalá-la para você cobrando apenas o custo da hora da mão-de-obra. Alguns fazem isso, outros não.

14. Faça regularmente a manutenção do carro (ou contrate alguém para fazê-lo) para reduzir a probabilidade de que surjam defeitos.

A regulagem e a troca regular do óleo adicionam anos à vida útil do seu carro. Além de substituir as peças antes que apresentem defeito, você terá a chance de observar o estado do motor e do chassi. As correias estão rachadas? As mangueiras estão ficando quebradiças? Existem vazamentos óbvios em algum lugar? O suporte do amortecedor está ficando enferrujado? Os pneus estão se desgastando de maneira desigual? Os carros (assim como todas as máquinas) reagem bem a esse tipo de atenção carinhosa, exatamente como você.

15. Use o transporte solidário para ir e voltar do trabalho

Algumas cidades têm um programa que põe em contato pessoas da mesma área que desejam compartilhar o transporte. Afixe uma nota no seu quadro de avisos no trabalho ou no supermercado do seu bairro. Consulte os vizinhos. Um carro com cinco passageiros gasta a mesma coisa que um carro apenas com o motorista, mas o custo é dividido por cinco. E cidades com o trânsito muito intenso estão colocando pistas para os veículos com vários passageiros de modo que quem usa o transporte solidário pode andar bem mais rápido do que os carros ocupados apenas pelo motorista. (Você ganha pontos de bonificação neste item por reduzir a poluição ao mesmo tempo que diminui as suas despesas.)

16. Trabalhe em casa, comunicando-se com o escritório por meio do computador, do modem, do fax, do telefone e do contracheque.

Formal ou informalmente, muitas empresas estão instituindo o trabalho em casa para acomodar pais que trabalham e querem ficar em casa com os filhos, pessoas que querem continuar no emprego quando o parceiro é transferido para outra cidade e pessoas que desejam que o seu emprego seja estruturado em torno da sua vida em vez de ao contrário. O município de Los Angeles tem hoje setecentos funcionários de escritório trabalhando em casa, com uma melhora mensurável na produtividade. Não apenas você economizará o dinheiro (e o tempo) do transporte, da lavagem a seco e do almoço, como também a sua empresa poderá obter uma vantagem competitiva ao usar funcionários *on-line*. Informe-se no seu escritório. Eles talvez até comprem o equipamento necessário para você trabalhar em casa.

17. Escolha a sua casa e o seu emprego de maneira que possa ir a pé de um para o outro.

Muitas pessoas reconheceram que os automóveis são destrutivos para o meio ambiente e estão fazendo o possível para se mudar para perto do emprego para poder ir a pé para o trabalho.

18. Procure um emprego no qual possa trabalhar dez horas por dia, quatro vezes por semana.

Isso elimina pelo menos um dia de transporte na semana, além de nos outros dias você ter a possibilidade de evitar a hora do *rush*.

19. Sempre que possível, use a bicicleta.

Que distância é longa demais para ser percorrida de bicicleta? Seattle, a nossa chuvosa e montanhosa cidade natal, tem um quadro dedicado e crescente de ciclistas que, com capas de chuva e bicicletas com dez velocidades, avançam em qualquer terreno em qualquer tempo. Há um movimento nacional que quer transformar "trilhos em pista", para converter os antigos direitos de passagem das ferrovias em pistas de bicicleta. Se a sua cidade não é amiga das bicicletas, talvez você possa ser a pessoa que irá modificar essa postura. O único custo de combustível que você terá será o café da manhã.

20. Verifique as taxas de seguro para o novo carro que você está pensando em comprar; o seguro de alguns modelos e marcas é mais caro e eles não oferecem um serviço ou uma quilometragem melhor.

Você ficará surpreso com o que é considerado um carro esporte pelas companhias de seguro (pelo qual elas cobram um prêmio mais elevado).

21. Conserte e fique com um carro mais velho em vez de comprar um novo. Você também economizará no seguro.

Nas décadas de 1950 e 1960 fazia sentido trocar de carro a cada três anos ou oitenta mil quilômetros. Agora não faz mais. Os fabricantes podem se dar ao luxo de conceder garantias de sete anos porque sabem que os seus carros com ignição eletrônica terão um desempenho magnífico durante pelo menos todo esse tempo. Quanto mais velho for o seu carro, mais baixas serão as taxas de seguro.

22. Consolide as suas saídas para reduzir o tempo que você dirige.

Uma viagem ao *shopping* para comprar dez artigos consome bem menos combustível do que dez viagens para comprar uma mercadoria de cada vez. Uma lista de compras representa uma grande vantagem na redução dos custos de transporte. Escolher um único dia para comprar pequenas coisas o ajuda a concentrar-se em avaliar e projetar as suas necessidades para toda a semana. Consolidar as suas saídas também preserva outra parte essencial da sua energia vital: o seu tempo.

O custo das despesas médicas

O custo das despesas médicas está disparando, de modo que permanecer saudável é bom tanto para o seu bolso quanto para o seu corpo. Conservar a saúde, em vez de esperar para tratar a doença, pode ser uma importante maneira de eliminar despesas. Os cuidados com a saúde começam em casa, e você pode fazer muita coisa para não ficar doente. Eis algumas dicas.

23. Pense em fazer um seguro-saúde de grande porte com mil dólares ou mais de franquia.

Norman Cousins disse que 85 por cento de todas as doenças limitam a si mesmas. O nosso corpo, se puder descansar e receber uma boa nutrição, foi projetado para curar-se de quase todas as doenças. A natureza, o tempo e a paciência são os três grandes médicos. Mesmo quando você precisar de uma atenção especializada e tiver que pagar pelas despesas por estarem abaixo da franquia, o custo global ainda será menor do que se você estivesse pagando os prêmios maiores pela cobertura total. Devido à resistência do consumidor ao preço elevado do seguro-saúde, um número cada vez maior de empresas está oferecendo o seguro de grande porte com franquia. Certifique-se de que a seguradora que escolher está bem posicionada na escala de classificação das organizações que avaliam as seguradoras.

24. Faça uma comparação prévia dos preços dos remédios controlados, dos exames de sangue, das radiografias e de outros procedimentos.

Os preços variam muito. Sentimo-nos com freqüência tão intimidados pela instituição médica, que simplesmente fazemos o que nos dizem para fazer sem nunca questionar o preço. Algumas clínicas e laboratórios até mesmo oferecem exames de sangue a um preço muito baixo para atrair novos pacientes.

25. Muitos médicos têm privilégios (podem atender pacientes em diferentes hospitais). Verifique que hospitais o seu médico pode usar e compare os preços dos procedimentos.

Você ficará surpreso ao constatar como as diárias e os custos da sala de cirurgia variam de um hospital para outro. Um dos aspectos negativos dos pagamentos de despesas médicas efetuados por terceiros (efetuados pela sua empresa seguradora) é que os clientes não exigem preços acessíveis aos hospitais.

26. Alimente-se bem.

Fazer uma manutenção preventiva, no nível físico, significa ouvir o corpo e cuidar bem dele. Preste atenção à alimentação e certifique-se de que está recebendo todos os nutrientes necessários. A essência desta recomendação é que você fique atento ao que faz o *seu* corpo funcionar melhor e não que siga a mais recente teoria nutricional.

27. Exercite-se adequadamente.

Você precisa de três tipos de exercício: aeróbico, musculação e alongamento. O yoga, o *jogging*, o ciclismo, a natação e a caminhada acelerada oferecem um ou mais desses tipos de exercício. Existem muitos livros no mercado que podem ajudá-lo. Uma advertência: você não precisa se matricular em uma academia ou comprar um equipamento dispendioso para se manter saudável, porque você pode acabar com uma boa forma física porém financeiramente esgotado. Além disso, não é mais gratificante empilhar a lenha do inverno e caminhar até a loja mais próxima do que pedalar uma bicicleta ergométrica e não ir a lugar nenhum? Um livro recentemente publicado, *Fitness Without Exercise,* oferece muitos outros exemplos de como a atividade do dia-a-dia encerra o mesmo valor do exercício. Um pensador FI relatou que vendeu a máquina de cortar motorizada, na qual se sentava como se estivesse em um veículo, e voltou a usar a antiga máquina manual, que precisa ser empurrada, eliminando assim a salgada mensalidade da academia *e* ficando mais saudável. Outro amigo afirma que passar o aspirador é um bom exercício aeróbico, quando feito com bastante energia e um extravagante trabalho com os pés. Quem precisa de um equipamento Nautilus quando há lixo para colocar do lado de fora, folhas para juntar com o ancinho e janelas para lavar? Não pense em um vaso sanitário entupido como uma tragédia e sim como uma oportunidade para exercitar os peitorais. Apanhar os brinquedos das crianças proporciona o tipo de curvatura e alongamento de que você precisa para se aquecer antes de correr de cômodo em cômodo para evitar que o seu filho em idade pré-escolar destrua as suas quinquilharias. Se você está gastando energia vital (dinheiro) em uma academia, talvez isso seja um indício de que deve despender mais energia vital natural (tempo) nos seus afazeres dinâmicos. Limpar a casa em vez de contratar uma faxineira elimina a gordura não apenas das suas despesas.

28. Mantenha uma atitude adequada.
O lado físico não é tudo; os componentes emocionais e psicológicos da boa saúde são no mínimo importantes (e possivelmente extremamente importantes). Como é a sua alimentação *mental*? Estamos aprendendo que atitudes, convicções, pensamentos e sentimentos não-saudáveis produzem tensões que fazem parte das causas das

doenças. Pergunte a si mesmo que benefícios você obtém ao ficar doente. O que o seu corpo está tentando lhe dizer quando você adoece? Um médico amigo nosso nos disse recentemente que 75 por cento dos seus pacientes não desejavam se restabelecer, enquanto outro médico considera esse percentual uma estimativa baixa. Você *tem vontade* de ficar curado? A medicina preventiva examina a pessoa como um todo e o desequilíbrio na sua vida que se manifestou como doença no corpo.

29. Reduza o *stress*.

A vida não é desnecessariamente estressante; no entanto, a vida pode fazer com que você fique desnecessariamente estressado. Temos a sorte de viver em uma terra com abundantes instruções sobre como lidar com o *stress* para que ele não esgote o nosso corpo. Quase todas as técnicas de redução do *stress* nos ensinam a libertar o estímulo da reação automática e reinterpretar os eventos "causadores do *stress*" como "oportunidades de crescimento", "aventuras interessantes" ou apenas "um problema de outra pessoa". Contar até dez é uma dessas técnicas, a qual freqüentemente possibilita que um ímpeto de raiva passe por você sem causar nenhum dano. Observe como o medo, a ansiedade, o pânico, a apreensão e a agitação passam pelo seu corpo. Essa é a ligação mente-corpo em ação. Assim sendo, reduzir o *stress* pode significar "ir com mais calma", mas também pode querer dizer reestruturar os eventos da sua vida para que não desencadeiem essas avalanches de sentimentos.

30. Pare de fumar.

Não apenas os não-fumantes apresentam menos problemas de saúde, como também as companhias de seguro distinguem esse fato com taxas menores. Além disso, uma pessoa que começa a trabalhar aos vinte anos com o hábito de fumar um maço de cigarros por dia poderia aposentar-se bem cedo se economizasse o que gasta para fumar. Pense na seguinte notícia publicada em um jornal canadense:

Higgins começou a fumar aos 15 anos, pagando cerca de cinqüenta centavos por maço. Hoje, aos 28 anos, ela fuma um maço e meio por dia, e cada maço custa 1,85 dólares canadenses. Até agora, ela gastou aproximadamente 6.800 dólares para fumar.... [Partindo do princípio que o preço de um maço de cigarros continue a aumentar nessa mesma proporção, aos setenta anos, Higgins poderá estar pagando 75 dólares por um maço de cigarros.] Se ela continuar a fumar, a essa altura terá gasto 186.708 dólares. Se parar de fumar aos trinta anos e passar a colocar o dinheiro que gastaria com o cigarro em uma poupança ou outro tipo de investimento que lhe renda 9 por cento ao ano, aos setenta anos ela terá 1.851.313 dólares.

A propósito, esse tipo de aritmética pode ser aplicada a qualquer hábito desnecessário, como o consumo de álcool e o vício de comer barras de chocolate. Examine a aritmética do cigarro: certo homem comentou um dia com um amigo que 60 por cento das pessoas que via nas filas para comprar comida estavam fumando. "Pelo preço de um maço de cigarros por dia", anunciou, "Eu poderia comer muito bem, pelo menos no que diz respeito à nutrição. Tudo é uma questão de fazer escolhas sensatas." O amigo replicou: "Mostre-me." Foi o que o homem fez. Decidiu comer durante um mês dentro do orçamento diário de um dólar e 45 centavos, o custo de um maço de cigarros na época. No final de um mês, o homem estava saudável, tinha 9,73 dólares em dinheiro e uma sobra de batatas, macarrão, margarina, ovos, pão e outros alimentos.

31. Descanse adequadamente.

Você incluiu o sono perdido no cálculo do seu salário-hora? As pessoas atarefadas podem estar se privando, por noite, de até três horas de um sono muito necessário. De acordo com um artigo do *Reader's Digest,* as pessoas dormiam nove horas e meia por noite antes do advento da lâmpada elétrica; hoje em dia, se você dorme mais de seis horas e meia, as pessoas acham que você não tem ambição. A privação de sono produz a perda da memória de curto prazo bem como a redução da capacidade de concentração e da tomada de decisões. Um em cada dez acidentes de trânsito está relacionado com o sono, e até 20 por cento dos motoristas adormecem no volante. Privar-se do descanso necessário é perigoso para a saúde, e o dinheiro não pode comprar uma boa noite de sono. Você tem que fazer uma escolha.

32. Se do ponto de vista médico, você está acima do peso definido para o seu tipo de corpo, emagreça.

Isso também faz com que você economize dinheiro em comida, tanto nas guloseimas caras quanto nos programas dispendiosos de dieta. O valor do seu contracheque não tem uma relação direta com a circunferência da sua cintura, mas talvez seja interessante você incluir uma coluna da sua Tabulação Mensal intitulada "Alimentos que eu como que o meu corpo não precisa". Quase todos os médicos concordam em que pesar substancialmente mais do que o peso ideal de acordo com o ponto de vista médico aumenta as suas chances de adoecer.

Circunstâncias de moradia

Em geral, a moradia é um dos itens mais dispendiosos na Tabulação Mensal. A regra prática para a moradia costumava ser que 25 por cento do nosso contracheque seria destinado ao aluguel. Hoje em dia, esse percentual está mais próximo de 33 por cento. As pessoas se queixam do vínculo da hipoteca, ou seja, ficar presas a um emprego para poder pagar as prestações da casa. A mentalidade de "quanto mais, melhor" nos tem sob o seu domínio quando se trata de fazer um negócio para adquirir uma casa ainda maior. Eis algumas maneiras pelas quais você pode repensar os seus custos de moradia.

33. Se você tem uma casa de campo ou de praia, alugue-a quando não a estiver usando.

Nos dez anos em que viajamos apresentando seminário e trabalhando em serviços humanitários, houve várias ocasiões em que precisamos de uma base de operações durante vários meses. Obtivemos uma experiência em primeira mão a partir do fato que existem entre 1,1 e 1,6 (as estimativas variam) residências para cada unidade familiar nos Estados Unidos. Trata-se de um segundo lar, casas abandonadas, casas de praia ou de campo, casas que estão à venda e não foram vendidas, casas vinculadas a testamentos e batalhas judiciais, etc. Casas lindas e vazias. Descobríamos os proprietários das casas nas quais estávamos interessados por meio da repartição de valorização fiscal ou dos vizinhos, e perguntávamos se estariam interessados em alugar a casa por alguns meses. Oferecíamos um vultoso depósito em garantia além de referências de locatários anteriores. Sistematicamente, os proprietários apreciavam a renda adicional, a proteção contra o vandalismo e o perfeito estado em que deixávamos a propriedade quando íamos embora. Alguns deles até passaram a nos convidar para voltar ano após ano, reduzindo ainda mais o preço do aluguel.

34. Alugue casas que não estão para alugar.

Esta estratégia também pode funcionar para aluguéis a longo prazo. Dê uma volta de carro pelo bairro onde você deseja morar, procurando sinais que revelem as casas que estão desocupadas: a grama por cortar, correspondência e folhetos de propaganda não recolhidos. Descubra os donos por intermédio do departamento de impostos e investigue. Com freqüência, por trás da casa desocupada está um falecimento, um divórcio ou uma experiência problemática com antigos inquilinos. A sua disposição de cuidar bem da propriedade (o que é comprovado pelo elevado valor do depósito em garantia) pode na verdade representar um alívio para o proprietário.

35. Tente tomar conta da casa dos outros

Jason e Nedra Weston, que você conheceu no Capítulo 2, tornaram-se adeptos de tomar conta da casa dos outros no seu caminho em direção à FI. Durante o processo de colocar, mês após mês, uma seta para baixo na categoria aluguel, eles ficaram de olhos e ouvidos bem abertos para outras soluções. Logo viram um anúncio pedindo um casal que pudesse tomar conta de um homem que estava com câncer em troca de casa (a casa de hóspedes) e comida. A oferta parecia boa, mas a realidade revelou-se ainda melhor. O homem morava em uma bela propriedade com piscina, hot tub e jardins. As únicas obrigações do casal eram fazer compras, preparar a refeição noturna, conversar sobre esportes durante o jantar e fazer a limpeza da casa. Além de morarem na casa de hóspedes e comerem de graça, o homem ainda lhes pagava 600 dólares mensais. Jason e Nedra executaram tão bem o seu trabalho, que quando o câncer do homem desapareceu, ele os convidou para permanecer na casa por mais dois anos. Desde então, eles têm sido muito procurados para tomar conta da casa de toda uma rede de pessoas ricas.

Existem agências que oferecem cargos para pessoas que desejam tomar conta de casas, mas você mesmo também pode encontrar as oportunidades por intermédio dos seus amigos, de quadros de aviso e dos jornais. Depois que mostrar que é competente, as pessoas farão questão dos seus serviços.

36. Alugue o espaço não-utilizado da sua casa.

Quantos metros quadrados tem a sua casa? Quantos metros quadrados você normalmente usa? Parte do espaço que sobra oferece privacidade e é habitável?

Penny Yunuba tinha um emprego novo e lucrativo que não combinava com muitos dos seus valores e das boas idéias que tinha a respeito do que faria se não tivesse que trabalhar todos os dias. Penny se apanhou refletindo constantemente sobre alternativas, arquitetando maneiras de escapar do emprego que estava começando a se parecer com uma prisão. O curso de FI ofereceu-lhe um túnel para cair fora, mas foi a sua engenhosidade que acendeu a luz certa no fim dele. Penny percebeu que poderia mudar-se para o porão da sua casa, alugar o seu quarto e usar a renda do aluguel para pagar as prestações da hipoteca. Foi exatamente o que fez e, ao implementar outras estratégias criativas, conseguiu deixar o emprego e ter dinheiro suficiente para viver.

37. Explore a possibilidade de viver em uma comunidade voltada para interesses comuns.

Compartilhe a sua vida com pessoas que têm os mesmos valores que você, seja debaixo do mesmo teto ou como parte de uma cooperativa com casas individuais construídas ao redor de um prédio com refeitório, creche, quartos de hóspedes, etc., em um terreno cuja propriedade seja compartilhada por várias pessoas por meio de um truste ou em uma comunidade planejada. Embora os custos sejam variáveis, a economia no custo tende a reduzir as despesas de todos. As seguintes fontes podem ajudá-lo a decidir se esta opção lhe é adequada:

- ❖ Corinne McLaughlin e Gordon Davidson, *Builders of the Dawn*
- ❖ *Intentional Community: A Guide to Cooperative LivingI*
- ❖ Kathyrn McCamant e Charles Durrett, *Cohousing: A Contemporary Approach to Housing Ourselves*

❖ "Living Together", edição número 29, *In Context* journal, Bainbridge Island, Washington

38. Mude-se para uma área mais barata.

Roger Ringer tem um sonho. Quer que voltemos a habitar a região central do país. Quando ele e a esposa decidiram se mudar para o interior, descobriram que não havia lugar melhor do que a cidadezinha onde haviam sido criados. População: mil habitantes. Uma casa de três quartos com porão: 30.000 dólares. Criminalidade: inexistente. Diversão: construir a sua casa com eficiência energética, cultivar um jardim, brincar com os filhos, apreciar o parceiro, ouvir músicas excelentes no aparelho de som, alugar de vez em quando um vídeo, ou seja, exatamente o que Roger faz. Ele tem uma visão em que rapazes e moças irão para a cidade grande durante mais ou menos cinco anos, obterão a Independência Financeira e depois voltarão para a sua casa no interior com um fluxo de caixa garantido e uma elevada qualidade de vida.

Se o seu emprego não o mantivesse preso à cidade, você poderia se mudar para um lugar onde o seu dinheiro duraria bem mais. Eis outro exemplo, extraído do Home Price Comparison Index publicado em 1990 por *The Seattle Times*: uma casa com duzentos metros quadrados, quatro quartos, dois banheiros e um lavabo, sala de recreação e garagem para dois veículos custaria 916.666 dólares em Beverly Hills na Califórnia, mas somente 81.666 em Corpus Christi, Texas. Além disso, após uma avaliação global, Corpus Christi talvez seja um lugar melhor para morar.

A flexibilidade também é compensadora para quem aluga. Uma casa ou apartamento de um quarto com banheiro poderia custar 980 dólares por mês em Honolulu ou 305 dólares em Oklahoma City. Outros lugares que devem ser evitados são: Nova York, Boston, San Jose, Califórnia; Washington, D.C.; e San Francisco. Em vez desses lugares, tente Colorado Springs, Colorado; Austin ou San Antonio, Texas; Wichita, Kansas; ou até Tucson, Arizona.

39. Venda a sua casa e vá morar em um *trailer*.

Existem pessoas aposentadas que vivem permanentemente em *trailers* e estão se divertindo a valer. Depois de vender uma casa modesta, podem comprar um *trailer* luxuoso com o mesmo conforto de uma casa, talvez até mais. Elas viajam de acordo com as estações, de modo que o aquecimento e o ar condicionado nunca representam um problema. Quando estão nas cidades, ficam perto da casa de um amigo ou parente, aproveitam a eletricidade deles e desfrutam todas as vantagens de uma casa na cidade. Com um pouco mais de audácia, você pode acampar ao lado do Bureau of Land Management ou da National Forest praticamente de graça. Prenda alguns painéis fotovoltaicos no teto e você terá a sua própria eletricidade. Se estiver interessado em explorar esse estilo de vida, comece lendo números atrasados da revista *Trailer Life*. Se houver áreas de *camping* perto da sua cidade, prepare um sorriso e vá bater papo com algumas pessoas que moram permanentemente nos *trailers*. Elas certamente ficarão felizes em lhe mostrar a "casa" e o equipamento delas.

40. Compre um terreno e coloque nele um *trailer* usado.

Em uma das nossas entrevistas em um *talk show,* uma mulher telefonou para dizer que ela e o marido pagaram 10.000 mil dólares em dinheiro vivo por um terreno situado a quarenta minutos de Seattle e um *trailer* usado. Ela não conseguia entender por que todas as outras pessoas que estavam telefonando estavam se queixando de estar pagando 1.000 dólares ou mais por mês pela hipoteca; será que não conseguiam entender que existem maneiras mais baratas de morar?

41. Faça os seus próprios consertos de casa.

Se você é o proprietário da sua casa, a manutenção pode dar uma boa mordida na sua poupança. Com a mão-de-obra custando mais de cinqüenta dólares por hora, uma simples torneira que estiver vazando pode custar bem caro. Aprender a fazer você mesmo os consertos não é tão assustador quanto possa parecer. Excelentes guias de reparos caseiros estão disponíveis (na biblioteca, é claro), mas existe uma outra fonte de instruções freqüentemente negligenciada: os vídeos. Procure-os nas casas de material de construção ou nas lojas de ferragens, bem como na biblioteca. Você pode pegar emprestados esses vídeos sem pagar nada, e assistir a outra pessoa executar o trabalho pode lhe fornecer muitas informações que nem mesmo o livro mais bem escrito e ilustrado é capaz de lhe oferecer.

Compartilhe

Todos os seus bens estão em uso o tempo todo? Claro que não! O que há de errado, então, em deixar que outros façam uso deles quando você não os estiver utilizando, desde que você os receba de volta no mesmo estado em que os emprestou? Se você se libertar apenas um pouquinho da mentalidade do "meu", a vida pode ser ao mesmo tempo mais barata e divertida. Você também pode permutar bens e serviços com os vizinhos em vez de pagar dinheiro por eles. Os exemplos que se seguem são apenas uma fração do que é possível.

42. Dê início a uma permuta de ferramentas e habilidades na vizinhança.

    Faça uma lista das ferramentas e habilidades que você tem a oferecer. Adicione todas as outras ferramentas e habilidades que você imagina que outras pessoas no seu prédio ou no seu quarteirão poderão ter. Tire várias cópias da lista e entregue uma em cada residência. Deixe um espaço depois de cada item onde os vizinhos possam indicar se o possuem e que garantias poderiam precisar para que se mostrem dispostos a emprestá-lo. Nenhum quarteirão precisa de mais do que alguns podadores, uma escada de extensão, vários cortadores de grama, umas duas serras elétricas, etc. No entanto, devido à falta de comunicação, a maioria das residências possui pelo menos um de cada um desses itens, os quais ficam parados 95 por cento do tempo. E as habilidades e o tempo? A sua vizinha está gastando praticamente todo o dinheiro que lhe resta para pagar acompanhantes 24 horas para o marido acamado enquanto você passa três horas todas as tardes assistindo a novelas na televisão? Será que a ajuda de que *você* precisa não está na casa ao lado? Você pode colher mais benefícios com essas trocas e colaboração do que apenas economizar alguns tostões.

43. Troque roupas com amigos que vestem o mesmo tamanho que você.

    O que é um chapéu velho para você (literalmente) pode proporcionar a um amigo ou amiga toda a novidade de que ele ou ela precisa.

– 255 –

A não ser que ambos trabalhem no mesmo escritório, quem vai saber de onde saiu a roupa nova?

44. Ou então troque roupas consigo mesmo — no futuro.

Em vez de examinar anualmente o seu guarda-roupa e doar as roupas que não quer mais para o Exército da Salvação, guarde em caixas tudo que você não usou no ano anterior e armazene-as. Na próxima vez em que desejar uma roupa nova, dirija-se a essas caixas em vez de a uma loja. Você ficará encantado com os velhos amigos que encontrará nelas.

45. Permute serviços — "cortes de cabelo por serviços médicos".

Dentro dos limites da família, permutamos serviços o tempo todo, como cozinhar, limpar, cuidar do jardim, lavar a roupa, tirar o pó, passar o aspirador, etc., e não cobramos nada uns dos outros por essas tarefas. Experimente ampliar a sua definição de "família" e permutar serviços com os amigos. Redes mais formais de permuta estão surgindo em todo o país. O Local Economic Trading System (LETS), um sistema de permuta computadorizado criado por uma comunidade no Canadá, espalhou-se pelos Estados Unidos. Ao fornecer um serviço para outro membro do LETS você ganha um crédito que pode usar mais tarde para pagar por um serviço.

46. Associe-se a uma cooperativa de serviços de *baby-sitter*.

Muitos pais se uniram a outros da vizinhança e formaram uma cooperativa de serviços de *baby-sitters*, proporcionando uns aos outros tempo livre e flexibilidade ao mesmo tempo que economizam dinheiro e o eterno aborrecimento de encontrar uma *baby-sitter* confiável que esteja disponível quando necessária.

47. Pegue livros e revistas emprestados na biblioteca em vez de comprá-los.

A vantagem é que, por intermédio de programas entre bibliotecas, a biblioteca da sua cidade ou município pode conseguir praticamente qualquer livro que você peça, mesmo que tenham que solicitá-lo a uma biblioteca do outro lado do país.

48. Compartilhe a assinatura de revistas com um amigo.

Duplique o seu prazer e reduza o preço em 50 por cento. Divida também pela metade a quantidade de papel no aterro sanitário da sua cidade.

49. Forme uma rede. Deixe que os seus amigos e a sua família saibam do que você precisa.

É bastante provável que alguém que você conheça tenha exatamente o objeto de que você precisa acumulando ferrugem e poeira na garagem ou no porão. Essa pessoa talvez fique feliz em emprestá-lo ou até mesmo dá-lo para você. Assim sendo, não tenha medo de perguntar aqui e ali. A frugalidade envolve fazer bom uso dos bens materiais, sejam seus ou de outra pessoa. Pode ser até que a pessoa que lhe dê o objeto fique aliviada por livrar-se dele; isso talvez a livre da culpa de ter comprado outro vício de consumo.

Ivy Underwood apresentou a sua necessidade de ter uma simples máquina de costura ao seu grupo de apoio de FI. Ellen, por acaso, tinha uma máquina que nunca usara. "Quanto você quer por ela?" perguntou Ivy. Acontece que o que Ellen mais desejava era fazer amizade com Ivy. Ela acabara de deixar um emprego administrativo para trabalhar por conta própria, basicamente para ter mais tempo para passar com os amigos. Assim sendo, Ellen pediu em troca que Ivy lhe preparasse em casa quatro refeições, e tornaram-se boas amigas. Na antiga maneira de fazer as coisas, Ivy teria gasto trezentos dólares em uma máquina de costura e Ellen teria perdido a oportunidade de fazer uma boa amizade. Na nova maneira, todo mundo ganha.

Fazendo compras — Marilynn, a "pão-dura urbana"

Marilynn Bradley, que obteve a FI depois de trabalhar seis anos como chef *e fornecedora de refeições para eventos, nos ensinou as suas estratégias para fazer com que cada centavo conte nos seus gêneros alimentícios. Ela faz as compras para as seis pessoas que moram na sua casa e mantém o custo por pessoa em dois dólares por dia. Embora você possa fazer compras para apenas uma ou duas pessoas, muitas das idéias de Marilynn podem ser adaptadas a casas com menos gente. Ela afirma que fazer compras dessa maneira cuidadosa não apenas economiza dinheiro como também o tempo. Cinco minutos por dia por pessoa é o que custam as suas idas organizadas ao supermercado.*

50. Conheça os seus preços.

Leve um dia investigando todos os supermercados no seu bairro e anote os preços de todos os itens convencionais da sua lista de compras. Você não pode reconhecer uma pechincha se não comparar os preços.

51. Faça uma lista e atenha-se a ela.

Por sorte, Marilynn não costuma comprar por impulso, e é esse o motivo pelo qual ela faz as compras e não a moça que divide a casa com ela e que só sabe o que quer quando vê a coisa diante de si. Marilynn tem uma lista padrão de produtos de primeira necessidade que ela usa para verificar o estoque e determinar o que precisa ser comprado.

52. Recorte cupons.

Os cupons fazem Marilynn economizar quarenta dólares por mês.

53. Faça compras grandes de sete em sete ou de dez em dez dias, em vez de sair mais vezes para comprar menos coisas.

Mesmo que você tenha uma vontade de ferro e nunca faça compras por impulso, quanto menos você se expuser à tentação, melhor. Esta estratégia economiza tempo, combustível e dinheiro.

54. Prepare antecipadamente os cardápios para o número de dias que as compras vão durar, baseando as refeições nos alimentos que estão em oferta.

Esta técnica faz com que você economize dinheiro não apenas porque compra o que é mais barato, mas também porque evita comprar um excesso de algo que acaba não sendo usado ou comprar pouco de uma coisa necessária e que fará com que você *tenha obrigatoriamente* que ir ao supermercado no meio da semana.

55. Compare os preços examinando os anúncios dos jornais e os folhetos semanais dos supermercados.

Marilynn faz compras em três ou quatro diferentes supermercados para obter o melhor preço em cada artigo. Como todos estão a poucos qui-

lômetros da sua casa, ela não gasta muito tempo adicional para visitar todos em uma única manhã.

56. Compre a granel os gêneros de primeira necessidade como farinha, grãos e condimentos.

Alguns supermercados têm regularmente prateleiras para os artigos vendidos a granel, mas estes nem sempre são menos caros. Uma boa promoção em pacotes de dois quilos de farinha com a marca do supermercado poderia ser uma compra melhor.

Marilynn compra alguns produtos no atacado em embalagens de vinte quilos e armazena o excesso em baldes plásticos lacrados.

57. Descubra quais são os alimentos da estação e, por conseguinte, mais baratos.

Se você não insistir em comer *grapefruit* no verão e pêssego no inverno, poderá reduzir significativamente a sua despesa no supermercado. Lembre-se da lei da oferta e da procura. O que existe em abundância é mais barato. O que é escasso custa mais caro. Não infrinja essa lei e você não ficará sem dinheiro.

58. Compre em quantidades maiores alimentos que estão em oferta, especialmente enlatados, mas compre também carne se tiver espaço no freezer.

A esta altura, Marilynn sabe quantas latas de atum as pessoas na sua casa comem no verão e pode aproveitar as boas promoções e comprar caixas fechadas do produto. Não existe nenhuma lei que diga que você não pode comprar todas as unidades de um produto em oferta que estejam em uma das prateleiras do supermercado e sair com 50 quilos de farinha ou duas caixas fechadas de manteiga de amendoim, salvo nos casos em que o supermercado delimita a quantidade por pessoa.

59. Preste atenção ao lugar onde cada supermercado coloca os artigos com preço reduzido para que sejam vendidos rapidamente.

Muitos alimentos que ainda estão em bom estado têm o preço reduzido porque passaram um ou dois dias do ponto ideal. Com um olho treinado, você pode avaliar que produtos ainda estão suficientemente frescos para a sua finalidade.

60. Se você tiver uma horta que possa fornecer alguns legumes e verduras, seja frugal; cultive aqueles que lhe oferecem a maior economia pelo menor espaço e esforço.

*As pessoas praticam a jardinagem por vários motivos. **Lu Bauer e Steve Brandon,** por exemplo, o fazem como parte do compromisso de viver em equilíbrio com a terra e usar sabiamente os recursos do planeta. Tudo é orgânico e fresco, de modo que mesmo que não seja tão mais barato do que o que é comprado no supermercado é aceitável para eles. Graças a um* freezer *de segunda mão que compraram por cinqüenta dólares, eles têm legumes e verduras cultivados em casa o ano inteiro.*

Muitas pessoas da cidade dão um jeito de encontrar um pedaço de terra e luz do sol suficiente para plantar alguns tomates e efetivamente economizar dinheiro por não comprá-los no supermercado (sem mencionar o sabor muito mais apurado).

61. Seja engenhoso. Se um determinado produto acabar antes da data prevista para a próxima ida ao supermercado, improvise com o que tiver à mão em vez de sair para comprá-lo.

Como já mencionamos, resolver problemas usando dinheiro freqüentemente atrofia a criatividade. Em vez insistir servilmente em comer determinados alimentos todos os dias da semana, experimente alimentar-se com o que você tem no momento. Lembre-se de que Silly Putty* foi apenas um erro de laboratório até que alguém reconheceu a sua verdadeira envergadura. A sua "Torrada com Atum" também poderá ser um sucesso.

62. Forme uma cooperativa para compras em grande quantidade com amigos e vizinhos.

Mesmo que você more sozinho, pode comprar em grande quantidade se juntar os seus pedidos com o de outras pessoas. Um pensador FI até mesmo economiza um pouco mais oferecendo-se para buscar os pedidos e embalá-los para o grupo.

---

* Silly Putty (inicialmente chamada nutty putty) é uma "argila" plástica de silicone, comercializada como brinquedo pela Binney & Smith Inc. Foi originalmente criada em um acidente científico quando os cientistas tentavam resolver outro problema: descobrir um substituto para a borracha nos Estados Unidos durante a Segunda Guerra Mundial. (N.T.)

63. Elimine a carne de uma (ou mais) refeições por semana e substitua-a por um prato de feijão ou de massa.

Procure algumas receitas do seu agrado que usem, com eficácia, ingredientes pouco dispendiosos, e intercale-as no seu cardápio semanal com refeições mais dispendiosas. Esta medida apresenta a dupla vantagem de você economizar dinheiro *e* fazer mudanças saudáveis na alimentação.

64. Compre nas feiras livres e nas barracas de produtos agrícolas cultivados na sua região.

Essas barracas podem ajudá-lo a economizar dinheiro eliminando vários intermediários. Você sabia que o alimento típico viaja dois mil quilômetros do lugar onde é cultivado ao local onde é consumido? Enviar por caminhão um carregamento de produtos agrícolas através do país chega a custar 4.500 dólares. Você economiza esses custos de expedição quando compra produtos cultivados na sua região. Além disso, um dólar despendido em alimentos da região circula na economia do local, gerando de 1,81 a 2,78 dólares em outros negócios. Além do mais, as pessoas que trabalham nessas barracas mostram-se geralmente mais dispostas a dar descontos do que os caixas dos supermercados.

65. Conheça as características dos mercados da sua vizinhança e o tipo de mercadorias baratas que encontrará em cada um deles.

Alguns supermercados se especializam em produtos agrícolas, outros em carnes ou laticínios. Alguns oferecem produtos muito em conta com marca da casa. Outros têm padarias que atraem o público.

66. Leve as suas sacolas de compras.

Muitos supermercados hoje em dia oferecem um reembolso de cinco centavos se você levar a sua própria sacola. Uma bolsa de lona que você pode usar por dez anos poderá poupar-lhe 25 dólares. Se você a comprar em um brechó por 1 dólar, terá feito um ótimo negócio.

67. Evite alimentos comprados prontos.

Eis alguns exemplos dos nossos Frugais Fanáticos, Amy e Jim Dacyczyn:

❖ Uma porção da mistura que preparam em casa com cacau (1/2 xícara de leite em pó, uma colher de chá de cacau, uma colher de chá de açúcar) custa sete centavos e uma porção da mistura de cacau Carnation em pacotes custa 25 centavos.

❖ O chá gelado solar que preparam em casa custa cinco centavos o litro e a mistura do chá gelado instantâneo custa 32 centavos o litro. O refrigerante em garrafas de dois litros custa 2,63 dólares, o refrigerante em embalagens com seis unidades custa 4,28 dólares, o refrigerante comprado na rede de *fast-food* custa 7,64 dólares e o refrigerante comprado no cinema custa 14,98 dólares. Eles chamam a atenção para o fato de que a água não custa nada.

❖ Em um teste cuidadoso e científico, Amy e Jim compararam a pipoca de microondas com o milho de pipoca comum. A pipoca de microondas saiu em média a 12,5 centavos por xícara e a mesma quantidade de pipoca comum saiu a um centavo. E ainda há mais uma vantagem: é bem mais rápido fazer a pipoca no fogão. Amy, a pipoqueira do fogão, ganhou a corrida por um quilômetro.

Férias

À medida que você for lidando melhor com o dinheiro e a sua vida se tornar mais satisfatória, você sentirá menos necessidade de "se desocupar". Afinal de contas, se a sua vida é gratificante, por que desejaria deixá-la para fritar a pele na praia durante uma semana?

68. Relaxe mais perto de casa.

Você talvez até aprecie ficar em casa. A quantidade de tempo que você trabalha pelo privilégio de possuir ou alugar o imóvel lhe dá o direito de relaxar e apreciá-lo durante uma semana. Se você precisar ficar fora de casa, qualquer mudança de local talvez sirva — cinco quilômetros ou quinhentos quilômetros são "fora de casa". E se você só se afastar alguns quilômetros, eliminará a tensão de empacotar tudo de que poderia precisar durante uma semana.

Chris Northrup chegou a essa conclusão e começou a passar as férias em uma casa de praia a menos de uma hora de carro da sua casa. A sua família está mais relaxada agora do que quando passavam as férias em locais caros para provar que eram bem-sucedidos financeiramente.

69. Compre as passagens aéreas com bastante antecedência.

Se você comprar as passagens pelo menos um mês antes da data em que pretende voar, pode conseguir condições melhores.

70. Aproveite os preços mais baixos disponíveis quando você voa no meio da semana e permanece no seu destino no fim de semana.

Diferentes companhias aéreas têm políticas distintas, mas em geral você consegue preços mais baratos se permanecer no seu destino no sábado à noite.

71. Seja o seu próprio agente de viagens.

Não parta do princípio de que o seu agente de viagens lhe conseguirá as melhores condições. Você pode comparar o preço das passagens por telefone como faria com qualquer outra mercadoria, e depois comprá-las por meio do seu agente, que receberá uma comissão e lhe oferecerá um bom serviço no futuro.

72. Vá acampar nas férias.

Não pense nessa idéia como férias de pouco valor e sim como uma turnê na sua propriedade. Na qualidade de cidadãos americanos, cada um de nós "possui" 1,214 hectares de terra, ou seja, 1/250.000.000 da quantidade total de terras do governo (293.246.790 hectares, para ser exato). Você ficaria impressionado ao constatar como acampar pode ser relaxante. Você tem com você tudo de que precisa, tornando desnecessário comer em restaurantes e dormir em motéis, você está no campo, onde não se sente forçado a visitar as atrações turísticas ou aproveitar o campo de golfe de dezoito buracos do *resort*, a piscina olímpica, a quadra de tênis, os passeios a cavalo, o *shuffleboard* e os bailes a rigor. Você pode relaxar e deixar a barba crescer. Não precisa se importar se suas roupas ficarem amassadas. Isso *é que são* férias.

73. Experimente passar umas férias como voluntário de uma maneira que esteja em harmonia com os seus valores e propósitos.

Você pode oferecer-se como voluntário em projetos de pesquisa ambiental em todas as partes do mundo.

Recebendo os amigos e saindo para se divertir

O segredo de receber os amigos e sair para se divertir economicamente é lembrar-se do motivo pelo qual está fazendo isso, ou seja, para desfrutar a companhia de outras pessoas. Em essência, além de um certo nível de conforto, o dinheiro não torna o encontro mais (ou menos) agradável. E os níveis mais profundos da ligação entre os seres humanos não têm nenhuma relação com *qualquer* coisa que o dinheiro possa comprar.

74. Organize jantares americanos.

Os jantares americanos, reuniões em que cada pessoa contribui com um prato, são o supra-sumo da comodidade e da arte de receber igualitária. Ninguém se sente responsável. Ninguém se sente diminuído pela elegância do prato principal que você serviu. Há sempre alguma coisa para todos os gostos e restrições alimentares. Freqüentemente os convidados levam de volta apenas os pratos e tigelas que trouxeram, deixando as sobras para os donos da casa. E você não acaba com um rombo no seu orçamento.

75. Convide os amigos para compartilhar uma refeição, mas prepare o seu cardápio de sempre.

Feijão com arroz pode parecer um prato antiquado para você, mas pode ser algo especial para os seus convidados. Receber em casa não precisa ser mais dispendioso do que preparar uma ou duas porções adicionais. Alguns dos nossos amigos já comeram o mesmo prato todas as vezes que nos visitaram e ainda gostam muito dele — e de nós.

76. Convide os amigos para comer a sobremesa na sua casa e assistir ao vídeo de um filme ou documentário que encerre um significado para você. Forme uma roda de discussão.

Esta é uma estratégia social que usamos freqüentemente com grande sucesso. Os amigos sabem que irão encontrar pessoas interessantes e cativantes nas nossas reuniões, e com freqüência ficam até tarde conosco conversando uns com os outros. O vídeo oferece um ponto de partida, a meia hora de discussão geralmente traz à tona novos pontos de vista, e o café e o bolo nos animam enquanto conversamos noite adentro.

77. Organize um jantar progressivo

Este evento dá certo em um bairro ou cidade pequena, mas também pode ser adaptado para cidades maiores e espaços abertos. Comecem com aperitivos na casa de uma pessoa, tomem a sopa na casa da pessoa seguinte, e continuem seguindo de casa em casa em cada prato sucessivo. É como um jantar americano no qual todo mundo cozinha alguma coisa, mas nenhuma casa específica fica com o ônus da limpeza total. Temos amigos que adaptaram este jogo às tarefas domésticas e do jardim. Dois ou mais amigos vão à casa uns dos outros e executam tarefas que são muito difíceis ou maçantes para serem feitas por uma pessoa só. Na casa A, eles aparam a cerca viva, na casa B esfregam o chão e na casa C retiram a janela de proteção para tempestades. Quando executadas em conjunto, essas tarefas se parecem com reuniões em que as pessoas se reúnem para fazer colchas de retalhos. A interação mútua faz com que o tempo voe.

78. Assista aos filmes em matinês em que o ingresso é mais barato quando você simplesmente não conseguir esperar que o filme seja lançado em vídeo.

Ir ao cinema é com freqüência uma das primeiras atividades a ser eliminadas quando as pessoas despertam para a quantidade de energia vital que estão derramando na goela dos estabelecimentos comerciais. No entanto, uma experiência cinematográfica ocasional pode ser magnífica, de modo que procure ficar atento às matinês que valem a pena. De resto, espere que o filme seja lançado em vídeo, e depois, se possível, alugue o vídeo em uma noite de oferta. Você pode também convidar os amigos para assistir ao filme com você, o que é ainda melhor. Adicione um pouco de pipoca feita na hora e terá uma sessão completa de cinema no conforto da sua sala de estar. Uma vantagem adicional é que você pode rir, chorar e fazer comentários tolos com toda a liberdade.

79. Se você é um aficionado do teatro, ofereça-se para trabalhar como lanterninha voluntário em um teatro da sua cidade.

Telefone para os teatros da sua cidade e descubra quais são as exigências. Esta estratégia funciona igualmente bem em palestras, conferências, seminários e exposições. As horas que você trabalha como voluntário podem ser trocadas por ingressos em praticamente qualquer evento a que você deseje comparecer. Na condição de voluntário, você pode até ter uma experiência mais plena do que a da audiência pagante, como conhecer o elenco ou levar o orador programático para o aeroporto e ficar preso no trânsito durante 45 minutos com uma companhia fascinante.

80. Pegue emprestado CDs, fitas de áudio e de vídeo na biblioteca.

Você ficará impressionado com a seleção de títulos fascinantes disponíveis. Muitas pessoas constatam que só precisam ler (ou ouvir ou ver) uma coisa uma única vez para obter dela o que desejam. Você pode ouvir uma boa música, aprender um idioma, adquirir conhecimentos sobre vários assuntos, apreciar um filme, sem aumentar a sua bagunça ou reduzir a sua renda.

81. Pare de jantar fora e só volte a fazê-lo quando isso voltar a ser novidade.

Comer em restaurantes é outra categoria que os Pensadores FI questionam quando se dão conta de quanta energia vital está sendo consumida quando fazem as refeições fora de casa. No entanto, isso não significa que elas automaticamente eliminem esse prazer.

Mary Yew e a sua família de cinco pessoas moram no interior, nas imediações de Paonia, Colorado. São proprietários da casa em que residem, cultivam a própria comida e gastam apenas cerca de trezentos dólares por mês. Uma vez por semana, toda a família vai à cidade fazer compras. Almoçam uma fatia de pizza ou uma tigela de creme de brócolis e relaxam na cadeira do restaurante enquanto a neve nas suas botas derrete. Planejam então o que farão no resto da tarde (andar de trenó, preparar um molho de pimenta, fazer algum trabalho artístico), contam piadas e batem papo com as pessoas que entram no restaurante — e fazem tudo isso por vinte dólares por mês! Não existe nada que possa levá-los a desistir desse ritual.

Chris Northup chegou à conclusão que jantar fora é vantajoso para a sua família de quatro pessoas, não porque a comida seja especial, mas porque é um tempo ininterrupto que passam juntos. Em casa, pelo menos uma das pessoas (geralmente Chris) fica andando o tempo todo de um lado para o outro, servindo e limpando as coisas. No entanto, esse período de confraternização não precisa ser dispendioso. A família se reúne em restaurantes de preços acessíveis para ter o prazer de estar juntos e saborear uma refeição substancial.

Diane Grosch, a nossa ex-yuppie, ficou longe dos restaurantes durante um mês (e aprendeu muitas coisas a respeito de culinária nesse período). No final do mês, ela e o namorado foram ao Denny's mais próximo com 15 dólares. Foi uma noite especial, mas Diane não teve vontade de jantar fora de novo durante mais um mês. "O verdadeiro valor", percebeu ela, "residia no quanto eu estava contribuindo para a experiência e não em quanto eu estava pagando pela refeição ou na sofisticação do restaurante."

82. Escreva cartas em vez de fazer interurbanos.

Se a pessoa que você ama (namorada, avó, ex-professora) mora fora da área em que a companhia telefônica considera como ligações locais, qualquer conversa que se estenda além de olá e até logo custará mais do que escrever uma carta. Além disso, você talvez seja capaz de dizer em uma carta o que não ousaria falar pelo telefone ou pessoalmente. E a sua carta talvez venha a ser apreciada e guardada durante muitos anos.

83. E lembre-se de que a parte mais agradável do convívio com as pessoas não custa dinheiro!

Hobbies

84. Desenvolva *hobbies* que são realmente compensadores quanto ao custo, eliminando gastos.

Uma das coisas que as pessoas fazem quando tentam cortar despesas é eliminar os gastos e procurar coisas que possam fazer elas mesmas em vez de comprar — a síndrome do faça você mesmo. Muitas artes, trabalhos manuais e projetos do tipo faça você mesmo simplesmente não são eficazes em termos de custo. Por exemplo, dez horas despendidas na fabricação de uma luminária de mesa em um torno mecânico podem ser divertidas e a luminária pode ser bonita e funcional, mas o gasto de energia vital não pode ser justificado como "economia de dinheiro". Uma luminária comprada em uma *garage sale* por 2 dólares é mais compensadora quanto ao custo do que as dez horas que você gastou para fabricar a sua. (Não estamos insinuando que essa atividade não possa ter outras compensações mais importantes para você do que o custo-benefício, como a expressão artística, a satisfação de criar alguma coisa e outros elementos intangíveis. Foi a essa conclusão que Lu Bauer e Steve Brandon chegaram com relação à sua horta orgânica. Eles simplesmente mudaram o nome da categoria de Alimentação para *Hobby*.)

85. Escolha *hobbies* que não exijam que você percorra longas distâncias.

Se o seu objetivo é dominar o medo, você pode se sair tão bem praticando uma luta na academia de artes marciais do seu bairro quanto fazendo *rafting* na Ásia Central. Se você gosta de escalar montanhas, procure checar todos os picos que estão a um dia de distância de carro de onde você mora, antes de ir para o Nepal (a não ser, é claro, que você more no meio-oeste, em cujo caso talvez tenha que viajar um pouco mais). Pergunte a si mesmo: de que maneiras posso ter uma aventura, desenvolver as minhas habilidades, desafiar a minha coragem e expandir a minha engenhosidade na região onde moro?

86. Escolha *hobbies* para os quais você não precise comprar nenhum equipamento.

Todos conhecemos os maníacos por equipamentos. Quando decidem jogar golfe, compram os melhores tacos que existem antes mesmo de pisar no campo pela primeira vez. Quando decidem dedicar-se à fotografia, compram uma mala cheia de chassis de câmeras, lentes, filtros e tripés antes mesmo de tirar uma única foto. Até mesmo a simples decisão de fazer *jogging* proporciona a ocasião para um investimento de centenas de dólares em tênis de corrida, camisetas sem manga, malhas, camisetas de manga comprida, faixas, relógios de pulso que medem os batimentos cardíacos e, naturalmente, um *walkman*. *Nós* abordamos os *hobbies* de maneira inversa. Em primeiro lugar, se para praticar uma determinada atividade precisamos comprar um equipamento caro, passamos longe dela. De resto, compramos apenas o que precisamos para o nível em que nos encontramos. Quando a nossa aptidão supera o nosso equipamento, nós o atualizamos adequadamente e com cautela.

87. Considere ajudar os outros um *hobby* ou faça da assistência o seu *hobby*.

Reunir-se com pessoas envolvidas em atividades que contribuem para o bem-estar dos outros é em si divertido, quer a atividade seja uma reunião informativa ou de planejamento, uma sessão para colocar algum material dentro de envelopes, algumas horas de trabalho na cooperativa de alimentos do seu bairro ou uma visita a um orfanato. Algumas pessoas descobriram uma maneira de fazer com que o seu esporte respalde os seus valores. Corredores agora correm pelos mais diversos motivos, como para acabar com a fome no mundo ou pela cura do câncer. Muitas cidades servem de cenário para eventos "Give Peace a Dance" [Dancem pela Paz] nos quais os dançarinos angariam dinheiro para obras dedicadas à paz. Se fazer bolos é o seu *hobby*, sempre há vendas de bolos para causas meritórias. Pessoas que fazem compras por esporte estão se dedicando a procurar utensílios domésticos em oferta para centros de reabilitação e abrigos para os sem-teto. Se você adora fazer alguma coisa, sentirá um prazer especial se o fizer por amor.

88. Escolha ou modifique *hobbies* para eliminar a mensalidade dispendiosa de clubes, spas, etc.

Como mencionamos anteriormente, cortar a grama com uma máquina manual, estacionar o carro no lado mais distante do estacionamento, fazer o máximo de coisas possíveis a pé, ir de bicicleta para o trabalho e subir as escadas em vez de usar o elevador são excelentes maneiras de eliminar a mensalidade das academias de ginástica. O trabalho doméstico em si pode ser um exercício.

Seguro

Por que achamos que temos que segurar todos as aspectos da nossa vida em milhões de dólares? Do que temos medo? Certo pensador FI chegou à conclusão que muitos homens receiam não ser capazes de prover com competência o sustento da família e disfarçam essa insegurança com apólices de seguro. Se eu não sou capaz de prover o que é realmente necessário, posso pelo menos fazer o seguro para que a necessidade possa ser satisfeita. A negação é dispendiosa de várias maneiras.

89. O valor atual do seu carro no mercado de usados ou o estado dele justificam o seguro que você tem?

> *Marilynn Bradley, embora estivesse se saindo maravilhosamente bem no programa no que dizia respeito às compras, tinha um comportamento automático no que tangia ao seguro do seu carro. Depois de já estar dois anos no programa de Independência Financeira, um carro bateu na lateral do dela. Exceto pela porta amassada (mas funcionando), o carro está em boas condições, mas a seguradora declarou "perda total" e lhe pagou mil dólares. Até aí tudo bem, mas Marilynn não cancelou o seguro, o que fez com que a sua taxa anual ficasse acima de quinhentos dólares. Na verdade, ela só captou a ironia da situação quando fez os seus cálculos de fim de ano — dois anos mais tarde. Quando cancelou o seguro desnecessário, a taxa anual caiu abaixo de trezentos dólares.*
> Você está fazendo o mesmo que Marilynn?

90. Você está segurando relíquias de família que jamais substituiria mesmo que fossem roubadas?

> *Kees e Helen Kolff fizeram uma pausa quando estavam fazendo as suas Tabulações Mensais e chegaram ao item seguro do conteúdo da residência. Estavam pagando 6 dólares por mês para segurar algumas jóias antigas da avó de Helen. Aplicando o pensamento FI, compreenderam que nunca conseguiriam substituir esses tesouros inestimáveis. Nem mesmo desejariam fazê-lo. O que os tornava especiais era a ligação com o passado. Para que então gastar 6 dólares por mês? Dinheiro de consolação? Kees, com a sua queda para descobrir as coisas, calculou o principal que seria necessário para render juros de seis dólares por mês na ocasião em que planejavam estar financeiramente independen-*

tes (maio de 1993). O valor (1.000 dólares) foi tão convincente que cancelaram o seguro.

91. Se a sua mulher tem uma profissão, você precisa fazer um seguro de vida tão elevado quanto o seu pai fazia?

Pare um pouco para refletir sobre a situação do seu seguro de vida. Que parte dele é uma proteção razoável para que a sua família possa pagar o seu enterro, as dívidas que você deixou e ter o suficiente para atender às necessidades básicas — e que parte se destina a encobrir sentimentos desagradáveis de medo, dor e perda de controle? Existem maneiras melhores de lidar com os sentimentos do que apólices de seguro dispendiosas, maneiras que poderiam aprofundar os seus relacionamentos e aumentar a sua auto-estima?

As crianças

O custo estimado de criar um filho na região urbana até os dezoito anos nos Estados Unidos era superior a 100.000 dólares em 1986. As crianças de hoje são realmente buracos negros — poços sem fundo de necessidades, carências e desejos — ou o custo de criar os filhos pode ser contido? Se você decidir que pode dar-se ao luxo de ter filhos, eis algumas dicas dos Pensadores FI para a contenção dos custos:

92. Substitua o dinheiro pela criatividade ao planejar festas de aniversário e fantasias de *Halloween*.

Amy e Jim Dacyczyn, o famoso casal frugal do Maine, conseguiram economizar dinheiro do salário de Jim na marinha, mesmo com seis filhos. Amy, afirmando que "frugalidade sem criatividade é privação", usou a imaginação e transformou o interior do celeiro em um navio pirata para o aniversário do filho usando lençóis brancos velhos, uma corda de cabo-de-guerra e as laterais removíveis de um trailer utilitário e antigos engradados de madeira — coisas que estavam jogadas pela casa. No Halloween, outro filho vestiu-se de astronauta com uma fantasia feita de cartolina decorada com ferragens recuperadas no depósito de lixo. (Ele ganhou o primeiro prêmio.) Na sua dissertação sobre criatividade, Amy prossegue dizendo: "Quando existe uma falta de engenhosidade, inventividade e inovação, a parcimônia equivale à privação.

Quando a criatividade associa-se à parcimônia você pode estar sem dinheiro, mas não está se privando de nada.

93. Dê uma mesada aos seus filhos e deixe que eles decidam como gastá-la.

Muitos Pensadores FI relataram que tão logo os seus filhos compreenderam que teriam que gastar o próprio dinheiro para comprar as coisas que queriam, eles se tornaram muito frugais — e empreendedores.

94. Controle os seus gastos, e os seus filhos farão o mesmo.

Poderá levar algum tempo, mas se os seus valores mudarem, os seus filhos seguirão o seu exemplo.

*Assim que **Kate e Ned Norris,** um advogado e a sua mulher, deixaram de comprar roupas caras pelo correio por meio de catálogos de roupas esportivas, Laura, a filha de seis anos do casal, parou de insistir em ter macacões Osh-Kosh. Quando Kate começou a fazer compras em brechós, a menina começou a gostar de vestir roupas usadas (algo que jamais faria antes). Quando Laura completou nove anos, começou a trabalhar como* baby-sitter *na vizinhança. Apesar de gastar o dinheiro que recebe de presente dos avós, Laura guarda todo o dinheiro que ganha com o seu trabalho no seu "pote FI".*

95. Se uma criança que não recebe mesada pedir uma coisa, diga-lhe que conversará com ela sobre o assunto daí a alguns dias.

Quase todos os caprichos passageiros são exatamente assim: eles passam. Se a vontade de ter algo ressurgir, outra estratégia é dizer à criança para escolher uma das duas ou três coisas que pediu recentemente. No que diz respeito aos gastos, quem hesita poupa. (Aliás, esta também é uma boa estratégia para os pais e outros adultos. Um período de resfriamento funciona às mil maravilhas quando você está ativamente empenhado em obter coisas de que não precisa.)

96. Reconsidere a formação universitária de custo elevado.

Este item é importante. O sistema educacional americano, particularmente o universitário, tornou-se tão insustentável e o seu preço tão exorbitante quanto a medicina de alta tecnologia. Vamos analisar algumas alternativas para o pagamento de cem mil dólares, necessários para que cada adolescente curse a universidade.

Kees e Helen Kolff estavam debatendo a questão da anuidade dos dois filhos que estavam cursando o ensino médio. Os pais de Kees haviam pago a sua faculdade de medicina, e por esse motivo sentia que tinha que fazer o mesmo com os filhos. Perguntou então a todos os seus convidados durante um jantar que ofereceu na sua casa se os pais haviam pago os estudos deles. Mais da metade tinha trabalhado para poder estudar. Em seguida, Kees perguntou quem acreditava que havia se beneficiado significativamente com a educação universitária. Aqueles que haviam pago pessoalmente por ela foram os que mais a valorizavam. Aturdido, perguntou ao seu melhor amigo da faculdade o que ele pretendia fazer com relação aos filhos. O amigo não pretendia pagar totalmente a formação universitária dos filhos. Pesando todos os fatores, Kees e Helen decidiram oferecer a cada filho uma quantia fixa para a faculdade. Eles poderiam ir para uma faculdade da Ivy League e gastar o dinheiro em dois anos e meio ou cursar uma universidade estadual durante seis anos. A escolha seria deles.

Ted e Martha Pasternack têm pensado muito a respeito do futuro do filho. Embora Willie tenha apenas três anos de idade, compraram títulos para garantir tudo que possa ser necessário, desde o aparelho ortodôntico ao primeiro carro. No entanto, não estão economizando para pagar uma universidade particular. Eles obtiveram a Independência Financeira pouco depois de o menino nascer, e cuidar de Willie é uma prioridade para ambos. "Não vamos voltar a trabalhar para pagar os estudos dele. Nós somos a instrução de Willie. Se estivermos cumprindo adequadamente a nossa tarefa, o nosso filho não precisará ir para Harvard para ser vitorioso no mundo. Não queremos que Willie nos diga quando tiver dezoito anos que não quer ir para a faculdade e que na verdade gostaria que os seus pais tivessem estado por perto enquanto ele crescia." Ted e Martha estão sendo a instrução de Willie em vez de comprá-la.

Quando Willie tiver dezoito anos, talvez seja como o jovem da seguinte história:

*Quando **Tim Moore** formou-se no ensino médio, decidiu passar algum tempo na "Escola da Vida", pois descobrira que aprendia mais em menos tempo quando fazia os próprios projetos. Assim sendo, em vez de estudar engenharia mecânica, Tim aprendeu a ser mecânico, economizando dinheiro durante vários anos. De dia ele recondicionava motores; à noite e nos fins de semana, construía um carro esporte personalizado a partir do chassi. Tim vendeu o carro quando o terminou e conseguiu dinheiro suficiente para pagar dois anos de faculdade. Por meio de uma combinação vencedora de paixão e maturidade, ele hoje está construindo o protótipo de um carro elétrico no laboratório de uma universidade e planeja tornar-se especialista em transporte urbano. A sua experiência de vida certamente aprimorará a sua experiência educacional e o tornará um habilidoso defensor de soluções inteligentes para a fumaça e os engarrafamentos, duas das grandes pragas urbanas.*

Presentes

Para muitas pessoas, dar presentes é uma maneira importante de expressar amor. Você pode reduzir o custo dos presentes sem diminuir o amor. Um pensador FI relata que, na condição de dono de casa, tem a tendência de querer dar presentes de fabricação caseira, ao passo que a sua esposa, uma mulher de negócios, gosta de expressar o seu amor comprando coisas. É neste ponto que a Terceira Pergunta do Quarto Passo ajuda a revelar opções ocultas. Se você não tivesse que trabalhar para viver, daria presentes diferentes (e menos caros)?

97. Prometa às crianças no máximo três presentes no Natal e peça que escolham os que desejam. Mais do que isso é exagero.

*Esta tem sido a estratégia de **Amy e Jim Dacyczyn** desde que viram a Curva de Satisfação em funcionamento no Dia de Natal. Os três primeiros presentes foram recebidos com gritos de êxtase, mas a partir daí as manifestações declinaram. Em vez de brincar com o que já haviam ganho, as crianças sentiam-se obrigadas a continuar a abrir os presentes. No final, estavam tão cansadas e irritadas, que nada as satisfazia.*

98. Compre presentes em *garage sales* e guarde-os para a ocasião propícia.

Afinal, de onde você acha que vêm os artigos das *garage sales*? São presentes que as pessoas ganharam e nunca usaram! Faça com que continuem a circular.

99. Dê serviços de presente (como uma massagem, uma noite de *baby-sitter*, um concerto pessoal ou aparar a cerca viva) em vez de objetos.

Você não preferiria receber uma massagem ou uma fricção nos pés em vez de um misturador elétrico de coquetéis? Ficar uma semana sem lavar a louça não é um benefício que você vai adorar aproveitar no momento certo?

100. Combine com os amigos e a família não trocar presentes no Natal ou nos aniversários.

A época de Natal tornou-se o período das compras na América do Norte, a época na qual os lojistas sabem que vão ter a maior parte do seu lucro anual. Não existe nenhum motivo pelo qual celebrar o nascimento de Jesus ou de alguém que você ame precise ser uma ocasião para gastar dinheiro. O ato de dar presentes é em parte formado pela expectativa social. Você pode mudar essa postura por meio de uma conversa simples e sincera.

101. Se você é habilidoso, pode criar presentes simples e exclusivos.

Certa entusiasta do alpinismo considera a sua câmera um equipamento essencial. Depois de chegar ao cume e saciar-se de contemplar a vista, ela tira fotos sucessivas dos 360 graus de esplendor. Depois que as fotos são reveladas, habilidosamente as combina em uma única e longa montagem panorâmica, e a dá de presente. O custo total fica em menos de 10 dólares. O valor total é inestimável.

Você acaba de ser apresentado a 101 maneiras comprovadas de economizar dinheiro. Existem muitas outras. Na verdade, uma categoria que está ausente produzirá uma grande economia, para você e para o planeta: descubra maneiras de reduzir o consumo de recursos. Como dizem os ambientalistas: "recicle, reduza, restaure, reutilize, repare." (Aliás, qualquer palavra que comece com *re* encerra um quê de frugalidade. Use novamente, Sam. "Duplique o seu prazer" é um modo de pensar altamente frugal.)

Economize dinheiro, salve o planeta?

Essas sugestões e dicas *certamente* o ajudarão a economizar energia vital, adicionando dinheiro à sua conta bancária e anos à sua vida. A próxima boa notícia é que este processo também beneficia o planeta. Ernest Callenbach, autor de *Ecotopia* (uma fantasia no futuro na qual o norte da Califórnia e os estados de Oregon e Washington se separam da união e formam uma sociedade ecologicamente saudável), observa que a nossa saúde, o nosso bolso e o meio ambiente têm um relacionamento mutuamente estimulante. Se você faz uma coisa boa para um deles, quase sempre beneficia os outros dois. Se você for a pé ou de bicicleta para o trabalho para reduzir a sua contribuição aos gases de estufa, você estará ao mesmo tempo economizando dinheiro e fazendo exercício. Se você fizer a compostagem do refugo da sua cozinha para melhorar o solo (o meio ambiente) também estará aprimorando a qualidade dos seus legumes e verduras (a sua saúde) e economizando dinheiro na conta da coleta de lixo. A economia de dinheiro poderá muito bem salvar a sua vida e ao mesmo tempo salvar a terra.

Não é apenas por coincidência que economizar dinheiro e salvar o planeta estão relacionados. Na verdade, de certo modo, o seu dinheiro *é* o planeta. Vamos explicar de que maneira.

O dinheiro é uma hipoteca dos recursos da terra. Todas as vezes que gastamos dinheiro com alguma coisa, estamos consumindo não apenas o metal, o plástico, a madeira ou outros materiais que existam no objeto, mas também todos os recursos que foram necessários para extraí-los da terra, transportá-los para o fabricante, processá-los, montar o produto, remetê-lo para o varejista e trazê-lo da loja para a nossa casa. Todo esse custo e essa atividade estão de algum modo incluídos nos 9,99 dólares que você gasta quando compra uma nova torradeira. Existem ainda os custos ambientais que *não estão* incluídos no preço, o que os economistas chamam de externalidades: a poluição e os resíduos pelos quais pagamos de outras maneiras como nas doenças pulmonares, no câncer, nos problemas respiratórios, na desertificação, nas enchentes, etc. Tudo se reduz ao fato que todas as vezes que gastamos dinheiro estamos elegendo o tipo de planeta que queremos deixar para as futuras gerações.

O dinheiro é uma hipoteca da energia vital do planeta. Chamamos isso de "Princípio Pogonômico" — o ponto de vista econômico do personagem de cartum Pogo. A contribuição de Pogo para o Dia da Terra de 1970, como você deve se lembrar, foi o comentário que "encontramos o inimigo e nós somos ele". Não é nenhum mistério o fato de o planeta estar poluído. Fomos *nós* que fizemos isso ao exigir uma quantidade maior de coisas cada vez melhores e diferentes. Reflita sobre o assunto. A prostituição seria a profissão mais solitária do planeta se não houvesse demanda para ela. O Cartel de Medellin seria um *4-H club** caso fosse desprovida de demanda. A OPEP seria um consórcio de energia solar e dessalinização sem a nossa demanda.

Como quando enfrentamos qualquer verdade, aceitar o fato que a nossa demanda é uma causa de muitos problemas pode nos conferir um grande poder. Ficamos fortalecidos ao saber que a principal força motriz por trás da nossa aflitiva situação planetária não é o complexo militar-industrial, o orçamento federal ou os gastos da indústria bélica, coisas com relação às quais nos sentimos impotentes para fazer alguma coisa. Em vez disso, os culpados são os nossos padrões de consumo na América do Norte, a nossa demanda. E isso é algo a respeito do que *podemos* fazer alguma coisa e, nesse meio tempo, ainda nos beneficiarmos. A frugalidade criativa representa um ganho duplo, pois favorece o nosso bolso e o nosso mundo.

Um novo exame das três perguntas

Como vimos na Curva de Satisfação, esta última, por definição, é função de sabermos quando temos o suficiente. As três perguntas do Capítulo 4 podem ser feitas de uma maneira diferente se tivermos em mente o planeta.

As três perguntas, neste caso, são as seguintes:

- ❖ É provável que a **satisfação** que irei obter com o gasto deste dinheiro seja proporcional aos recursos que ele representa?
- ❖ Esta compra está em harmonia com os **valores** que todos abrigamos em comum, ou seja, o desejo de sobreviver e prosperar?
- ❖ Como seriam os gastos nesta categoria se **eu estivesse trabalhando para o bem-estar do mundo como um todo**, em vez de para a minha sobrevivência individual?

---

* Uma organização de jovens patrocinada pelo Department of Agriculture dos Estados Unidos que oferece ensinamentos sobre agricultura e economia doméstica. (N.T.)

Lembre-se de que formular essas perguntas não o privará das coisas que realmente lhe trazem satisfação. Essas perguntas simplesmente abrirão novas oportunidades para que você economize dinheiro e se torne objetivo na sua relação com ele.

Um exemplo do pensamento pogonômico

Joe Dominguez era gerente de informática de uma pesquisa médica que estava procurando criar um modelo de como uma pesquisa de primeira classe poderia ser realizada sem um financiamento e com um desembolso mínimo de dinheiro. Quando a fase estatística da pesquisa começou, e surgiu a necessidade de imprimir centenas de dados estatísticos e gráficos, ficou claro que as fitas de impressão seriam um item importante. A primeira impressão gastou uma fita inteira. Joe fez alguns cálculos e descobriu que a 9,25 dólares por fita, esse gasto elevaria de modo significativo os custos do projeto. Em seguida, lembrou-se de um pequeno anúncio classificado que vira em uma revista de informática oferecendo uma máquina de colocar tinta em fitas (seja lá o que fosse isso). Joe comprou a máquina por 60 dólares, meio litro da tinta especial por 18 dólares e conseguiu um desconto em um fornecedor de produtos de computador, comprando 12 fitas por 8 dólares cada uma. Decidiu correr o risco e acreditar que, com o tempo, esse investimento resultaria em uma economia substancial.

Máquina de tinta	$60,00
Meio litro de tinta	$18,00
12 fitas	$96,00
Investimento total	$174,00

No ano seguinte a essas compras, Joe recolocou tinta sete vezes em cada uma das 13 fitas.

13 x 7 x $8 =	$728,00
Custo da recolocação da tinta	− $174,00
Economia TOTAL em um ano	$554,00
Retorno do investimento em um ano	$318%

Essa estratégia economizou centenas de dólares ao projeto, e gerou interessantes implicações para a terra. Pense nos milhões de escritórios que jogam fora as fitas das impressoras depois que as utilizam uma única vez. Compute o aterro sanitário que esses cartuchos de plásticos cheios de fitas de náilon exigem. Compute o petróleo empregado na manufatura do plástico. E, para finalizar, observe o seguinte fato, extraído do The Wall Street Journal:

> *A Produção de Náilon é Considerada uma Fonte de óxido nitroso*
> *Cientistas identificaram as fábricas de produção de náilon como fontes de gases que supostamente esgotam o ozônio da atmosfera e contribuem para o aquecimento global.*

Economize dinheiro enquanto salva a terra

O objetivo de tudo o que foi dito não é fazer com que você vá para o deserto se alimentar de frutinhas e vestir folhas de figo. É especialmente importante que você se lembre do mantra: se não há vergonha, não existe culpa. Nascemos em um mundo onde consumir para alcançar a felicidade parecia algo ao mesmo tempo natural e benigno. Os tipos de mudanças que talvez precisemos fazer para manter o meio ambiente viável exigirá algumas modificações deliberadas e corajosas nos nossos hábitos atuais. Mas por que esperar? Comece a conviver agora com essas questões. Você verá muitos lugares onde poderá escolher um prazer não-poluente e obter uma dupla satisfação, uma para você e outra para o planeta. Na verdade, desfrutar a natureza e sentir a sua ligação vital com a terra, a fonte de toda a vida, é um dos maiores prazeres que existem. No nível celular, não há muita diferença entre você e uma árvore. Vivenciar essa afinidade *sem consumir* faz parte de um estilo de vida amigo da terra tanto quanto fazer a compostagem do seu refugo de legumes, verduras e dos resíduos do jardim.

Se você quer descobrir como economizar dinheiro e ao mesmo tempo salvar a terra, poderá recorrer ao grande número de excelentes livros disponíveis. O mais popular no momento é *50 Simple Things You Can Do to Save the Earth*, mas existem *muitos* livros que podem ajudá-lo a reavaliar as suas escolhas pessoais de estilo de vida à luz do seu entendimento atual a respeito do impacto humano sobre o ecossistema. Se a sua biblioteca não tiver o livro que você quer, peça que o adquiram para que outros também possam lê-lo. Esta atitude já seria um ato amigo da terra.

O segredo é lembrar que *qualquer coisa* que você compre e não use, *qualquer coisa* que jogue fora, *qualquer coisa* que consuma sem gostar é dinheiro jogado no ralo, um desperdício da sua energia vital *e* um desperdício dos recursos finitos do planeta. Qualquer desperdício da sua energia vital representa mais horas perdidas para a competição destrutiva, significa "ganhar a morte". Se você não tem tempo na sua vida para usufruir os frutos do seu trabalho, talvez não precise de outro curso de gerenciamento do tempo e sim de um curso de reciclagem da frugalidade. Esta última é o estilo de vida amigo do usuário e amigo da terra.

Não interrompa aqui a sua busca da suprema frugalidade, o estilo de vida mais refinado e avançado que o planeta já viu. Continue a leitura.

1001 maneiras certas de economizar dinheiro

Depois de fazer durante um ano as suas Tabulações Mensais, você terá aproximadamente (mais ou menos) 1001 lançamentos individuais nas suas categorias de dispêndio, que em geral variam entre 15 e trinta. É bastante provável que você esteja gastando menos em *cada compra* — de maçãs a flores — sem ter nenhuma redução na qualidade do produto ou da sua vida. É a atitude de respeitar a sua energia vital que lhe indicará o caminho, e não a de seguir a receita de outra pessoa para uma vida frugal. Você ficará tão emocionado com a economia que descobrir quanto ficamos com relação a recolocar tinta em fitas de impressora ou mobiliar a casa com objetos comprados em *garage sales* ou brindes. O fortalecimento provém da *sua* perspicácia e da *sua* criatividade em encontrar as *suas* estratégias de frugalidade. É por isso que a chamamos de frugalidade *criativa*. Assim sendo, eis uma tábula rasa. Escreva as suas 1.001 dicas para viver com menos e adorar essa vida.

1.000.001 maneiras certas de economizar dinheiro

Preste atenção aos seus pensamentos. Qualquer pessoa que pratique a meditação sabe que a nossa massa cinzenta é como um macaco frenético, expelindo um fluxo constante de pensamentos desconexos à razão de pelo menos um por segundo. Em apenas 11,6 dias você terá 1.001.001 pensamentos, e a maioria deles terá algo a ver com o desejo. Quero isto, não quero aquilo. Gosto disto, não gosto daquilo. O buda disse que o desejo é a origem de todo sofrimento. Também é a origem de todas as compras. Ao tomar consciência dos seus próximos 1.000.001 desejos, você terá 1.000.001 oportunidades de não gastar dinheiro em uma coisa que não lhe trará satisfação. Não são os anúncios que fazem com que você compre coisas. Não são as expectativas das outras pessoas que fazem com que você compre coisas. Não é a televisão que faz com que você compre coisas. São os seus *pensamentos* que fazem com que você compre coisas. Fique atento a esses pensamentos. Eles são perigosos para o seu bolso e para muitas outras coisas.

Lembre-se de que a frugalidade não consiste em você ser fominha ou pão-duro, e sim em você honrar e dar valor ao seu recurso mais precioso: a sua energia vital. Fazer compras inteligentes, economizar dinheiro, seguir o lema "use-o, gaste-o, contente-se com ele ou arrume-se sem ele" não envolve a privação e sim amar tanto a si mesmo e a sua vida que você não cogitaria desperdiçar um único segundo. Diz respeito também, como já vimos, a amar o planeta de tal maneira que você sente vontade de cuidar dele. E finalmente, diz respeito a amar de tal modo as gerações futuras que você quer deixar a terra em melhor estado do que a encontrou.

Quando mencionamos a preservação do meio ambiente, estamos nos referindo também a muitas outras coisas. Em última análise, a decisão precisa se originar do coração humano, de modo que acredito que o ponto principal é ter um sentimento genuíno de responsabilidade universal.

— o Dalai Lama

Lista de verificação: pense antes de gastar

1. Não faça compras.
2. Viva com os seus recursos.
3. Cuide do que você tem.
4. Gaste o que você tem até o fim.
5. Faça você mesmo as coisas.
6. Anteveja as suas necessidades.
7. Pesquise o valor, a qualidade, a durabilidade e a multifuncionalidade.
8. Compre por menos.
9. Compre coisas usadas.
10. Siga os passos deste programa.

Resumo do sexto passo

Reduza os seus gastos mensais valorizando a sua energia vital e aumentando a sua conscientização dos gastos. Aprenda a escolher a qualidade de vida em detrimento do padrão de vida. Ser frugal é "legal".

7

Por amor ou dinheiro. Valorize a energia vital — trabalho e renda

Falamos no Capítulo 6 a respeito de valorizar a energia vital gastando o dinheiro com mais consciência. Neste capítulo, vamos falar sobre valorizar a energia vital examinando como você gasta o seu tempo. Você está obtendo o valor máximo ao vender esse bem extremamente precioso — a sua vida? O trabalho funciona para você?

Às vezes precisamos questionar o óbvio para chegar à verdade. A pergunta que vamos explorar neste capítulo é "O que é o trabalho?" A resposta que salta à vista, é claro, é que o trabalho é aquilo que fazemos para ganhar a vida. Mas essa definição nos priva da nossa vida. Algumas pessoas respeitam o trabalho e desprezam os outros aspectos da vida. Outras suportam o trabalho e compensam o sofrimento à noite e nos fins de semana. Em ambos os casos, acabamos vivendo meia vida. Em ambos casos, deixamos de dar valor à nossa energia vital. E em ambos os caso, freqüentemente nos sentimos indefesos com relação a efetuar mudanças. Vamos analisar agora se a nossa definição do trabalho em si não é parte do problema.

Você está usando com competência a sua energia vital no trabalho e fora dele? O seu trabalho está "consumindo" (exaurindo, destruindo, desperdiçando) a sua vida? Você ama a sua vida, usando com cuidado cada hora que está no trabalho e fora dele? Como dissemos no Capítulo 2, a energia vital é preciosa porque é limitada, irrecuperável e as nossas escolhas a respeito de como a usamos expressam o significado e o propósito do nosso tempo limitado aqui na terra. Até agora você aprendeu a valorizar a sua energia vital equilibrando os seus gastos com a sua satisfação e os seus valores. Agora está na hora de aprender a valorizar a sua energia vital maximizando

– 283 –

a remuneração que você recebe — sob a forma de amor ou dinheiro — pelas horas que investe no seu trabalho.

O que é o trabalho?

Assim como acontece com o dinheiro, o nosso conceito de trabalho consiste em uma miscelânea de convicções e sentimentos contraditórios, noções que absorvemos dos nossos pais, da nossa cultura, da mídia e da nossa experiência de vida. As seguintes citações realçam a inadequação das nossas diferentes definições de trabalho:

E. F. Schumacher diz o seguinte:

Os três objetivos do trabalho humano [são] os seguintes:

- ❖ Primeiro, oferecer bens e serviços necessários e úteis.
- ❖ Segundo, capacitar cada um de nós a usar, e com isso aperfeiçoar, os nossos dons como bons administradores.
- ❖ Terceiro, fazer isso para servir e cooperar com outras pessoas para nos libertar do nosso egocentrismo inato.

O economista Robert Theobald declara o seguinte:

O trabalho é definido como algo que as pessoas não querem fazer, e o dinheiro como a remuneração que compensa a condição desagradável do trabalho.

Studs Terkel começa o seu livro *Working* com as seguintes palavras:

Este livro, cujo tema central é o trabalho, trata, em virtude da sua natureza, da violência, tanto contra o espírito quanto o corpo. Ele fala de úlceras e de acidentes, de jogos turbulentos e brigas de socos, de crises nervosas e de espancar o cachorro. Ele trata, acima de tudo (ou abaixo de tudo), da humilhação diária. Sobreviver mais um dia é um triunfo suficiente para os que caminham feridos entre a maioria de nós.... Ele também trata de uma busca do significado cotidiano e do pão do dia-a-dia, de reconhecimento e de dinheiro, de espanto em vez de apatia; em resumo, da busca de uma espécie de vida e não de uma espécie de morte de segunda a sexta.

Kahlil Gibran, por outro lado, nos diz o seguinte: "O trabalho é o amor tornado visível."

– 284 –

O que *é* o trabalho? É uma bênção ou uma maldição? Uma provação ou um triunfo? O trabalho é bom para a alma ou é, como sugere o cartunista Matt Groening: "A Vida no Inferno"? A nossa tarefa será redefinir o trabalho da mesma maneira como redefinimos o dinheiro, ou seja, buscando o que podemos dizer a respeito do trabalho que seja sistematicamente verdadeiro. Essa definição lhe permitirá voltar a perceber o seu trabalho de maneiras mais compatíveis com os seus valores e a sua verdadeira satisfação, bem como com o seu resultado final.

O trabalho através das eras

Vamos começar fazendo uma breve análise da história do "trabalho", pois é examinando a história que encontramos novas oportunidades de moldar a nossa história pessoal. Qual a origem dos nossos conceitos a respeito do trabalho? Por que trabalhamos? E qual é o lugar do trabalho na nossa vida?

A exigência mínima diária no trabalho

Na condição de seres humanos, todos precisamos fazer *algum* trabalho para a sobrevivência básica, mas quanto? Existe uma "exigência mínima" de trabalho? Várias fontes diferentes, que vão das culturas primitivas à história moderna, colocariam esse número em torno de três horas por dia durante a vida adulta.

Marshall Sahlins, autor de *Stone Age Economics*, descobriu que antes de a influência ocidental modificar a vida cotidiana, os homens Kung caçavam entre duas e duas horas e meia por semana, com uma média de trabalho semanal de quinze horas. As mulheres colhiam durante mais ou menos o mesmo período cada semana. Na verdade, um dia de trabalho supria a família da mulher de legumes e verduras durante os três dias seguintes. Ao longo do ano, os homens e as mulheres trabalhavam durante alguns dias e em seguida paravam alguns dias para descansar, disputar jogos, fofocar, planejar rituais e bater papo... parece que a semana de trabalho de antigamente era ainda melhor do que o horário dos bancos dos dias de hoje.

O dr. Frithjof Bergmann declara o seguinte:

> Na maior parte da história humana, as pessoas só trabalhavam durante duas ou três horas por dia. À medida que avançamos da agricultura para

a industrialização, as horas de trabalho aumentaram, criando padrões que rotulam a pessoa de preguiçosa se ela não trabalha quarenta horas por semana.... Na verdade, a idéia de que todo mundo precisa ter um emprego só surgiu com a Revolução Industrial.

No seu estudo sobre numerosas comunidades utópicas do século XIX, John Humphrey Noyes, fundador da Oneida Community, fez a seguinte observação:

> Todas essas comunidades demonstraram o que afirmou o prático dr. Franklin (do século XVIII), ou seja, que se todo mundo trabalhasse em conjunto três horas por dia, não haveria necessidade de ninguém trabalhar mais do que isso.

Avançando para o século XX, Paramahansa Yogananda, sábio indiano e visionário, referiu-se em 1934 a comunidades auto-suficientes no mundo inteiro, com uma orientação espiritual, nas quais:

> Todas as pessoas, ricas ou pobres, precisam trabalhar três horas por dia para poder produzir apenas as necessidades extremas da vida... trabalhar três horas por dia, viver no luxo da riqueza literária e ter tempo para [fazer o que é importante para nós].

Todas essas citações indicam que três horas por dia é tudo que *devemos* gastar trabalhando pela sobrevivência. Podemos imaginar que, na época pré-industrial, esse padrão faria sentido. A vida era mais como um bloco único, naquela época em que o "trabalho" se fundia com o tempo em família, com as celebrações religiosas e a diversão. Depois surgiu a Revolução Industrial com a "economia de mão-de-obra" e a compartimentação da vida em "trabalho" e "não-trabalho" — com o trabalho dando uma mordida cada vez maior no dia da pessoa comum.

No século XIX, o "homem típico", sentindo uma justificada aversão a permanecer um número tão grande de horas no trabalho, começou a brigar por uma semana de trabalho mais curta. Defensores dos trabalhadores afirmavam que um número menor de horas de trabalho reduziria a fadiga e aumentaria a produtividade. Na verdade, diziam eles, um número menor de horas era a expressão natural do amadurecimento da Revolução Industrial. Um número menor de horas deixaria os trabalhadores livres para exercitar as suas faculdades superiores, e a democracia desfrutaria o benefício de uma cidadania qualificada e dedicada.

No entanto, tudo isso foi interrompido durante a Depressão. A semana de trabalho, tendo despencado de sessenta horas na virada do século para 35 horas durante a Depressão, empacou em quarenta horas para muitas pessoas e aumentou para cinqüenta ou mesmo sessenta horas nas duas últimas décadas. Por quê?

O direito à vida, à liberdade e à busca de um contracheque?

Durante a Depressão, o tempo livre tornou-se sinônimo de desemprego. No esforço de incrementar a economia e reduzir o desemprego, o New Deal estabeleceu a semana de quarenta horas e o governo como empregador em último recurso. Os trabalhadores foram instruídos a considerar o emprego, e não o tempo livre, como o seu direito de cidadãos (vida, liberdade e a busca do contracheque?). Benjamin Kline Hunnicutt, em *Work Without End*, esclarece a doutrina do "Pleno Emprego":

> Desde a Depressão, poucos americanos têm pensado na redução do trabalho como um resultado natural, contínuo e positivo do crescimento econômico e de uma maior produtividade. Em vez disso, o lazer adicional tem sido considerado um esgotamento da economia, um prejuízo aos salários e o abandono do progresso econômico.

Os mitos de "o crescimento é positivo" e do "pleno emprego" consolidaram-se como valores fundamentais, que concatenaram-se perfeitamente com o evangelho do "pleno consumo", que pregava que o prazer é um "bem" a ser consumido e não um tempo livre a ser desfrutado. Durante os últimos cinqüenta anos, o pleno emprego tem significado mais consumidores com mais "renda disponível", o que significa maiores lucros, o que significa a expansão dos negócios, o que, por sua vez, significa mais empregos, o que significa mais consumidores com mais renda disponível. O consumo mantém as rodas do progresso em movimento, como vimos no Capítulo 1.

Percebemos então que o nosso conceito (enquanto sociedade) de lazer mudou radicalmente. Ele deixou de ser considerado um componente desejável e refinado da vida do dia-a-dia e passou a ser algo temido, um lembrete do desemprego dos anos da Depressão. Ao mesmo tempo que o valor do lazer caiu, o valor do trabalho aumentou. A pressão em direção ao pleno emprego, aliada ao crescimento da propaganda, criou um povo cada vez mais voltado para o trabalho e para a obtenção de mais rendimentos para poder consumir cada vez mais recursos.

O trabalho assume um novo significado

Além disso, segundo Hunnicutt, no decorrer dos últimos cinqüenta anos começamos a perder a estrutura familiar, cultural e comunitária que conferia significado à vida fora do local de trabalho. Os rituais tradicionais, as atividades sociais e o simples prazer da companhia uns dos outros forneciam estrutura para o tempo longe do trabalho, conferindo às pessoas um sentimento de propósito e entrosamento. Sem esse espírito de fazer parte de um povo e de um lugar, o lazer conduz com mais freqüência à solidão e ao tédio.

Como a vida fora do local de trabalho perdeu a vitalidade e o significado, o trabalho deixou de ser um meio para um fim e tornou-se um fim em si mesmo. Hunnicutt escreveu o seguinte:

> O significado, a justificativa, o propósito e até mesmo a salvação eram agora buscados no trabalho, sem uma referência necessária a qualquer estrutura filosófica ou teológica tradicional. Homens e mulheres estavam respondendo de novas maneiras às antigas questões religiosas, e as respostas relacionavam-se cada vez mais com o trabalho, a carreira, a ocupação e as profissões.

A peça final do quebra-cabeça se encaixa quando examinamos a mudança na atitude religiosa diante do trabalho que surgiu com a ascensão da ética protestante. Antes dessa época, o trabalho era profano e a religião, sagrada. Posteriormente, o trabalho passou a ser visto como a esfera na qual alcançávamos a nossa salvação, e o indício de uma vida *religiosa* bem-sucedida representava o sucesso no mundo dos negócios.

Assim sendo, aqui estamos no final do século XX. O nosso emprego remunerado assumiu inúmeros papéis. O nosso emprego agora desempenha a função que tradicionalmente pertencia à religião: ele é o lugar onde buscamos respostas para as eternas perguntas "Quem sou eu"?, "Por que estou aqui"? e "Qual a finalidade de tudo isso"?

Também apelamos para o nosso emprego para que nos proporcione a euforia do romance e as profundezas do amor. É como se acreditássemos que em algum lugar existe um Emprego Encantado — como o Príncipe Encantando dos contos de fadas — que satisfará as nossas necessidades e nos estimulará a alcançar a glória. Passamos a acreditar que, por meio desse emprego, de alguma maneira teríamos tudo: *status*, significado, aventura, viagens, luxo, respeito, poder, desafios difíceis e fantásticas recompensas. Tudo de que precisamos é encontrar a sra. ou o sr. perfeito — a sra. ou o sr. Emprego Perfeito. Talvez o que mantém alguns de nós emperrados no ciclo casa/escritório seja exatamente essa ilusão do Emprego Encantado. Somos como a princesa que não pára de beijar sapos, na esperança de um dia abraçar um belo príncipe. O nosso emprego é o nosso sapo.

Finalmente, esperamos que o nosso emprego nos proporcione um sentimento de identidade.

Fazer-ser fazer-ser fazer...?

Todos nos lembramos da pergunta que repetidamente nos faziam quando éramos crianças: "O que você quer ser quando crescer?" Você se lembra do que respondia? Era algo que vinha de dentro, ou você, com a intuição infantil, respondia o que os adultos desejavam ouvir? A sua resposta mudou com o tempo? Foi a jovem ou o jovem de dezoito anos, governado pelos hormônios, que escolheu, em sã consciência, a sua especialização na faculdade? Os sonhos da sua adolescência estão guardados junto com o seu anuário do ensino médio? A sua história profissional deu voltas que você jamais teria previsto no dia destinado à escolha da profissão no ensino médio? Caso você tenha se tornado o que queria ser quando era adolescente, o resultado correspondeu às suas expectativas?

A pergunta: "O que você quer *ser* quando crescer?" é, na verdade, parte do problema. A pergunta é o que você quer *ser,* mas você deve responder com o que você quer *fazer.* É de causar surpresa que muitos de nós sofram a crise da meia-idade quando enfrentam o fato que o que fazemos nem mesmo se aproxima da expressão do nosso ser?

Estamos tão vinculados ao que fazemos para "ganhar a vida" que perpetuamos, sem pensar, essa confusão do fazer com o ser. Na verdade, no que diz respeito ao número de horas, podemos estar mais casados com o nosso emprego do que com o nosso cônjuge. Os votos de na riqueza e na pobreza, na alegria e na tristeza, na saúde e na doença — e com freqüência até que a morte nos separe — podem ser mais bem aplicados ao nosso emprego do que ao nosso marido ou à nossa esposa. É compreensível que nos apresentemos como enfermeiros ou empreiteiros em vez de como pais ou amigos.

Vimos no Capítulo 5 que acabar com as dívidas e acumular uma poupança possibilitará que o desemprego torne-se uma oportunidade de ouro para a descoberta, o aprendizado e a renovação. Mas e se você pensar que quem você *é* é o que você *faz* para ganhar dinheiro? Nenhuma poupança conseguiria afastá-lo dessa perda de propósito e de auto-estima. Como veremos, você é muito mais do que o que faz por dinheiro, e o seu verdadeiro trabalho é muito maior do que o seu emprego remunerado. A nossa ênfase no dinheiro e no materialismo talvez nos tenha privado do orgulho que podemos e deveríamos sentir pela pessoa que somos e pelas inúmeras maneiras pelas quais contribuímos para o bem-estar dos outros. A nossa missão agora é resgatar o direito inato de nos conhecer como *seres* humano e não como *fazeres* humanos ou *ganhos* humanos.

Vencemos a revolução industrial?

Percorremos um longo caminho desde a época em que os nossos antepassados trabalhavam três horas por dia e desfrutavam no restante do tempo os prazeres das atividades sociais, dos rituais, das celebrações e dos jogos. Valeu a pena?

Sem dúvida ganhamos enormemente ao concentrar a nossa criatividade e engenhosidade no domínio do mundo físico. A ciência, a tecnologia, a cultura, a arte, a linguagem e a música evoluíram e nos proporcionaram incontáveis bênçãos. Poucos de nós desejaríamos recuar totalmente o relógio, renunciando a Bach, à penicilina ou ao motor de combustão interna. No entanto, não precisamos parar o relógio para avaliar a nossa direção. Ainda estamos no rumo certo? Vamos examinar rapidamente o local de trabalho e o mercado de trabalho de hoje. Onde estamos? E é onde desejamos estar?

❖ Alguns trabalhadores sentem-se subempregados, com os dias repletos de tarefas repetitivas, humilhantes ou desestimulantes que exigem muito pouca criatividade ou inteligência. Outros acham que trabalham demais, especialmente agora que o redimensionamento das empresas está colocando um número cada vez maior de responsabilidades nos ombros dos poucos afortunados que conservam o emprego.

- ❖ A geração pós-guerra, bastante promovida e documentada, está descobrindo que o seu grande número significa que um percentual menor chegará ao topo da escalada empresarial, e que muitos já atingiram patamares na carreira.
- ❖ A crescente conscientização de assuntos relacionados com a justiça social e a ecologia está dividindo alguns trabalhadores: precisam economicamente do emprego, mas não apóiam eticamente os produtos ou serviços oferecidos pelas empresas onde trabalham.
- ❖ A estabilidade no emprego não é maior do que costumava ser. Nos últimos seis meses de 1990, a recessão deixara sem trabalho mais de um milhão de pessoas, e um número muito maior perdeu o emprego em 1991.
- ❖ A garantia da aposentadoria não é mais garantida. Até mesmo os funcionários leais talvez não possam contar com uma pensão, pois as escolhas inadequadas de investimentos das empresas estão levando muitos fundos de pensão à falência.
- ❖ Embora apenas 50 por cento dos trabalhadores afirmem estar satisfeitos com o emprego, somente um terço deles continuaria a trabalhar nesse emprego se não precisassem fazê-lo.
- ❖ Uma recente pesquisa de opinião realizada por John Robinson para a Hilton Hotels Corporation constatou que 70 por cento das pessoas que ganham 30.000 dólares por ano ou mais deixariam de receber um dia de trabalho por semana para ter um dia livre. Mesmo no caso daqueles que ganham 20.000 mil dólares por ano ou menos, 48 por cento declararam que fariam o mesmo.

Parece que já estamos fartos de ganhar a morte em um mundo tão louco. Passamos a maior parte das horas que estamos acordados no trabalho, e ele dificilmente parece merecê-lo. Esperamos que o trabalho satisfaça muitas das nossas necessidades, e acabamos insatisfeitos. Por que dedicamos os melhores anos da nossa vida ao emprego?

Qual a finalidade do trabalho?

Vamos continuar a nossa exploração do trabalho, esse relacionamento extremamente pessoal e profundo, refletindo sobre algumas perguntas:

- ❖ Por que você faz o que faz para ganhar dinheiro?

- ❖ O que o motiva a sair da cama cinco vezes por semana para ir ganhar dinheiro em algum lugar?
- ❖ Na sua experiência, qual a finalidade do seu emprego remunerado? (se você é sustentado pelo seu cônjuge ou por um parente, você pode refletir sobre o motivo pelo qual essa pessoa trabalha ou sobre alguma experiência de trabalho do seu passado. Se você é aposentado ou está desempregado, pense em um emprego que tenha tido no passado.)

Analise agora a seguinte lista de várias finalidades do emprego remunerado e verifique quais se aplicam a você.

Ganhar dinheiro

- ❖ para suprir necessidades — comida, roupa, abrigo (sobrevivência)
- ❖ para suprir supérfluos (conforto)
- ❖ para suprir artigos de luxo
- ❖ para suprir fundos para outras pessoas (filantropia)
- ❖ para deixar um patrimônio

Sensação de segurança

- ❖ de que as suas necessidades serão satisfeitas
- ❖ de que o seu valor como ser humano adulto é reconhecido

Tradição

- ❖ dar seguimento à tradição familiar de seguir uma profissão específica
- ❖ manter um sentimento de continuidade e de ligação com o passado

Prazer

- ❖ estar em contato com pessoas interessantes
- ❖ ter estímulo, distração e divertimento

Dever

- ❖ contribuir para manter a sociedade funcionando harmoniosamente

Servir

- ❖ fazer uma contribuição para os outros, para a sociedade e para o mundo

Aprender

* ❖ adquirir novas habilidades

Prestígio e Status

* ❖ receber elogios, ser admirado e respeitado pelos outros

Poder

* ❖ sobre as pessoas subordinadas a você e que obedecem às suas ordens
* ❖ sobre o desenrolar dos acontecimentos, influenciando as decisões

Participar de atividades sociais

* ❖ ter oportunidades de participar de atividades sociais com os colegas de trabalho
* ❖ conhecer o público e sentir-se parte de uma comunidade mais ampla

Crescimento pessoal

* ❖ ser estimulado e desafiado
* ❖ expandir a sua vida emocional e intelectual

Sucesso

* ❖ obter *feedback* para o sucesso
* ❖ comparar-se com outras pessoas na sua esfera de atividade

Criatividade e realização

* ❖ alcançar a realização, o sentimento de estar sendo plenamente útil
* ❖ ser desafiado, permanecer ativo, criar algo novo

Estruturar o tempo

* ❖ estruturar o seu tempo e conferir um ritmo metódico à sua vida

Apenas porque

* ❖ porque é isso o que todo mundo faz

Você já reparou que o mundo tem duas funções diferentes: a função material, financeira (isto é, receber o pagamento) e a função pessoal (emocional, intelectual, psicológica e até mesmo espiritual)?

A pergunta original era: qual a finalidade atendida pelo emprego *remunerado*? Na verdade, uma única finalidade é atendida pelo emprego remunerado: receber o pagamento. Esse é o único vínculo verdadeiro entre o trabalho e o dinheiro. As outras "finalidades" do emprego remunerado são outros tipos de recompensas, certamente desejáveis, mas que não estão diretamente relacionadas ao recebimento da remuneração. Elas estão igualmente disponíveis em atividades não remuneradas.

Qualquer tensão, confusão ou desapontamento que possamos sentir com relação ao nosso emprego remunerado raramente se deve ao pagamento em si. Já vimos que além de um certo nível de conforto, uma quantidade maior de dinheiro não nos traz satisfação. Talvez o problema do nosso emprego remunerado, portanto, seja que a nossa necessidade de estímulo, reconhecimento, crescimento, contribuição, interação e significado não esteja sendo satisfeita pelo emprego. E se removêssemos a maioria dessas expectativas do nosso emprego remunerado e reconhecêssemos que *todas as finalidades do trabalho, exceto ganhar dinheiro, poderiam ser satisfeitas por atividades não remuneradas?*

Esta observação nos conduz a um ponto crítico do reexame do nosso relacionamento com o trabalho. O trabalho contém dois aspectos. Um deles é a nossa necessidade e desejo de dinheiro. Trabalhamos para receber o pagamento. O outro, *totalmente separado dos nossos rendimentos,* é o fato que trabalhamos para satisfazer muitas outras finalidades na vida.

A redefinição do trabalho

O verdadeiro problema do trabalho, portanto, não é o fato de as nossas expectativas serem elevadas demais e sim o fato de termos confundido *trabalho* com *emprego remunerado*. Redefinir o "trabalho" como sendo simplesmente qualquer atividade produtiva e proposital, com o emprego remunerado sendo apenas uma atividade entre muitas, nos liberta da falsa suposição de que o que fazemos para colocar comida na mesa e um teto sobre a nossa cabeça também deveria nos proporcionar o nosso sentimento de significado, propósito e realização. Romper o vínculo entre o trabalho e o dinheiro nos permite reivindicar o equilíbrio e a sensatez.

A nossa realização como seres humanos não reside no emprego e sim na imagem global da nossa vida, no sentimento interior do que é a vida, na nossa ligação com as outras pessoas e no nosso anseio por significado e propósito. Ao *separar* o trabalho dos rendimentos, *reunimos* as nossas diferentes partes e lembramos que o nosso verdadeiro trabalho é apenas viver os nossos valores da melhor maneira possível. Na verdade, confundir trabalho com rendimento significa que a maioria das nossas "tarefas" não tem recebido nem a atenção nem o mérito que merecem — tarefas como amar o parceiro, ser um vizinho digno ou desenvolver uma vigorosa filosofia de vida. Quando somos completos, não precisamos tentar alcançar a felicidade por meio do consumo. A felicidade é nosso direito inato.

Independentemente de você amar ou odiar o seu emprego remunerado, você quer reconhecer que a finalidade dele é receber o pagamento e que o seu verdadeiro "trabalho" talvez seja bem maior do que esse emprego. Ao separar o trabalho do rendimento, você consegue perceber com mais clareza se está valorizando, dentro e fora do emprego, o bem precioso chamado energia vital.

Você se lembra da nossa discussão sobre energia vital no Capítulo 2? Se você tem quarenta anos de idade, os cálculos atuariais indicam que só lhe restam 329.601 horas de vida da sua conta bancária de energia vital. Essas horas são tudo o que você tem. Nada na sua vida é mais valioso do que o seu tempo, os momentos que lhe restam. É impossível exagerar a atenção e a intenção que você dedica à maneira como você investe esses momentos.

Ao separar o trabalho do rendimento, você pode executar melhor *todas* as suas tarefas. No seu emprego remunerado, você pode valorizar a sua energia vital trabalhando de um modo eficiente, esforçado, inteligente e procurando ganhar a maior remuneração possível. Ao fazer o resto do seu trabalho, você pode valorizar a sua energia vital trabalhando de um modo eficiente, esforçado, inteligente e com o mais elevado grau de entusiasmo e amor que existe em você.

Romper o vínculo entre o trabalho e o rendimento exerce tanto poder na nossa vida quanto o reconhecimento de que o dinheiro é simplesmente "algo pelo que permutamos a nossa energia vital". O dinheiro é a nossa energia vital; ele extrai o seu valor do que investimos nele e não de definições externas. Analogamente, o emprego remunerado extrai o seu único valor *intrínseco* do fato de que somos pagos para fazê-lo. Tudo o mais que fazemos é uma expressão de quem somos e não do que precisamos fazer devido a uma necessidade econômica. Ao romper o vínculo, recuperamos

a qualidade, os valores e a auto-estima como a nossa essência. Ao romper o vínculo, podemos redefinir o trabalho simplesmente como qualquer coisa que façamos em harmonia com o nosso propósito na vida. Ao romper o vínculo, resgatamos a nossa vida.

As surpreendentes implicações da redefinição do trabalho

A partir deste ponto de vista está claro por que você pode ter a impressão de estar "ganhando a morte" no emprego remunerado. Além de ganhar dinheiro, você talvez não esteja fazendo mais nada no emprego que esteja em harmonia com o seu propósito. De oito a dez horas por dia. Cinco dias por semana. Cinqüenta semanas por ano. Quarenta anos da sua vida, ou mais. Isso traz à baila inúmeras perguntas. De quanto dinheiro você precisa para estar no auge da realização? O seu emprego está lhe fornecendo essa quantia? Você está trabalhando por menos do que merece e levando para casa menos dinheiro do que precisa? Ou você está ganhando bem mais do que precisa *para sentir-se realizado*? Qual a finalidade dessa quantia adicional? Se não houver uma finalidade, você gostaria de trabalhar menos e ter mais tempo para fazer o que lhe interessa? Caso haja uma finalidade, ela é clara e está tão ligada aos seus valores que confere uma experiência de alegria às horas que você trabalha no seu emprego remunerado? Caso contrário, o que precisa mudar?

Vamos explorar juntos algumas das implicações de separar o trabalho do rendimento, de encarar o emprego remunerado como algo distinto do trabalho, trabalho no sentido de satisfazer o(s) propósito(s) na vida.

1. Redefinir o trabalho aumenta as escolhas

Digamos que você é professor inato, mas aceitou um emprego como programador de computadores porque pode ganhar mais dinheiro (o qual você está convencido de que precisa). De acordo com a antiga maneira de pensar, sempre que alguém lhe perguntasse o que você fazia, você seria forçado a declarar: "Sou programador." Qual você supõe que seria o efeito a longo prazo sobre você dessa incongruência entre o seu sentimento interior sobre si mesmo e a maneira como você se apresenta externamente? Você poderia se sentir apenas levemente infeliz, sem saber por quê. Poderia ficar doente, como aconteceu com certa pianista amiga nossa quando desistiu do sonho de ser concertista e tornou-se programadora. Ela contraiu uma

– 296 –

doença inexplicável que a deixou incapacitada durante quase um ano. Você pode criar uma dívida com o cartão de crédito como uma gratificação por estar fazendo algo que não combina com você.

No entanto, algo que você talvez negligencie é questionar se você *é* ou não um programador de computadores apenas porque é isso que você *faz* para ganhar a vida. Entretanto, quando você rompe o vínculo entre o rendimento e o trabalho surge outra opção. Quando lhe perguntarem o que você faz, você pode dizer: "Sou professor, mas no momento estou trabalhando como programador para ganhar mais dinheiro." Ser capaz de admitir quem você realmente é lhe possibilita reavaliar como estruturou a sua "carreira". Você poderá decidir economizar dinheiro e voltar a estudar para obter o diploma de professor. Poderá decidir reduzir as horas que trabalha como programador para poder oferecer-se como voluntário para dar aulas. Poderá resolver dar aulas de programação de computadores. Poderá incluir um terceiro amor na equação, como a canoagem, e dar aulas dessa modalidade esportiva nos fins de semana enquanto continua a trabalhar como programador para ganhar dinheiro. Desvincular o trabalho dos rendimentos possibilita que as diversas partes da sua vida compartimentada se soltem e se rearrumem em um padrão que atenda melhor às suas necessidades.

Chris Northrup trabalhava em uma área que costumava ser considerada um mundo masculino e descobriu que ela não se encaixava na sua sensibilidade e intuição feminina. Na condição de médica, Chris tentava promover a saúde em um sistema não-saudável, sistema esse que exigia cem horas de trabalho por semana, poucas horas de sono e muito pouco tempo para qualquer outra coisa.

Durante o seu período de residência e nos primeiros anos do exercício da profissão, o trabalho a absorvia tanto que Chris não tinha tempo para pensar em dinheiro e nem em como o estava gastando. O fato de ter se casado com um cirurgião ortopedista apenas duplicou o padrão de inconsciência. Chris e o marido acumulavam casas, carros e investimentos exóticos. Os seus consultórios eram lucrativos, de modo que não tinham dificuldade em respeitar a única regra contábil que seguiam: gastar menos do que ganhavam. A idéia de acompanhar os gastos estava além da sua compreensão. Não poderiam se preocupar com a maneira como o dinheiro estava sendo gasto! Confundiam consciência com preocupação, e tinham o bastante com o que se preocupar no exercício da medicina.

Mas os dias de Chris como supermédica estavam contados. Ela passou pela experiência intensamente feminina de dar à luz a dois filhos. Ser mãe abriu o seu coração e moderou a sua vontade, e ela começou a questionar a ética e a economia tradicional da medicina. Chris começou a ter vontade de deixar o negócio médico e voltar para a sua visão original do serviço médico, onde teria tempo para ouvir e cuidar dos seus pacientes, além de ter tempo para estar com a família. Com um misto de apreensão e determinação, Chris deixou o seu seguro grupo médico com todos os "benefícios" que ele oferecia e abriu uma clínica para mulheres, cuja equipe era composta por mulheres, que refletiria os seus valores.

Durante esse período, Chris começou a reconhecer profundos padrões de passividade e dependência financeira tanto em si mesma quanto nas suas pacientes. Algumas haviam se tornado carentes, sem jamais ter as suas necessidades respeitadas e satisfeitas. Outras haviam recebido coisas em vez de amor. Muitas estavam abdicando do poder e da responsabilidade financeira no casamento. Embora parecesse "natural" (ou pelo menos compreensível) que mulheres com mais de 45 anos pudessem sofrer dessa inépcia natural, até mesmo profissionais mais jovens do sexo feminino (inclusive Chris!) exibiam sinais de uma subserviência financeira não-saudável. Por ser sincera e corajosa, Chris perscrutou a sua alma ao mesmo tempo que prescrevia a reflexão interior para as suas pacientes. Quais eram as suas suposições e os pontos cegos no que dizia respeito ao dinheiro?

Mais ou menos nessa época Chris ouviu a fita do curso de FI. Ficou tão entusiasmada que imediatamente procurou o marido e lhe fez a pergunta que estava começando a fazer a si mesma: "O que você faria se não precisasse trabalhar para ganhar dinheiro"? "Como assim"? replicou o marido. "Adoro o meu trabalho." "Mas e se você não tivesse que cobrar nada para cobrir as suas despesas"? Incapaz de responder à pergunta, ele se virou para o outro lado e pegou no sono. Posteriormente, ele ouviu a fita do curso, mas o seu entusiasmo por uma nova maneira de praticar a medicina não combinava com o de Chris. Ela começou a seguir os passos do programa, mas sentia-se fora de sintonia com o marido. Como poderia prosseguir se ele não estava ao lado dela? Chris finalmente chegou à conclusão de que mesmo em um casamento convencional, ou talvez especialmente em um casamento convencional, a mulher precisava estar disposta a viver uma vida própria. O casamento não elimina a necessidade espiritual de nos tornarmos pessoas completas e autônomas. Na verdade, para que um casamento dê certo, os parceiros precisam individualizar-se. No final, Chris colocou ela mesma em dia todos os passos.

À medida que o seu discernimento pessoal crescia, Chris começou a reavaliar a sua clínica. Foi um passo na direção certa, mas só serviu para mostrar-lhe como ela ainda tinha que avançar. Por exemplo, quando os ideais da equipe da clínica enfrentaram as realidades financeiras, todo mundo, desde a recepcionista até Chris, teve que examinar profundamente os sistemas de crença pessoais. Nenhum dos membros da equipe queria trabalhar as longas e árduas horas cumpridas pelos profissionais convencionais da área médica, mas todos estavam tendo problemas para se habituar a ganhar menos dinheiro. A economia estava errada. Quando Chris voltou-se para procedimentos não-invasivos, a sua receita por paciente caiu. É a cirurgia que paga as contas da maioria dos médicos. Chris dava preferência à prevenção, o que significava ensinar às mulheres a ser responsáveis pela própria saúde. Descobriu uma maneira de praticar a medicina para que pudesse curar tanto o corpo quanto a alma, mas a economia da medicina insistia em puxá-la de volta para os antigos métodos de trabalho. "Ou eu pratico a medicina de um modo diferente, ou simplesmente não a pratico."

A FI para Chris representa a oportunidade de fazer novas escolhas a respeito da prática da medicina. Está ansiosa para ser capaz de experimentar sem precisar de um contracheque e escrever sem precisar receber. À medida que a sua Independência Financeira progride, Chris se vê falando e escrevendo mais e executando menos procedimentos médicos. A forma como tudo isso irá se revolver financeiramente ainda não está clara, mas para Chris a Independência Financeira é todo o processo de recuperação de antigas maneiras de pensar a respeito do dinheiro, do trabalho, do significado e do propósito. Na verdade, a Independência Financeira é um processo de recuperação idêntico à recuperação do vício do álcool ou das drogas. É um processo que se destina a curar as inúmeras maneiras pelas quais entregamos o nosso poder a pessoas e circunstâncias extrínsecas a nós mesmos, tentando obter um sentimento de valor a partir de símbolos sociais de sucesso ao mesmo tempo que negamos a nossa realidade interior. Chris está agora definindo que quantia é suficiente para que ela se sinta satisfeita e procurando maneiras de garantir essa renda ao mesmo tempo que se permite fazer o trabalho que mais gosta e oferecer ao mundo o seu leque completo de talentos.

Chris não está sozinha. Amy Saltzman, autora de *Downshifting: Reinventing Success on a Slower Track,* encontrou vários indícios, entre os profissionais em ascensão social que entrevistou, de que muitas pessoas estão *voluntariamente* reduzindo os seus rendimentos e responsabilidades a fim de viver uma vida mais racional, equilibrada e que contribua mais para o bem comum.

2. Redefinir o trabalho possibilita que você trabalhe de dentro para fora

No caso de muitas pessoas, grande parte da vida é vivida de fora para dentro, e escolhemos os nossos papéis e *personas* como pratos em um restaurante chinês. Uma pessoa pode escolher "bombeiro" na coluna de Empregos, "loura de olhos azuis" na coluna Esposa, "dois" na coluna Filhos, "traje *country*" na coluna Estilo, "Ford" na coluna Carro, "democrata" na coluna Política e "condomínio" na coluna Habitação e achar que a sua vida está perfeitamente organizada. Encaixar o nosso eu redondo no buraco quadrado chamado emprego reforça essa impressão de que a vida consiste em escolher opções em uma lista fixa. A não ser que você seja artista ou empresário, quase sempre o seu emprego consiste em trabalhar com a programação de outra pessoa, serviço pelo qual você é pago. O mundo do trabalho encerra uma espécie de irresponsabilidade sutil e ao mesmo tempo predominante, uma sensação de que estamos sempre cumprindo a ordem de outra pessoa, curvando-nos para agradar alguém que está um pouco acima de nós. Nas grandes empresas, a maioria dos funcionários não tem a menor idéia de quem criou essa programação. E essas empresas compram não apenas o nosso trabalho mas também a nossa personalidade, com as suas normas culturais não-explícitas a respeito de quem fala com quem, o que vestir, onde as pessoas de vários níveis almoçam, quantas horas extras você tem que trabalhar para ser "visível" e centenas de outras escolhas cotidianas. Está claro que se pensamos que o que *fazemos* para ganhar dinheiro é quem nós *somos,* acabaremos adotando qualquer padrão que nos ofereça melhores chances de sobreviver no emprego. Se você *é* programador de computadores, por exemplo, provavelmente absorveu um grande número de atitudes e convicções a respeito de si mesmo junto com as habilidades que adquiriu para fazer o trabalho. Mas se quem você é e o que você faz para ganhar dinheiro são coisas diferentes, como podem ser quando você separa o trabalho do rendimento, você pode resgatar o seu eu perdido. À medida que você passar a conhecer a si mesmo, os seus valores, as suas convicções, os seus verdadeiros talentos e as coisas que lhe interessam, você será capaz de trabalhar de dentro para fora. Será capaz de fazer o seu trabalho sem desistir do seu eu. Será uma pessoa responsável dentro e fora do emprego. A sua prioridade será ser capaz de viver consigo mesmo, e se o seu emprego não lhe permitir fazer isso, você talvez mude de emprego.

Margaret Parsons está passando pelo processo de deixar de viver de acordo com os valores de outras pessoas (viver de fora para dentro) para descobrir e viver os seus valores (viver de dentro para fora). Ela já foi casada, teve dois filhos e se divorciou. Por criar os filhos sozinha e ter um forte sentimento do dever, Margaret queria ganhar o máximo possível para sustentar a família, o que excluía ser professora, a profissão para a qual fora treinada. Como estava passando por essa mudança de carreira na década de 1980, um lugar óbvio para procurar uma boa renda era na área de serviços financeiros, e o caminho mais rápido seria tirar o registro para trabalhar com planejamento financeiro.

Foi exatamente o que Margaret fez. Passados vários anos, começou a entrar em conflito. Ela e os seus clientes acreditavam que a sua função era orientá-los e protegê-los no mundo confuso dos investimentos. Na verdade, ela era uma profissional de vendas que ganhava comissão, e alguns dos produtos eram mais lucrativos do que outros. Margaret começou a ter dor de estômago e compreendeu que teria que parar de vender produtos financeiros a todo custo. Parou de correr atrás de vendas e, embora o seu corpo melhorasse, a sua imagem financeira pessoal piorou.

Margaret estava feliz por ela e Ivy Underwood terem criado o grupo de apoio de Independência Financeira de vinte pessoas empenhadas em trabalhar com o programa de FI. As suas reuniões mensais eram ilhas de apoio e sanidade onde a cacofonia da cultura do consumidor desaparecia gradualmente e elas podiam novamente ouvir os seus pensamentos. À medida que iam seguindo os passos do programa, perceberam que estavam ainda mais dispostas a seguir as sugestões do seu coração, e, para cada um dos membros do grupo, isso parecia ligeiramente diferente. Por exemplo, uma mulher brilhante, incisiva, percebeu que estava fortemente subempregada no seu emprego no serviço público. Ao "honrar a sua energia vital" ela constatou que estava desperdiçando o seu talento em um atoleiro de mediocridade. "Não estão me pagando o suficiente para que eu permaneça aqui com essa quantidade de dor." Assim sendo, pediu demissão e está vivendo atualmente da sua poupança e fazendo pesquisas sobre onde e como reingressar no mercado de trabalho. Outro casal deixou a segurança de um emprego institucional para abrir um escritório particular, sem endividar-se para fazê-lo.

Todas essas coisas surgiram do *processo* de seguir os passos deste programa. Se os participantes do grupo não tivessem passado pelo necessário acompanhamento, contabilização e auto-exame indispensáveis, essas mudanças talvez os tivessem deixado apavorados em vez de esperançosos. Se não tivessem encontrado as suas 101 maneiras de reduzir as despesas, muitos não poderiam ter se dado ao luxo de dar uma segunda olhada. Nas reuniões mensais, eles faziam atividades do caderno de exercícios para que pudessem refletir juntos sobre os seus mitos e conceitos errôneos sobre o dinheiro. Alguns descobriram que não tinham uma verdadeira finalidade na vida além do emprego e começaram a se reunir uma segunda vez no mês para explorar o propósito. Um bom número deles precisou descobrir maneiras de fazer essas mudanças apesar dos gastos elevados que tinham com os filhos adolescentes e dos parceiros não-solidários. Foi em virtude de ter executado *todos* os passos que a fórmula trabalho = rendimentos se dissociou e as pessoas puderam descobrir novas maneiras de organizar a vida de modo que a tornasse compatível com os seus verdadeiros valores e o seu propósito.

3. Redefinir o trabalho torna a sua vida novamente completa

A bem da ordem e da conveniência, organizamos a nossa vida em compartimentos. Temos a nossa vida profissional, a vida familiar, a vida comunitária, a vida interior e a vida secreta. Esse "gerenciamento de sistemas" nos permite acompanhar e equilibrar as nossas inúmeras responsabilidades. Mas as nossas listas de Coisas a Fazer organizadas de acordo com prioridades *não* são a nossa vida. Teoricamente, existem para nos ajudar a navegar pela vida, mas na maioria das vezes são elas que *nos* controlam. Em vez de perceber a vida como um fluxo contínuo de experiência no momento presente, convencemo-nos de que temos a vida aprisionada em um fichário de três furos com divisórias coloridas. Se seguirmos simplesmente as indicações e ligarmos os pontos, a imagem de uma vida perfeita saltará diante dos nossos olhos. E as maiores e mais prementes indicações que seguimos são as que pertencem ao nosso emprego remunerado.

No entanto, se contemplar o trabalho separadamente dos rendimentos, você terá a oportunidade de descobrir que está simplesmente executando vários tipos de atividades de manhã à noite. Faça uma experiência nos próximos três dias. Sempre que se lembrar, pergunte a si mesmo: "Onde estou?" A resposta mais precisa será sempre: "Aqui." Em seguida, pergunte: "O que estou realmente fazendo?" Não, não responda apenas "trabalhando" durante as oito horas que permanece no emprego. O mais provável é que você esteja escrevendo, pensando, limpando alguma coisa, falando, caminhando, parado em pé, levantando alguma coisa, sentado, prestando atenção, tomando alguma decisão, procurando alguma coisa ou... fazendo o mesmo tipo de coisas que você faz o resto do dia. O dia inteiro, todos os dias, você está apenas vivendo a sua vida. Isso talvez faça com que o seu emprego pareça mais rotineiro, mas também fará com que o restante da sua vida pareça mais intenso e completo, e fará com que você se sinta mais ativo. Experimente.

4. Redefinir o trabalho traz à luz novas perspectivas para o desemprego

Desde a Depressão, o emprego de tempo integral tem sido uma meta declarada do nosso governo. Entretanto, a realização desse "ideal" enfrenta vários obstáculos importantes. O primeiro, é claro, é que em decorrência de uma população cada vez maior, o emprego de tempo integral requer que sejam criados cada vez mais empregos. Para garantir o mercado para esses bens e serviços adicionais, temos que aumentar o consumo, tanto na América do Norte quanto em outros países. No entanto, os limites da nossa base de recursos, o planeta, torna esse objetivo improvável e talvez ridículo. Assim sendo, o crescimento econômico talvez não seja capaz de fornecer empregos suficientes para essa força de trabalho em expansão.

Além disso, como Willis Harman e John Hormann sugerem no excelente livro *Creative Work*,* o progressivo sucesso da Revolução Industrial e Tecnológica está permitindo que o trabalho humano seja progressivamente substituído por máquinas. Estamos em um beco sem saída. O nosso êxito

---

* *O Trabalho Criativo*, publicado pela Editora Cultrix, São Paulo, 1992.

tecnológico representará um fracasso social crescente à medida que cada vez mais pessoas ficam desempregadas. Esta situação está piorando em decorrência do fato de que temos considerado o ensino superior como um treinamento profissional, mas as pessoas diplomadas estão cada vez mais em uma situação de desemprego ou de subemprego. Está se tornando cada vez mais óbvio que qualquer um de nós, a qualquer momento, pode perder o emprego. No entanto, se dissociarmos o trabalho dos rendimentos poderemos tomar medidas para que ninguém volte a ficar desempregado, mesmo que não tenham um emprego remunerado. Na pior das hipóteses, essas pessoas estão em um período de transição.

Como vimos no Capítulo 5, seguir os passos deste programa conduz à formação de uma poupança, que oferece uma proteção ou rede de segurança no caso da perda do emprego. Além disso, ao romper o elo entre o trabalho e os rendimentos, você transforma o desemprego em uma ocasião de aprendizado e descoberta. Se está desempregado, você não é um pária. Não é uma pessoa inútil. Você pode sentir que vale um milhão, mesmo que não ganhe dez centavos. O seu valor como pessoa não provém do que lhe pagam e sim do que você é e do que você dá. Se conseguir deixar que essa verdade cresça dentro de você, opções e oportunidades de um emprego remunerado talvez surjam nos lugares mais bizarros.

5. Redefinir o trabalho adiciona vida à sua aposentadoria

Todo mundo se aposenta um dia. A única questão é quando. Muitos trabalham, morrem cedo e se aposentam no dia em que morrem. Outros seguem as regras do jogo e se aposentam quando a companhia em que trabalham diz que eles podem ou devem fazê-lo. Mais recentemente, executivos de empresas que estão em retração estão se aposentando cedo, sendo beneficiados pelo pacote de bônus e indenizações incluído no contrato. E algumas pessoas fizeram o curso de FI (ou seguiram um programa semelhante) e se aposentaram enquanto ainda tinham muita energia. Independentemente de quando você se aposentar, a qualidade da sua aposentadoria será realçada se você tiver sido capaz de dissociar o trabalho do rendimento. Ao fazer isso, você está garantindo que se aposentará apenas do emprego remunerado e não da vida. Você pode continuar a expandir o seu verdadeiro trabalho depois da "aposentadoria", quer você se aposente aos quarenta, sessenta ou oitenta anos. Se você estiver ativamente envolvido com uma vida que lhe seja significativa, ninguém poderá afirmar que você não é mais um trabalhador de valor. Você poderá encerrar o seu tempo de serviço no emprego remunerado, mas não perderá a utilidade — ou a dignidade. Pense nas associações que você faz com a palavra "aposentadoria". Se a palavra encerrar conotações negativas para você, verifique se redefini-la da maneira como sugerimos altera esses sentimentos. A aposentadoria só simboliza o fim da vida se você definir a si mesmo em função do seu emprego remunerado.

6. Redefinir o trabalho homenageia a atividade não remunerada

Se você acha que só está trabalhando quando está ganhando dinheiro, então você (e bilhões de outras pessoas) está muito ocupado estando desempregado grande parte do tempo. As atividades cotidianas, como cuidar de si mesmo, da casa e da família, são um trabalho não-remunerado. Não se trata de não notarmos esses outros afazeres e sim de nem sempre os respeitarmos. Temos a tendência de encará-los como meros obstáculos a serem superados no caminho do nosso "verdadeiro" trabalho, o emprego no qual somos remunerados.

E as horas que você passa sendo pai ou mãe para os seus filhos, um bom vizinho, um amigo atencioso, um parceiro amoroso e um bom cidadão da sua cidade, estado, país e planeta? Essas atividades por si só poderiam conferir significado, desafio, criatividade e propósito à vida. No entanto, por estarmos ocupados com o trabalho remunerado, freqüentemente tentamos "fazer" o nosso trabalho de relacionamento de acordo com um manual imaginário. Os pais ocupados proporcionam aos filhos comida, roupa, abrigo, cursos variados, motorista e, sempre que possível, um "tempo de qualidade". O parceiro bem-intencionado mas muito atarefado compartilha a cama, os afazeres, o café da manhã, o jantar (caso nenhuma reunião de negócios esteja programada para esses momentos), as finanças e, sempre que possível, um "tempo de qualidade". Na condição de cidadão, você vota. Como vizinho, você arranca as ervas daninhas, bate papo na cerca ou no elevador, e participa da vigilância noturna do quarteirão. Na área da amizade, você almoça ou conversa pelo telefone com os amigos. No fundo, sabemos que poderíamos fazer coisas melhores, mas a vida é tão movimentada que não temos tempo para estar com as pessoas.

Outra perda decorrente do fato de confundirmos o trabalho com o rendimento é o nosso trabalho interior, o trabalho do exame de consciência, do desenvolvimento pessoal, e do amadurecimento emocional e espiritual. Precisamos de tempo para conhecer a nós mesmos. Tempo para reflexão, silêncio, para escrever no diário, para a prece e o ritual, para o diálogo com um amigo atencioso para curar as feridas do passado, desenvolver uma filosofia de vida coerente e um código de ética pessoal, e para definir metas pessoais e avaliar o progresso. No entanto, em vez de respeitar tudo isso como um trabalho importante, nós comprimimos o que podemos em noites e fins de semana, dedicando a maior parte das horas que passamos acordados ao "verdadeiro trabalho" do nosso emprego.

Redefinir o trabalho nos devolve a experiência e expressão plenas dessas outras atividades. Podemos honrar as nossas tarefas domésticas, os nossos relacionamentos e o nosso trabalho interior, e conferir a esse trabalho não-remunerado a mesma criatividade, respeito e atenção que concedemos ao nosso emprego remunerado.

7. Redefinir o trabalho associa o trabalho à diversão

Já que inconscientemente igualamos o "rendimento" (receber dinheiro) e o "trabalho", partimos do princípio que se não estivermos recebendo nenhuma renda é porque não estamos trabalhando; devemos estar "meramente" nos divertindo com um frívolo passatempo que não atende a nenhum propósito verdadeiro. Às vezes a diversão pode se parecer com o trabalho, como em uma intensa partida de xadrez. Às vezes o trabalho se parece tanto com a diversão que as pessoas dizem (com um certo sentimento de culpa): "Este emprego é tão divertido que eu não deveria receber nada por ele." Então, como diferenciar o trabalho da diversão?

Vamos testar alguns parâmetros habituais para verificar quais nos oferecem um método infalível para distinguir o trabalho da diversão. Pense em uma pessoa executando uma atividade que ela faz muito bem e que é considerada valiosa pelos outros. Essa atividade pode ser qualquer coisa, como a patinação artística, dirigir um ônibus em uma estrada sinuosa na montanha ou defender um processo crítico em um tribunal federal. Que fator lhe diria, com certeza, que o que você está observando é trabalho?

	Trabalho	*Diversão*
Competição	sim	sim
Cooperação	sim	sim
Concentração	sim	sim
Aptidão	sim	sim
Absorção	sim	sim
Satisfação	sim	sim
Sensação de poder	sim	sim
Capacidade para viajar	sim	sim
Conquista do reconhecimento	sim	sim
Auto-expressão	sim	sim
Remuneração	sim	não

Heureca! Descobrimos a diferença. Se houver dinheiro envolvido, trata-se claramente de trabalho. Se não houver dinheiro envolvido, ou trata-se de diversão (que igualamos ao prazer) ou do dever (necessário porém não obrigatoriamente agradável). Você o executa porque quer ou porque é obrigado, mas *não* para ganhar dinheiro. Não é verdade que a atividade não-remunerada, seja ela diversão ou dever, freqüentemente é considerada como valendo menos do que a atividade remunerada? Não é verdade que existe uma crença quase universal na nossa cultura que se não estamos trabalhando por dinheiro, se não estamos construindo uma carreira, se não estamos empregados, não somos ninguém?

8. Redefinir o trabalho possibilita que você aproveite mais o seu lazer

Em *Downshifting*, Amy Saltzman explora o tema de "reinventar o sucesso em uma pista mais lenta". Por ser uma "profissional", Amy ficou curiosa a respeito de por que a sua geração, apesar de todo o seu empenho, nunca parecia alcançar a felicidade. O livro começa e termina com uma meditação sobre as varandas vazias na frente das casas, varandas que em épocas anteriores eram um centro de atividade e prazer. O livro é dirigido "àqueles entre nós que zelosamente desempenharam a função de profissionais de carreira e excluíram, em alguns casos, quase tudo o que confere propósito e significado à vida". Ela conta a história de profissionais que mudaram de rumo a fim de desfrutar uma vida mais lenta e mais gratificante. O que todos reivindicavam era o valor do tempo de lazer, as "varandas da frente" da sua vida. Para os gregos, o lazer era o bem mais precioso, a essência da liberdade, um período destinado ao desenvolvimento pessoal e a atividades mais elevadas. No entanto, aqui estamos nós, no final do segundo milênio, incapazes de efetivamente relaxar e aproveitar o nosso lazer. Até mesmo a língua inglesa nos trai, pois o chamamos o de *"time off"* [tempo fora], como se o lazer representasse apenas alguns minutos de recuperação antes de voltarmos ao ringue da vida, dando murros até o limite da nossa capacidade. Se não nos identificássemos tão fortemente com o que fazemos por dinheiro, talvez pudéssemos respeitar e aproveitar mais o nosso lazer. Tudo bem brincar. Tudo bem relaxar na sombra e ouvir os pássaros. Tudo bem dar um passeio sem ter em mente um destino específico. O lazer não é uma crise de identidade quando sabemos que não somos o nosso emprego. É claro que o desafio é ser capaz de considerar digna a nossa aparente ociosidade. Saltzman ressalta o seguinte:

> O trabalho, para muitos de nós, é uma maneira fácil e aceitável de preencher as horas. A nossa vida profissional contém regras claras a ser seguidas e metas a ser alcançadas. Em contrapartida, cabe completamente a nós inventar a estrutura de sucesso do nosso lazer.

9. Redefinir o trabalho lança uma nova luz sobre o "meio de vida correto"

O "meio de vida correto" é o ideal de descobrir uma maneira pela qual o seu verdadeiro trabalho ou vocação também seja o seu trabalho remunerado. Embora possamos dar a impressão de estar defendendo aqui essa idéia, esse nobre esforço encerra algumas armadilhas que o programa de FI primorosamente consegue evitar.

A primeira armadilha é que não existe nenhuma garantia de que você vá encontrar uma pessoa disposta a pagar por aquilo que você julga ser a sua vocação. Podem ser necessários muitos anos para que você desenvolva a sua arte, pesquisa, inovação social ou nova tecnologia a ponto de que aqueles que têm dinheiro desejem pagar por ela. Na maioria das vezes isso tem mais a ver com a sorte, o acaso, a perseverança, os contatos ou uma série de outros fatores do que com o verdadeiro valor do seu trabalho. Ao abandonar a *expectativa* que você será pago para fazer o trabalho pelo qual é apaixonado, você poderá fazer as duas coisas com mais integridade. Poderá ganhar dinheiro suficiente para cobrir as suas despesas e seguir o seu coração sem se comprometer.

Michael Phillips, no livro *The Seven Laws of Money,* nos adverte a respeito das armadilhas e falácias ocultas no elevado ideal do "meio de vida correto". Ele recomenda com veemência que as pessoas separem os projetos filantrópicos das necessidades de sobrevivência:

> Infelizmente, muitas pessoas não conseguem separar as duas coisas, e o resultado final é que a convicção de que o projeto no qual estão trabalhando é a coisa mais importante que podem fazer alia-se à convicção de que precisam sobreviver. A combinação dessas duas idéias as leva a acreditar que *o mundo tem obrigação de lhes garantir a subsistência.*

Outros fatores a considerar a respeito do meio de vida correto:

1. É possível, ou até apropriado, receber um salário pelo trabalho que sentimos ser a nossa vocação — o trabalho de resolução de conflitos na nossa igreja, a ajuda que damos às crianças da vizinhança que não têm para onde ir, as campanhas por telefone para promover a paz, ser um amigo carinhoso para alguém que está à beira da morte? *At the Crossroads,* um documento da Communications Era Task Force sobre a nossa época, chama essas "atividades zelosas" de atividades executadas "por um sentimento de comprometimento pessoal e de comprometimento com a sociedade":

> As atividades zelosas são vitais para a saúde de uma sociedade. Não obstante, sistematicamente as subestimamos e lhes damos pouco apoio porque elas não se encaixam nem na economia de mercado nem no setor público. Não têm o respaldo da economia de mercado porque os benefícios dessas atividades freqüentemente têm lugar a longo prazo, são dispersos e difíceis de definir. Não têm o apoio do governo porque não são facilmente controladas pela burocracia.

Steve Brandon, o motorista de caminhão do Maine, tinha meia dúzia de boas maneiras de ganhar dinheiro. Ele é enfermeiro diplomado, massoterapeuta e agricultor. O "meio de vida correto" para ele parecia ser trabalhar como enfermeiro, prestar uma grande assistência às pessoas e além disso pagar as contas. Mas as coisas não funcionavam dessa maneira. Como enfermeiro, ficava preso em um fluxo constante de registros clínicos e na elaboração de relató-

rios, acabando por passar mais tempo com um lápis do que com os pacientes. No final do dia, Steve não tinha energia para se dedicar ao trabalho voluntário que adorava. Se ia trabalhar com enfermagem, queria fazê-lo por amor, não por dinheiro. Assim sendo, decidiu-se a dirigir um caminhão que distribui gás. Ele tem mil clientes e um itinerário que abrange muitos quilômetros de estradas secundárias que conduzem a fazendas e propriedades rurais isoladas. No inverno, Steve talvez seja a única pessoa que muitos dos habitantes desses lugares vêem a semana inteira. Alguns estão velhos e doentes, de modo que ele pára para bater um papo e ver como estão passando. Steve pode ouvir as queixas e ajudá-los a discernir com quais delas devem se preocupar e a quais não devem dar atenção. Steve fornece muitas informações sobre nutrição, especialmente a pessoas que não têm a menor idéia do que os médicos querem dizer quando recomendam uma alimentação "pobre em gorduras e rica em fibras". De alguma maneira, sem usar um termômetro ou mesmo escrever um relatório, as pessoas sentem-se melhor quando ele vai embora. Ele é um "agente de cura que não é pago pelo que faz", o que lhe convém perfeitamente. Steve ganha o seu dinheiro entregando gás e dá o seu amor de graça.

2. Se você *está* sendo pago pelo trabalho que considera a sua vocação, examine com cuidado como está gastando o seu tempo nesse trabalho que produz uma renda e lhe proporciona um "meio de vida correto". Você está realmente executando o trabalho plenamente e com competência, ou está despendendo uma quantidade de tempo excessiva com preocupações financeiras, talvez arrecadando dinheiro para continuar o seu trabalho? Muitos aspirantes a santos acabam como arrecadadores de fundos, e muitos aspirantes a ativistas acabam envolvidos com a editoração eletrônica, enviando boletins informativos para os membros para manter o fluxo de doações. Qualquer atividade que seja financiada pelo governo ou pela iniciativa privada está sujeita aos caprichos ou prioridades de outra pessoa. Qualquer produto ou serviço que dependa de um público consumidor volúvel talvez não consiga sobreviver em um mercado competitivo. Pergunte então a si mesmo se o seu trabalho é seguro ou se existem preocupações futuras relacionadas com o dinheiro que possam justificadamente preocupá-lo agora.

3. Você executaria esse trabalho do jeito que está executando se as suas necessidades financeiras estivessem resolvidas? Se a resposta for negativa, que ajustes você está fazendo porque precisa do rendimento? Você conse-

gue permanecer leal à sua integridade? Desde que esteja recebendo dinheiro pelo trabalho que executa, existe a possibilidade, mesmo que minúscula e sutil, de que você traia a sua visão, os seus valores ou as suas convicções.

Em *The Biology of Art,* o zoólogo Desmond Morris fala das suas experiências de apresentar o "motivo do lucro" aos macacos. O primeiro passo foi ensinar-lhes a ser artistas e produzir desenhos e pinturas que eram decididamente encantadores. Quando a "arte" desses macacos se estabeleceu, Desmond começou a "pagá-los", recompensando-os com amendoins pelo trabalho que faziam. No sistema da recompensa, o trabalho artístico rapidamente se deteriorou, e os macacos começaram a entregar rabiscos feitos às pressas apenas para obter amendoins. O "comercialismo" destruiu o comportamento artístico dos macacos, fazendo com que competissem pelos amendoins. É nesse ponto que entra a exigência da sinceridade. Que ajustes, mesmo que extremamente sutis, você está efetuando na sua "arte" (seja na marcenaria, na arqueologia, nos serviços de creche ou qualquer outra coisa) para fazer com que os amendoins continuem a entrar? Quanto você está disposto a arriscar nos seus sermões de domingo antes de começar a pensar na possibilidade de perder o emprego, a renda e seu presbitério, bem como a sua posição e a sua autoridade na comunidade? A maneira como você ensina seria a mesma se você não estivesse sendo remunerado? Você está redigindo textos publicitários em vez do grande romance americano com o qual sonha há anos? Você sacrificou a sua visão de como a vida poderia ser pela realidade de ganhar a morte?

Rick Paul, um antigo executivo da indústria editorial que ganhava cem mil dólares por ano, deixou o emprego para ser escritor, mas não esperava um sucesso instantâneo. Assim sendo, foi trabalhar como guarda-florestal em regime de meio expediente para fazer com que os "amendoins" continuassem a entrar e pretende passar o resto do tempo escrevendo. Em um artigo na revista de domingo *Pacific,* "Getting a Life" de Richard Seven, Rick disse o seguinte:

> Os nossos amigos perguntam por que nós [ele e Kathleen, a sua mulher] abandonamos bons empregos em Seattle para morar na região rural. Sempre sonhei com duas coisas: morar no interior e ser escritor. Poderei descobrir que sou um péssimo escritor, mas fazer essa constatação será melhor do que me aposentar aos sessenta e cinco anos e olhar para trás com um punhado de "e se?"

Redefinir o trabalho possibilita que você dê um passo atrás e contemple os seus sonhos pelo que eles são, e o seu emprego pelo que é — e faça com que ambos funcionem para você.

O poder de redefinir o trabalho

Redefinir o trabalho rompendo o elo entre o trabalho e o rendimento encerra implicações e benefícios surpreendentes. Willis Harman, famoso futurista e presidente do Institute of Noetic Sciences, diz o seguinte:

> Ilimitadas oportunidades tornam-se visíveis quando a mente é libertada por meio da separação das funções do trabalho criativo e da distribuição de renda.

Quando você rompe o vínculo conceitual entre o trabalho e o dinheiro, oferece a si mesmo a oportunidade de descobrir qual é o seu verdadeiro trabalho. Ele pode se revelar totalmente dissociado do que você faz atualmente para ganhar dinheiro.

Quer você ame o seu emprego e continue nele, quer passe a fazer algo novo, romper o vínculo entre o trabalho e o dinheiro abre espaço na sua vida para as partes do seu ser que estavam imprensadas pelo seu emprego. Você pode sentir um momento de pânico devido ao vazio deixado mesmo por essa suspensão temporária da sua identificação com o emprego. Mas existem outros você: você como pai ou mãe em tempo integral, como aprendiz, como amigo, como aventureiro, como organizador comunitário, como voluntário, como artista, como sonhador e como arquiteto do trabalho da sua vida.

Certo amigo nosso perguntou recentemente a um colega por que ele não parecia sofrer o *stress* de que todas as outras pessoas na agência sobrecarregada de trabalho se queixavam. O colega simplesmente respondeu: "O meu trabalho não é o principal evento da minha vida."

Romper o elo entre o trabalho e o dinheiro lhe devolve a sua vida. Você não precisa mais que o carimbo de aprovação chamado emprego lhe conceda todos os benefícios emocionais, intelectuais e espirituais de estar empregado. Você talvez até mesmo descubra que não precisa se amarrar pelo resto da vida a um trabalho árduo, em horário integral, apenas para se sustentar.

Agora que determinamos que a única finalidade intrínseca do emprego remunerado é receber o pagamento (quer você ame, quer odeie o seu em-

– 312 –

prego), faz sentido verificar se você está permutando a sua preciosa energia vital pelo que ela vale. Agora que você sabe que a sua *vida* é maior do que o seu emprego, faz sentido conseguir um emprego que realmente "cumpra a tarefa", ou seja, que pague bem. Agora que você consegue enxergar outras opções além de "trabalhar para ganhar a morte das nove às cinco até completar sessenta e cinco anos", faz sentindo ter certeza que o seu emprego remunerado o paga o suficiente para que o seu investimento de tempo valha a pena. Isso nos conduz ao Sétimo Passo do programa de FI.

Sétimo Passo: Valorizar a sua energia vital — maximizando a renda

O Sétimo Passo consiste em aumentar a sua renda valorizando a energia vital que você investe no emprego e trocando-a pela remuneração mais elevada compatível com a sua saúde e a sua integridade.

Quando recebe o seu contracheque, você está realmente obtendo uma troca justa pelo seu investimento da valiosa energia vital? O segredo para que você se liberte do mundo de "ganhar a morte" é valorizar a sua energia vital. Vimos que o dinheiro é apenas uma coisa pela qual você troca a sua energia vital. Também reconhecemos que a finalidade do emprego remunerado é receber o pagamento. A razão e o auto-respeito não sugerem, então, que quando você trabalhar para receber o pagamento, uma opção é ganhar o máximo dinheiro possível por hora, compatível com a sua integridade e a sua saúde? Embora essa afirmação possa se parecer com a antiquada ganância, continue a ler este livro e perceberá que está avançando em uma direção completamente diferente.

Os Passos de Um a Seis o levaram a definir o que é "suficiente" para você. Em vez de definir a suficiência como "mais do que tenho agora", condenando-se assim à experiência da eterna pobreza, você está descobrindo que a suficiência é bem menos do que você imaginava e está bem dentro dos seus recursos. E lembre-se de que a *sua* suficiência será um nível de despesa que evolui a partir do equilíbrio entre os seus gastos, a sua experiência de satisfação, o seu propósito na vida e os seus valores. A suficiência não é a quantia mínima para a sobrevivência; é a quantia exata que lhe confere satisfação sem excesso. Como salientamos no Capítulo 5, essa suficiência é, em geral, bem inferior à sua renda. Se você está gastando menos dinheiro do que ganha, isso significa que você pode passar menos tempo no emprego e ainda ter o suficiente. É elementar. Se o suficiente para você são 1.000 dólares por mês e você ganha 10 dólares por hora, precisa trabalhar cem horas por mês para cobrir as suas despesas. No entanto, se você ganhar vinte dólares por hora, só *precisará* trabalhar cinqüenta horas por mês no emprego remunerado.

Estamos então voltando ao estilo de vida que os seres humanos desfrutavam antes da Revolução Industrial. Naquela época, podíamos trabalhar duas ou três horas por dia para ganhar dinheiro e passar o resto do tempo dedicando-nos ao relaxamento, à diversão, ao desenvolvimento pessoal, à interação humana, ao envolvimento com a comunidade ou aos serviços humanitários. Só escolhíamos trabalhar mais horas no emprego remunerado por um bom motivo, já que atribuíamos um valor elevado à nossa energia vital. O mesmo ocorre hoje, quando você decide adotar aquele estilo de vida. Você pode trabalhar mais horas para ajudar alguém ou alguma coisa. Pode fazê-lo para pagar as suas dívidas e experimentar esse aspecto particular da liberdade financeira. Pode fazê-lo para acumular uma poupança para ter segurança independentemente do clima econômico. Ou você pode fazê-lo para poder atingir outras metas na vida, como voltar a estudar, viajar pelo mundo ou até mesmo tornar-se financeiramente independente. Por conseguinte, o tamanho e a intensidade dos seus objetivos determinam o tempo e a energia que você investe no local de trabalho. Você pode até mesmo ficar tão ansioso para atingir uma meta financeira que acaba alegremente aceitando um segundo emprego. Ao contrário do comportamento da pessoa viciada em trabalho, as horas adicionais que você trabalha estão agora relacionadas com o seu objetivo e o promovem.

*Para **Rosemary Irwin**, dissociar o trabalho dos rendimentos significou que ela pôde passar a perseguir outros objetivos além do emprego, entre eles viajar e trabalhar em projetos que pudessem ajudar o planeta. Embora apreciasse o seu cargo de diretora de atividades de uma clínica geriátrica, Rose não pretendia dedicar a vida a esse trabalho. Percebeu claramente que quanto mais ganhasse agora, mais rápido poderia dedicar-se aos seus outros objetivos. Quando herdou dez mil dólares da avó, Rosemary imediatamente adicionou a quantia à sua poupança. Em vez de procurar um emprego mais bem remunerado, que certamente poderia deixá-la mais tensa, decidiu adotar outra estratégia. Começou a* *trabalhar em um segundo emprego, em regime de plantão, para uma pequena distribuidora de fitas de áudio, trabalhando várias horas por semana à noite e nos fins de semana. O horário era flexível, as pessoas agradáveis, a tensão muito pequena e a remuneração horária idêntica à que recebia no emprego de horário integral. Embora esteja trabalhando bem mais de quarenta horas semanais, a meta de Rosemary a mantém dinâmica e bem-humorada.*

Valorizar a sua energia vital e ir em busca da maior remuneração possível não tem nada a ver com a mentalidade de "quanto mais, melhor". Você não está querendo mais dinheiro para possuir mais bens materiais e sim para poder ter uma quantidade *suficiente* de bens materiais — e mais vida. Se dinheiro = energia vital, ao aumentar a sua renda você aumenta a quantidade de vida que tem disponível. Dependendo do quanto você ganhar por hora, um carro novo poderia custar um mês, seis meses ou um ano de trabalho. E você não quer ganhar mais dinheiro para ter mais *status*, prestígio, poder ou segurança. Você sabe que o dinheiro não compra essas coisas. Você quer mais dinheiro para poder ter mais liberdade para ser você mesmo sem *se preocupar* com o dinheiro. Você quer mais dinheiro como uma *expressão* da sua auto-estima, do valor que você atribui à sua energia vital.

Novas opções para o emprego remunerado

Neste ponto, você tem várias opções criativas para explorar, entre elas elevar a sua remuneração para poder trabalhar em regime de tempo parcial, expandindo o seu emprego atual ou procurando outro.

Ser mais bem pago: uma questão de atitude

Muitas pessoas são passivas, até mesmo fatalistas, com relação à remuneração que recebem. Agem a partir de uma mentalidade de vítima, ficando totalmente à mercê de forças externas, como o chefe, os níveis salariais, a situação do desemprego, a recessão, a economia local deficiente, à política econômica do presidente, a concorrência dos japoneses, e assim por diante. A atitude é a seguinte: "Não consigo encontrar um bom emprego, e a culpa é *Deles*. *Eles* estão me mantendo em um emprego mal-remunerado."

Embora a realidade econômica possa às vezes ser dura, também faz parte da natureza humana tornar realidade as idéias e convicções que alimentamos (fato que deveria incentivar-nos a ter muito cuidado com o que pensa-

– 315 –

mos a respeito de nós mesmos). Se você se vê como vítima, pode muito bem estar ocupado demais sentindo pena de si mesmo para reparar nas inúmeras oportunidades que tem de modificar o seu deplorável destino.

Pense em como valorizar a sua energia vital poderia transformar a *sua* experiência e o seu desempenho no emprego, bem como a sua capacidade de conseguir outro, caso seja essa a sua vontade. Com essa atitude, cada momento que você passa no seu emprego remunerado está ligado às metas, ao propósito, às visões e aos valores que você gera interiormente. Onde quer que esteja trabalhando, você o está fazendo para si mesmo. Você se vê como valioso, responsável pela maneira como distribui a sua energia vital, como alguém que livremente escolheu doar a sua energia vital a esse trabalho particular.

Um dos fatores importantes que limitam o seu potencial de recebimento é a atitude: atitudes a respeito de si mesmo (isto é: "Não sou suficientemente competente"), atitudes a respeito do seu emprego ou empregador (isto é: "Eles querem me pegar") e atitudes a respeito das circunstâncias atuais (isto é: "Não há empregos disponíveis"). Essas atitudes são degradantes, debilitantes e costumam ser profecias que se tornam realidade. Refletem-se na quantidade e na qualidade do seu trabalho, nas suas interações com os empregadores e os colegas de trabalho e seu medo com relação à segurança do emprego.

Para ter sucesso, cultive atitudes positivas como a dignidade, o orgulho pela sua contribuição ao local de trabalho, a dedicação ao emprego, a cooperação com os empregadores e colegas de trabalho, o desejo de executar corretamente o trabalho, a integridade pessoal, a responsabilidade e a confiabilidade — e faça-o porque valoriza a sua energia vital. E você dá valor a ela porque valoriza a *vida*. Você está comprometido com a excelência no emprego porque está cem por cento comprometido com a integridade, independentemente do que esteja fazendo. Você ficaria surpreso com o quanto a satisfação no emprego depende do funcionário e não do trabalho. Ocorre também que essa integridade e o aumento da qualidade e da produtividade do seu trabalho facilmente o qualificarão para um aumento de salário. Você talvez nem mesmo precise pedi-lo.

Steve West, o marceneiro que conhecemos no Capítulo 6, descobriu que uma das contribuições do programa de FI era a oportunidade que ele teve de voltar a entrar em contato com as suas aspirações como escritor. Steve foi criado em uma família da Força Aérea e continuou a se mudar constantemente depois de adulto. Concluiu o ensino médio em Gulfport, no Mississipi, e depois mudou-se para Austin, no Texas, onde abriu um negócio de reformas e contratou oito pessoas. Tudo correu bem até que a crise do petróleo o deixou sem chão. A crise, aliada a um divórcio, reduziu os seus bens a uma van com a sua carga (o que tornou muito fácil a execução do Primeiro Passo), e ele partiu. Passou um ano em Massachusetts e depois mudou-se para o Oregon, onde reside atualmente. Depois de pôr em prática durante um ano o programa de FI, Steve economizou dinheiro suficiente para poder se sustentar durante 12 meses, o que lhe permitiu recuar da sua precária situação financeira. Decidiu tentar escrever algumas histórias que já o acompanhavam havia anos, baseadas nas suas experiências no Mississipi no início da década de 1970 quando construiu uma igreja batista com alguns carpinteiros negros idosos. Para ter mais tempo livre para escrever, Steve começou a cobrar bem mais caro pelos seus serviços de reforma, pressupondo que não conseguiria fechar a maioria dos contratos. No entanto, teve uma grande surpresa. Muitas pessoas haviam ficado tão bem impressionadas com o seu trabalho no passado, que mostraram-se dispostas a pagar qualquer coisa que ele pedisse. Conseguiu então a quantidade de trabalho que queria a um preço muito mais elevado. Por desejar entregar o seu produto com a qualidade pela qual os clientes estavam pagando, Steve dedicou-se ainda mais ao trabalho. A reputação como um artífice de qualidade superior espalhou-se, trazendo-lhe ainda mais clientes. As suas horas de trabalho remunerado diminuíram, a sua renda aumentou, a sua ansiedade diminuiu, a sua paz de espírito cresceu e o tempo que passou a ter para escrever lhe parecia ilimitado. Steve ficou surpreso, mas não ia questionar a sua boa sorte; ou seria a sua elevada auto-estima?

A Independência Financeira como um emprego de meio expediente

Steve West escolheu o tipo de atividade que normalmente chamamos de trabalho em regime de meio expediente. No entanto, essa nova maneira de pensar a respeito do dinheiro e do trabalho nos faz olhar para essa expressão a partir de uma nova perspectiva. No mundo do emprego = identidade, o trabalho de meio expediente faz de você uma pessoa de tempo parcial que só vale meio período. Na qualidade de uma pessoa que trabalha meio expediente, essa maneira de pensar conclui que você estaria sacrificando muitos dos benefícios do emprego de período integral. Estaria se privando do seguro-saúde e do plano de aposentadoria da empresa. Perderia as oportunidades de promoção. Provavelmente ficaria fora das melhores tarefas, tendo que se resignar a trabalhar no que sobrasse, depois que os funcionários de horário integral tivessem removido a nata da superfície. Na nova maneira de pensar, no entanto, você está trabalhando em regime de tempo parcial na programação de outra pessoa porque tem o objetivo de ganhar dinheiro para poder trabalhar o maior número de horas possíveis na sua programação. Você dá aos seus empregadores o que o dinheiro deles vale, mas não define o seu valor em função do que faz durante essa pequena fração do seu tempo.

As pessoas adotaram uma série de variações em torno do tempo do trabalho em tempo parcial. Algumas trabalham três dias por semana, fazendo com que todos os seus fins de semana sejam longos. Outras exercem um trabalho remunerado durante seis meses por ano e fazem o que lhes agrada nos outros seis. (Você ficaria surpreso se soubesse quantos artistas, escritores, ativistas e aventureiros trabalham por período.) Outras pessoas ainda trabalham quatro horas por dia para poder estar disponíveis para os filhos tanto antes quanto depois da escola.

Pense por um momento no impacto que um crescente número de pessoas que optasse por trabalhar meio-período exerceria. Duas pessoas poderiam compartilhar um cargo, eliminando a concorrência pelas colocações cada vez mais escassas. A pressão de lidar com "o problema do desemprego" seria removida dos ombros do governo. A pressão resultante do "preceito emprego de tempo integral" seria retirada do meio ambiente. O compartilhamento do trabalho está, na verdade, tornando-se uma opção respeitada e estimulada. Com o raciocínio da FI causando a redução das despesas, um único emprego poderia proporcionar uma renda adequada para duas pessoas. Além disso, cada uma delas poderia produzir melhor porque não estaria sofrendo a exaustão, o tédio e a síndrome de "graças a Deus hoje é sexta-feira" tão comum entre os funcionários que trabalham em regime de tempo integral.

Mas e se eu gostar do meu trabalho?

Se você *gosta* do seu trabalho, essa nova perspectiva (valorizar a sua energia vital) realçará a sua experiência e a sua renda.

Lu Bauer (casada com Steve Brandon, o motorista do caminhão que distribui gás) adora o seu trabalho de contadora. Ela trabalha com uma visão e uma missão, chamando a si mesma de "contadora holística". Lu dedica-se a habilitar as pessoas a se tornarem responsáveis pelo próprio dinheiro. Ao fazer o curso de FI, descobriu os pontos cegos nas suas finanças pessoais. Quando calculou o quanto ganhava por hora, descobriu que dos 60 dólares que ganhava, só lhe restava um rendimento líquido de 5 dólares. O seu marido estava ganhando mais entregando gás no inverno na região rural do Maine. Aonde estava indo todo aquele dinheiro? Lu descobriu que na verdade estivera administrando o escritório para os seus clientes e funcionários. Muito nobre, mas não exatamente lucrativo.

Por ter desejado atender pessoas que não podiam pagar os seus serviços, Lu mantinha os seus honorários baixos e era sempre aquela que trabalhava além do horário e caminhava o quilômetro extra. As Tabulações Mensais revelaram que ela não estava progredindo economicamente. Esquecera-se da simples lição de valorizar a sua energia vital.

Lu decidiu elevar os seus honorários em 23 por cento e limitar a sua equipe a uma secretária. Além disso, resolveu reduzir o número de clientes, concentrando-se naqueles que queriam aprender a ajudar a si mesmos, bem como o número de horas que trabalhava. Depois de efetuar essas mudanças, Lu se viu exatamente com o número e o tipo de clientes que desejava, e agora trabalha menos horas ao mesmo tempo que ganha mais dinheiro. Como Lu valoriza a si mesma e a sua energia vital, os clientes dão valor à sua opinião e aprendem com ela a valorizar a si mesmos.

Como conseguir um emprego altamente ético e que pague muito bem

Sinto muito. Este capítulo não foi concebido como um manual para ajudá-lo a procurar um emprego. Como vimos anteriormente, não existe um Emprego Encantado. As pessoas que conhecemos nestas páginas tiveram que examinar profundamente a sua alma, correr riscos, fazer experiências e desafiar antigas convicções a fim de avançar em direção a um trabalho mais bem pago e mais íntegro. Tiveram que se conscientizar de que a sua vida é maior do que o emprego. As partes dessas pessoas que tinham sido sufocadas pelo trabalho remunerado precisaram receber espaço para poder respirar novamente. Essas pessoas tiveram que escavar por baixo do *status*, da seriedade e da presunção que assumem o disfarce de idade adulta e trazer à tona visões da infância de como a vida poderia ser. Elas tiveram que contar a si mesmas a verdade a respeito do seu atual trabalho remunerado, ou seja, se ele estava realmente cumprindo a função que se espera que ele cumpra: fazê-las ganhar dinheiro.

Existem vários manuais excelentes no mercado sobre como conseguir um emprego, e um número cada vez maior está sendo publicado todos os dias à medida que os empregos se tornam um bem cada vez mais escasso e apreciado. O melhor que já vimos é o clássico *What Color Is Your Parachute?* de autoria de Richard Bolles. Além disso, você está por sua própria conta. No entanto, uma advertência se faz necessária. P. T. Barnum declarou certa vez que a cada minuto nasce um aproveitador. Muitos líderes de seminários, agentes, "caçadores de talentos", orientadores psicológicos e outros ficariam encantados em ajudá-lo a encontrar o Emprego Encantado — por uma elevada remuneração. Alguns desses serviços são úteis, mas use o discernimento. Leia a letra miúda dos contratos. Seja um consumidor tão cauteloso quanto seria se fosse comprar um carro ou uma geladeira. Segue-se uma lista de atitudes que talvez possa lhe ser tão útil quanto um especialista em empregos altamente remunerado.

Lista para a procura de emprego

1. **Propósito.** Para encontrar um emprego altamente ético e muito bem remunerado, você precisa ter um *propósito* claro para desejar esse emprego. Como a finalidade do emprego remunerado é que você seja pago, a elevada remuneração certamente fará parte do seu propósito. Outro propósito seria, em parte, simplesmente a meta de deixar um trabalho que você não aprecia. Mas você também precisa elucidar o seu propósito mais amplo, seja o seu desejo de crescimento pessoal, aprendizado, aventura ou de fazer uma contribuição para os outros. Lembre-se de que quanto mais você ganhar, mais tempo poderá ter para fazer outras coisas importantes para você. É a sua energia vital que está à venda. Certifique-se de que a está vendendo para quem oferece mais, desde que o trabalho seja compatível com a sua integridade, a sua saúde e o seu bem-estar pessoal.

2. **Intenção.** A intenção é a vontade de alcançar a sua meta ou atingir o seu propósito. Quase todos sabemos o que queremos fazer ou deveríamos fazer, mas sem a *intenção* de fazê-lo, podemos procrastinar ou desviar-nos do rumo certo. A intenção fraca, a procrastinação e a falta de concentração

são com freqüência manifestações de convicções incapacitantes a respeito de si mesmo e da sua capacidade de alcançar a sua meta. Olhe para dentro de si e verifique se consegue identificar quaisquer convicções debilitantes, e em seguida abra a consciência para possibilidades mais positivas. A segunda causa de uma intenção fraca é a falta de lucidez com relação ao que você está procurando. Quanto mais claramente você conseguir definir o emprego que deseja, mais preciso você será na sua busca e mais perspicaz será a respeito das ofertas que receber. Qual é a sua aptidão mais valiosa, aquela que controla a remuneração mais elevada? Qual é a sua meta monetária (a remuneração horária)? Quais são as suas exigências geográficas, isto é, você precisa permanecer onde está e, caso contrário, onde está disposto a trabalhar? Quais são os seus requisitos éticos? Que condições de trabalho são essenciais para você? E não deixe de incluir o que aprendeu no Segundo Passo (descobrir por quanto você realmente está permutando a sua energia vital) como parte dos seus critérios para a seleção do trabalho. Um emprego que pague 20 dólares por hora mas que tenha despesas elevadas relacionadas com o exercício do cargo e o obrigue a despender muitas horas no trajeto de ida e volta do trabalho talvez não se encaixe mais na sua programação.

3. **Disposição.** Além de ter uma intenção forte, você precisa estar disposto a trabalhar pelo que quer. Toda a intenção do mundo não lhe conseguirá um copo de água se você não estiver disposto a pegar o copo e enchê-lo de água. Para encontrar ou criar um emprego que satisfaça os seus critérios, busque ativamente o emprego que deseja. Vá à luta e *procure* um emprego! Informe-se a respeito do jogo da procura do emprego e jogue-o com segurança e persistência. Você talvez precise fazer "visitas frias",* promover a si mesmo, ir a reuniões para fazer contatos profissionais, consultar os amigos, parentes e parceiros comerciais, e ir à biblioteca fazer pesquisas. Mostre-se disposto a ser positivo, criativo, inventivo e persistente.

4. **Conscientização.** Você precisa permanecer consciente durante a jornada. Você pode ter todo o propósito, intenção e disposição do mundo, mas

---

* Tradução literal da expressão inglesa *Cold Call*. Trata-se de um telefonema ou visita, sem hora marcada, feita a uma pessoa a quem o vendedor nunca foi apresentado. (N.T.)

mesmo assim ficar impassível diante das oportunidades e obstáculos que se apresentam. Permaneça *consciente* de todas as possibilidades de emprego ao seu redor. Siga todas as pistas. Se você chegar à conclusão de que uma determinada linha de ação não tem uma perspectiva de progresso, pare de avançar nessa direção. Procurar pessoas para obter informações sobre possíveis vagas, mesmo que elas não tenham um cargo para lhe oferecer, com freqüência é uma maneira eficaz de descobrir um emprego. Procure lidar sempre diretamente com a pessoa que tem o poder de contratá-lo. Às vezes você consegue que criem um cargo para você demonstrando para um possível empregador que a empresa dele precisa das suas habilidades. Trace um rumo para esse emprego ideal e permaneça aberto ao inesperado. Encontrar um trabalho é um processo ativo *e* interativo. Permaneça consciente e você não terá um desempenho inadequado.

Você pode conseguir o emprego certo para você se tiver o propósito, a intenção, a disposição e a conscientização de encontrá-lo. Se não tem o emprego perfeito, continue a examinar esta lista para verificar onde você se desviou do rumo certo. O seu propósito está claro? A sua intenção é séria? Você está sendo preguiçoso na sua busca? Está deixando escapar perspectivas e oportunidades? Continue a procurar.

Existe poder no fato de saber que *você* tem as rédeas na mão e está no controle de quantas horas, dias, semanas e anos você pretende trabalhar por dinheiro, de saber que você pode definir uma meta precisa de quanto dinheiro precisa para se sustentar no nível de estilo de vida que escolher, de saber que uma vez que você tenha essa quantia, ganhar dinheiro não precisa ser o único critério para o que você faz. Esses vislumbres podem lhe proporcionar a motivação necessária para elevar a sua renda a novas alturas.

5. Reconhecimento. Finalmente, você precisa ser capaz de perceber quando tiver conseguido ter sucesso na consecução da sua meta. Ter sucesso significa simplesmente realizar a intenção ou tentativa. Você conduz o seu próprio sucesso por meio do que escolhe realizar e chega quando *reconhece* que chegou. A prova do sucesso não é se os outros o consideram ou não bem-sucedido. A única evidência é se você fez ou não o que tencionava ou tentou fazer. E a única pessoa que pode determinar isso é você. Um símbolo externo como um prêmio ou aumento de salário pode ser um adicional agradável, mas o importante é a certeza interior de que você fez o que se propôs fazer. Sem esse conhecimento interior, você poderá receber muitas recompensas externas, mas não ter nenhuma sensação de realização interior, e nenhuma quantidade de homenagens jamais será "suficiente". Com esse conhecimento interior, você será capaz de conseguir praticamente qualquer coisa.

*Dez anos antes de iniciar a jornada em direção à FI, **Marcia Meyer** havia deixado o seu casamento e criado sozinha quatro filhos. Ouvira falar no programa financeiro vários anos antes de efetivamente fazer o curso e começar a acompanhar fielmente os seus rendimentos e os seus gastos. Não tinha a menor idéia de por que esse procedimento era importante, mas ele lhe conferia uma pequena sensação de controle em uma vida sob outros aspectos caótica. Na época em que Marcia ouviu o seminário em uma fita, seus quatro filhos estavam crescidos e ela estava finalmente livre para encontrar o seu caminho.*

Embora tivesse se dedicado bastante ao desenvolvimento espiritual depois do divórcio, ainda sentia-se impotente e inadequada com relação ao dinheiro. Nessa ocasião, Marcia estava residindo com amigos, trocando trabalho por casa e comida. Determinada a tornar-se financeiramente independente, percorreu a pé um trecho da estrada deserta onde estava morando, foi até um pequeno motel litorâneo e candidatou-se à função de camareira. Foi contratada na hora e voltou para casa nas nuvens. Marcia estava a caminho da FI, mas quando as pessoas que moravam com ela lhe perguntaram quanto iria ganhar, ela percebeu que se esquecera de perguntar.

Vários meses depois, Marcia mudou-se para Seattle para procurar um emprego que pagasse mais do que o salário mínimo. O que lhe faltava em sofisticação, ela compensava com determinação. Semanas depois de chegar à cidade, estava morando com uma amiga, havia costurado para si mesma um guarda-roupa de trabalho e estava prestando serviços contratados por uma agência de mão-de-obra temporária. Marcia pendurou imediatamente na parede o seu Quadro-mural, e em alguns meses conseguiu quitar dívidas no valor de vários milhares de dólares. O seu progresso a incentivou. Para cada cargo temporário que exercia, Marcia calculava o seu salário real por hora. Avaliava implacavelmente cada oportunidade com relação ao verdadeiro custo do trabalho; a necessidade de aprender um novo programa de processamento de texto, ter que viajar longas distâncias e a personalidade dos seus colegas de trabalho eram fatores que contribuíam para a sua decisão. Marcia já conseguira duplicar os seus rendimentos, de 4 dólares por hora para um pouco mais de 8, mas não parou por aí. Em cada posição temporária, ficava atenta às possibilidades de um emprego permanente. Fazia com que cada contato e cada conversa fosse importante e, quando o supervisor de um hospital no qual estava trabalhando temporariamente mencionou que havia uma vaga de assistente administrativo, em horário integral, de chefe de departamento, Marcia decidiu candidatar-se ao cargo. Durante a entrevista, convenceu o médico de que era exatamente a pessoa que ele estava procurando, e conseguiu o emprego. O seu salário subiu para mais de 10 dólares por hora, acrescido de benefícios. Embora nunca tivesse tido um emprego como esse antes, Marcia recorreu aos seus conhecimentos do trabalho em escritório, à habilidade administrativa exigida para criar quatro filhos e à dignidade e à integridade que têm lugar quando seguimos o programa de FI, o que lhe granjeou a admiração de toda a equipe.

Mas Marcia não desistiu de procurar. Continuou a ler os anúncios de empregos oferecidos, a conversar com amigos de diferentes profissões e a permanecer atenta a tudo o que acontecia ao seu redor. Ao examinar diariamente o seu Quadro-mural, permanecia consciente de que quanto mais caro vendesse a sua energia vital, mais rápido a sua poupança cresceria, e mais depressa seria novamente dona do seu tempo. A oportunidade seguinte surgiu de uma maneira inesperada, mas Marcia pôde aproveitá-la porque estava atenta às chances que pudessem aparecer. Devido ao seu interesse pela saúde, Marcia ofereceu-se para trabalhar como voluntária em um congresso médico anual. Por acaso estava trabalhando na mesa em que estavam sendo vendidas as camisetas no primeiro dia do congresso, quando o diretor executivo da organização que estava patrocinando o evento pediu demissão do cargo, o que fez com que os participantes do evento tivessem que se virar sozinhos. Marcia fazia parte de uma equipe de voluntários que intervieram para preencher a lacuna. A sua capacidade e o seu trabalho não passaram despercebidos. Quando o conselho diretor começou a procurar outro diretor executivo, Marcia foi a escolha óbvia. Assim sendo, atuou como diretora executiva da organização nos dois últimos anos em que trabalhou em um emprego remunerado. O conselho diretor passou a admirar e confiar cada vez mais na integridade de Marcia e expressou esse sentimento aumentando o seu salário. Quando ela achou que estava na hora de ir embora, o seu salário-hora estava acima de 14 dólares e a sua renda anual ultrapassava 28 mil dólares, valor que fora tão inimaginável para a camareira Marcia que ela agora precisou colar mais papel quadriculado na parte superior do seu

Quadro-mural para poder inserir a sua renda mensal. Os seus rendimentos tinham caído fora do gráfico! (Ver Figura 7-1.)

O claro propósito, a intenção, a disposição e a conscientização de Marcia permitiram-lhe reconhecer cada oportunidade de uma remuneração mais elevada, o que acabou por quadruplicar a sua renda. A sua auto-imagem foi de "trabalhadora de salário mínimo" para "diretora executiva". Marcia fez de cada nova experiência uma plataforma a partir da qual pôde ir mais longe. As suas aptidões e a sua formação, que ela julgava corresponder a uma carreira de segunda classe e sem futuro, na verdade revelaram-se dignas de um cargo executivo. Tudo o que Marcia precisou fazer foi valorizar a sua energia vital, ter em mente o seu propósito, empenhar a sua vontade e prestar atenção a todas as oportunidades que surgiram no seu caminho.

O Sétimo Passo consiste apenas em "valorizar a energia vital e aumentar a renda", já que a única finalidade do emprego remunerado é receber o pagamento. Você não faz isso por ser ganancioso ou para competir, e sim por ter dignidade e apreciar a vida. Um subproduto dessa atitude é que você poderá reduzir as suas dívidas, aumentar a sua poupança, ter mais tempo livre, mais energia no trabalho, ser mais ativo fora do trabalho,

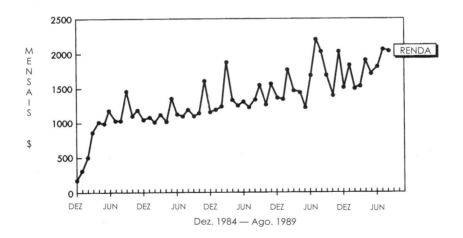

FIGURA 7-1

Quadro-mural de Marcia — com a Renda

ficar mais satisfeito com os clientes, ter uma família mais contente e mais paz de espírito.

Resumo do Sétimo Passo

Aumente a sua renda valorizando a energia vital que você investe no trabalho, permutando-a pela mais elevada remuneração compatível com a sua saúde e integridade.

8

O ponto de cruzamento:
O pote de ouro no final
do Quadro-mural

Ao executar os passos de um a sete, você avançará inexoravelmente em direção à FI. Alcançará naturalmente a Inteligência Financeira, a capacidade de se distanciar das suas suposições e emoções a respeito do dinheiro, e observá-las imparcialmente. Você saberá quanto tem, quanto gasta e quanto da sua energia vital você está investindo em cada aspecto da vida que escolheu. A maioria dos seus vícios de consumo não chamará mais a sua atenção, e os poucos que conseguirem passar pela caixa registradora se parecerão pouco depois com ouro dos trouxas.

Ao seguir os primeiros sete passos, você também aumentará a sua Integridade Financeira. Passará a lidar com o dinheiro de uma maneira mais integrada com outros aspectos da sua vida. Todas as facetas das suas finanças estarão em harmonia com os seus valores.

Essas mudanças por si só poderão causar um aumento substancial na sua Independência Financeira. As suas despesas poderão diminuir, a sua renda aumentar, as suas dívidas poderão desaparecer e a sua poupança crescer. Você poderá até perceber que está compartilhando e consertando mais as coisas em vez de comprar tudo na vida. A liberdade que você sentirá por causa dessas mudanças parecerão um milagre, um renascimento fiscal. O dinheiro deixará de ser um problema na sua vida, e a criatividade que estava trancada na luta constante com as suas finanças será liberada para fazer com que sonhos maiores se tornem realidade.

Com o Oitavo Passo, a possibilidade da completa Independência Financeira se abre. Naturalmente, todos seremos financeiramente independentes em alguma ocasião entre o dia de hoje e o dia em que morrermos. A única coisa que está sendo discutida é quando. O Oitavo Passo lhe mostra como você pode cooperar com essa inevitabilidade e talvez deixar o emprego remunerado muito antes do que você imaginou ser possível. Também vamos ouvir histórias a respeito de outras pessoas que atingiram essa meta e em que elas decidiram trabalhar quando o dinheiro deixou de ser um problema.

No Capítulo 7 vimos o Quadro-mural de Marcia Meyer com a sua linha de rendimentos ultrapassando a parte superior. Vamos examiná-lo novamente, desta vez adicionando a linha das despesas (ver figura 8-1).

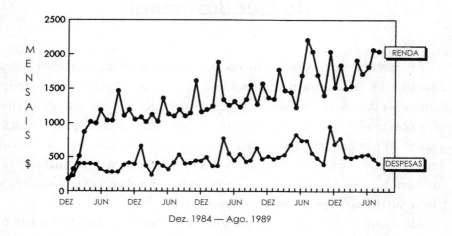

FIGURA 8-1

Quadro-mural de Marcia — com Renda e Despesas

Por ter vivido à beira da pobreza durante tantos anos, **Marcia** *não precisou lidar com uma grande quantidade de "hábitos de consumo respeitáveis", de modo que a sua linha de despesas logo se acomodou na faixa de 450 a 550 dólares por mês. O que não aparece no quadro é a mudança nos seus gastos "opcionais" de "divertimento para preencher o vazio" para "atividades que contribuem para o meu propósito", e o fato do seu sentimento de paz interior ter se intensificado sistematicamente. A sua linha de rendimento, como dissemos no Capítulo 7, ultrapassou os limites do quadro, não apenas devido ao seu trabalho profissional, mas também a tarefas temporárias que executava para uma pequena empresa local. O quadro de Marcia é relativamente típico de uma pessoa decidida e frugal cujo potencial de renda apresenta uma enorme ascensão.*

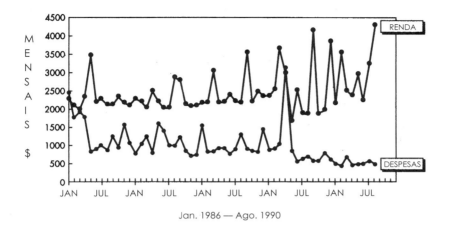

FIGURA 8-2

Quadro-mural da Diane — com Despesas e Renda

O quadro de **Diane Grosch** (ver a Figura 8-2) é típico de uma pessoa que gasta muito, com uma renda relativamente constante, que aplicou assiduamente os princípios deste programa e reduziu os gastos pela metade. As primeiras coisas a serem descartadas foram as extravagâncias que claramente não lhe proporcionavam nenhuma satisfação, ou seja, as viagens e o entretenimento decepcionantes. A seguir, vieram os hábitos automáticos de consumo que nada acrescentavam à qualidade da sua vida, como, por exemplo, comer diariamente em restaurantes e comprar roupas na tentativa de aliviar o tédio. E, finalmente, Diane descobriu maneiras mais baratas de ter as coisas que queria e mudou-se para um apartamento mais barato, passou a fazer passeios de esqui acessíveis, trocou o seu carro esporte que bebia muita gasolina por um carro econômico e aprendeu a fazer a manutenção do seu carro. Tudo isso, afirma Diane, aumentou a sua qualidade de vida e a sua auto-estima.

O que vemos nesses dois quadros é um crescente intervalo entre a renda e as despesas, que equivale à poupança. Antes que o pensamento FI assuma o comando, uma pessoa "normal" poderia encarar essa economia como estando destinada a se transformar em um gasto extravagante no futuro, como o pagamento inicial de uma casa maior ou férias luxuosas em um lugar longínquo. No entanto, o pensamento FI avalia essa poupança a partir de uma ótica diferente. O pensamento FI chama esse intervalo de "capital".

A poupança *versus* o capital

A poupança equivale a recursos guardados de vez em quando e não utilizados. Geralmente poupamos *para* alguma coisa, mesmo que apenas para um momento de necessidade. O capital, contudo, é um dinheiro que produz *mais* dinheiro. É um dinheiro que trabalha para você, que gera uma renda com a mesma certeza que o seu emprego o faz.

Quando você coloca a sua poupança no banco, este é apenas um lugar seguro para você guardar o seu dinheiro até precisar dele. Os juros que você recebe são um agradável subproduto do fato de você ter uma conta no banco, mas não é o objetivo da conta. No entanto, quando você coloca capital no banco ou *outro instrumento que produza juros*, trata-se de um investimento. O investimento é a conversão do capital em uma forma de riqueza diferente do dinheiro vivo com a expectativa de obter uma renda. Existem duas formas básicas de investimento: o de risco (ou especulativo) e os instrumentos de dívida (empréstimos). As ações, os bens imóveis, o capital de investimento coisas semelhantes são investimentos de risco; você espera (especula) que o valor do que você comprar irá aumentar e que você terá lucro. A dívida, por outro lado, significa emprestar o seu capital para outro e cobrar juros pelo privilégio de deixar que o seu dinheiro seja usado durante um período específico. No final desse período, o seu capital lhe é devolvido intacto, pronto para que você o empreste novamente. Os títulos são um exemplo de instrumento de dívida. No capítulo 9, examinaremos com detalhe o programa de investimento FI, mas no momento basta que você entenda que a sua poupança é, na verdade, um capital que está ganhando dinheiro para você.

A renda que você recebe do capital é de uma natureza diferente da renda do seu emprego. Ela entra quer você vá trabalhar quer não. Em vez de simplesmente agregá-la ao total da sua renda mensal, você a estará inserindo separadamente no seu Quadro-mural de acordo com a fórmula apresentada a seguir. Essa terceira linha será denominada "renda de investimento mensal".

Oitavo passo: o capital e o ponto de cruzamento

Aplique todos os meses a seguinte fórmula ao total do seu capital acumulado e registre o resultado no seu Quadro-mural:

$$\frac{\text{Capital x taxa atual de juros a longo prazo}}{12 \text{ meses}} = \text{renda proveniente do investimento mensal}$$

O seu capital total acumulado é simplesmente o dinheiro que você tem (geralmente em uma conta de poupança), que não está planejando gastar. No caso da "taxa atual de juros", não use a que você obtém na sua conta de poupança, e sim o rendimento atual das obrigações do tesouro a longo prazo. (Nos Estados Unidos, você pode encontrar esse número na maioria dos jornais das grandes cidades bem como no *The Wall Street Journal*.) Esse número é um dos maiores reflexos das taxas de juros vigentes nos instrumentos de dívida. É uma avaliação conservadora do retorno que você pode esperar desses investimentos a longo prazo. No momento em que estamos escrevendo este livro, essa taxa está flutuando em torno de 7,5 por cento ao ano. Em prol da simplicidade aritmética, usaremos 6 por cento, mas ela é apenas conveniente para a nossa discussão e não uma previsão ou promessa de que essa será a taxa de juros quando você estiver pronto para investir. A sua equação refletirá as taxas de juros na ocasião em que estiver pronto para começar a investir o seu capital.

Digamos, por exemplo, que você tenha uma poupança de 100 dólares. Se considerar esse capital de 100 dólares e investi-lo em um título que pague juros de 6 por cento ao ano, a equação teria a seguinte aparência (lembre-se de que esses números são apenas hipotéticos, um mero exemplo):

$$\frac{\$100,00 \text{ x } 6\%}{12} = \$0,50/\text{mês}$$

Para cada 100 dólares investidos, você receberá \$0.50 por mês, todos os meses, durante o prazo de validade do título. Os 100 dólares originais permanecem intocados e você no final os receberá de volta.

Assim sendo, se no primeiro mês do seu quadro você tiver uma poupança de 1.000 dólares e a taxa de juros atual for de 6 por cento ao ano, a sua equação será a seguinte:

$$\frac{\$1.000,00 \times 6\%}{12} = \$5,00 \text{ de renda proveniente do investimento mensal}$$

Isso significa simplesmente que os 1.000 dólares que você tem agora na *poupança* têm o poder de render cinco dólares por mês, desde que você os considere como *capital* e os invista em um título. Neste exemplo, você registraria 5 dólares no seu Quadro-mural, usando uma caneta de cor diferente. (Veremos daqui a pouco como isso ficará no Quadro-mural de Marcia.)

Sem dúvida, trata-se de um valor pequeno quando comparado com os picos no seu Quadro-mural que representam os rendimentos do seu trabalho, mas ainda assim são 5 dólares por mês (60 dólares por ano) durante o período de validade do título. Por curiosidade, experimente converter isso em algo tangível, como uma despesa que você considera necessária à sobrevivência. Poderia ser cinco quilos de arroz por mês, gasolina suficiente para você andar oitocentos quilômetros na sua lambreta, meio quilo de café moído na hora por mês ou parte da sua conta de telefone.

Continue a aplicar a equação ao total acumulado da sua poupança todos os meses. Por exemplo, se você economizar mais 500 dólares no segundo mês, adicione esse valor ao total anterior de 1.000 dólares, e a sua equação para *esse* mês ficará assim:

$$\frac{\$1.500,00 \times 6\%}{12} = \$7,50 \text{ de renda proveniente do investimento mensal}$$

Lance esse valor e associe-o ao anterior. Depois de alguns meses, o seu quadro exibirá uma terceira linha que começa a subir lentamente a partir da base. Essa linha representa a renda mensal de investimento (ver a Figura 8-3).

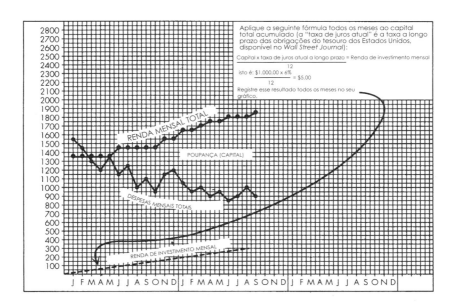

FIGURA 8-3

Aplicação da Fórmula ao Capital para Obter a Renda de Investimento Mensal e Lançamento no Quadro-mural

Quando você tiver economizado 5.000 mil dólares, poderá investir o dinheiro de acordo com os critérios descritos no Capítulo 9. A renda desse investimento se tornará parte do seu valor mensal de investimento, ao lado do valor que provém da aplicação da fórmula à sua poupança posterior. Os 5.000 mil dólares seguintes que você economizar serão investidos da mesma maneira, bem como todos os outros 5.000 mil dólares.

Voltemos ao quadro de Marcia e vejamos como ele ficará com a inclusão deste novo parâmetro (ver figura 8-4).

Desde que Marcia começou com algumas dívidas, a sua linha de rendimentos mensais provenientes do investimento só começou a aparecer cerca de um ano depois de ela ter aceito o emprego de camareira de hotel. No entanto, quando Marcia começou a acumular uma poupança e convertê-la em capital, o seu investimento mensal continuou a aumentar. Dê uma olhada em janeiro de 1987, por exemplo. Você notará que Marcia tem uma renda mensal de investimento de 125 dólares, enquanto as suas despesas são de 490 dólares. Em janeiro do

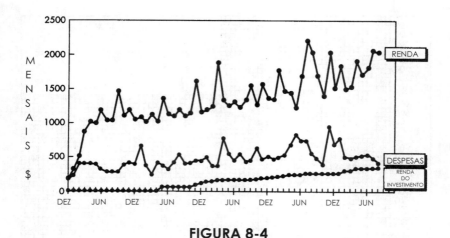

FIGURA 8-4

Quadro-mural de Marcia — com a Renda do Investimento Mensal

ano seguinte, a sua renda mensal de investimento é de 205 dólares e as despesas ainda estão na faixa entre 450 e 550 dólares. Observe agora fevereiro de 1989. Os rendimentos do investimento mensal são agora de 315 dólares, e as suas despesas ainda estão na faixa de 450 a 550 dólares. O que você está vendo em ação aqui não é apenas o crescente salário de Marcia, mas também o que é conhecido como a mágica dos juros compostos. Os juros que ela ganha sobre o capital estão sendo adicionados ao capital; assim sendo, ela está ganhando juros sobre juros, e o capital está sendo aumentado nesse montante.

O significado disso para você é que mesmo que a quantia adicionada mensalmente ao seu capital seja um incremento constante (isto é, você poupa mensalmente sempre 500 dólares), os juros compostos garantiriam que a linha da renda do investimento mensal no seu quadro efetivamente se curvasse para cima, em vez de permanecer reta.

Como você irá notar, uma tendência interessante está se desenvolvendo no Quadro-mural de Marcia. A linha da renda de investimento mensal, modesta porém sempre ascendente, está regularmente aproximando-se da linha relativamente estável das despesas mensais. Examinaremos daqui a pouco o que isso significa, mas no momento tudo que precisamos reparar é que simplesmente ao executar os passos todos os meses, a renda de investimento de Marcia está aumentando. O mesmo acontecerá a você.

O ponto de cruzamento

Um dia, quando você estiver examinando o seu Quadro-mural, perceberá que pode projetar no futuro a sua linha de renda de investimento mensal (ver a Figura 8-5).

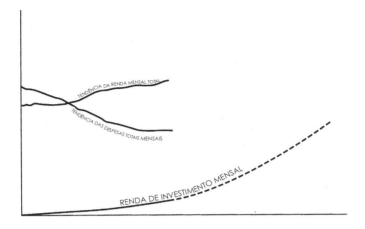

FIGURA 8-5

Projeção da sua Renda de investimento mensal

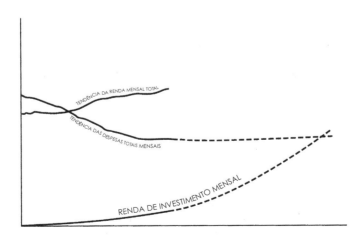

FIGURA 8-6

Projeção das suas Despesas Totais Mensais

Como você definiu uma tendência relativamente regular nos seus gastos mensais totais, também pode racionalmente projetar essa linha no futuro (ver a Figura 8-6). Você notará que, em um futuro próximo, essas duas linhas (despesas totais mensais e renda de investimento mensal) se cruzarão. Chamamos esse encontro de **Ponto de cruzamento** (Figura 8-7). Além do Ponto de Cruzamento, a renda do seu capital investido será maior do que as suas despesas mensais.

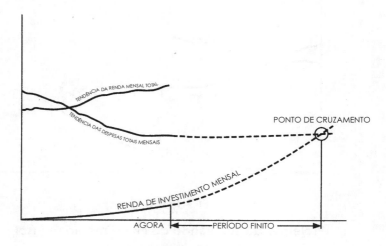

FIGURA 8-7

Ponto de Cruzamento

O Ponto de Cruzamento nos fornece a nossa definição final da Independência Financeira. No Ponto de Cruzamento, onde a renda de investimento mensal cruza acima das despesas mensais, você estará financeiramente independente no sentido tradicional do termo. Você terá uma renda vitalícia, segura e constante, que provém de outra fonte que não o emprego.

O poder de trabalhar durante um período finito de tempo

Essa constatação tem exercido um poderoso impacto em muitas pessoas. Pense a respeito. Se você considera a sua vida mais importante do que o seu emprego e for capaz de conceber a idéia de precisar trabalhar por dinheiro apenas por um *período finito e previsível de tempo,* é provável então que você seja um trabalhador ainda mais altamente motivado e íntegro.

– 336 –

As qualidades da autoconfiança, da motivação elevada, da dedicação, da integridade, do orgulho prazeroso da competência profissional e da responsabilidade, que você assume quando aprende a valorizar a sua energia vital, aumentam exponencialmente quando compreende que, se quiser, pode decidir trabalhar por dinheiro apenas durante um período finito de tempo.

Faça uma pausa para pensar a respeito do que aconteceria se você soubesse que teria que trabalhar por dinheiro apenas durante um período finito de tempo e previsível (digamos, cinco anos) em vez da vaga incerteza de trabalhar até a ocasião tradicional da aposentadoria. Você não teria vontade de se dedicar muito mais ao seu emprego, por saber que só trabalharia nele por um período finito de tempo? O seu tédio não seria mais suportável e os desafios mais interessantes? Se você está perto da idade de se aposentar, o que você acha de eliminar alguns anos de trabalho no emprego e adicioná-los aos seus anos de aposentadoria?

Uma das bases deste programa, para os que desejam seguir todo o caminho em direção à Independência Financeira, é concentrar-se em ganhar dinheiro agora para não precisar ganhar dinheiro depois. Você está portanto comprometendo-se a ganhar dinheiro de um modo intenso (sem trair a sua integridade ou pôr em risco a sua saúde) durante um período finito de tempo.

*Enquanto **Steve West** (o marceneiro que conhecemos no Capítulo 6) não entendeu as implicações do "período finito de tempo", ele achava que o curso de FI era apenas uma apresentação bem-feita de princípios que já conhecia. Ele até mesmo havia acompanhado todas as suas despesas em uma determinada fase da sua vida, mas nunca descobriu o que fazer com as anotações, de modo que desistiu. No entanto, o que o nosso curso lhe mostrou foi que todas as partes poderiam trabalhar em conjunto para criar uma vida significativa que refletisse o seu verdadeiro eu. Steve nos enviou uma carta, na qual disse o seguinte: "O ponto alto para mim foi compreender que eu poderia trabalhar no meu emprego durante um período finito de tempo. Essa constatação transformou totalmente a minha atitude. Enquanto eu ouvia a gravação do curso, o meu coração disparou, a palma da minha mão começou a transpirar, o meu nível de energia subiu vertiginosamente e comecei a gritar: 'Sim! Sim!' Também comecei a rir e a chorar ao mesmo tempo. Compreendi que poderia dedicar-me ao meu emprego com paixão e um objetivo claro, aumentar a minha produtividade e ter um produto tangível, um produto magnífico, um resultado que eu buscava havia muito tem-*

po em um prazo de aproximadamente cinco a sete anos. Não consigo descrever como isso foi, e ainda é, libertador."

Daqui a alguns anos, Steve pretende ser escritor em tempo integral. Espera ganhar dinheiro com o que escrever, mas não terá que vender contos e artigos para cobrir as suas despesas. Steve não precisará passar pela rotina do "artista faminto". Deixará de ser um artífice em madeira e passará a ser um artífice em palavras, sem precisar se preocupar a respeito de como pagará as contas.

Penny Yunuba tinha uma cabana no campo para onde fugia nos fins de semana, sempre que possível. Certo fim de semana, Penny e alguns amigos estavam caminhando ao redor de uma lagoa. Todos estavam encantados com a serenidade e a beleza do cenário, bem como com o ritmo relaxante do passeio. Penny então se apanhou calculando quantas horas faltavam para que tivesse que voltar para a cidade e ir trabalhar. Naquele momento, ela assumiu um compromisso com o "período finito de tempo". Ela disse: "Ter Independência Financeira significa que não preciso desfrutar excessivamente este minuto por saber que no próximo ele me será tomado. A partir daquele momento, é como se o tamanho do recipiente no qual a minha vida se encaixa seja ilimitado. Agora, para mim, o céu é o limite."

Você talvez se lembre de **Roger Ringer** do Capítulo 6. Ele é o colono que deseja voltar a morar na região central dos Estados Unidos. Quando ele e a sua esposa, **Carrie Lynn**, decidiram tentar equilibrar a sua economia pessoal com a ecologia do planeta, voltaram para a sua cidade natal no Kansas. Compraram um pedaço de terra de um amigo, derrubaram um velho celeiro para usar como madeira de construção e construíram uma casa solar passiva com a ajuda de sessenta amigos e do pai de Roger (carpinteiro e pedreiro). Ao mesmo tempo, Roger trabalhava com o pai na coleta de lixo, enquanto Carrie Lynn freqüentava a escola de enfermagem para adquirir uma qualificação sistematicamente negociável. Tentavam incorporar os seus valores a tudo o que faziam — autosuficiência, economia doméstica, eficiência da energia e alimentar-se do que plantavam na sua horta ou era cultivado na região. Faziam as coisas devagar, tomando o cuidado de pagar à medida que gastavam, sem extrapolar. O seu ideal era eliminar mais da metade das despesas convencionais (como o aluguel, a compra de alimentos e as despesas com as concessionárias) e viver abaixo dos níveis passíveis de tributação. Roger passava apenas cincos horas por dia coletando lixo. Além de gostar do trabalho, pegava no lixo as roupas com que trabalhava, o que representava uma máxima satisfação com um mínimo de recursos. Nesse meio tempo, Carrie Lynn trabalhava dois dias por semana como enfermeira.

A vida corria tranqüilamente, e quase estavam conseguindo sobreviver com um pequeno orçamento. No entanto, muitas coisas aconteceram no caminho em direção ao Éden: tiveram dois filhos, contrataram o seguro-saúde, compraram o negócio de lixo do pai de Roger, o carro pendurou as chuteiras e a casa clamava por pequenas melhorias. Debaixo dos ornamentos de uma vida simples, estavam presos na clássica síndrome de "muito mês sobrando no final do dinheiro" e "para onde está indo todo o dinheiro"? Parecia que o Éden poderia ser uma armadilha igual à dos subúrbios.

Nesse ponto, eles ingressaram no programa de FI. Quando Roger percebeu as implicações do "período finito", a sua vida desabrochou. A coleta de lixo era aceitável, mas a idéia de fazer esse trabalho pelo resto da vida não era agradável. O que realmente estimulava a sua imaginação era a possibilidade de ser financeiramente auto-suficiente e dedicar-se a desenvolver uma propriedade rural de produção sustentável no seu meio hectare e ajudar os vizinhos a descobrir a mistura e o rodízio correto para criar o gado e plantar trigo, ração e outras culturas agrícolas de modo sustentável nas planícies semi-áridas do oeste do Kansas.

Roger deseja fazer isso não apenas para si mesmo como também para a comunidade como um todo. Está vendo os pequenos agricultores desaparecer. A cada ano a população na sua parte do país diminui enquanto a idade média sobe. Roger quer modificar isso por meio do seu próprio exemplo. Ele pondera que talvez os jovens possam passar cinco anos na cidade para tornar-se financeiramente independentes, voltar para a região central com as necessidades de dinheiro resolvidas e depois restaurar a agricultura de subsistência e a vida na cidade pequena. Talvez os seus pequenos esforços pudessem criar uma vida proveitosa não apenas para a sua família mas também para outras famílias e para a região rural dos Estados Unidos.

O "período finito de tempo" abriu as opções de Roger de anos de coleta lixo para um futuro repleto de sonhos práticos. Quatro anos depois de fazer o curso de FI, Roger alcançou o seu Ponto de Cruzamento pessoal. A sua renda de investimento equiparou-se à renda da coleta, de modo que pôde parar de trabalhar por dinheiro e começar a trabalhar pelos seus sonhos.

E no seu caso? Há uma "segunda carreira" dentro de você, esperando para se manifestar? Você tem um talento que nunca foi desenvolvido? Desfruta de maneira exagerada os momentos de liberdade longe do local de trabalho porque não tem esperança de se aposentar antes dos sessenta e cinco anos? Tem um sonho para si mesmo e para a sua comunidade que gostaria de tornar realidade? O que trabalhar no seu emprego por um "período finito de tempo" significa para você?

A beleza deste programa é que a Independência Financeira é o *subproduto* do acompanhamento dos passos. A sua meta não precisa ser a auto-suficiência financeira para chegar lá. Basta que você se dedique a equilibrar os seus rendimentos e gastos com os seus valores e com aquilo que lhe confere uma verdadeira satisfação. O conceito de um "período finito de tempo" é um foguete secundário que o impele em direção a tornar-se um FI, e não o impulso primordial. Para as pessoas que estão altamente motivadas a deixar o emprego remunerado a fim de seguir outro sonho, o "período finito de tempo" é como a sedução das estrebarias para um cavalo que está voltando para casa após uma longa cavalgada. O instinto de voltar para casa assume o comando e você voa em direção à meta. No entanto, quer você alcance a Independência Financeira daqui a cinco ou vinte anos, aos trinta anos de idade como Joe, o co-autor deste livro o fez, ou aos sessenta e cinco como acontece com a maioria dos americanos, a conscientização de que você está trabalhando apenas por um período finito lhe fornecerá uma contínua motivação para que considere a sua vida maior do que o seu emprego.

Independência Financeira:
ter o suficiente — e um pouco mais

No Ponto de Cruzamento, onde a renda do capital investido ultrapassa as despesas mensais, as necessidades básicas da vida, todos os componentes do estilo de vida que você escolheu, estão cobertos pela sua renda de investimento mensal.

No Ponto de Cruzamento você tem o suficiente, e um pouco mais. O seu Quadro-mural fornece provas indiscutíveis de quanto custa manter o seu estilo de vida ideal. Todos os meses você fez a si mesmo as perguntas a respeito da satisfação e dos valores, e a sua linha de despesas reflete com elegância o processo da auto-avaliação sincera. Você sabe com segurança que gastar mais dinheiro o deixaria deprimido. Não que você tenha reduzido as suas despesas ao nível da subsistência. Você simplesmente trouxe harmonia à sua vida, e sabe, até os centavos, quanto custa a harmonia. Você está certo de que a sua renda de investimento mensal *é* suficiente; não a partir de idéias fantasiosas e sim de evidências sólidas.

Mas que me diz da frase "e um pouco mais"? Se você se sente totalmente à vontade confiando na sua renda de investimento mensal, é importante sentir que você tem alguma margem de manobra, um espaço para os "e se?" Essa necessidade de margem de manobra é construída bem dentro do programa. Você se lembra das suas projeções de como cada categoria de despesas poderia se parecer depois da FI? A diferença entre o custo do seu estilo de vida associado ao trabalho e o seu estilo de vida FI é parte desse "e um pouco mais". É o que lhe confere alguma margem de manobra na exploração das suas novas circunstâncias. Alguns Pensadores FI até mesmo incluíram uma quarta linha no Quadro-mural que acompanha o valor das despesas pós-FI, conferindo-lhes uma indicação vívida desse "e um pouco mais". Mas o Ponto de Cruzamento só é alcançado quando a sua linha da renda de investimento mensal efetivamente cruza a linha de gastos mensais, embora você possa ter determinado, por meio da experiência e de cuidadosas projeções, que os seus gastos *poderiam* ser mais baixos. Você aprenderá no Capítulo 9 outra parte do "e um pouco mais" — a poupança adicional que recomendamos que você acumule para lidar com as flutuações mensais das despesas bem como com as emergências. Você aprenderá ainda no Capítulo 9 não apenas os fundamentos da elaboração de um bom programa de investimento FI para garantir-lhe uma renda segura e constante para a vida inteira, como também a formar ou aumentar a sua "proteção" ou rede de segurança. Por enquanto, é apenas importante reconhecer que o seu Quadro-mural é um poderoso antídoto para a ansiedade com relação ao futuro.

Você alcança a Independência Financeira no Ponto de Cruzamento. Você rompeu o vínculo entre o trabalho e o dinheiro na sua vida.

Celebrando a Independência Financeira

Está na hora de *celebrar!* Você realizou uma imensa façanha. Reestruturou a sua vida em torno do que é mais gratificante e valioso para você. Dedicou-se a substituir a ficção financeira por fatos financeiros, desafiando várias antigas convicções a respeito de si mesmo, do seu dinheiro e da sua vida. Despertou do sonho de que quanto mais melhor e definiu o que é suficiente para você. Tornou-se responsável com relação à sua energia vital, acompanhando e avaliando o fluxo de dinheiro que entra e sai da sua vida. Desenvolveu um parâmetro interior da satisfação, libertando-se do domínio da propaganda e da pressão dos colegas. Explorou os seus valores e propósito pessoal, e vem orientando cada vez mais a sua vida na direção do que realmente importa para você. Percebeu implicações cada vez mais amplas da sua relação com o dinheiro, inclusive o impacto que os seus hábitos de dispêndio poderão exercer sobre outras pessoas e o planeta. Você conseguiu isso definindo o seu propósito, tendo a intenção de alcançá-lo, mostrando-se disposto a fazer o que fosse preciso para atingir a sua meta e permanecer consciente em cada etapa do processo.

Agora é o momento de reconhecimento, de compreender que chegou ao seu destino. Dê uma festa, chame um amigo, envie mensagens para todos os que estão na sua lista de Natal ou apenas sorria conscientemente perto de uma fogueira de acampamento, faça qualquer coisa que o faça *saber* que acaba de transpor um importante limite em direção à liberdade. Romper *efetivamente* o elo entre o trabalho e o dinheiro expandirá exponencialmente a possibilidade de descobrir o seu verdadeiro trabalho, de reintegrar as partes discrepantes da sua vida e de começar a ser verdadeiramente completo. Você ficará livre para trabalhar para os seus valores e os seus sonhos, e não apenas pelo dinheiro. Descobrirá que essa liberdade afetará a sua vida de muitas maneiras, sendo que a principal delas é o fato de que a esfera da escolha está agora expandida; você abriu a porta para um grande número de novas opções na sua vida.

Você pode parar de trabalhar por dinheiro

Isso não quer dizer que você *precisa* parar de trabalhar por dinheiro. Significa simplesmente que você *pode* parar de trabalhar por dinheiro. Se o trabalho tem sido mecânico e opressivo, roubando-lhe os melhores anos da sua vida, você pode agora parar de trabalhar por dinheiro e explorar outros caminhos. Você pode começar com pequenos prazeres, como não acordar com o despertador, não usar relógio ou ficar de roupão de banho o dia inteiro. Aproveite a sensação deliciosa de vadiar pelo tempo que quiser. Não faça absolutamente nada, orgulhosamente, enquanto isso realmente lhe der prazer. Você pode se dedicar a qualquer atividade (ou inatividade) pela qual ansiava enquanto dava duro no emprego, pelo tempo que desejar. Quase todas as pessoas descobrem que gostam muito menos da ociosidade do que imaginavam. Com o tempo, começam a desencavar outros sonhos, e você pode fazer o mesmo. Qualquer um que você escolha o arrastará para um novo padrão de vida. Ou então, se você aprecia o seu trabalho (a atividade a que se dedica) mas não gosta do emprego (o motivo ou a pessoa para quem trabalha), poderá fazer as mesmas coisas de um modo diferente.

*A ironia do trabalho pós-FI não está perdida em **Diane Grosch**. Desde que alcançou a Independência Financeira, ela freqüentemente se vê sentada diante de um terminal de computador fazendo programação, só que agora é completamente diferente. Ao usar uma aptidão que para ela é tão natural quanto falar, Diane tem ajudado várias organizações sem fins lucrativos a melhorar os resultados, doando os seus serviços. Trabalhou com um grupo de auto-ajuda dos sem-teto, com um instituto que dá aulas sobre sustentabilidade e com um centro de integração para ativistas ambientais, entre outros. Se você a observar trabalhando, possivelmente não será capaz de dizer se ela está criando um formulário para uma companhia de seguros ou ajudando a garantir um futuro melhor para o mundo, mas Diane sabe muito bem a diferença. O seu trabalho é totalmente voluntário e imensamente satisfatório. Como diz o ditado, ela não aceitaria dinheiro por esse trabalho mesmo se a remunerassem.*

Embora muitos pensadores FI tenham feito a escolha, como Diane, de não aceitar dinheiro por nada que façam depois que atingiram a FI, *esta idéia não faz parte do programa da FI; é uma escolha totalmente individual e pessoal.* No entanto, quando as pessoas descobrem as alegrias do trabalho voluntário, mostram-se cada vez menos dispostas a ficar presas a um salário e aos compromissos que tendem a acompanhá-lo. Descobrem sozinhas, a partir da própria experiência, um princípio comum a muitas religiões do mundo, que é o seguinte (extraído do Novo Testamento):

> Ninguém pode servir a dois senhores, pois ou odiará um e amará o outro, ou se dedicará a um e desprezará o outro. Não podeis servir ao mesmo tempo a Deus e ao dinheiro.

Quando você chegar ao Ponto de Cruzamento, esta será uma das várias escolhas morais que você terá o tempo disponível e o luxo de contemplar: "Trabalhar por dinheiro ou não trabalhar por dinheiro, eis a questão."

É claro que você pode continuar a trabalhar por dinheiro com a mesma facilidade, mas poderá abordar a situação de uma maneira completamente diferente. Há vários anos deparamos com a história de Ron Schultz, um fabricante de chá, bem-sucedido, de Santa Rosa, Califórnia. Quando a sua situação financeira já estava consolidada, Ron foi com a mulher ao Terceiro Mundo adotar duas crianças. A exposição direta à maneira como as pessoas estavam sofrendo mudou a vida de Ron. Ficou especialmente comovido com situação adversa das crianças do Terceiro Mundo, as quais, como tomara conhecimento, estavam morrendo de desidratação causada pela diarréia a uma taxa de 15 milhões por ano. Ron queria ajudar de alguma maneira, mas o que poderia fazer? Não era médico, não trabalhava na área da saúde e nem mesmo arrecadava contribuições. A única coisa que sabia fazer bem era fabricar chá. Voltou para Santa Rosa e voltou a fabricar chá, mas com uma diferença. Ron percebera que poderia viver muito bem com os juros do seu capital e investimentos, de modo que pôde doar toda a receita da sua companhia de chá para a sua instituição de assistência, Medicine for Children [Remédios para as Crianças]. No seu primeiro ano de funcionamento, a empresa arrecadou 20.000 dólares para os refugiados do norte da África, e ele estava fazendo uma projeção de 30.000 dólares sobre uma receita bruta de 400.000 dólares. "E ao contrário do que ocorre nas instituições de caridade, a minha empresa não depende de pessoas capazes de doar e sim de pessoas que gostam de chá. É muito simples. É ridiculamente fácil. O truque é que não há truque." Ron também é um grande exemplo de como o pensamento FI é óbvio, quer você siga ou não *este* programa particular.

*Por meio de uma reestruturação das finanças, **Ted e Martha Pasternak** conseguiram alcançar a Independência Financeira relativamente pouco tempo depois de seguir os passos do programa de FI. Embora ambos soubessem que queriam que a sua vida servisse a um propósito maior do que apenas sobreviver, nenhum dos dois sabia exatamente qual era esse propósito. Como Ted trabalhara no setor imobiliário, pensou em contribuir para a solução do problema da "moradia acessível" e ingressou no grupo Habitat for Humanity. Com o tempo, percebeu que, embora a missão estivesse certa, o modo de participação estava errado para ele. Foi quando teve a inspiração. O que sabia fazer melhor era vender bens imóveis. Por que não fazer isso por amor, e doar as comissões que recebesse para causas nas quais ele e os clientes acreditassem? Hoje Ted decide junto com os clientes que organizações gostariam de apoiar e depois, quando a transação se realiza, ele doa 50 por cento da sua comissão para a organização* *sem fins lucrativos escolhida. Todos saem ganhando, e o que ele faz torna-se um modelo de inspiração para os outros. No caso de Martha, criar o filho é a sua carreira. Quando o menino nasceu, ambos escolheram ficar o máximo possível em casa com ele.*

Ted e Martha continuam a explorar a combinação correta de atividades, mas nada é feito devido à necessidade financeira. "A segurança", afirma Martha, "não é proveniente de símbolos externos. A FI se parece menos com dirigir e mais com se deixar levar no passeio; as bênçãos não param de chegar. Existem muitas opções para a ocupação significativa. O trabalho agora é um processo de descobrir como expressar o meu entendimento do que a vida é em vez de tentar ganhar mais dinheiro."

*Não foi a compaixão que inspirou **Wanda Fullner** a tornar-se financeiramente independente. O divórcio ensinou-lhe como as mulheres, ao abdicar da responsabilidade financeira pessoal, podem acabar pobres. Wanda chegou à conclusão de que "As mulheres não precisam vender a alma para receber proteção econômica". Wanda começou a ensinar o que aprendera da maneira mais difícil a respeito de como lidar com as finanças pessoais e com o tempo tornou-se consultora financeira, fortalecendo-se financeiramente e obtendo uma boa renda. Wanda também concebera a sua própria estratégia de FI. Alugou quartos na sua casa para estudantes, cujo aluguel pagou o seu próprio aluguel, e um pouco mais. Em cinco anos, fizera um pé-de-meia suficiente para lhe proporcionar uma renda mínima, porém aceitável, para a vida toda. Esse é o seu parâmetro, a garantia de que nunca mais será uma pessoa dependente. Wanda continua a receber remuneração por alguns trabalhos, mas hoje é livre para escolher as tarefas que aceita baseada no seu sentimento de missão em vez de na necessidade econômica. Essa liberdade lhe concedeu a margem de manobra necessária para que explorasse diferentes opções até encontrar a posição perfeita: hoje trabalha como escritora e educadora na American Association of Retired People, desenvolvendo matérias sobre o fortalecimento econômico para mulheres de meia-idade ou mais idosas. Wanda determina o seu próprio horário na medida certa. Oferece treinamento financeiro individual para clientes selecionados. Além disso, pode programar um mês para "recriação" em qualquer momento que deseje e tem bastante tempo para dedicar-se a outros interesses. Para Wanda, a Independência Financeira representou a liberdade de permitir que a sua carreira* *e a sua paixão se fundissem — do seu jeito. Ela já não "vende a alma em troca de proteção econômica", nem para um parceiro e nem para o mercado.*

Que variação você talvez pudesse inserir no seu emprego ou profissão se não precisasse trabalhar por dinheiro? Poderia permanecer no emprego, mas doar parte ou mesmo toda a sua renda para causas com as quais se importa? Poderia experimentar uma nova profissão que lhe oferecesse mais satisfação porém uma renda menor? Para muitas pessoas, ganhar dinheiro é uma das satisfações provenientes do trabalho, mas essa renda assume um significado totalmente novo quando não é necessária para pagar as contas.

A FI representa mais tempo para você...

Quais são as coisas que você vai fazer "um dia"? Como, por exemplo, um dia vou pintar a casa, ler as obras completas de Shakespeare, dar a volta ao mundo, passar um fim de semana a sós com a minha mulher, arrumar o sótão, fazer um curso de manutenção de automóveis, oferecer-me como voluntário no banco de alimentos da localidade, experimentar todos os programas que vieram com o computador, fazer uma caminhada na Appalachian Trail, estudar os problemas e escrever cartas para os congressistas, participar de uma maratona.... Faça uma pausa agora e faça uma lista de alguns planos que você levará a cabo "um dia".

Depois do Ponto de Cruzamento, o maior obstáculo para que você faça essas coisas desaparecerá da sua lista de coisas a fazer: o seu emprego. No Segundo Passo, você calculou o número efetivo de horas por semana que dedica ao emprego, considerando o tempo que perde fazendo coisas relacionadas a ele. Se você decidir deixar o seu emprego, essas horas agora serão tempo livre. Neste sentido, a FI é o supremo recurso de gerenciamento do tempo. Em vez de ganhar um minuto aqui e ali por meio do planejamento cuidadoso, você pode, com um simples Ponto de Cruzamento, ganhar dez horas por dia. É claro que você terá um *novo* conjunto de desafios de gerenciamento de tempo ao estruturar o seu dia em torno das inúmeras coisas que deseja fazer, mas o tipo de auto-estima e autodisciplina que lhe permitiu chegar a esse ponto o ajudará a atravessar qualquer dificuldade que possa encontrar ao ter o tempo nas mãos.

... e aqueles que você ama

Tempo para estar com as pessoas, tanto os parentes quanto os amigos, torna-se uma prioridade para muitas pessoas que alcançam a Independência Financeira. Quando a revista *Time* fez a reportagem de capa sobre "The Simple Life" [A Vida Simples], ela apresentou Peter Lynch, cuja história de abandonar uma carreira de enorme sucesso para passar mais tempo com a família foi uma espécie de conto de fadas da década de 1990.

> Enquanto o superastro do investimento de quarenta e sete anos estava ocupado transformando o fundo mútuo Fidelity Magellan em um gigante de 13 bilhões de dólares, a sua filha mais nova completou sete anos, e ele sentiu que mal a conhecia.... Com um pé-de-meia estimado em cinqüenta milhões de dólares, Lynch podia muito bem dar-se ao luxo de pendurar as chuteiras.... Hoje, enquanto outros gerentes de investimento estão examinando as informações do mercado ao raiar do dia, Lynch está preparando o almoço que as crianças levam para a escola. Ele diz o seguinte: "Eu adorava o que fazia, mas cheguei a uma conclusão a que alguns outros também chegaram: Para que estamos fazendo tudo isso? Não conheço ninguém que tenha desejado, no leito de morte, ter trabalhado mais horas no escritório."

Outros Pensadores FI estão fazendo a mesma coisa, embora geralmente baseados em uma renda mais modesta.

Marcia Meyer alcançou a Independência Financeira em maio de 1990, logo depois de coordenar o seu segundo congresso médico altamente bem-sucedido. As suas despesas permaneceram em torno de quinhentos dólares por mês, e ela não precisou se privar de nada que realmente quisesse ter ou fazer. O caminho de Marcia em direção à Independência Financeira esclareceu muitos aspectos da sua vida. Depois de alcançar a Independência Financeira, ela teve tempo para levar o que descobriu para os seus relacionamentos com a família e curar as feridas do passado, particularmente as relacionadas com os assuntos inacabados do seu casamento problemático e subseqüente divórcio. Marcia retirou os seus relacionamentos com vários membros da família do estado de manutenção e fez dele uma prioridade. A sua reconciliação com os filhos, os irmãos e a mãe exigiram algum trabalho e determinação, mas houve tantas surpresas e contribuições quanto houvera ressentimentos e tristezas. O investimento do tempo proporcionou a Marcia a paz de espírito, algo que nenhum emprego, por mais lucrativo que fosse, poderia lhe ter oferecido.

Que relacionamentos na sua vida você deixou em banho-maria? A amizade foi substituída por relacionamentos de negócios estratégicos? A sua família sobreviveu com os restos do tempo que sobravam de um emprego altamente desgastante? E o seu relacionamento consigo mesmo? Esse também tem estado em segundo plano? E se você tivesse o tempo necessário para fazer anotações em um diário, sair para pescar ou simplesmente sentar-se em uma encosta e contemplar o horizonte interno e o externo? Ser capaz de refletir sobre a sua vida enquanto você está vivo (em vez de pouco antes de morrer) é um dos segredos da realização, independentemente da maneira como você o faça. No entanto, quando você trabalha o dia inteiro, os momentos de tranqüilidade podem parecer apenas uma coisa a mais a ser feita em uma programação já sobrecarregada.

Ação voluntária: a liberdade de escolher o que você faz e de fazer o que escolhe

Como dissemos, o fato de você não precisar trabalhar depois do Ponto de Cruzamento não significa que você não possa ou não vá fazê-lo. Mesmo que a sua maior aspiração inicialmente fosse não precisar mais usar um despertador para acordar, você acaba se levantando. E depois de fazer as coisas que você "um dia" faria, você ainda terá muita vida para preencher.

Quase todas as pessoas que alcançam a Independência Financeira acabam voltando a trabalhar com o tempo, só que agora o fazem por escolha e não porque precisam. Trabalham voluntariamente. E com freqüência trabalham, felizes, mais horas do que antes, no emprego remunerado.

Como seria o seu trabalho se você estivesse trabalhando (talvez até no emprego que tem agora) voluntariamente? Que aspectos não mudariam? Que aspectos você poderia eliminar totalmente? Que decisões você tomaria que não é livre para tomar agora?

Se você já está há tanto tempo na força de trabalho que a idéia de trabalhar "voluntariamente" lhe parece esquisita, pense nas coisas voluntárias que você faz *agora*. Por que você limpa a casa, vai à igreja, colabora em comissões, participa de conselhos administrativos de grupos sem fins lucrativos, brinca com os seus filhos, rega o gramado, comparece a reuniões da escola dos seus filhos, faz amor, sai para comer *pizza* com os amigos e milhões de coisas que você faz voluntariamente? Você as faz por escolha, porque antevê que lhe conferirão valor. A ação voluntária pode satisfazer os seus valores e o propósito que você escolher.

A redefinição da ação voluntária

Em uma era na qual tudo, inclusive o cuidado com as crianças, os trabalhos domésticos e a compra de roupas, é profissionalizado, os voluntários são às vezes encarados como cidadãos de segunda classe, ou seja, como menos habilidosos, menos treinados e menos produtivos do que os funcionários remunerados e (especialmente) os profissionais que têm um título. No entanto, aquilo que a palavra "voluntário" costumava indicar, e poderia voltar a fazê-lo, é um tipo de atividade mais sólida, que encerra mais responsabilidade e expressão pessoal do que a noção de voluntários como adjuntos dos verdadeiros negócios do mundo.

Robert L. Payton, diretor do Centro de Filantropia da Indiana University, ressalta que a palavra "filantropia" deriva do radical grego *phil,* que significa amor, e *anthropos,* que significa humano. Nesse sentido, todos os voluntários são filantropos e expressam o seu amor pela raça humana. Todos os voluntários são "ricos e poderosos" na sua capacidade de modificar o mundo por meio da moeda do amor. E as iniciativas voluntárias são em grande número. Em um discurso que pronunciou na Hofstra University, Payton salientou que mais de um milhão de associações voluntárias "empregam" 98,4 milhões de voluntários (pessoas que doam três ou quatro horas por semana) e 7,4 milhões de membros da equipe. Essas organizações administram 122 bilhões de dólares em doações de caridade. Longe de ser marginal, a população voluntária é um poderoso terceiro setor. Talvez a filantropia não acrescente muita coisa ao Produto Nacional Bruto, já que, como ressalta Payton, o produto da ação voluntária é o significado. No entanto, a ação voluntária faz um acréscimo a um resultado igualmente essencial: a base ética vital que mantém coesa a sociedade.

Os voluntários são pessoas livres para agir quando, onde e da maneira como desejam, ao contrário dos funcionários remunerados, que estão amarrados à programação de outra pessoa. Os voluntários são pessoas que trabalham em prol dos seus valores e das suas mais profundas convicções a respeito da vida. Os funcionários remunerados também podem agir dessa maneira, mas com freqüência existe tanto (ou mais) pragmatismo como princípio no trabalho que executam. Os voluntários nos fazem lembrar da melhor parte de sermos humanos, precisamente porque trabalham por amor e não por dinheiro.

A ação voluntária é o epítome da auto-expressão, ou seja, escolher o que você faz baseado em um estímulo interior. A ação voluntária envolve um mergulho nos recursos interiores — tanto no seu empenho quanto nas suas aptidões, tanto no seu amor quanto no seu conhecimento — para realizar algo no mundo que você determine que vale a pena fazer.

Embora algumas pessoas temam que um número excessivo de voluntários poderia criar a competição por empregos com os trabalhadores que precisam do salário para sobreviver, o tipo de voluntários criativos e estimulados por uma motivação pessoal sobre os quais estamos falando funcionará mais como empreendedores do que como fura-greves. Na condição de voluntário, você poderá iniciar projetos e processos que, com o tempo, precisarão de funcionários remunerados para administrá-los e colocá-los em prática. Historicamente, os voluntários indicam necessidades sociais que, eventualmente, vão sendo financiadas e até se tornam profissões. Os visionários, com o tempo, acabam precisando de uma grande quantidade de educadores para transmitir as suas idéias. Na condição de voluntário, você pode operar como um capital de risco humano, expandindo as oportunidades de emprego para outras pessoas na sua comunidade.

Levando a realização às alturas

Voltando à Curva de Satisfação, podemos verificar que no ponto de satisfação máxima você tem uma escolha. Pode continuar a trabalhar em prol das suas necessidades e desejos, para adquirir mais bens ou experiências, ou pode trabalhar em prol de algo maior do que você, algo que doa para os outros e para o mundo. Você pode consumir ou criar. Como afirmamos anteriormente, depois que você tem o suficiente, é o compromisso de *doar* que faz com que a linha da satisfação ultrapasse o topo do quadro. É isso que a ação voluntária traz para a sua vida. (Essa Curva de Satisfação com "novo paradigma" pode ser vista na Figura 8-8.)

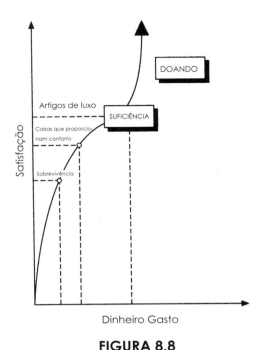

FIGURA 8.8

A Curva de Satisfação: Além do Consumo

Redefinir os voluntários como empreendedores sociais e culturais pode muito bem ser uma atitude tão transformadora quanto redefinir o trabalho ou o dinheiro.

A ação voluntária e a liberdade

Os voluntários têm um conjunto extraordinário de liberdades. Pense nelas enquanto contempla as possibilidades no *seu* futuro.

- ❖ Como voluntário você é livre para realizar o tipo de trabalho que escolher, sem as limitações da experiência anterior, do treinamento prévio ou da disponibilidade de cargos. Se você não tem a aptidão necessária, pode aprendê-la. Se não têm experiência, pode começar a obtê-la agora. Se nenhuma organização tem uma vaga para você, você pode começar sozinho ou oferecer-se para criar o cargo que deseja. Nunca é tarde demais para um voluntário. Você sempre pode recomeçar, várias vezes.

❖ Como voluntário, você está livre de preocupações financeiras. Uma mulher que segue o programa de FI conseguiu o emprego que queria porque pôde trabalhar de graça. Enquanto você estiver trabalhando para conquistar a Independência Financeira, faz sentido investir o seu tempo em um trabalho que pague bem. No entanto, quando você está trabalhando apenas em prol dos seus sonhos e valores, você é livre para trabalhar sem receber um contracheque.

❖ Como voluntário, você é livre para nutrir os seus próprios pensamentos. Quando você trabalha por dinheiro, você é pago para alimentar os pensamentos do seu chefe ou da sua empresa, para dedicar o seu intelecto e criatividade à solução dos problemas específicos deles. A gerência de nível médio de todos os tipos — nos negócios, no governo e nas instituições — é particularmente tolhida, tendo que implementar normas que vêm de cima, com muito pouca liberdade para atuar com originalidade. Os voluntários, por outro lado, podem ser livres-pensadores.

❖ Como voluntário, você é livre para falar a verdade. Sem ter um emprego para proteger, você pode dizer exatamente o que pretende, e pretender exatamente o que diz.

❖ Como voluntário, você é livre para viver de acordo com sua ética pessoal, nunca voltando seus princípios para sua própria segurança.

❖ Como voluntário, você é livre para moldar a sua vida em torno do seu sentimento de propósito. Você não precisa mais viver com "bombas durante o dia e paz durante a noite", como Sally Morris fazia antes de saldar todas as suas dívidas e partir para a África.

❖ Como voluntário, você é livre para estruturar o seu tempo, definir as suas horas, e começar e parar quando bem entender. Se descobrir que está prestes a ficar exausto, você pode parar e recobrar o equilíbrio (ao passo que um empregado remunerado talvez não tenha escolha senão entregar um relatório ontem). Se você é uma pessoa do tipo coruja, que mal consegue abrir os olhos antes do meio-dia, é nessa hora que você pode começar a trabalhar. Como voluntário, você pode, no final, ser mais produtivo com relação às horas trabalhadas, porque você é livre para parar quando a sua produtividade diminui e livre para trabalhar quando está no auge da produtividade.

❖ Como voluntário, você é livre para praticar a sua profissão ou migrar para uma nova área. É livre para se pressionar a mudar ou para velejar na sua zona de conforto. E você é livre para nunca mais executar tarefas que considera insuportáveis ou para abrir caminho através dos seus preconceitos e limitações pessoais. Em resumo, na condição de voluntário, você tem escolhas.

*Conhecemos **Jason e Nedra Weston** no Capítulo 2 quando estavam no início da jornada em direção à Independência Financeira e os encontramos novamente no Capítulo 6, quando tomamos conhecimento do seu trabalho de tomar conta da casa de outras pessoas, o que lhes garantia casa, comida e um rendimento. Em agosto de 1990, alcançaram a Independência Financeira, tendo criado e administrado um negócio bem-sucedido de limpeza doméstica. Desde então, ingressaram em uma carreira estimulante como voluntários. Nos primeiros meses depois do Ponto de Cruzamento, visitaram parentes e amigos, leram e pensaram sobre as coisas que haviam deixado em suspenso durante a agitação envolvida na administração de um negócio complexo e fizeram pesquisas sobre projetos que talvez quisessem ajudar. Quando visitaram a Hesperian Foundation, foi amor à primeira vista. Fundada por David Werner, que escreve e dá palestras sobre a assistência médica na região e no Terceiro Mundo, o Hesperian's Projimo Project ajuda crianças mexicanas incapacitadas a fazer nos Estados Unidos as cirurgias necessárias e a conseguir cadeiras de rodas, aparelhos e muletas em uma oficina mexicana cuja equipe é formada pelos próprios incapacitados. Jason e Nedra têm se divertido a valer e extraído uma grande gratificação do auxílio que prestam. Nedra adora estar com as crianças. Depois de estudar intensamente as questões populacionais e de fazer um profundo exame de consciência, Nedra desistira do desejo de ter filhos, pois chegara à conclusão de que a última coisa que o planeta precisava era de mais crianças. Desse modo, trabalhar e brincar com as crianças mexicanas, tanto na Bay Area de San Francisco quanto no local do projeto no México, era a versão do céu de Nedra. Nesse meio tempo, Jason dedicou-se à instalação de uma bomba para melhorar o projeto mexicano de suprimento de água, algo que nunca fizera mas que acolheu positivamente como um desafio. Além disso, tanto Nedra quanto Jason têm prestado ajuda como motoristas da van do Projimo que leva as crianças a San Francisco para serem operadas. Jason até mesmo conseguiu que o pai se envolvesse no projeto, e algo a respeito de prestarem assistência juntos* *trouxe à tona uma nova camaradagem e respeito mútuo. Além do trabalho com a Hesperian, Jason e Nedra têm ajudado em um projeto de reflorestamento no Oregon e um projeto de interligação ambiental em Washington. No intervalo dos projetos, praticam o* camping *no seu* trailer. *A mistura de mobilidade, aptidões e disposição de tentar coisas novas faz de Jason e Nedra uma dupla de voluntários inestimável.*

Três tipos de ação voluntária

A verdade é que os voluntários já fazem grande parte do trabalho do mundo; apenas não chegam às manchetes com tanta freqüência quanto as pessoas que ganham muito dinheiro, como os políticos, os financistas e as celebridades. A partir da nossa experiência, bem como da observação de muitas pessoas que encontram o seu caminho no mundo do emprego não remunerado, verificamos que existem três tipos principais de ação voluntária, todos vitais para que o mundo funcione tão bem quanto o faz atualmente.

1. **Ajudando e Cuidando dos Outros.** Existem muitas maneiras "não-oficial" e espontâneas de ajudar. Entre elas estão os pequenos atos de delicadeza, muitos dos quais passam despercebidos e não são reconhecidos, e o apoio social e psicológico, oferecido informalmente a amigos e vizinhos. O simples ato de escutar, sem julgar, pode representar uma tremenda ajuda às pessoas que estão sob tensão ou sofrendo. A cortesia habitual já não é tão habitual, e pode levantar o ânimo das pessoas. Ser animado é uma ação voluntária contagiante e restauradora. Além disso, o setor voluntário do governo oferece milhões de maneiras pelas quais as pessoas podem ajudar.

Uma agradável vantagem adicional dessa atividade é o que é conhecido como "euforia de quem ajuda". Allan Luks, ex-diretor executivo do Institute for the Advancement of Health, relata que mais de 70 por cento de quase duas mil pessoas entrevistadas (quase todas membros de um grupo voluntário de mulheres) experimentam uma sensação física identificável — calor, calma, redução da depressão, diminuição da dor, aumento de energia — durante o ato de ajudar. O mais interessante é que 80 por cento dessas pessoas afirmaram que os sentimentos voltavam sempre que recordavam a experiência de ter sido úteis. Esses momentos de euforia também podem ser benéficos para a saúde, como foi informado na *American Health:*

Em uma pesquisa extraordinária e polêmica realizada na Harvard University, o psicólogo David McClelland mostrou a alguns alunos um filme de Madre Teresa, a personificação do altruísmo, trabalhando com as pessoas doentes e pobres de Calcutá. A análise da saliva dos estudantes revelou um aumento da imunoglobulina A, um anticorpo capaz de ajudar a combater as infecções respiratórias.

Quando você é financeiramente independente, a ajuda não precisa ser um emprego em tempo parcial. A história de Penny Yunuba exemplifica a ajuda e a atenção como um estilo de vida.

*A vida depois do Ponto de Cruzamento de **Penny Yunuba** é tão exuberante e multifacetada quanto ela. Penny trabalha com um grupo em Boston chamado Little Brothers of the Elderly, entregando flores e refeições para uma mulher de 83 anos que deixou de ser uma cliente e tornou-se uma grande amiga. O relacionamento enriquece tanto a vida de Penny, que já não está claro quem está ajudando e quem está sendo ajudada. Penny também trabalha como voluntária, um dia por semana, em uma cooperativa que faz a reciclagem de papel branco de escritório. Ela adora o trabalho e acredita nele, e recebe o benefício adicional de um seguro de saúde em grupo. Penny também distribui folhetos para a cooperativa local de alimentos. Devido a um problema de saúde, Penny precisa andar, de modo que além de receber um desconto de 24 por cento nos produtos alimentícios, ela obedece às recomendações médicas ao caminhar para entregar os folhetos. "As pessoas me consideram extremamente virtuosa", declara Penny rindo, "mas precisam se arrastar diariamente para o trabalho enquanto eu passeio ao sol, e elas me dizem que eu levo uma vida dura!" E isso não é tudo que Penny faz. Fundou um escritório local de uma organização ativista nacional para pessoas atarefadas chamada 20/20 Vision. Penny tornou-se membro de uma igreja quacre, um "luxo" para o qual não tinha tempo quando trabalhava setenta horas por semana. Além disso, está sendo uma verdadeira amiga para os seus amigos. "Não estou angustiada. Consigo escutar as pessoas. Sou uma 'terapia gratuita' porque não preciso ir todos os dias para o emprego." Penny trabalha com grupos e também sozinha; ela é doadora em tempo integral.*

2. O Ativismo e a Defesa. Este tipo de ação voluntária abrange tudo o que está compreendido entre o protesto, a educação dos cidadãos e os partidos políticos. Margaret Mead declarou certa vez: "Nunca duvide de que um pequeno grupo de cidadãos dedicados possa mudar o mundo. Na verdade, essa é a única coisa que já conseguiu esse resultado." Uma grande quantidade de mudanças sociais e políticas no mundo teve lugar devido a esses grupos esforçados de voluntários. Na verdade, Richard Lamm, ex-governador do Colorado, afirma que os líderes eleitos nunca lideram; eles seguem. Quase todos os projetos que aprovou durante o seu mandato tiveram origem no setor voluntário. Esse fato é particularmente alentador para os Pensadores FI que querem fazer alguma coisa a respeito das múltiplas tensões que a humanidade exerce no planeta. Com todo o tempo que têm livre, eles podem educar a si mesmos, educar os outros, redigir declarações de estratégias, fazer *lobby*, elaborar propostas para novos programas, interagir com ativistas com idéias afins, escrever cartas e efetuar mudanças. O estilo de cada um deles pode ser diferente, variando de confrontos altamente dramáticos à pressão tranqüila e não-violenta, mas o impacto que todos exercem é tremendo. Muitas das organizações que a nossa New Road Map Foundation investigou com a intenção de financiar certamente prefeririam um voluntário independente de período integral do que uma subvenção financeira. "Estamos precisando de pessoas, não de dinheiro", ouvimos repetidamente. Um voluntário com dedicação integral, concentrado e com orientação própria pode transformar um grupo moderadamente eficaz em uma usina de força.

Dwight Wilson é um bom exemplo. Por ser filho de pais ricos e um jovem extremamente brilhante e dinâmico, todos esperavam que ele freqüentasse "as escolas certas", se formasse em direito e ingressasse na política. No entanto, o seu idealismo interferiu no processo. Alguns meses antes de receber uma herança substancial, Dwight fez o curso de FI, inscrevendo-se em dois dias em vez de um, como recomendado, para poder realmente assimilar as informações. A herança tornou-se o seu capital de FI. Depois de fazer um exame de consciência e hesitar um pouco, Dwight decidiu mergulhar de cabeça na ação voluntária em tempo integral. A causa que mais o atraía era transpor os mal-entendidos entre as nações e as culturas que acabavam provocando a guerra. Dwight atuou como diretor executivo de uma organização de voluntários do Peace Corps que tinham voltado para os Estados Unidos e queriam recapturar parte do espírito heróico que haviam sentido durante o tempo que serviram no exterior. Eles se empe-

nharam em construir um Parque da Paz na sua cidade-irmã na então União Soviética, superando inúmeras dificuldades enquanto criavam um projeto que envolveu centenas de americanos e soviéticos em um empreendimento cooperativo e desafiante. As amizades que se formaram em decorrência desse trabalho conjunto, bem como a boa vontade estabelecida pela construção de um belo parque, certamente desempenharam um papel ao contribuir para o abrandamento da Guerra Fria. Hoje Dwight trabalha para outro grupo sem fins lucrativos, organizando projetos cooperativos de plantação de árvores para jovens de todas as partes do mundo. Talvez quando esses jovens adultos assumirem a liderança no século XXI, a lembrança de ter trabalhado juntos com pessoas de diferentes nações e culturas os oriente na criação de um mundo mais pacífico. A dedicação de Dwight a esses projetos permitiu que ele e os outros membros da equipe se concentrassem mais em executar projetos do que em arrecadar fundos, e encheu o escritório com a sua combinação exclusiva de otimismo e inteligência.

3. Inovação. Sonhando um Novo Sonho. Martin Luther King, Jr., tinha um sonho, e ele mudou a face dos Estados Unidos. Mas quem pode hoje em dia dar-se ao luxo de ser um sonhador? Quase todos os trabalhadores estão tão enredados em modos de pensar instituídos quanto nas avenidas na hora do *rush*. Os voluntários têm a liberdade de estender os limites do conhecido e experimentar novos mapas da vida. Como indicamos, os voluntários podem se dar ao luxo de explorar um novo território fora do que é social ou intelectualmente aceitável. Tanto a necessidade de financiamento quanto as ameaças identificadas ao *status quo* freqüentemente impedem as empresas, o governo e outros tipos de instituições de correr o risco de realizar inovações criativas. A verdadeira inovação raramente é lucrativa, e a inovação que é lucrativa raramente é inspirada. A inovação social (como o governador Lamm falou da inovação política) com freqüência tem origem no setor voluntário e somente mais tarde é aprovada pelas autoridades financeiras ou institucionais constituídas.

Eis a história de um projeto totalmente voluntário que está desafiando o *status quo* tanto da pesquisa médica quanto da prática da medicina:

Evy McDonald, enfermeira e administradora de assuntos ligados à saúde, liquidou todos os seus bens em 1981. Tendo sido diagnosticada com uma doença terminal, Evy sabia que estaria "se aposentando" de qualquer maneira daí a um ano, de modo que rapidamente aplicou o programa de FI às suas finanças e tornou-se voluntária em tempo integral. Abandonou a carreira que a deixava extremamente tensa e começou a viver uma vida que expressava o amor e a dedicação à assistência na qual sempre acreditara mas nunca tivera tempo para praticar. Nesse meio tempo, Evy passou por um período de profunda reflexão e sinceridade, determinada a verdadeiramente viver antes de morrer. Quando faltavam alguns meses para a época prevista pelo médico para a sua morte, os seus sintomas começaram a desaparecer, aparentemente como um subproduto do seu processo interior. Essa profunda experiência pessoal, aliada ao seu conhecimento privilegiado das limitações da medicina de alta tecnologia, despertou o forte desejo em Evy de reintroduzir a mente, o coração e a alma na prática convencional da medicina. Proferiu palestras e deu aulas sobre a sua experiência pessoal. A comunidade médica ouviu educadamente e descartou a história como sendo "puramente incidental". Sem ter nenhuma carreira para proteger e somente uma contribuição a dar, Evy colaborou com a New Road Map Foundation na criação de uma estratégia que se dirigiria ao meio milhão de médicos deste país em uma linguagem que pudessem compreender: a ciência.

Evy desenvolveu um estudo abrangente da interação mente/corpo/espírito sobre uma doença que deixou a comunidade médica perplexa: a esclerose lateral amiotrópica (ALS), ou doença de Lou Gehrig. O mais extraordinário é que Evy decidiu não pedir nenhum financiamento e realizar todo o estudo apenas com voluntários. Evy fora inspirada pelo dr. D. Carleton Gajdusek, ganhador do prêmio Nobel de medicina, que dissera a um grupo de proeminentes pesquisadores em busca de financiamento para resolver a charada da ALS que o dinheiro nunca fora uma solução para nenhum problema científico, que eram o amor e a dedicação, e não as subvenções, que produziam os milagres da medicina. Assim sendo, Evy recrutou uma equipe totalmente voluntária de mais de cinqüenta pessoas, entre elas um estatístico profissional, professores universitários, um psicólogo da medicina comportamental, e proeminentes médicos especialistas em ALS, estabelecidos em três centros de pesquisa e tratamento dos Estados Unidos. A equipe que coletava com entusiasmo as informações gastou milhares de horas e percorreu milhares de quilômetros para entrevistar 144 pacientes com ALS em todo o país a cada três meses, durante um ano e meio, e outra equipe de voluntários ajudou a ordenar e analisar as informações. Alguns dos voluntários já eram financeiramente independentes, mas a maioria se afastava algum tempo do trabalho e de outros projetos para participar. Profissionais que

*trabalhavam em outros projetos de pesquisa relataram que "de algum modo"
esse projeto lhes proporcionava mais satisfação do que os que eram totalmente
financiados. Todos os que trabalharam no projeto tiveram a mente e o coração
expandidos.*

Os voluntários podem ser extremamente vigilantes e irritantes. Podem prestar atenção aos detalhes do sofrimento humano que são descartados por camadas de burocracia e documentação. Você se lembra de Steve Brandon do Maine, que prefere fazer o seu trabalho de enfermagem dirigindo o caminhão que distribui gás para não precisar lidar com a papelada? Exatamente por não ser profissionais remunerados, os voluntários podem fazer experiências e ser intuitivos. Devido à sua dedicação, porque podem ser ativistas e defensores, devido à sua coragem de sonhar, os voluntários têm um poder que os funcionários remunerados nem sempre têm. Os voluntários são poderosos em virtude de ser livres.

Mas o que eu faria?

Se esse tipo de liberdade parece excessivamente grandioso ou amedrontador para ser contemplado no momento, volte ao Capítulo 4 (página 159), onde examinamos o propósito e os valores. Siga as sugestões de Joanna Macy. De que maneiras você pode trabalhar com a sua paixão, com projetos e causas que o motivam e tocam o seu coração? Como você poderia trabalhar com a sua dor, ajudando os outros a curar feridas que você curou? Que tal trabalhar com o que está próximo, como as pequenas, porém prementes, necessidades que cercam cada um de nós e que poderemos enxergar se abrirmos os olhos? Se você sabe que deseja ser útil em um problema ou população particular, mas não sabe por onde começar, procure um banco de dados de trabalhos voluntários disponíveis. Você poderá escolher em um leque de atividades maravilhosas. Independentemente do que você faça ou por onde comece, lembre-se de que a sua vida como voluntário se expandirá organicamente. Dizem que o autor Edward Abbey teria dito o seguinte, quando lhe fizeram perguntas sobre a sua carreira: "Não tenho uma carreira, tenho uma vida." Quando sair da camisa-de-força do trabalho de horário integral, você também terá uma vida. Em vez de galgar os degraus de uma carreira, você estará seguindo o estímulo do seu coração e da sua mente, e poderá dar consigo em algumas estradas secundárias mais interessantes e agradáveis do que qualquer "emprego" que você jamais poderia ter imaginado.

Curso avançado de ação voluntária

Agora, se você quer mergulhar de cabeça em um grande desafio depois de alcançar a Independência Financeira, Robert Muller, ex-subsecretário geral das Nações Unidas, tem uma sugestão. Ele afirma que *The Encyclopedia of World Problems and Human Potential* contém todos os problemas do mundo e todas as soluções do mundo (ainda não implementadas). A má notícia é que existem mais de mil problemas importantes. A boa notícia é que o número de soluções é maior do que o de problemas. Muller, com o seu jeito otimista e irresistível, nos estimula simplesmente a escolher um deles, qualquer um, e seguir em frente. Pode ser que os ousados voluntários consigam realizar o que todos os cavalos e os homens do rei (isto é, a riqueza e os empregados do rei) não conseguiram, ou seja, juntar novamente o mundo. Vale a pena tentar!

A vida depois do Ponto de Cruzamento

A essência da FI é a escolha. Depois de ultrapassar o Ponto de Cruzamento, você pode escolher como preencher as horas do seu dia e os dias da sua vida produtiva. Steve West caminha na direção de ser escritor em tempo integral. Roger e Carrie Lynn Ringer farão da agricultura sustentável a sua vocação. Wanda Fullner aprecia a liberdade de trabalhar como *freelance* apenas em projetos que respeita, e usa a renda adicional para financiar alguns projetos pessoais exclusivos. Marcia Meyer tem usado a liberdade para estar com a família e para atuar como voluntária. Ted e Martha Pasternak estão se dedicando a criar os filhos. Diane Grosch ainda está diante de um teclado de computador, mas adora doar a sua experiência para organizações que admira. Evy McDonald está despendendo cada grama da sua energia vital em uma contribuição para o entendimento científico da ligação mente/corpo. Além disso, por intermédio da New Road Map Foundation, os autores estão ensinando as pessoas a assumir a responsabilidade pessoal pelo seu dinheiro *e* pela sua vida, e doando toda a receita para organizações que trabalham em prol de um futuro sustentável para o nosso mundo.

Não existe uma fórmula que o ensine a viver depois do Ponto de Cruzamento. E essa é exatamente a questão. Você é livre para explorar o que

Buckminster Fuller quis dizer quando afirmou: "Somos chamados para ser os arquitetos do futuro e não as suas vítimas." Você tem uma escolha.

Resumo do oitavo passo

Aplique todos os meses a seguinte equação ao total do seu capital acumulado e lance a renda de investimento mensal como uma linha separada no seu Quadro-mural:

$$\frac{\text{capital x taxa de juros a longo prazo atual}}{12 \text{ meses}} = \text{renda de investimento mensal}$$

Quando você começar a investir o seu dinheiro de acordo com as diretrizes oferecidas no próximo capítulo, comece a lançar a sua renda de investimento *efetiva* no seu Quadro-mural (ao mesmo tempo que continua a aplicar a fórmula à sua poupança adicional). Depois que as tendências ficarem claras, projete essa linha até o Ponto de Cruzamento; você terá então uma estimativa de quanto tempo terá que trabalhar até alcançar a Independência Financeira.

9

Agora que você a obteve, o que vai fazer com ela?

Nono passo: o gerenciamento das suas finanças

Este passo o ajudará a tornar-se bem informado e sofisticado com relação aos investimentos que geram renda a longo prazo e a gerenciar as suas finanças de maneira a ter uma renda segura, constante e suficiente pelo resto da vida.

Este capítulo contém os elementos básicos de um programa de investimento para a FI — Integridade Financeira, Inteligência Financeira e Independência Financeira. Este programa de investimento possibilitará que você tenha uma renda segura e sistemática, suficiente para cobrir as necessidades básicas do estilo de vida que você escolher, pelo resto da vida. As informações baseiam-se na visão, apoiada em informações privilegiadas, do co-autor Joe sobre o jogo de investimento em Wall Street, na pesquisa pessoal que realizou a caminho da Independência Financeira e nas nossas experiências pós-FI. O fato de que mais de vinte anos depois da nossa data de FI *ainda* temos uma renda segura, constante e análoga às nossas necessidades pessoais, é uma prova de que esse programa de investimento funciona. Uma prova adicional é a experiência de muitos outros que também "sobreviveram" aos excessos da deplorável década de 1980 com a sua renda FI intacta e sistematicamente suficiente.

Este capítulo foi escrito para os principiantes, mas tanto os amadores quanto os profissionais do investimento também encontrarão muitas informações sobre as quais vale a pena refletir.

Fortaleça-se

Uma de nossas missões fundamentais neste livro é o fortalecimento, ou seja, permitir que *você* recupere o poder que, inadvertidamente, conferiu ao dinheiro. Como veremos mais tarde, isso inclui o poder que você entregou a vários "especialistas" financeiros, a circunstâncias externas ou a convicções e conceitos financeiros.

No decorrer deste programa, recomendamos com insistência que você ficasse íntimo, à vontade e em paz com o dinheiro (energia vital). Agora você está pronto para o passo final: aprender um pouco a respeito do mundo dos investimentos.

Isso não significa readotar a mentalidade de "quanto mais, melhor" e aprender a "ganhar uma bolada" com o seu capital. Por ter seguido os passos do programa, você sabe quanto é suficiente para você, e o objetivo do seu programa de investimento será garantir que você terá essa quantia, e um pouco mais, pelo resto da vida.

Tampouco significa ingressar no mundo da macroeconomia, nos grandes debates conduzidos (mas nunca concluídos) por sombrios economistas em todo o mundo. Não significa ser capaz de discutir as teorias dos defensores da economia do lado da oferta, as dos monetaristas, dos fiscalistas, dos defensores dos ciclos econômicos e muitas outras semelhantes. Um antigo ditado diz que: "Se reunirmos dez economistas, obteremos quinze opiniões diferentes." Se esses Cavaleiros da Ciência Deplorável não conseguem chegar a um acordo entre si, por que deveria você se permitir ficar confuso tentando entender o linguajar econômico deles?

Tornar-se "bem informado e sofisticado" significa aprender o suficiente para poder libertar-se do medo e da confusão (ou do orgulho e do preconceito) que permeiam a esfera dos investimentos pessoais.

Os princípios e as estratégias financeiras delineadas neste capítulo são seguras, sensatas e simples. Também custa muito pouco implementá-las, e elas não exigem uma grande qualificação e gerenciamento financeiro.

A grande maioria dos americanos não têm um plano de investimento coeso. (Segundo a Bolsa de Valores de Nova York, 79 por cento da população evita produtos altamente comercializados como os fundos mútuos e as ações.) Os inúmeros americanos que, devido ao medo, ao preconceito ou a uma longa experiência profissional, encaram a Wall Street como um subúrbio de Las Vegas estão precisando claramente fortalecer e desenvolver uma maneira segura de gerenciar o seu capital que mantenha os custos, as complexidades e os riscos em um patamar mínimo.

Nada nesta seção deve ser interpretado como um conselho específico de investimento. As informações deste capítulo, bem como as do restante do livro, baseiam-se na experiência pessoal e foram concebidas como diretrizes, princípios e dados educacionais.

Não deixe os seus investimentos nas mãos de especialistas

Então de que maneira você pode tornar-se bem-informado e sofisticado a respeito de investimentos que produzem rendimentos a longo prazo? A estratégia que a maioria dos recém-chegados ao mundo do investimento adotaria seria a de procurar os "especialistas". Afinal de contas, se você vai ao médico quando está doente, procura um mecânico quando o seu carro tem um problema, é lógico que se você tem dinheiro para investir, deve recorrer a um especialista em finanças. Certo? Errado.

O Nono Passo consiste em você fortalecer a si mesmo para fazer escolhas financeiras inteligentes, e a primeira lição envolve aprender a não se tornar vítima de corretores, planejadores financeiros e profissionais de venda inescrupulosos que desejam que você participe de todos os tipos de veículos de investimento que lhes pagam magníficas comissões.

Os corretores de valores têm recebido diferentes títulos ao longo dos anos, como executivo de conta e consultor financeiro. Todos significam a mesma coisa: profissional de vendas ou vendedor. Na maioria dos casos, o salário deles é formado basicamente por comissões. Para ganhar uma comissão, precisam vender um produto para você. Também ganham uma comissão quando o convencem a se livrar do produto, quer você tenha lucrado com ele, quer não. Alguns produtos geram comissões muito maiores do que outros. Alguns produtos são muito mais lucrativos para o *empregador* do profissional de vendas do que outros. Talvez seja esperado que o vendedor gere uma quota de comissões.

Por ser uma pessoa inteligente, você talvez perceba que esse sistema pode não estar ajustado para o máximo benefício dos seus interesses. Assim sendo, você sai em busca de um "planejador financeiro" independente, e é quando você lê algo como o que segue no *The Wall Street Journal*:

Planejadores financeiros discutem a respeito da criação de um código de conduta

Eis algumas das questões que os planejadores estão debatendo:

❖ Os planejadores devem ser obrigados a colocar os interesses do cliente à frente dos seus em todas as circunstâncias?

❖ Os planejadores devem ser obrigados a resolver os problemas dos clientes por meio de "procedimentos financeiros apropriados", como sugerindo que eles paguem as suas dívidas, antes de recomendar que adquiram produtos financeiros?

❖ Os planejadores devem ser obrigados a informar qual a remuneração que receberão caso os clientes comprem produtos que eles recomendam?

Se isso não o deixa arrepiado diante da idéia de depender do conselho dos planejadores financeiros, experimente comparar esse debate sobre um código de conduta com outro que certamente aconteceu quando os vendedores de elixires evoluíram e se transformaram nos farmacêuticos de hoje. Imagine-os discutindo a propriedade das suas atividades profissionais, como...

❖ Os vendedores de elixires devem ser obrigados a colocar as necessidades dos pacientes acima das suas em todas as circunstâncias?

❖ Ao escolher um elixir, devemos conferir ao lucro uma importância maior ou menor do que o que será benéfico para o paciente?

❖ Na hipótese de que o repouso seja suficiente para curar o paciente, os vendedores de elixires devem ser obrigados a recomendá-lo em vez de vender várias garrafas de um tônico sem valor?

Em outras palavras, por que essas perguntas estão sendo *debatidas* pelos planejadores financeiros? Não são elas princípios éticos óbvios? Não estamos insinuando que os intermediários de investimentos sejam desonestos. Estamos ressaltando que *você* é a única pessoa que não tem outros interesses na transação além do seus.

Andrew Tobias, no *best-seller* de 1978 *The Only Investment Guide You'll Ever Need*, diz o seguinte: "De um modo geral, você deve gerenciar o seu dinheiro. Ninguém se preocupará com ele tanto quanto você."

E, no *best-seller* de 1987 *The Only Other Investment Guide You'll Ever Need*, o autor é ainda mais enfático: "Não confie em ninguém. Você precisa assumir a plena responsabilidade pelos seus assuntos."

Herbert Ringold, autor de *How to Lose Money in the Stock Market*, é igualmente firme:

Repita comigo:
O corretor é um vendedor.
O corretor é um vendedor.
O corretor é um vendedor.
O corretor não é o Oráculo de Delfos. Se você realmente quer saber a verdade, ele está mais próximo de ser um especulador de alto nível.

Então, se você não deve confiar nos conselhos dos especialistas, isso significa que você pode confiar totalmente em si mesmo? Provavelmente não. O mercado é um jogo no qual tradicionalmente os que têm informações privilegiadas e os profissionais ganham, e o pequeno investidor perde. Você não pensaria em entrar em um ringue de boxe profissional sem conhecer a arte do boxe e as regras do esporte, e sem um técnico e um treinador. Não pensaria em participar de um jogo de pôquer com apostas elevadas se não tiver um capital disponível suficiente, um extenso conhecimento da teoria das probabilidades e uma boa medida de aprendizado.

Temos então o paradoxo: seria mais inteligente que você gerenciasse pessoalmente os seus investimentos, se habilitasse a tomar decisões e usasse um corretor *apenas* para o mecanismo para o qual são mais apropriados, ou seja, simplesmente executar as suas ordens de compra e de venda. *No entanto*, ingressar no mundo complexo dos investimentos sozinho parece extremamente arriscado. Existem inumeráveis "veículos", "produtos", "derivativos" e "instrumentos" de investimento. Os antigos "títulos e ações" evoluíram, multiplicaram-se, sofreram mutações e metamorfosearam-se em um sortimento tão variado e complexo quanto as brincadeiras das crianças nas calçadas. Os nomes, termos, apelidos e acrônimos são infinitos.

Comó é possível aplicar o Nono Passo, tornar-se "bem-informado e sofisticado", em condições tão contraditórias? Como investir o capital que arduamente acumulamos é uma parte vital deste programa (os colchões produzem rendimentos apenas para uma pequena parte da população), deve existir uma maneira de contornar esse dilema. Na verdade existe, mas você não acreditará nela enquanto não discutirmos o seguinte obstáculo para que você conclua com sucesso o Nono Passo: o seu sistema de crença a respeito do investimento.

Dissipando o Medo

À semelhança das suas suposições a respeito do dinheiro e do seu trabalho, as suas crenças sobre o investimento provavelmente foram construídas a partir do alarde da mídia, da opinião dos colegas de trabalho, do conselho que você recebeu do Tio Harry ("Compre na baixa, venda na alta, garoto"), sucessos e fracassos aleatoriamente gerados, e várias outras fontes não-confiáveis. Para abrir caminho através dessas confusões e preconceitos, você só precisa reconhecer que quase todas as convicções a respeito do investimento se baseiam em duas forças propulsoras principais: a ganância e o medo.

Esperamos que você tenha encontrado e domado a sua ganância por intermédio da aplicação dos primeiros oito passos deste programa. Você sabe, por meio da experiência, que mais não é necessariamente melhor, enquanto o "suficiente" é ao mesmo tempo extremamente gratificante e alcançável. Com efeito, os profissionais vitoriosos de Wall Street descobriram a mesma verdade, e sabem que não devem ser gananciosos.

O maior medo: terei o suficiente amanhã?

O Nono Passo aborda o medo que com muita freqüência é a base das decisões econômicas. Um dos nossos maiores receios é o medo do desconhecido. O maior desconhecido é o futuro. A maior incógnita financeira no futuro é a seguinte: "Continuarei a ter dinheiro suficiente no futuro?"

Como reduzir esse medo e transformá-lo em uma prudência apropriada?

1. Aplicando os critérios de investimento que vamos sugerir.
2. Criando uma reserva de acordo com as diretrizes que vamos oferecer.
3. Dissipando o *medo irracional* da inflação.

A doença social da década de 1950 era o medo da depressão. Na época, a frugalidade e a parcimônia ainda eram o nosso alicerce, e ditados como "De grão em grão a galinha enche o papo" e "Quem despreza um tostão não junta um milhão" ainda eram esteios da escola primária. Apreciávamos a abundância que começara a se manifestar, mas não confiávamos nela. Hoje podemos contemplar aquela época e verificar como aquele medo irracional da depressão nos deixava cegos para o que atualmente celebramos como "os bons dias de outrora". Analogamente, a doença social desta geração, o medo mórbido da inflação, nos deixou cegos para algumas verdades fundamentais e distorceu enormemente as nossas concepções. A indústria financeira rapidamente capitalizou essa difundida paranóia, o que resultou na proliferação dos inúmeros veículos de "investimento" anteriormente mencionados e no aumento desenfreado do débito que tem derrubado muitas das nossas instituições e produzido os maiores índices de falência que a nossa nação já presenciou.

A inflação

Para começar a encontrar o caminho para sair do labirinto do investimento, precisamos primeiro lançar luz sobre o demônio da "inflação", que define o contexto para uma grande parte da atual filosofia de investimento.

O nosso medo da inflação está inflacionado?

A inflação é calculada e apresentada como o Índice de Preços ao Consumidor ou IPC. O IPC é um índice das mudanças nos preços de uma lista fixa de produtos e serviços quando comparados com os preços dos artigos durante o ano básico de referência. O peso atribuído aos preços é avaliado de acordo com as preferências do consumidor, como mostrado no Levantamento de Gastos do Consumidor. (Por exemplo, se durante o período básico de referência os consumidores entrevistados tiverem comprado carne com uma freqüência duas vezes maior do que compraram frango, será atribuído peso 2 à carne e um ao frango.)

Em 1970, o Índice de Preços ao Consumidor foi de 38,8. Em 1990, chegou a 129,9.

Eis um pequeno teste. Considerando-se esses números, como pode ser verdade que:

– 368 –

1. Em 1970, uma família gastava entre 15 e 20 dólares para ir ao cinema, incluindo os gastos com o trajeto, a pipoca e o refrigerante. Em 1990, o custo de um cinema e acessórios podia ser de apenas 4 dólares.
2. Em 1970, a máquina de escrever para escrever um livro custava 247,99 dólares. Em 1990, uma máquina muito mais sofisticada custava 100 dólares e uma máquina de "processamento de texto" com uma memória de 16k custava 239,99 dólares.
3. Em 1970, a bicicleta de passeio inglesa de Joe, com três velocidades, custou 100 dólares. Em 1990, uma excelente bicicleta com dez velocidades lhe custou 50 dólares.
4. Em 1970, o almoço habitual de Joe custava em torno de 2 dólares. Em 1990, o almoço habitual de Joe custava 60 centavos de dólar, e era muito mais saudável.
5. Em 1970, Joe gastou 299,25 dólares com gasolina. Em 1990, Joe gastou 177,31 dólares com gasolina.
6. Em 1970, o gravador que Joe comprou para gravar música de uma rádio FM custou 750 dólares. Em 1990, Joe obtinha um som muito melhor do seu gravador que custou 90 dólares.

Pare um momento para refletir. Esses valores são precisos. Não são um erro tipográfico. Como é possível? O que mais pode ter mudado para contrabalançar o IPC?

Vamos dar mais uma olhada na realidade. Os seguintes preços foram compilados a partir do catálogo primavera-verão de 1970 da Sears e de anúncios do jornal *Seattle Times* também de 1970. Os preços de 1991 são preços de vendas documentados encontrados por meio das cuidadosas técnicas de fazer compras discutidas no capítulo 6 (itens de 50 a 67). Os produtos são comparáveis na medida do possível, levando-se em conta os inúmeros avanços tecnológicos que tiveram lugar nesses vinte anos.

	1970	1991
Alimentação		
Frango, preço por ½ quilo	0,69	0,47
Presunto, preço por ½ quilo	1,49	1,19
Peru, inteiro/preço por ½ quilo	0,65	0,47

Ovos, preço/dúzia	0,59	0,58
Batata, cinco quilos	0,98	0,57
Tomate, preço por ½ quilo	0,50	0,39
Farinha, cinco quilos	1,19	0,98
Pão de forma, 600 gramas	0,37	0,33
Margarina, ½ quilo	0,39	0,38

Artigos para o lar

Colchão de solteiro	97,95	79,00
Aquecedor elétrico	26,95	15,95
Triturador doméstico de lixo ½ hp	84,95	59,99
Detector de fumaça	35,00	6,95
Dispositivo para abrir a porta da garagem	179,95	169,95

Ferramentas e manutenção

Serra circular, 18 cm, 2 hp	62,49	39,99
Serra de cadeia elétrica, 35 cm	139,95	59,99

Automóvel

Pneus, 225/75R15, 64 mil quilômetros de garantia	62,33	31,30
Macaco, 1,5 t	120,00	43,50
Rampas para automóvel, 2,5 t	44,29	33,29

Diversão e hobbies

Máquina de costura	246,00	219,00
Televisão colorida, 18-20 polegadas	349,95	249,96
Tabela de basquete	69,95	59,00

Diversos

Caneta BIC escrita fina - preço por dúzia	2,49	0,89
Máquina de calcular com múltiplas funções [1991 tem *todas* as funções]	177,95	29,87
Telefonemas interurbanos, no período diurno, de Nova York para Los Angeles	4,50	2,50

O Índice de Preços ao Consumidor (IPC) *não* é um índice de "custo de vida", não importa quantas vezes possa ser considerado dessa maneira. Ele pressupõe que os mesmos artigos são comprados repetidamente. Não leva em conta o fato de que você não compra uma geladeira nova todos os meses ou todos os anos, e tampouco o fato de que os aparelhos elétricos de hoje consomem muito menos energia e têm muito mais recursos do que os seus predecessores, de modo que se escolhidos com cuidado podem durar muito mais. O IPC não pode levar em conta o fato de que o modelo luxo de ontem é superado *sob todos os aspectos* pelo modelo "econômico" de hoje.

O IPC não leva em conta a mudança nos hábitos de consumo depois do período básico. Os preços dos produtos do dia-a-dia flutuam. Uma temperatura excessivamente fria na Flórida faz com que o preço do suco de laranja dispare, enquanto uma safra excessivamente grande de maçã faz com que o preço do suco de maçã despenque. O consumidor racional troca o suco de laranja pelo de maçã; o IPC não.

Os carros de hoje são maravilhas de avanços tecnológicos. Resistentes à corrosão, maior durabilidade, menor necessidade de manutenção, ignição eletrônica, pneus radiais com cinta de aço que duram quase cem quilômetros, garantia de sete anos, além de percorrer de três a quatro vezes o número de quilômetros por litro que os carros de vinte anos atrás percorriam — como fazer uma comparação?

À medida que os preços das viagens e dos hotéis dispararam, as pessoas descobriram as alegrias de acampar tranqüilamente e das férias simples perto de casa (o que qualquer guarda-florestal dos parques nacionais poderá prontamente confirmar). Como o IPC lidou com esse fato?

Vamos expandir alguns valores que citamos no Capítulo 6. Em 1989, o preço de uma casa com quatro quartos, dois banheiros, um lavabo, com duzentos metros quadrados subira para 382 mil dólares no condado de Westchester, Nova York; para 418.333 em Wellesley, Massachusetts; para 388.500 em Wilmette, Illinois. A mesma casa em Corpus Christi, Texas, custava 81.666 dólares: em Boise, Idaho, custava 82.667; em Fort Wayne, Indiana, 97.250. Como o IPC explica a nossa sociedade extremamente inconstante? Ou as inúmeras cidades encantadoras cujo ar é puro em todo o território americano que estão se tornando cidades fantasmas, oferecendo pechinchas imobiliárias afrontosas porque o etos *yuppie* exigiu a migração para áreas urbanas com preços exorbitantes? Além disso, examine o número de casas que estão vazias: a segunda casa, casas de verão, casas de férias, casas abandonadas. O *Nightly Business Report,* um programa diário da rede de televisão PBS, nos diz que segundo o Bureau of the Census, o órgão responsável pelo censo, uma em cada dez casas nos Estados Unidos está vazia; Vermont apresenta o índice mais elevado: 22 por cento de casas desocupadas.

Os custos com a saúde e o seguro-saúde aumentaram imensamente. O nosso conhecimento a respeito de como evitar a doença também cresceu enormemente. Temos tido provas convincentes de que o fumo, a obesidade, o *stress*, o colesterol, as gorduras saturadas e outros fatores nutricionais, a poluição, o álcool e o uso de drogas, os carcinógenos, a falta de exercício e a exposição excessiva ao sol apresentam efeitos nocivos para a saúde. Embora o custo da consulta médica possa estar mais elevado, podemos decidir marcar um menor número delas graças às escolhas de estilo de vida que fazemos. O IPC não é capaz de incluir essas informações.

Em 1970, manter-se em forma significava cuidar do próprio jardim, aparando o gramado com um cortador de grama manual e usando o ancinho para recolher as folhas. Em 1990, permanecer em forma exigia pagar a mensalidade de uma academia e a aquisição de uma bicicleta ergométrica de 300 dólares. E tudo isso para a pessoa que já possui um cortador de grama elétrico no qual ela trabalha sentada e um soprador de folhas de 140 decibéis.

A inflação é uma convicção ou uma experiência?

À medida que o padrão de vida subiu, o mesmo aconteceu com o *padrão* para um padrão de vida cada vez mais elevado. Antigamente, éramos ricos quando não precisávamos pedir emprestado o cortador de grama manual do vizinho; hoje nos sentimos pobres se não temos um cortador de grama elétrico no qual nos sentamos. (Você talvez se lembre da observação de John Stuart Mill de que não queremos ser ricos, apenas mais ricos do que os outros.) Em outras palavras, nós nos esmeramos ao criar a nossa própria experiência de inflação, sem considerar os números do IPC.

Digamos que nos últimos anos você tenha comprado os seus "bens duráveis" básicos: casa, carro, eletrodomésticos, mobília e um guarda-roupa essencial. Digamos também que por meio de uma pesquisa cuidadosa (ver o Capítulo 6) você verificou a durabilidade, a possibilidade de conserto, a utilidade e a flexibilidade dos artigos que adquiriu. As suas despesas globais não seriam significativamente mais baixas na próxima década do que o foram na anterior? (A não ser, é claro, que você simplesmente tenha tido que comprar a mais recente versão da mania em voga.) Joe às vezes é criticado por comprar várias calças cáqui em oferta e usá-las durante mais de uma década, mas ele está em excelente companhia. Ralph Nader, defensor do consumidor, levou "25 anos para gastar os doze pares de sapatos do exército que comprou na cantina do exército por seis dólares o par quando deixou o serviço ativo em 1959".

Digamos que, de alguma maneira, você tenha obtido mais tempo livre no fim de semana, e que durante esse novo período leu alguns manuais de consertos domésticos e o cronograma de manutenção do seu carro (ou que tenha chegado ao ponto de fazer um curso de manutenção de automóveis em uma faculdade perto de você), e que até mesmo achou agradável e estimulante "fazer as coisas você mesmo". Não é bastante provável que as suas despesas anuais diminuam?

Analogamente, digamos que você percebeu a sabedoria (pessoal e planetária) de andar de bicicleta e não de carro, de morar mais perto do emprego ou do transporte solidário. Novamente, não é provável que as suas despesas anuais caiam?

Digamos que em vez de ir até a loja de bicicletas do seu bairro e comprar o último modelo de *mountain bike* que custa 600 dólares — a BMW do *yuppie* ecológico — completa com pneus bologna, quadro moly-cromado, 27 marchas altas e 12 baixas, câmbio hidroturbo, você tenha dado uma olhada no item "bicicletas usadas" na seção "vende-se" de um jornal do tipo Balcão da sua cidade. Lá, você vê anúncios e mais anúncios de bicicletas fabulosas de dez velocidades que hoje estão fora de moda — e com tão pouco uso quanto as que são mania hoje estarão daqui a mais ou menos um ano — por 50 dólares. Você não estaria economizando um dinheirão, mesmo em comparação com os custos de vinte anos atrás?

Digamos que assistir filmes em casa tenha dado certo para você. Em outras palavras, em vez de enfrentar uma multidão para assistir um filme inédito em uma tela enorme situada a uma grande distância, você o tenha assistido alguns meses depois, em uma tela pequena porém muito mais próxima, em um ambiente bem mais tranqüilo, comendo uma grande quantidade de pipoca a um custo muito mais barato. Não é provável que o seu orçamento anual com a diversão tenha diminuído?

Digamos que em vez de devorar às pressas o pastrami com pão de centeio acompanhado por batata frita na lanchonete superlotada em frente ao escritório (o que Joe afirma ter feito durante *todos* os anos em que trabalhou na Wall Street, o que é confirmado pelo seu cardiologista), você trouxesse de casa um almoço saudável e o comesse, sem pressa, no pequeno parque a duas quadras do escritório. Não é provável que as suas despesas anuais, bem como o seu dispêndio da vida inteira, diminuíssem?

Será que pelo menos parte da nossa experiência da "inflação" não se deve a hábitos inconscientes e automáticos, bem como ao estilo de vida que escolhemos? Ter um carro é uma escolha de estilo de vida; usá-lo para ir a lugares perto de casa aos quais poderíamos ir a pé pode ser simplesmente um hábito. Comprar refrigerante na máquina automática da empresa, apenas por ela estar lá, em vez de comprá-lo no supermercado por uma fração do preço, pode ser um hábito.

Nada do que foi exposto teve a intenção de dizer que não houve uma inflação real, mesmo sem as distorções do IPC. Os preços dos seguros de automóvel, dos quartos de hospital, dos medicamentos controlados, do ensino superior e de centenas de outras coisas dispararam. No entanto, apesar dos preços mais elevados nessas áreas, repare, por favor, no aumento enorme de famílias que têm mais de um carro, do uso excessivo de remédios controlados e da suposição infundada que uma escola particular dispendiosa oferece no geral uma instrução melhor do que uma instituição do governo. Esses itens representam escolhas, não necessidades. Do outro lado da moeda, alguns dos custos mais elevados são equilibrados pela tecnologia avançada ou por um serviço melhor, de modo que os custos globais permanecem os mesmos. As técnicas aperfeiçoadas para pacientes de ambulatório e das cirurgias que reduzem o número de dias que a pessoa precisa ficar hospitalizada podem ser um exemplo.

"Proteção contra a inflação?"

Muitos corretores afirmam que um ou outro produto de investimento tem sido historicamente uma boa proteção contra a inflação. Observadores mais objetivos discordam dessas conclusões. Eis alguns fatos:

As ações e o seu custo elevado, a versão sofisticada de um pacote para o consumidor, os fundos mútuos, são freqüentemente elogiados como sendo alguns dos produtos que oferecem essa proteção. Na década entre 1964 e 1974, o IPC subiu acentuadamente e quase de um modo contínuo, enquanto a Média Industrial Dow Jones (DJIA) começou em 766 em 1964 e terminou em 616 em 1974. Isso significa que o valor de muitos investimentos baseados em ações, como os fundos mútuos, na verdade sofreram uma desvalorização. Analogamente, foi mostrado que o DJIA, convertido para "dólares constantes" ajustados pela inflação, *foi mais baixo no final de 1990 do que o fora no seu auge em 1929.*

Em *How to Lose Money in the Stock Market,* Herbert Ringold ressalta o seguinte:

> Na edição de 16 de setembro de 1985, a revista *Forbes* relacionou 329 fundos mútuos cujos registros ela acompanhara durante os oito anos e meio anteriores, desde 1976 até o final dos primeiros seis meses de 1985.
>
> A média dos 329 fundos indicou um ganho de 14,39% ao longo do período citado. Isso representa 1,22% ao ano!
>
> Teria sido muito melhor colocar o dinheiro em uma caderneta de poupança.

Existem também outras maneiras de gerar renda, como o sugere o seguinte comentário do *The Wall Street Journal*: "Os agricultores igualaram a Wall Street e os fundos mútuos na taxa de retorno anual de 1960 a 1988, de acordo com um levantamento da University of Minnesota." (A aplicação apropriada de esterco *orgânico* pode representar uma proteção maior à inflação do que o tipo oferecido por Wall Street.)

O setor imobiliário foi uma "proteção contra a inflação" fundamental para muitas pessoas, pessoas estas que *perderam* milhares de dólares na depressão do mercado imobiliário em 1991. De Boston a Seattle, as pessoas estão reduzindo o preço de venda para se livrar de propriedades que compraram a preços inflacionados na década de 1980 quando todo mundo sabia que "o preço das propriedades nunca diminui".

Permanece o fato de que não existe nenhuma garantia de permanecer à frente do Índice de Preço ao Consumidor. A mania financeira de uma década será o fracasso fiscal da seguinte, o que pode ser muito dispendioso para o capital que você arduamente acumulou.

Em resumo:

* O fato de que a "inflação" pode ser um conceito macroeconômico válido não significa que ela automaticamente dirija a sua vida.
* As suas escolhas, atitudes, convicções, hábitos, preferências, receios e desejos têm um efeito decisivo nos seus resultados.
* A conscientização é definida como a faculdade de saber o que afeta a sua mente e o que se passa nela.
* A conscientização pode crescer mais rápido do que a inflação.
* Nenhum produto ou programa de investimento é uma proteção garantida contra a inflação. A conscientização é.

Agora você está começando a perceber que duas suposições muito comuns a respeito do gerenciamento do dinheiro — a de que o melhor que temos a fazer é contratar um "especialista" e que a nossa primeira consideração deve ser a inflação — podem não ser verdadeiras. Agora você está pronto para o Nono Passo — o investimento inteligente e a Independência Financeira.

Três pilares da Independência Financeira: capital, proteção e provisão

O programa básico de investimento de FI contém três elementos:

Capital: A quantia investida a longo prazo, da maneira mais segura possível, em veículos que rendem juros, gerando com o tempo pelo menos a mesma renda como indicado no Ponto de Cruzamento do Capítulo 8.

Proteção: Uma reserva monetária, em uma poupança garantida ou uma conta corrente que renda juros, suficiente para cobrir as suas despesas durante seis meses. A finalidade da proteção é lidar com emergências e atenuar as necessidades de dinheiro para lidar com incrementos nas despesas (o pagamento anual do seguro-saúde ou do carro) e cobrir a franquia e as dívidas do seguro conjunto no seguro.

Provisão: A manifestação do seu hábito constante de poupar. (A provisão pode significar uma surpresa para muitos Pensadores FI.) Acredite ou não, você pode continuar a economizar dinheiro depois de atingir a FI.

No início do seu processo de FI, assim que a sua poupança tiver ultrapassado a quantidade que você determinou como sendo uma proteção

– 376 –

confortável, você pode começar a transferir dinheiro para investimentos a longo prazo como os descritos nas páginas que se seguem, criando assim a sua renda que produz o capital.

Uma boa maneira de você começar a ficar "bem-informado e sofisticado" é determinando o tipo de conta que deve ser usado para receber a sua proteção, assim como o dinheiro que está se acumulando, esperando para ser investido. Compare as vantagens da poupança garantida pelo governo, das contas correntes que rendem juros e que são seguradas, e das "cash management accounts" que são administradas pelas grandes corretoras. Esta última opção é uma conta em uma corretora que lhe permite emitir cheques, lhe dá um "cartão de débito" (semelhante a um cartão de crédito, exceto que ele retira fundos da sua conta automaticamente em vez de você receber uma fatura posteriormente), transferências semanais do excedente dos seus recursos para um fundo de curto prazo até você estar pronto para investir e extratos mensais de todas as suas transações e posições de investimento. Embora exista uma taxa anual para essa conta com múltiplas funções, os juros mais elevados obtidos nos títulos do mercado monetário (em comparação com a poupança ou a conta corrente que rende juros) podem fazer valer a pena pagar a taxa.

Critérios básicos para investir o capital

Quer estejamos definindo a "Independência Financeira" como estar livre de dívidas, com uma poupança suficiente para resistir aos períodos de baixa econômica, ou como uma "aposentadoria antecipada" com vencimentos integrais que permite que você se dedique tempo integral ao que é mais significativo para você, os seguintes critérios se aplicam a qualquer coisa que você faça com o seu capital:

1. O seu capital precisa gerar uma renda.
2. O seu capital precisa estar totalmente seguro.
3. O seu capital precisa estar aplicado em um investimento que tenha total liquidez. Você tem que ser capaz de convertê-lo em dinheiro vivo a qualquer momento, para poder lidar com as emergências.
4. O seu capital não pode ser reduzido na ocasião do investimento por comissões desnecessárias, "sobretaxas", despesas "promocionais" ou

– 377 –

de "distribuição" (freqüentemente chamadas de taxas de administração ou de despesas).

5. A sua renda precisa estar completamente segura.
6. A sua renda não pode flutuar. Você tem que saber exatamente qual será a sua renda no mês seguinte, no ano seguinte e daqui a vinte anos.
7. A sua renda precisa ser pagável a você, em dinheiro, em intervalos regulares; não pode ser acumulada, diferida, automaticamente reinvestida, etc. O controle precisa estar totalmente nas suas mãos.
8. A sua renda não pode ser diminuída por encargos, taxas de administração, taxas de resgate, etc.
9. O investimento precisa gerar essa renda regular, fixa e conhecida sem nenhum outro envolvimento ou despesa da sua parte. Ele não pode requerer manutenção, gerenciamento, a presença física ou uma atenção especial devido a "catástrofes".

O raciocínio que apóia o critério dessa relação de investimentos foi esclarecido nos capítulos anteriores, especialmente no Capítulo 8. Você não está usando o capital que conseguiu acumular com dificuldade para especular, investi-lo totalmente em uma aplicação de risco para tentar aumentar o capital ou tentar enriquecer da noite para o dia. Você simplesmente deseja não precisar se preocupar (pelo menos com a sua segurança financeira) caso haja uma recessão ou uma depressão, se o desemprego aumentar ou se o índice Dow Jones está acima de quatro mil ou abaixo de mil.

*Como advogado, **Ned Norris** é treinado para examinar todos os ângulos e investigar possíveis brechas. Tanto a mídia quanto o bate-papo no escritório o levaram a refletir a respeito da possibilidade de os especialistas estarem certos quando avisavam que as pessoas precisariam ter o dobro da renda que têm hoje daqui a dez ou vinte anos para ter o mesmo poder aquisitivo; até mesmo a sua experiência lhe disse que a sua consciência estava de fato crescendo mais rápido do que a inflação. Será que Ned não deveria inserir uma "proteção contra a inflação" no seu programa de investimento? "Por que acreditar apenas em Joe Dominguez?", refletiu ele. "Verifique por si mesmo." Ned fez algumas pesquisas e descobriu um incrível boletim informativo de investimento que tinha todos os tipos de informações privilegiadas. Logo começou a passar horas comprando*

– 378 –

e vendendo mentalmente valores mobiliários e, em seguida, acompanhando o mercado para ver como os investimentos dos seus sonhos estavam se saindo. Cada boletim informativo acrescentava uma nova variação e o fazia voltar para o estágio de planejamento. Esse fascínio durou de quatro a cinco meses e absorveu quase toda a sua energia vital fora do trabalho. "Se os caras que escrevem o boletim informativo são tão espertos, por que não estão ricos? Por que precisam escrever um boletim informativo para pessoas como eu?", perguntou ao seus botões. "O objetivo do boletim é fazer com que eu fique viciado nele, e não ajudar-me a consolidar uma renda segura para o resto da vida." Ned abandonou a sua obsessão pela especulação e voltou a confiar na sua experiência pessoal e nos critérios delineados neste capítulo, recuperando assim a paz de espírito.

A segurança é o fator fundamental de qualquer programa de investimento desenvolvido para sustentar um estilo de vida financeiramente independente. Você certamente não está interessado em trocar o seu emprego de horário integral pela atividade de se preocupar 24 horas por dia com o comportamento da bolsa de valores, se a empresa tal está reduzindo os dividendos, se tais títulos correm o risco de inadimplência, se o Movimento Economíope Inveterado irá sabotar a sua parceria de energia eólica ou se o seu capital de risco está arriscando capital para sustentar o vício de cocaína de alguém.

A lista de critérios apresentada elimina quase todas as especulações e investimentos populares dos nossos dias. As ações e os fundos mútuos de ações não oferecem a segurança do capital e nem a segurança e a uniformidade de rendimentos de que você precisa. A renda das aplicações no mercado monetário flutua acentuadamente segundo o giro das taxas de juros a curto prazo. Os fundos de controle de receitas e despesas referentes a obrigações o expõe ao risco de inadimplência em diversos graus. Todas as opções da lista reduzem o seu capital, e até mesmo a sua renda, devido aos numerosos encargos (deixando, portanto, de atender aos critérios 4 e 8). Os certificados de depósito bancários, embora sejam seguros se forem emitidos por um banco segurado pelo governo federal, têm vencimentos excessivamente curtos, o que o obrigaria a reinvestir o seu capital cedo demais, expondo-o ao risco de deparar com taxas de juros muito mais baixas na ocasião do vencimento. Mesmo um investimento supostamente conservador como o do setor imobiliário está excluído, com a possível exceção da casa própria na qual você reside.

Uma única categoria de veículo de investimento se encaixa perfeitamente nos critérios aqui apresentados: as obrigações a longo prazo do tesouro americano e os títulos de agências patrocinadas pelo governo dos Estados Unidos. Observação: os cidadãos de outros países devem investigar as obrigações do governo do seu país. Embora seja possível comprar títulos do tesouro e do governo americano em praticamente qualquer lugar do mundo, as flutuações do câmbio tornariam a renda proveniente dos juros excessivamente instável para satisfazer os critérios de um programa de investimento FI.

Aqui está a solução para o paradoxo que discutimos no final da seção "Fortaleça-se": **você não precisa tornar-se um especialista em toda a esfera da especulação e dos investimentos. Pode concentrar-se em um pequeno segmento que satisfaz plenamente os seus critérios: as obrigações do tesouro americano e os títulos de agências patrocinadas pelo governo dos Estados Unidos.**

Muitos livros tratam desses títulos. Sugerimos enfaticamente que você leia *Treasury Securities* de Donald. R. Nichols. Se a sua biblioteca não tiver o livro, experimente ler *Understanding Treasury Bills and Other U.S. Government Securities* de Arnold Corrigan e Phyllis C. Kaufman. Embora as informações que se seguem possam ajudá-lo a começar, não se destinam a oferecer-lhe o tipo de conhecimento abrangente de que você necessita para sentir-se bem-informado e sofisticado com relação aos investimentos a longo prazo que geram rendimentos.

Um compêndio sobre títulos do governo

Um título ou obrigação é simplesmente um acordo escrito para o pagamento de uma dívida. O emitente do título promete pagar ao portador o valor impresso no título (valor nominal) em uma data determinada (data do vencimento). A maioria dos títulos também paga juros, a uma taxa percentual específica (taxa de cupom de juros). Essa quantia, embora citada como uma taxa percentual anual, é geralmente paga semestralmente.

Quase todos os títulos podem ser comprados e vendidos em qualquer época (são negociáveis) por intermédio de bancos e corretoras. (O emitente original não tem nada a ver com as compras e vendas subseqüentes do

– 380 –

título. A sua única obrigação é enviar os juros, a cada seis meses, a quem deter o título na ocasião.)

As obrigações do tesouro americano e os títulos de agências patrocinadas pelo governo dos Estados Unidos são considerados pelos especialistas como o investimento que rende juros de melhor qualidade do mundo. (Observação: esses títulos *não* são idênticos às antigas e conhecidas séries E ou H dos títulos de poupança dos Estados Unidos, que não rendem os juros elevados a longo prazo que você precisará para fazer com que o programa de FI funcione para você.)

As obrigações do tesouro americano são particularmente adequadas a um programa de investimento de independência financeira; segue-se uma lista das suas vantagens:

- ❖ Maior segurança do capital.
- ❖ Maior segurança dos juros — a total garantia do governo dos Estados Unidos,* quanto ao principal e aos juros.
- ❖ Isenção de impostos estaduais e municipais.
- ❖ Não são resgatáveis (a maioria não pode ser resgatada pelo emitente).
- ❖ A maior negociabilidade, total liquidez, são comercializados no mundo inteiro. Podem ser comprados e vendidos quase que instantaneamente, com encargos mínimos de manuseio e valores convenientes (como 1.000, 5.000 e 10.000 dólares).
- ❖ A mais fácil disponibilidade — diretamente do governo federal (Tesouro Direto)** e por meio de quase todas as corretoras de valores e muitos bancos, em qualquer lugar do mundo.

---

* "Full faith and credit" [boa-fé e crédito]. Frase cujo significado é o de que todo o poder de arrecadação fiscal e de captação de empréstimos, além de outras receitas que não as de origem fiscal, asseguram o pagamento dos juros e do principal de um título emitido por entidade governamental. Títulos do governo dos Estados Unidos e obrigações em geral de estados e municípios são garantidos pela boa-fé e crédito inerentes ao governo. (N.T.)

** Já existe no Brasil o Tesouro Direto, http://www.tesouro.fazenda.gov.br/tesouro_direto/ site no qual a pessoa deve se cadastrar por meio de um Agente de Custódia da CBLC, que pode ser uma Corretora de Valores, um Banco Comercial, Múltiplo ou de Investimento, e Distribuidora de Valores. Depois de se cadastrar, a pessoa recebe uma senha por email, que permite o acesso à área exclusiva do site. A partir de então, ela pode comprar os títulos que desejar. Estão disponíveis vários títulos do Tesouro brasileiro. (N.T.)

– 381 –

❖ A mais barata disponibilidade — sem intermediários, comissões e sobretaxas.

❖ Duração — o leque de vencimentos disponíveis é extenso; você pode comprar uma letra ou obrigação que vencerá em poucos meses ou uma que só vencerá daqui a trinta anos.

❖ Total estabilidade de rendimentos a longo prazo, o que é ideal para a FI. Evitam as flutuações de renda que ocorreriam nos fundos de mercado monetário, no valor do aluguel de imóveis, etc.

Os dois riscos apresentados pelos dois tipos de títulos públicos são o risco de mercado e o risco de reinvestimento. Por sorte, ambos os riscos são relativamente insignificantes no que diz respeito ao plano de investimento FI. O risco de mercado, que é a flutuação no preço do título entre a ocasião em que ele é emitido e a época do vencimento, não lhe diz respeito, já que você tem a intenção de permanecer com o título até o vencimento, e a sua renda não é afetada por essas flutuações. O risco de reinvestimento refere-se à possibilidade de que as taxas de juros estejam consideravelmente mais baixas na ocasião do vencimento do seu título, o que significa que você não será capaz de ter o mesmo rendimento ao reinvestir os seus recursos. Para evitar esse problema, você deve comprar os títulos com o maior prazo de vencimento possível (trinta anos ou mais). Além disso, se você acompanhar o mercado de títulos ao longo do tempo (de um modo inteligente, não compulsivo), perceberá oportunidades maravilhosas de estender o vencimento da sua carteira ao mesmo tempo que mantém (ou até mesmo aumenta) o seu nível de renda. Essas técnicas de troca de títulos se baseiam no fato que se as taxas de juros vigentes caírem, o preço dos seus títulos com cupons elevados subirá proporcionalmente no mercado. Um título de 10.000 dólares a 8,5 por cento ao ano que você comprou pelo valor nominal poderá valer 11.000 dólares se as taxas de juros caírem para 7,75 por cento. Esse capital acrescido poderá ser reinvestido a taxas de cupom de juros mais baixas. O resultado final será que você manterá essencialmente o nível de renda global. No entanto, você não deve confundir o que acaba de ser dito com a obsessão temporária de Ned Norris pelo investimento e pela especulação. É raro que você precise fazer esse tipo de troca de títulos.

E por falar em taxas de juros flutuantes, é preciso observar que, devido aos consumo perdulário tanto do governo quando das pessoas, as taxas

– 382 –

de juros dos dois tipos de títulos do governo mencionados têm estado em níveis anormalmente elevados. Na maior parte do século XX, até o final da década de 1960, as taxas de juros estavam abaixo de 5 por cento ao ano. Desde o seu apogeu em 1981, as taxas de juros a longo prazo retomaram a tendência de queda em direção às normas históricas. Você não precisou pegar o mercado de títulos nesses recordes anormais a fim de alcançar a FI. Mesmo com uma taxa de juros anual de 5 ou 6 por cento, este programa dará certo.

Em 1969, quando Joe alcançou a FI, o seu capital estava investido em títulos com uma taxa de juros média de 6,85 por cento ao ano e com vencimentos que se estendiam até a década de 1990. Por meio de algumas trocas criteriosas de títulos, **e sem ter outra renda além da que recebia dos títulos**, a sua carteira tem hoje um rendimento médio de 9,85 por cento ao ano e cujos vencimentos se estendem, em média, até o ano de 2007. E o mais importante é que a renda que ele recebe dos títulos tem sido sempre mais do que suficiente para as suas necessidades, apesar da suposta enorme inflação do período.

As obrigações do tesouro e os títulos de agências patrocinadas pelo governo: o que são e como funcionam

O governo federal americano arrecada dinheiro de duas maneiras básicas: por meio da tributação e dos empréstimos. Assim sendo, quando os gastos do governo excedem a renda com os impostos correntes, ele só tem duas escolhas: aumentar os impostos ou tomar mais dinheiro emprestado. (Obviamente, o governo não segue os princípios defendidos neste livro de gastar menos do que ganha.)

Os títulos do tesouro representam a maneira do governo de tomar dinheiro emprestado. Um novo título é emitido de meses em meses, com datas de vencimento que avançam dez, vinte e trinta anos no futuro. A primeira coisa que cada nova emissão faz é pagar os portadores de antigas emissões que estão vencendo. O dinheiro restante é usado para compensar o déficit do orçamento federal. A dívida nacional é a principal dívida do governo — o principal e os juros sobre os títulos do tesouro precisam ser pagos no vencimento, antes que qualquer outra coisa seja paga. Deixar de fazer isso destruiria a classificação de crédito do governo americano nos mercados internacionais, destruindo a nossa capacidade de fazer negócios e provocando a nossa queda à condição de nação do Terceiro Mundo.

Nos anos recentes, os juros devidos anualmente sobre a dívida pública têm sido maiores do que o déficit total, de modo que todo o dinheiro tomado emprestado pelo tesouro destina-se a pagar o principal que está vencendo ou os juros que estão vencendo sobre a dívida remanescente.

As obrigações do tesouro são vendidas por intermédio de leilões. A quantidade total de títulos a ser emitidos é predeterminada pelas necessidades financeiras do governo, e não pela demanda, ou ausência de demanda, dos títulos. Simplificando, a taxa de juros sobre uma emissão é aumentada até que seja encontrado um nível no qual toda a emissão seja comprada.

A emissão do título é comprada pelos mais diversos tipos de organizações: bancos, seguradoras, corretoras, fundos mútuos, fundos de pensão e aposentadoria, cooperativas de crédito, grandes e pequenas empresas — e também por pessoas físicas.

O dinheiro pago por uma obrigação do tesouro só vai para o tesouro quando o título é originalmente emitido. Depois da data de emissão, e pelo resto da vida do título, este é comprado e vendido no "mercado secundário", por pessoas — o dinheiro que troca de mão nunca é visto pelo governo, embora continue a pagar os juros a quem quer que esteja de posse da obrigação na época. Os títulos comprados por intermédio das corretoras e dos bancos são adquiridos no mercado secundário.

Uma típica obrigação do tesouro americano, com 8 por cento de juros ao ano, comprada por 10.000 dólares, pagará 34.000 dólares ao longo da sua vida de trinta anos — 24.000 em pagamentos de juros semestrais e 10.000 mil no vencimento do título.

Nos últimos anos, uma mudança radical nos hábitos de poupança dos americanos tem afetado os gastos do governo e as taxas de juros. A poupança diminuiu. Essa falta de poupança não alterou a maneira como o governo gasta, mas modificou o montante, porque o governo precisa gastar mais com as taxas de juros mais elevadas necessárias para motivar os estrangeiros ricos a comprar os títulos.

Algumas pessoas acreditam que investir em obrigações do tesouro implica tolerância com relação aos hábitos de dispêndio do governo. Os fatos econômicos não apóiam essa afirmação. Recusar-se a comprar obrigações do tesouro simplesmente agrava o problema, pois obriga o governo a manter as taxas de juros elevadas para atrair compradores, o que causa déficits maiores devido a uma saída maior de pagamentos de juros. São os nossos impostos que financiam a maior parte dos gastos do governo. Na verdade, quanto mais ganhamos, e mais impostos pagamos, mais apoiamos diretamente os gastos. E quanto mais dinheiro temos investido em obrigações do tesouro, mais o governo *nos paga* — na verdade subsidiando-nos (uma idéia gratificante para alguns Pensadores FI envolvidos na assistência às suas comunidades).

Os títulos de agências patrocinadas pelo governo são emitidos por outras instituições do governo dos Estados Unidos. Embora muitos não sejam obrigações de "boa-fé e crédito", que é a maior garantia possível, quase todos podem ser considerados como tendo uma garantia implícita. Algumas agências emitentes típicas são:

The Federal National Mortgage Association ("Fannie Mae")
The Federal Home Loan Bank ("Freddie Mac")
The Federal Farm Credit Bank
The Government National Morgage Association ("Ginnie Mae")
The Student Loan Marketing Association ("Sallie Mae")

Embora *alguns* títulos de *algumas* dessas agências se encaixem em todos os nossos critérios, é um pouco mais difícil lidar com eles. A quantidade mínima que você pode comprar talvez seja maior; a disponibilidade e a liquidez não chegam nem aos pés das obrigações do tesouro; o vencimento a longo prazo pode não estar disponível em algumas agências; no todo, trata-se de um empreendimento geralmente mais complexo para uma pessoa que esteja aventurando-se no Nono Passo.

Muitos dos lugares onde normalmente guardamos as nossas economias, ou seja, os bancos, associações de poupança e empréstimo, fundos de pensão, fundos de curto prazo, seguradoras, reinvestem uma parte dos nossos recursos em obrigações do tesouro ou em títulos de agências patrocinadas pelo governo. A diferença entre aplicarmos diretamente os recursos ou fazê-lo por intermédio dessas instituições é que estas últimas ficam com uma boa parcela dos lucros. Por exemplo, os bancos compram obrigações do tesouro que pagam 8 por cento e nos pagam apenas 5 por cento sobre o nosso depósito. A eliminação do intermediário por meio da compra direta dos títulos é chamada de "desintermediar".

A desintermediação (comprar pessoalmente) e como fazê-lo.

A desintermediação é o ato de comprar você mesmo um determinado título, como uma obrigação do tesouro, em vez de investir o dinheiro em um intermediário (como um fundo, um banco ou outro tipo de instituição) que, por sua vez, investirá os seus recursos no mesmo tipo de investimento enquanto abocanha uma boa parte deles. (Não existe falta de intermediários ansiosos para se apoderar de um pedaço da sua torta.)

Em certo fundo mútuo respeitado e diversificado (isto é, contém ações e títulos), 22 por cento dos dividendos e dos juros recebidos nunca chegaram ao bolso dos investidores. Ao contrário, esses 22 por cento pagaram as várias "despesas" do fundo:

Taxa de assessoria de investimento
Gastos promocionais
Comissão do agente de transferência
Impressão
Taxas legais
Taxas de registro
Taxas de auditoria
Taxas da diretoria
Impostos estaduais
Taxas de custódia
Outros

Um famoso "fundo de curto prazo" estava oferecendo um retorno de 7,11 por cento sobre o investimento em uma época na qual as obrigações do tesouro e os títulos das agências patrocinadas pelo governo estavam pagando de 8,3 a 9,3 por cento. Essa discrepância devia-se em grande parte ao fato que 13 centavos de cada dólar de juros ganho estavam indo para o bolso dos administradores do fundo.

Nada do que do que foi exposto leva em consideração as enormes comissões pagas aos corretores e planejadores financeiros nos "fundos mútuos com encargos". (Nesses fundos existe um pagamento adiantado, não reembolsável, que você paga pelo privilégio de trabalhar com o fundo.) Além disso, segundo o *The Wall Street Journal,* a corretora de varejo *típica* teve um ganho de mais de 79 mil dólares em 1990, e isso em um ano considerado ruim para o setor.

Então quais são as suas escolhas? As obrigações do tesouro podem ser compradas diretamente do Federal Reserve,* sem nenhuma comissão, por meio do programa Tesouro Direto. Essas compras só podem ser feitas em uma ocasião na qual uma nova emissão esteja sendo leiloada, chamada refinanciamento trimestral, que tem lugar na primeira semana de fevereiro, maio, agosto e novembro. O Federal Reserve pagará os seus juros semestrais diretamente ao banco ou corretora que você designar e guardará os títulos para você sem nenhum ônus. Uma desvantagem do Tesouro Direto nos Estados Unidos é que para vender um título antes do vencimento você precisa transferi-lo para uma conta em uma corretora, o que gera uma taxa e uma demora.

A outra maneira de uma pessoa comprar obrigações do tesouro (qualquer emissão e não apenas a mais recente), e o modo mais comum de se comprar os títulos de agências patrocinadas pelo governo, é por intermédio do mercado secundário. As grandes corretoras e os bancos comerciais são "*dealers* primários" das obrigações do tesouro, e nessa condição não cobram comissões. No entanto, existe uma diferença, chamada "*spread*" entre a "oferta de compra" (o preço pelo qual um *dealer* oferece comprar o título) e a "oferta de venda" (o preço pelo qual um *dealer* oferece vender o título). Observe que o preço que você paga pode ser levemente superior ao preço cotado nas tabelas de obrigações do tesouro do *Wall Street Journal* ou dos jornais das grandes cidades porque essas cotações são para as grandes transações (em geral de um milhão de dólares ou mais) e você (presumivelmente) estará comprando quantidades menores.

Será interessante que você conheça os seguintes termos para poder entender uma tabela de obrigações do tesouro:

"Taxa" é a taxa de juros anual que o título paga, e é lida como um percentual; isto é, $9 \, ^1/_8$ significa que a taxa de juros é $9 \, ^1/_8$ por cento do valor nominal do título.

---

* Equivalente ao Banco Central. (N.T.)

"Vencimento" é a data de vencimento, quando o empréstimo representado pelo título é pago a você. Também é útil saber que os juros são pagos semestralmente no dia e no mês correspondente à data de vencimento e seis meses depois — isto é, uma obrigação com vencimento em maio de 2018 paga juros todo maio e novembro.

"Oferta de compra" é o preço pelo qual um *dealer* oferece comprar o título, e "oferta de venda" é o preço que um *dealer* oferece vender o título. Quando você compra uma obrigação, você paga o preço equivalente à oferta de venda, acrescido de um ágio por comprar "lotes fracionários", abaixo de um milhão de dólares.

"Mudança" é a mudança no preço da oferta de compra (para cima ou para baixo) desde a véspera.

"Rendimento" é o rendimento até o vencimento (expresso como percentual) — o rendimento atual ajustado para levar em consideração o fato de você ter comprado o título acima ou abaixo do par (o valor nominal do título) e portanto se você terá lucro ou prejuízo quando o título for resgatado.

A ordem de compra

A taxa de juros e a data do vencimento são os elementos que você usa para identificar o título que deseja comprar (isto é, as obrigações do tesouro a 9 $^1/_8$ de maio de 2018) quando você vai a uma corretora ou banco para dar a ordem de compra. Ao decidir com quem vai fazer a compra, lembre-se de que a não ser que a empresa faça parte do grupo selecionado de *dealers* primários, terá que executar a sua ordem com um *dealer* primário e cobrar de você uma comissão pelo serviço. Você terá acrescentando um intermediário.

Muitos investidores preferem pagar o pequeno custo adicional de comprar os títulos no mercado secundário, por intermédio de uma conta em uma das grandes corretoras que atuam como *dealers* primários, porque podem escolher a emissão, comprar quando tiverem o dinheiro (em vez de precisar esperar pelo refinanciamento trimestral do Federal Reserve) e vender os títulos a qualquer momento antes do seu vencimento.

Um elemento irritante ocasional quando lidamos com um corretor, de acordo com numerosas cartas que recebemos durante os 21 anos de existência de "Mude a sua relação com o dinheiro e obtenha a independência financeira", é que alguns deles poderão tentar convencê-lo a desistir da sua compra de obrigações do tesouro ou de títulos das agências patrocinadas pelo governo. Essa atitude é compreensível, já que a transação não produzirá praticamente nenhum ganho financeiro ao corretor em comparação com as centenas de dólares de comissão que ele receberia se a mesma quantia fosse investida em outros tipos de títulos. No entanto, também é imperdoável, já que o corretor existe para servi-lo. Caso isso venha a acontecer com você, peça que o transfiram para outro representante. (As obrigações do tesouro e os títulos das agências patrocinadas pelo governo são os investimentos mais seguros e conservadores do mundo. Não pode haver uma objeção legítima a eles.)

Marilynn Bradley, que abriu o seu caminho em direção à FI cozinhando e fornecendo refeições para eventos, foi criada, como muitos de nós, com a convicção arraigada de que "a matemática e o dinheiro" eram áreas que ela simplesmente não entendia. Seguir os passos do programa de FI ajudou-a muito a dispersar o medo e a ignorância, mas quando se viu com dinheiro suficiente para comprar o seu primeiro título, uma vez mais sentiu-se oprimida. "Eu simplesmente não sabia o que fazer", confessou. "Eu tinha obviamente muito o que aprender, e não sabia por onde começar."

O mercado de títulos pareceu-lhe um país estrangeiro. Marilynn desejou que alguém pudesse lhe dizer o que fazer, mas compreendeu que o Nono Passo realmente tencionava dizer o que dizia, ou seja, tornar-se bem informada e sofisticada era parte integrante do programa. Com a determinação que a levara até ali, Marilynn decidiu aceitar o desafio e começou a se instruir. Leu pelo menos dez vezes um livro sobre títulos que pegara na biblioteca. Na primeira vez, foi como se estivesse lendo grego. Na segunda, foi mais parecido com alemão: o alfabeto era familiar, mas as palavras nada significavam. No entanto, a cada leitura sucessiva, as informações começaram a entrar na sua cabeça e lentamente passaram a fazer sentido. O passo seguinte envolvia a leitura do Wall Street Journal, especificamente as tabelas dos títulos do governo e a seção sobre os mercados de crédito, que mostrava como estava o desempenho do mercado de títulos e freqüentemente explicava os termos que eram usados. Marilynn começou então a fazer um gráfico dos preços a longo prazo das obrigações do tesouro. O seu gráfico possibilitou-lhe enxergar as flutuações de preços, obser-

var os altos e baixos, e finalmente entender o relacionamento entre o preço e o rendimento:

$$\text{Rendimento atual} = \frac{\text{Taxa de cupom de juros}}{\text{preço atual}}$$

Marilynn agora estava pronta para comprar o seu primeiro título. Munida do recém-adquirido conhecimento e do seu entusiasmo, foi pessoalmente à corretora, com dinheiro vivo, e abriu uma conta. O corretor que lhe fora designado quando telefonara levou-a para a sua sala e tentou orientar aquela "jovem e indefesa novata".

"Vou lhe falar a respeito de um incrível fundo mútuo que acho que é perfeito para você", começou o corretor.

"Obrigada pelo conselho", replicou Marilynn, "mas quero comprar uma obrigação do tesouro de cinco mil dólares, a de 9 $^7/_8$ de novembro de 2015."

"Os títulos do governo são um investimento muito conservador para uma pessoa da sua idade. Que tal..."

Mas Marilynn permaneceu irredutível. Fora até lá sabendo exatamente o que queria, e lembrou-se de que Joe dissera para permanecer firme nas suas convicções. "Obrigada, mas quero comprar uma obrigação do tesouro de cinco mil dólares, a de 9 $^7/_8$ de novembro de 2015."

Após mais algumas investidas e defesas, Marilynn conseguiu impor a sua opinião e deu a ordem. A compra foi confirmada mais tarde, no mesmo dia. Ela saiu da corretora sentindo-se poderosa, autoconfiante e no rumo certo. A instrução que adquirira e o fato de ter efetivamente comprado o seu primeiro título representou um grande progresso — uma vitória. "Eu me senti maravilhosa", declarou, exultante. "Fiz tudo sozinha! Aprendi a fazer uma coisa que julgava impossível. Se eu posso fazer isso", acrescentou, "qualquer um pode!"

Marilynn venceu esse obstáculo em 1985 e vários anos depois pôde deixar o seu emprego de chef e fornecedora de refeições para eventos para explorar o que poderia ser o seu próximo desafio na vida. A energia que obteve ao seguir os passos até o sonho impossível da Independência Financeira (antes de completar quarenta anos) lhe foi muito útil na sua vida de liberdade. Sempre que está prestes a dizer "não consigo" em resposta a um desafio, Marilynn pensa nas ocasiões em que comprou os títulos, e geralmente acaba dizendo "Eu consigo!" ao convite atual de crescer além do que ela percebe como limite.

Agora que você tem uma visão global das obrigações do tesouro e dos títulos das agências patrocinadas pelo governo, está na hora de examinar os elementos de um programa de investimento FI.

Proteção para uma aterrissagem mais suave

Seja qual for o nível em que as suas despesas mensais se acomodam, você precisa ter seis vezes essa quantia disponível em uma conta corrente ou fundo de curto prazo. Você só estará financeiramente independente quando tiver uma proteção para lidar com emergências e com os meses entre os pagamentos de juros dos títulos. No entanto, além de nivelar o fluxo de dinheiro que entra e sai da sua vida, a sua proteção tem outra função importante. Assim como Ned Norris duvidou de que a sua experiência de conscientização estivesse crescendo mais rápido do que a inflação, você talvez dê consigo pondo em dúvida se o que é suficiente hoje também o será amanhã. Uma proteção atenua essas dúvidas.

Rose Irwin percebeu que estava ficando cada vez mais inquieta à medida que o seu Ponto de Cruzamento projetado se aproximava. Estava acostumada com o emprego, e a idéia de fechar essa fonte de renda confiável e depender apenas dos rendimentos dos títulos era assustadora. Racionalmente, Rose sabia que o rendimento dos títulos era mais do que suficiente, mas mesmo assim tinha um medo irracional de não conseguir entrar de novo no mercado de trabalho se a FI de alguma maneira não desse certo. "Talvez seja assim que os trapezistas se sentem quando estão calculando o momento em que devem soltar a barra para poder saltar para a outra", pensou. A sua rede de segurança (proteção) estava no lugar, mas parecia muito distante. Decidiu então trazer a rede para mais perto e reforçá-la, dobrando a proteção. Com esses milhares de dólares adicionais no banco, Rose achou mais fácil enfrentar o pessimista interior que não parava de perguntar: "E se você sofrer um acidente, tiver uma perda total do carro, contrair uma doença grave e a sua casa for destruída por um incêndio, tudo no mesmo ano?"

Quando Carl Merner começou a se aproximar da FI, à semelhança de Rose, também relutou em interromper o fluxo de renda do emprego que enchera os seus cofres durante mais de doze anos. Ele diz brincando que este programa tem um décimo passo: lembrar de deixar o emprego. Carl chegou a essa conclusão

– 391 –

porque dedicara a maior parte do seu tempo e do seu intelecto à idéia de ser programador de computador e dependera de dinheiro para poder superar muitas dificuldades na vida. Os seus "e se?" estavam relacionados com ter que manter a casa e o carro sem dinheiro suficiente para pagar um pequeno exército de mecânicos, bombeiros, reparadores de telhados e firmas de dedetização. Enfrentou o medo tomando a decisão de ficar bem informado e sofisticado com relação à manutenção da casa e do carro, tomando aulas com alguns especialistas e lendo tudo que a biblioteca tinha a oferecer. Transformar um "e se?" em um "por que não?" é o epítome do pensamento FI.

Ted e Martha Pasternak desenvolveram uma estratégia diferente para os "e se?" Isso era especialmente importante para eles porque o filho do casal, Willie, e a sua FI apareceram mais ou menos na mesma época. Embora não tivessem a intenção de que Willie se tornasse uma das "crianças americanas típicas" de 100.000 dólares, sabiam que teriam muitas surpresas financeiras durante os seus dezoito anos de cuidados paternos e maternos em tempo integral. Assim sendo, elaboraram o que chamam de Gráfico de Vida para os três. Em cada ano, a partir de agora até completarem oitenta e cinco anos, fizeram a si mesmos a seguinte pergunta: "Que necessidades ou desejos poderão aparecer"? Incluíram todas as despesas normais que fazem parte da criação de uma criança saudável (mas não mimada) — coisas como o aparelho nos dentes, aulas particulares, colônia de férias e o primeiro carro de Willie. Em seguida compraram um veículo de investimento chamado obrigações sem cupom de juros (obrigações do tesouro que não pagam juros, compradas com um grande desconto mas pagas ao par na ocasião do vencimento e especialmente adequadas a futuras necessidades de dinheiro), com diferentes títulos vencendo em cada um dos anos que Willie poderia precisar de um artigo caro. E se Willie não precisar usar aparelho nos dentes e nem quiser participar de uma colônia de férias, eles simplesmente aplicarão o dinheiro em obrigações regulares do tesouro. Também fizeram uma previsão das suas necessidades razoáveis, entre elas as relacionadas com a moradia, assistência médica, educação e viagens, e calcularam de que maneira a combinação da proteção com a provisão poderia lidar tranqüilamente com essas necessidades. Lidaram inclusive com o medo de "e se não der certo?" com o lembrete de que poderiam voltar a trabalhar por um período finito de tempo para lidar com uma mudança totalmente imprevista no estilo de vida. Depois de refletir sobre os "e se?", e já tendo reservado recursos *para lidar com eles, o casal pode respirar tranqüilamente no presente. Além disso, projetaram uma vida feliz e gratificante para os três, vida essa na qual até mesmo as dificuldades normais são aceitas com tranqüilidade e fazem parte da aventura. Já abraçaram o futuro e eliminaram o medo e o mistério que com tanta freqüência mantêm as pessoas trabalhando como escravas.*

A sua proteção estará presente para lidar com as preocupações do tipo "e se?", quer provando que elas são infundadas, quer fornecendo o dinheiro necessário para resolver o problema. E existe ainda a sua provisão, que continuará a ampliar a sua proteção e até mesmo aumentar o capital que você tem para investir nos títulos.

O que é a provisão e de onde ela vem?

Na época dos pioneiros, a provisão era um buraco no chão no qual os viajantes enterravam os seus pertences que eram pesados demais para carregar. No seu programa de FI, a sua provisão é uma reserva adicional de dinheiro (além do capital e da proteção) que se acumula para uso futuro. Os recursos que alimentam a conta de provisão são provenientes de numerosas fontes:

1. No Quarto Passo, você faz a seguinte pergunta: "**Como essa despesa mudaria se eu não precisasse trabalhar para viver?**" Quase todas as pessoas que optam pela Independência Financeira (aposentadoria antecipada) a fim de tentar alcançar os seus sonhos constatam que as suas despesas diminuem significativamente quando deixam o emprego remunerado. Você não gasta mais dinheiro com o transporte de ida e volta do trabalho, não precisa mais comprar roupas caras para chamar a atenção e nem almoçar fora, além de muitas outras reduções. Assim sendo, como o Ponto de Cruzamento baseia-se nas suas despesas totais enquanto você tem um emprego remunerado, o investimento excedente começará a se acumular depois que você for financeiramente independente. Esse é o "e um pouco mais" que mencionamos na definição da FI como "ter o suficiente, e um pouco mais".

2. Continuar a seguir os passos depois da FI é um padrão natural; a sua experiência da Integridade Financeira e da Inteligência Financeira está agora tão arraigada e é tão gratificante, que você não *quer* parar. Aliás, pode ser que haja até um empenho maior já que, graças ao fato de ter obtido a FI,

você *sabe* que esses princípios funcionam. Assim sendo, entre os padrões arraigados de consciência, a apreciação intelectual da lógica óbvia dos passos e a conscientização experimental de como a sua vida é mais gratificante quando vivida no nível de "suficiência", você talvez descubra que *ainda* está gastando menos. No entanto, a sua renda continua a avançar no mesmo nível, criando mais provisão. Eis o que Wanda Fullner, pensadora independente que também é consultora financeira, tem a dizer:

> Nos meus quinze anos de consultoria financeira — e muitos dos meus clientes têm uma renda inferior a 1.000 dólares mensais — nunca encontrei uma exceção para este padrão: *com a conscientização das despesas e um plano de gastos e poupança baseado em valores, as oportunidades para o crescimento do capital proliferam além das expectativas.*

3. À medida que o tempo passa, você observa a sabedoria das suas escolhas no Capítulo 6. As compras que você cuidadosamente pesquisou não estão se danificando. A sua capacidade de manter os seus bens materiais aumentou enormemente, e você não precisa nem de longe substituí-los com a freqüência que costumava fazê-lo. Você também não é seduzido pelos mais recentes acessórios ou pelo último *upgrade* aperfeiçoado. O seu universo material está no lugar. *No entanto, o custo original dessas compras inflacionara as suas despesas mensais antes de você chegar ao seu **Ponto de Cruzamento***. Você descobre que está gastando menos do que a sua renda mensal. Mais provisão.

4. As suas despesas mensais totais incluíam impostos federais, estaduais e municipais, baseados em uma renda considerável que incluía uma quantia muito grande avançando nos seus investimentos de FI. Depois da FI, a sua renda mensal total fica logo acima das suas despesas mensais totais. Agora a sua conta de impostos caiu consideravelmente. Mais provisão. Um bom número de Pensadores FI efetivamente eliminaram completamente os impostos, pois descobriram que podem viver muito felizes com uma renda inferior aos níveis tributáveis. Isso foi gratificante tanto para aqueles que estavam tendo escrúpulos com relação à maneira como o dinheiro que pagam de impostos estava sendo utilizado quanto para os que simplesmente adoram derrotar o leão.

5. Outra fonte de provisão é a renda eventual, que pode ter as mais variadas origens, como uma herança inesperada ou uma notificação do im-

posto de renda informando um erro na devolução de dois anos anteriores que resulta em um ressarcimento.

6. A provisão também pode ser complementada pelo emprego remunerado. Alguns Pensadores FI constatam que o seu novo rumo na vida exige que tenham um emprego remunerado durante curtos períodos para que possam complementar o domínio de novas aptidões. Outros descobrem que colocar um rendimento adicional na sua provisão confere um grau adicional de segurança e também lhes fornece um pouco mais de dinheiro para financiar novos sonhos.

Wanda Fullner sabe que os seus rendimentos de FI serão mais do que adequados assim que ela migrar completamente para a fase seguinte da sua vida, mas no momento, a renda adicional que recebe ao prestar serviços financeiros recebendo apenas a comissão está possibilitando que ela pague a faculdade da filha e a sustente até o fim do curso.

Marcia Meyer aumenta a sua provisão com a renda que recebe em empregos temporários ocasionais para poder viajar sempre que quiser, como fez recentemente quando um membro da família, que mora a mais de três mil quilômetros, adoeceu.

Como livrar-se da provisão

O seu propósito principal ao avançar em direção à FI é a provisão sob a forma de tempo e energia, e despender esse tempo e essa energia da maneira que escolher será a maior alegria da FI. Mas você também poderá muito bem ter nas mãos uma provisão em forma de dinheiro. Para o leitor que deparou pela primeira vez com as idéias apresentadas neste livro, ou que só está seguindo os passos do programa há poucos meses, a idéia de ter dinheiro *extra* pode parecer um incrível absurdo.

O dinheiro que se acumula no seu fundo de provisão pós-FI, o dinheiro que *por definição* você não precisa para os seus gastos do dia-a-dia, desempenha um papel importante no seu plano global de investimento FI. Como ao obter a FI você já terá o vínculo entre a renda e as escolhas de estilo de vida, ou seja, o fato de ter dinheiro não o leva a gastar mais, esse fundo de provisão não é uma fonte de tentação.

A função inicial da provisão pode ser psicológica. Ela demonstra que você de fato tem o suficiente *e um pouco mais* ao longo do tempo, ajudando-o a acalmar quaisquer "e se?" que possam persistir.

No caso extremo em que a "inflação" em alguma das suas categorias de dispêndio ultrapasse a sua aptidão e conscientização no uso inteligente dos recursos, o seu fundo de provisão cuidará do déficit.

É com esse fundo que você poderá substituir artigos importantes necessários para o estilo de vida que você escolheu quando eles finalmente se deteriorarem, coisas como um carro, uma bicicleta ou coroas para os dentes de trás.

Projetos e causas dos quais você participa podem precisar de uma injeção de capital para atingir um objetivo específico; você poderá fornecer esse capital sem prejudicar a sua capacidade de fornecer a mais valiosa das contribuições, a sua energia vital indivisa. Essa provisão também lhe permite expressar um espírito de generosidade com a sua família e os amigos. Amy Dacyczyn, editora de *The Tightwad Gazette,* fala sobre a importância dessa generosidade para ela:

> No entanto, não sou mesquinha. Faço uma chamada interurbana para a minha avó e deixo-a falar o quanto quiser porque sei que ela só estará conosco por um certo tempo. Também doamos dinheiro para a igreja... e para outras causas meritórias. Eis o que importa: quando conseguirmos planejar os nossos recursos de maneira a ter um excedente, podemos nos dar ao luxo de ser generosos. E isso é parte do que tem estado ausente da nossa cultura recentemente: estamos tão ocupados perseguindo o trabalho e no final não temos nem tempo nem dinheiro suficiente, de modo que não estamos nos oferecendo como voluntários e nem fazendo doações com a freqüência que deveríamos.

O reinvestimento desses recursos nos mesmos veículos geradores de rendimentos nos quais você aplica o seu capital FI possibilita que você crie uma "base bem provida". Você pode doar a renda desses investimentos a causas e projetos que o motivam.

(A propósito, os recursos de provisão pessoais dos autores criaram e sustentaram a New Road Map Foundation durante os seus primeiros anos. Embora tivéssemos, e ainda temos, mais do que suficiente para nós mesmos, o nosso atendimento envolve gastos com impressão, tarifas dos correios e algumas despesas de transporte, e tudo isso era originalmente pago com a nossa provisão).

O seu trabalho pós-FI poderá apresentar oportunidades interessantes em outras partes do mundo (como o desejo de Sally Morris de fundar uma clínica médica na África) e você precisará pagar o seu transporte para chegar lá. Repare, contudo, que não mencionamos os "gastos extravagantes de duas semanas de férias no Havaí". Nada no programa de FI proíbe esse tipo de coisa, mas no caso da maioria dos Pensadores FI, a vida pós-FI é tão gratificante que "tirar férias dele" parece ridículo — ou isso tem lugar no processo de assistência. Foi assim que Evy McDonald obteve a viagem dos seus sonhos para a Europa com todas as despesas pagas.

*Os planos de **Evy McDonald** deram uma reviravolta de 180 graus quando a sua doença terminal regrediu. Com muito mais vida para viver, Evy dedicou-se a um grande número de projetos, e o importante é que tem conseguido uma maneira de compartilhar as suas descobertas sobre a saúde com a comunidade médica. A única falta que sentia do seu antigo estilo de vida estava relacionada com as viagens. Quando era uma profissional promissora, Evy adorava poder pegar um avião para um passeio de fim de semana para visitar amigos ou desfrutar um clima diferente. No entanto, nunca fora à Europa, e na verdade já perdera a esperança de um dia fazer isso, imaginando que nunca conseguiria acumular uma provisão suficiente que lhe permitisse tal luxo. Além disso, os seus valores haviam mudado tão radicalmente que Evy não conseguia nem mesmo justificar o tipo de excursão rápida pela Europa com que sempre sonhara. Assim sendo, abandonou a fantasia e seguiu em frente com a realidade da sua vida. Vários anos depois, recebeu uma carta do organizador de um congresso médico internacional. Quem a convidou disse, essencialmente, que estava experimentando uma abordagem audaciosa e inovadora nessa reunião e achava que a história de Evy tocaria as teclas certas. Ela aceitaria ir à Itália e discursar no último dia do congresso? Com todas as despesas pagas, é claro.*

Por intermédio de contatos feitos no congresso, Evy formou relacionamentos de trabalho que não apenas deram origem, com o tempo, ao seu projeto de pesquisa sobre a esclerose lateral amiotrópica, como também geraram repetidos convites para que viajasse para o exterior para discursar em congressos. Evy chama o seu trabalho de assistência de "trabalhar para Deus", e comenta ironicamente o seguinte: "Não recebo o salário sugerido pelo sindicato, mas as vantagens adicionais são enormes!"

Freqüentemente ouvimos esse tipo de história sobre pessoas que decidiram investir 100 por cento do seu tempo em projetos que estão em sintonia com o seu propósito na vida.

Tudo bem, mas e se todo mundo fizesse isso?

Essa frase foi usada pela primeira vez por um homem das cavernas chamado Og quando reagiu à descoberta do fogo feita por um companheiro.

Também foi proferida quando um agricultor da Mesopotâmia disse à esposa que estava pensando em se mudar para um lugar chamado "a cidade".

Tudo indica que faz parte da natureza do animal humano reagir dessa maneira diante de uma proposta de mudança. As primeiras reações são voltadas para as possíveis desvantagens e os aspectos negativos: "Sim, mas" e "E se?"

A nossa cultura e a nossa economia sofreram muitas mudanças na nossa história de quinhentos anos: mudanças nos princípios fundamentais, nos costumes e nas tendências. Saímos da era agrícola, passamos pelo mercantilismo, chegamos à Revolução Industrial, alcançamos a era da informação e estamos na dos serviços. Tivemos a expansão para o Oeste, os frenéticos anos 20 e a Grande Depressão. O Modelo T da Ford, os *hot rods*, o *muscle cars*, a kombi, o Honda Civic, a minissaia, a saia longa, as midis, as maxis e as batas indianas. A Geração do Amor, a Geração do Eu, a Geração do Nós.

Quer as mudanças econômicas sejam causadas pela natureza cíclica do capitalismo ou pela atividade puramente aleatória é de pouca importância neste livro. O importante é lembrar que **a mudança irá ocorrer.** E embora seja verdade que nenhuma tendência acontece de repente, veremos *certamente* mudanças de rumo. Seguem-se apenas algumas das possíveis mudanças.

❖ À medida que mais pessoas adotarem um estilo de vida mais frugal, elas se retirarão mais cedo da força de trabalho, abrindo vagas de emprego. (Muitas empresas estão estimulando a aposentadoria antecipada com incentivos muito generosos.) O problema do crescente desemprego poderia ser evitado se tivéssemos esse tipo de "emprego em série", com empregos para motoristas de ônibus, lixeiros, professores, profissionais de venda e engenheiros constantemente sendo oferecidos à medida que as pessoas obtivessem a Independência Financeira. Além disso, o *stress* no planeta diminuiria à medida que a demanda pelo emprego de período integral e o consumo incessante se atenuassem.

❖ Na medida em que as pessoas começam a desenvolver um maior sentimento de propósito a respeito dos seus empregos (como foi discutido no Capítulo 7), a produtividade aumentará, a integridade no local de trabalho ressurgirá, e as perdas causadas pelo absenteísmo, pelo crime do colarinho branco e pela indiferença do funcionário diminuirão. O resultado envolverá produtos melhores e menos dispendiosos.

❖ À medida que o mito do crescimento for perdendo o domínio, as cidades se tornarão mais habitáveis, e uma enorme poupança terá lugar, já que não precisaremos mais do "gerenciamento da crise" para tudo, desde a remoção do lixo, as estradas superlotadas, a poluição do ar e a falta de água

❖ A ação voluntária, ou seja, trabalhar em alguma coisa na qual você acredita, que lhe confere um profundo sentimento de contribuição, desprovido de vínculos monetários, continuará a aumentar. E talvez venham a ser os voluntários, e não "os especialistas", aqueles que nos conduzirão para fora das dificuldades que estamos atualmente enfrentando enquanto espécie, os desafios sociais, políticos e ambientais da última década do segundo milênio. Uma tremenda quantidade de energia e criatividade humanas será necessária para que possamos fazer a próxima curva da nossa evolução sem regredir à estagnação ou explodir devido a gigantescas tensões não resolvidas. Os gênios criativos necessários a essa transformação podem deixar de "ganhar a morte" trabalhando por um período limitado para tornar-se financeiramente independentes, ou exercendo outras opções prudentes para alcançar uma sólida base financeira.

❖ O furor consumista que tem sido alimentado pela propaganda e pela facilidade do crédito durante um quarto de século se desacelerará. Como ressaltamos repetidamente neste livro, o nosso consumismo está inextricavelmente relacionado com os problemas ambientais, ecológicos, de saúde, sociais e políticos enfrentados pelo nosso planeta. À proporção que mais pessoas avançam em direção a estilos de vida mais sustentáveis e a uma utilização mais consciente e gratificante da energia vital, o impacto reduzido sobre a terra produzirá incalculáveis dividendos.

Conclusão: Você está bem adiantado no caminho de recuperar o poder que entregou ao dinheiro — e aos "especialistas" em dinheiro. Está pronto para tornar-se um administrador consciencioso, amoroso e bem informado da sua energia vital. A nossa maior esperança é que você ponha em prática esses passos nas suas finanças e aplique a sua energia vital aos desafios com que deparam a nossa espécie e o nosso planeta. Nós lhe desejamos um grande sucesso.

Resumo do Nono Passo

Torne-se bem informado e sofisticado a respeito de investimentos que geram rendimentos a longo prazo e do gerenciamento das suas finanças com a finalidade de obter uma renda segura, constante e suficiente pelo resto da vida.

Epílogo

Nove passos mágicos para criar um novo mapa

Não existem atalhos. O livro inteiro, com os nove passos, *é* o atalho. Os passos estão resumidos aqui para recapitulação e referência, e como lembretes. Leia o capítulo correspondente para o contexto e detalhes essenciais.

Estes passos são práticas simples e sensatas.

É absolutamente necessário que você siga *cada* passo, com determinação. Os passos baseiam-se uns nos outros, criando a "mágica" da sinergia — o todo é maior do que a soma das suas partes. Você talvez só veja esse efeito depois de estar seguindo os passos durante vários meses.

A aplicação meticulosa dos passos automaticamente torna as suas finanças pessoais um todo integrado; esta é uma abordagem de sistema integral.

Primeiro Passo: fazer as pazes com o passado

A. Quanto você ganhou na vida? Descubra o total de rendimentos de toda a sua vida — o total da sua renda bruta, desde o primeiro centavo que você ganhou um dia até o seu mais recente contracheque.

COMO:

* Social Security Administration — "Solicitação de Declaração de Rendimentos".
* Cópias de devoluções do imposto de renda.
* Antigos contracheques; registros de empregadores.

POR QUÊ:

* Oferece uma imagem clara do poder que você tem de trazer dinheiro para a sua vida.

– 401 –

❖ Elimina a imprecisão ou a ilusão nessa esfera.

❖ Infunde confiança e promove a definição de metas.

❖ Esta é uma prática extremamente básica e fundamental para qualquer negócio — e *você* é um negócio.

B. O que você tem para mostrar? Descubra o seu patrimônio líquido criando um balanço patrimonial pessoal do ativo e do passivo — tudo o que você possui e tudo o que você deve.

COMO:

❖ Relacione tudo o que você possui e atribua a cada coisa um valor de mercado atual.

❖ Relacione tudo o que você deve.

❖ Deduza o seu passivo do seu ativo para obter o seu patrimônio líquido.

POR QUÊ:

❖ Você nunca poderá saber o que é suficiente se não souber o que tem. Você talvez venha a descobrir que tem muitos bens materiais que não lhe trazem satisfação, e talvez deseje convertê-los em dinheiro.

❖ Esta é uma prática extremamente básica e fundamental para qualquer negócio — e *você* é um negócio.

Segundo passo: estar no presente — rastrear a sua energia vital

A. Por quanto você está trocando a sua energia vital? Estabeleça os custos efetivos em tempo e dinheiro necessários para manter o seu emprego, e calcule o seu salário-hora *efetivo*.

COMO:

❖ Deduza da sua renda bruta semanal os custos de ir e voltar do emprego e as roupas que você compra especialmente para usar no trabalho; o custo adicional das refeições no trabalho; gastos com a "descompressão", recreação, fuga e férias do *stress* do trabalho; e todas as outras despesas associadas à sua permanência no emprego.

- ❖ Adicione à sua semana de trabalho as horas que você gasta preparando-se para trabalhar, indo e voltando do emprego, na "descompressão", na fuga, nas férias, nas compras que faz para se sentir melhor já que o seu emprego é detestável, e todas as outras horas relacionas com a manutenção do emprego.
- ❖ Divida o novo valor monetário semanal reduzido pelo novo número de horas semanais aumentado; **este é o seu salário-hora efetivo.**
- ❖ As pessoas com uma renda variável podem ser criativas: calcule médias mensais, uma semana típica, seja o que for que funcione para você.

POR QUÊ:

- ❖ Esta é uma prática extremamente básica e fundamental para qualquer negócio — e *você* é um negócio.
- ❖ O seu negócio é vender o recurso mais precioso que existe: a sua energia vital. É melhor que você saiba por quanto a está vendendo.
- ❖ O valor resultante deste passo, o seu **salário-hora efetivo**, se tornará um elemento vital na mudança da sua relação com o dinheiro.

B. Acompanhe cada centavo que entrar ou sair da sua vida

COMO:

- ❖ Crie um sistema de registro de informações que funcione para você (como uma agenda de bolso). Registre os gastos diários com precisão. Registre todos os rendimentos.

POR QUÊ:

- ❖ Esta é uma prática extremamente básica e fundamental para qualquer negócio — e *você* é um negócio.
- ❖ O seu negócio é vender o recurso mais precioso que existe: a sua energia vital. Esta agenda mostra detalhadamente por quanto você a está negociando.

Terceiro Passo: para onde está indo tudo?
(A tabulação mensal)

- ❖ Crie todos os meses uma tabela de toda a renda e todas as despesas dentro de categorias geradas pelo seu padrão exclusivo de dispêndio.
- ❖ Equilibre os totais da sua renda e das suas despesas mensais.
- ❖ Converta o "dinheiro" gasto em cada categoria em "horas de energia vital", usando o seu salário-hora efetivo calculado no Segundo Passo.

COMO:

- ❖ Uma simples aritmética da escola primária. Você só precisará de uma calculadora se tiver esquecido (ou se for jovem o bastante para nunca ter aprendido) como somar e subtrair à mão. Um *software* de programa de contabilidade gratuito só será útil se você tiver experiência em computador.

POR QUÊ:

- ❖ Esta é uma prática extremamente básica e fundamental para qualquer negócio — e *você* é um negócio.
- ❖ O seu negócio é negociar o recurso mais precioso que existe: a sua energia vital. A Tabulação Mensal será um retrato preciso de como você está efetivamente vivendo.
- ❖ A Tabulação Mensal lhe proporcionará uma base para o restante do programa.

Quarto Passo: três perguntas que
transformarão a sua vida

Na sua Tabulação Mensal, faça estas três perguntas a cada um dos totais das suas categorias expressos como horas de energia vital e registre as suas respostas:

1. O que recebi em realização, satisfação e valor é proporcional à energia vital despendida?
2. Este dispêndio de energia vital está em harmonia com os meus valores e o meu propósito na vida?

3. Como este dispêndio mudaria se eu não precisasse trabalhar para viver?

Na parte inferior de cada categoria, faça uma das seguintes marcas:

- Insira um sinal de menos (ou uma seta para baixo) se a satisfação que você obteve não foi proporcional às horas de energia vital que despendeu na aquisição dos bens e serviços da categoria, se o dispêndio não estava em total harmonia com os seus valores e propósito ou se você acha que as despesas nessa categoria diminuirão depois da Independência Financeira.

+ Insira um sinal de mais (ou uma seta para cima) se acredita que aumentar esse dispêndio elevaria a satisfação, demonstraria uma maior harmonia pessoal ou aumentaria depois da Independência Financeira.

0 Insira um 0 se a categoria estiver perfeita sob todos os aspectos.

COMO:

❖ Com sinceridade total.

POR QUÊ

❖ Esta é a essência do programa

❖ Estas perguntas elucidarão e integrarão os seus rendimentos, os seus gastos, os seus valores, o seu propósito, o seu sentimento de satisfação e a sua integridade.

❖ Este passo o ajudará a descobrir o que é suficiente para você.

Quinto Passo: tornar visível a energia vital

Faça um grande Quadro-mural registrando a renda mensal total e as despesas mensais totais a partir da sua Tabulação Mensal. Coloque-o onde possa vê-lo todos os dias.

COMO:

❖ Escolha uma folha grande de papel quadriculado, com 45cm por 55cm com dez quadrados por centímetro ou uma folha com 60cm por 90cm com dez quadrados por cada 2,5 centímetros. Escolha uma escala que permita que você deixe bastante espaço acima da sua despesa ou renda mensal projetada mais elevada. Use linhas de diferentes cores para as despesas mensais e os rendimentos mensais.

POR QUÊ:

❖ Ele lhe mostrará a tendência da sua situação financeira e lhe conferirá com o tempo uma sensação de progresso, e a mudança da sua relação com o dinheiro será óbvia.

❖ Você verá a sua linha de despesa **descer** enquanto a sua satisfação **sobe** — o resultado da redução automática e "instintiva" de despesas nas categorias que você marcou com um menos.

❖ Esse Quadro-mural se tornará a imagem do seu progresso em direção à Independência Financeira, e você o usará durante o resto do programa. Ele fornecerá inspiração, estímulo, apoio e uma suave repreensão.

Sexto Passo: Valorizar a sua energia vital — minimizar os gastos

Aprenda e exercite o uso inteligente da sua energia vital (dinheiro), o que resultará na redução das suas despesas e no aumento da sua poupança. Essa atitude dará origem a uma maior satisfação, integridade e harmonia na sua vida.

COMO:

❖ Faça todos os meses as três perguntas do Quarto Passo.

❖ Aprenda a definir as suas verdadeiras necessidades.

❖ Seja consciente nos seus gastos.

❖ Domine as técnicas da compra inteligente. Pesquise o valor, a qualidade e a durabilidade.

POR QUÊ:

❖ Você está gastando o seu bem mais precioso: a sua energia vital. Só lhe resta uma quantidade finita desse bem.

❖ Você está consumindo os preciosos recursos do planeta, e a quantidade deles é finita.

❖ Você não pode esperar que os seus filhos, ou o seu governo, "conheçam o valor do dinheiro" se *você* não o demonstrar.

❖ A "qualidade de vida" freqüentemente cai à medida que o "padrão de vida" sobe. A Curva de Satisfação contém um ápice; gastar mais depois que você atinge esse ápice produzirá menos satisfação.

Sétimo Passo: Valorizar a sua energia vital — maximizando a renda

Respeite a energia vital que está investindo no seu emprego. O dinheiro é apenas algo pelo que você permuta a sua energia vital. Troque-a com propósito e integridade para aumentar o seu rendimento.

COMO:

❖ Pergunte a si mesmo: estou ganhando a vida ou ganhando a morte?

❖ Examine os seus propósitos para o emprego remunerado.

❖ Rompa o vínculo entre o trabalho e o rendimento para expandir as suas opções de uma maior remuneração.

POR QUÊ:

❖ Só lhe restam na vida um número X de horas. Determine como quer gastar essas horas remanescentes.

❖ Romper o vínculo automático entre **quem você é** e **o que você faz para "ganhar a vida"** o deixará livre para fazer escolhas mais gratificantes.

Oitavo Passo: O Ponto de Cruzamento

Aplique todos os meses a seguinte equação ao total do seu capital acumulado e lance a renda de investimento mensal como uma linha separada no seu Quadro-mural:

$$\frac{\text{capital x taxa de juros a longo prazo atual}}{12 \text{ meses}} = \text{renda de investimento mensal}$$

COMO:

❖ Descubra a taxa de juros anual a longo prazo examinando os juros das obrigações do tesouro de trinta anos na tabela de obrigações do tesouro no *The Wall Street Journal* ou de um jornal de uma cidade grande. Depois de você estar alguns meses no programa, a sua linha de despesa mensal total terá definido um padrão menor de zigueza-gue em um nível muito inferior àquele no qual você começou. Por meio de uma leve linha a lápis, projete no futuro, no gráfico, a linha de despesa mensal total.

❖ Depois de você estar alguns meses no programa, a sua linha de investimento mensal terá começado a subir a partir da borda inferior do gráfico. (Se você realmente tiver investido esse dinheiro como é mostrado no Nono Passo, a linha estará fazendo **uma curva** para cima — o resultado da mágica dos juros compostos.) Por meio de uma leve linha a lápis, projete a curva de investimento mensal no futuro. Em algum ponto do futuro, ela cruzará a linha de despesa mensal total. Esse é o **Ponto de Cruzamento**.

❖ Você ganhará inspiração e ímpeto quando puder ver que só precisará trabalhar para receber uma remuneração durante **um período finito**.

POR QUE:

❖ No Ponto de Cruzamento, você estará financeiramente independente. A renda mensal do seu capital investido será igual às suas despesas mensais efetivas.

❖ Você terá o suficiente.

❖ A suas opções estão agora totalmente abertas.

❖ **Comemore!**

Nono Passo. O gerenciamento das suas finanças

O último passo em direção à independência financeira: tornar-se bem informado e sofisticado a respeito de investimentos a longo prazo que produzem rendimentos. Invista o seu capital de maneira a obter uma renda totalmente segura, suficiente para satisfazer as suas necessidades básicas pelo resto da vida.

COMO:

❖ Habilite-se a tomar as suas decisões de investimento concentrando-se nos títulos de renda fixa mais seguros, não-especulativos e de longa duração. Modere os receios irracionais habituais a respeito da inflação com um pensamento mais claro e mais consciente.

❖ Elimine as despesas, taxas e comissões elevadas dos intermediários e dos "produtos" de investimento popularmente comercializado.

❖ Configure o seu plano financeiro usando os três pilares:

Capital: a essência produtora de renda da sua Independência Financeira.

Proteção: uma quantidade de dinheiro disponível suficiente, que esteja ganhando juros bancários, para cobrir seis meses de gastos.

Provisão: O excedente de fundos resultante da prática contínua dos nove passos. Pode ser usada para financiar o seu trabalho de assistência, reinvestida para produzir um fundo de doação, usada para substituir objetos de custo elevado, usada para compensar uma ocasional alta da inflação, doada, etc.

POR QUÊ:

❖ Existem muito mais coisas na vida do que ter um emprego de horário integral.

Fontes

O quadro global

Duane Elgin, *Awakening Earth: Exploring the Evolution of Human Culture and Consciousness*. Nova York: William Morrow and Company, Inc., 1993.

David Korten, *The Post-Corporate World*. San Francisco: Berrett-Koehler Publishers, 1999.

Brian Swimme, *The Hidden Heart of the Cosmos: Humanity and the New Story*. Maryknoll, NY: Orbis Books, 1996. [O Coração Oculto do Cosmos, publicado pela Editora Cultrix, São Paulo, 1999.]

Brian Swimme e Thomas Berry, *The Universe Story*. Nova York, HarperCollins, 1992.

Os princípios e as práticas comerciais, e a cultura

Adbusters, a Journal of the Mental Environment. The Media Foundation, 1243 West 7th Avenue, Vancouver, BC, V6H IB7 Canadá, www.adbusters.org.

Geral Celente, *Trends 2000*. Nova York: Warner Books, Inc., 1997.

"Getting Free: Moving Beyond the Consumer Culture", *YES! A Journal of Positive Futures*, Edição Beta 1. Positive Futures Network. P.O. Box 10818, Bainbridge Island, WA 98110, www.futurenet.org.

Michael F. Jacobson e Laurie Ann Mazur, *Marketing Madness (A Survival Guide for a Consumer Society)*. Boulder, CO: Westview Press, 1995.

Kalle Lasn, *Culture Jam: The Uncooling of America*. Nova York: Eagle Brook, 1999.

Economia

Barbara Brandt, *Whole Life Economics: Revaluing Daily Life*. Filadélfia: New Society Publishers, 1995.

Edgar Cahn e Jonathan Rowe, *Time Dollars*. Emmaus, PA: Rodale Press, 1992.

Herman Daly e John Cobb, Jr., *For the Common Good*. Boston: Beacon Press, 1989.

Robert H. Frank, *Luxury Fever: Why Money Fails to Satisfy in an Era of Excess*. Nova York: The Free Press. Uma divisão da Simon & Schuster, 1999.

Neva R. Goodwin, Frank Ackerman e David Kiron, editores, *The Consumer Society*. Washington, D.C.: Island Press, 1997.

Hazel Henderson, *Building a Win-Win World: Life Beyond Economic Global Warfare.* San Francisco: Berrett-Koehler Publishers, 1996.[*Construindo um Mundo Onde Todos Ganhem*, publicado pela Editora Cultrix, São Paulo, 1998.]

David Korten, *When Corporations Rule the World.* West Hartford, CT: Kumarian Press, Inc., 1995.

William Leach, *Land of Desire: Merchants, Power, and the Rise of a New American Culture.* Nova York: Vintage Books, 1993.

Alfred Malabre, *Beyond Our Means.* Nova York: Random House, 1987.

"Money: Print Your Own!", *YES! A Journal of Positive Futures,* Edição nº 2, primavera 1997. Positive Futures Network, P.O. Box 10818, Bainbridge Island, WA 98110.

Juliet Schor, *The Overspent American: Upscaling, Downshifting, and the New Consumer.* Nova York: Basic Books, 1998.

E. F. Schumacher, *Good Work.* Nova York: Harper and Row, 1979.

_____, *Small Is Beautiful.* Nova York: Harper and Row, 1973.

Edward N. Wolff, *Top Heavy: A Study of the Increasing Inequality of Wealth in America.* Nova York: The Twentieth Century Fund Press, 1995.

Frugalidade

Ernest Callenbach, *Living Cheaply with Style: Live Better and Spend Less.* Berkeley: Ronin Publishing, 1993.

Amy Dacyczyn, *The Complete Tightwad Gazette.* Nova York: Villard Books, 1999.

Andy Dappen, *Shattering the Two-Income Myth: Daily Secrets for Living Well on One Income.* Brier, WA: Brier Books, 1997.

Doris Janzen Longacre, *Living More with Less.* Scottdale, PA: Herald Press, 1980.

Ralph Nader e Wesley J. Smith, *The Frugal Shopper.* Washington, D.C.: Center for Study of Responsive Law, 1992.

Jim Steamer, *Wealth on Minimum Wage.* Nova York: Berkeley Publishing Group, 1998.

Gerenciamento do dinheiro

Department of the Treasury's Bureau of the Public Debt, *Treasury Direct Investor Kit,* Publicação #PD P 009.

Marc Eisenson, Gerri Detweiler e Nancy Castleman, *Invest in Yourself: Six Secrets to a Rich Life.* Nova York: John Wiley and Sons, Inc., 1998.

Annette Thau, *The Bond Book.* Chicago: Probus Publishing Co., 1992.

Psicologia

Frithjof Bergmann, *On Being Free.* Londres: University of Notre Dame Press, 1977.

Olivia Mellan, *Money Harmony: Resolving Money Conflicts in Your Life and Relationships.* Nova York: Walker and Company, 1994.

Christopher Mogil e Anne Slepian com Peter Woodrow, *We Gave Away a Fortune.* Filadélfia: New Society Publishers, 1992, www.efn.org/~impact.

David G. Myers, *The Pursuit of Happiness: Who Is Happy and Why?* Londres: The Aquarian Press, 1993.

Maria Nemeth, *The Energy of Money: A Spiritual Guide to Financial and Personal Fulfillment.* Nova York: The Ballantine Publishing Group, 1999.[*A Energia do Dinheiro*, publicado pela Editora Cultrix, São Paulo, 2002.]

Philip Slater, *Wealth Addiction.* Nova York: E. P. Dutton, 1980.

Richard A. Swenson, *Margin: Restoring Emotional, Physical, Finantial, and Time Reserves to Overloaded Lives.* Colorado Springs, CO: Navpress, 1992.

_____, *The Overload Syndrome: Learning to Live Within Your Limits.* Colorado Springs, CO: Navpress, 1998.

Paul Wachtel, *The Poverty of Affluence.* Filadélfia: New Society Publishers, 1989.

Mark Waldman, *The Way of Real Wealth.* Nova York: HarperCollins, 1993.

"What is Enough? Fulfilling Lifestyles for a Small Planet", *In Context,* Edição n° 26. www-context.org.

Filosofia e espírito

Eknath Easwaran. *The Compassionate Universe.* Petaluma, CA: Nilgiri Press, 1989.

Richard J. Foster, *Freedom of Simplicity.* San Francisco: Harper and Row, Publishers, 1981.

Jacob Needleman, *Money and the Meaning of Life.* Nova York. Doubleday, 1991. [*O Dinheiro e o Significado da Vida,* publicado pela Editora Cultrix, São Paulo, 2001.]

_____, *Time and the Soul.* Nova York: Doubleday, 1998.

Robert Ornstein e Paul Ehrlich, *New World, New Mind.* Garden City, NY: Doubleday, 1989.

Propósito

Geoffrey M. Bellman, *Your Signature Path: Gaining New Perspectives on Life and Work.* San Francisco: Berrett-Koehler Publishers, 1996.

Dave Ellis, *Creating Your Future: 5 Steps to the Life of Your Dreams.* Boston: Houghton Mifflin Company, 1998.

Viktor Frankl, *Man's Search for Meaning.* Nova York: Washington Square Press. 1963.

Naomi Stephan. *Fulfill Your Soul's Purpose.* Walpole, NH: Stillpoint Publishing, 1994.

Assistência e ação voluntária

Judith L. Boice, *The Art of Daily Activism*. Oakland, CA: Wingbow Press, 1992.

Ram Dass e Paul Gorman, *How Can I Help?*. Nova York: Alfred A. Knopf, 1985.

Joseph Kilpatrick e Sanford Danziger, *Better than Money Can Buy: The NEW Volunteers*. Winston-Salem, NC: Innersearch Publishing, 1996. 3983 Old Greenboro Road, Winston-Salem, NC 27101-2132

Sustentabilidade

Affluenza. Um vídeo de sessenta minutos PBS Special.

Michael Brower e Warren Leon. *The Union of Concerned Scientists Consumer's Guide to Effective Environmental Action*. Nova York: Three Rivers Press, 1999.

Ernerst Callenbach, *Ecology Pocket Guide*. Berkeley: University of California Press, 1998.

_____, *Ecotopia*. Berkeley: Banyan Tree Books, 1975.

Alan Thein Durning. *How Much is Enough?: The Consumer Society and the Future of the Earth*. Nova York: W. W. Norton and Company, 1992.

_____, *This Place on Earth*. Seattle: Sasquatch Books, 1996, www.northwestwatch.org.

Donella H. Meadows, Dennis L. Meadows e Jorgen Randers. *Beyond the Limits*. Post Millls, VT: Chelsea Green Publishing Company, 1992.

Lester W. Milbrath, *Learning to Think Environmentally While There Is Still Time*. Albany, NY: State University of New York Press, 1996.

John C. Ryan e Alan Thein Durning, *Stuff: The Secret Lives of Everyday Things*. Seattle: Northwest Environmental Watch, 1997, www.northwestwatch.org.

Mathis Wackernagel e William Rees, *Our Ecological Footprint: Reducing Human Impact on the Earth*. Gabriola Island, BC, Canadá: New Society Publishers, 1996.

Simplicidade voluntária

Cecile Andrews, *The Circle of Simplicity: Return to the Good Life*. Nova York: HarperCollins, 1997.

Sue Bender, *Plain and Simple*. San Franciso: HarperSanFrancisco, 1989.

Mark A. Burch, *Simplicity: Notes, Stories, and Exercises for Developing Unimaginable Wealth*. Gabriola Island, BC, Canadá: New Society Publishers, 1995.

Duane Elgin, *Voluntary Simplicity*. Nova York: William Morrow, 1993. [*Simplicidade Voluntária*, publicado pela Editora Cultrix, São Paulo, 1999.]

Frank Levering e Wanda Urbanska, *Simple Living: One Couple's Search for a Better Life*. Nova York: Viking, 1992.

Janet Luhrs. *The Simple Living Guide*. Nova York: Broadway Books, 1997.

Larry Roth, editor, *The Simple Life: Thoughts on Simplicity, Frugality, and Living Well*. Nova York: Berkley Books, 1998.

Michael Schut, editor, *Simpler Living, Compassionate Life: A Christian Perspective*. Denver: Living the Good News, 1999.

David Shi, *The Simple Life*. Nova York: Oxford University Press, 1985.

Simple Living, publicação trimestral sobre simplicidade voluntária. 4509 Interlake Ave N, #149, Seattle, WA 98013, www.simpleliving.com.

Goldian Vanden Broeck, *Less Is More: The Art of Voluntary Poverty*. Rocherster, VT: Inner Traditions, International, 1991.

Trabalho

Richard Bolles, *What Color is Your Parachute?* Berkeley: Ten Speed Press, freqüentemente atualizado.

Michael Fogler, *Un-Jobbing: The Adult Liberation Handbook*. Lexington, KY: Free Choice Press, 1997.

Willis Harman e John Horman, *Creative Work*. Indianápolis: Knowledge Systems, Inc., 1990. [*O Trabalho Criativo*, publicado pela Editora Cultrix, São Paulo, 1992.]

Benjamin Kline Hunnicutt, *Work Without End*. Filadélfia: Temple University Press, 1988.

Amy Saltzman, *Downshifting: Reinventing Success on a Slower Track*. Nova York: HarperCollins, 1991.

Juiet B. Schor, *The Overworked American*. Nova York: Basic Books, 1991.

Deborahann Smith, *Temp: How to Survive and Thrive in the World of Temporay Employment*. Boston, Shambhala, 1994.

Justine Willis Toms e Michael Toms, *True Work: The Sacred Dimension of Earning a Living*. Nova York: Bell Tower, 1998.

Ernie J. Zelinski, *The Joy of Not Working*. Edmonton, Alberta, Canadá: Visions International Publishing, 1991.

Resposta do Quebra-Cabeça dos Nove Círculos

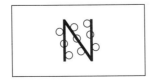

Notas

Prólogo: Por que ler este livro?

28 *desde a década de 1950*: "Personal Bankrupcies — the Big Leap" (gráfico), *Wall Street Journal,* 18 de junho de 1991.

28 *quadragésimo percentil inferior*: Kelley Holland. "Two Studies See Consumer Savings Rate Staying Slim", *Seattle Post-Intelligencer,* 13 de agosto de 1991.

28 *19 por cento em 1990*: U.S. Bureau of the Cencus, *Statistical Abstract of the United States: 1991* (111ª edição), Washington, D.C., 1991, p. 462.

28 *para ganhar mais dinheiro*: Carol Hymowitz, "Trading Fat Paychecks for Free Time", *Wall Street Journal,* 5 de agosto de 1991.

28 *Victoria Felton-Collins*: Rebecca Teagarden, "The Last Taboo: Couples Must Learn to Talk About Money", *Seattle Post-Intelligencer,* 17 de fevereiro de 1990.

28 *do que em 1970: The World Almanac and Book of Facts 1991* (Nova York: Pharos Books, 1991), p. 839.

28 *de cinqüenta anos é 2.300 dólares*: Merrill Lynch advertisement, *Wall Street Journal,* 18 de setembro de 1990.

28 *tempo livre por semana*: "Are We All Working Too Hard?" *Wall Street Journal,* 4 de janeiro de 1990.

29 *de dedicação profissional*: George Leonard, "An Avalanche of the Spirit", discurso realizado na reunião anual da Association for Humanistic Psychology, 17 de agosto de 1989.

Capítulo 1. A armadilha do dinheiro:
O antigo mapa do dinheiro

48 *o onipresente "stress"*: Douglas LaBier, *Modern Madness* (Reading, MA: Addison-Wesley Publishing Co., 1986), discutido em Cindy Skrzycki, "Is There Life After Success"? *Washington Post Weekly,* 31 de julho - 6 de agosto de 1989.

48 *Há cinco anos*: "Shoppers Are a Dwindling Species", *Business Week,* 26 de novembro de 1990.

48 *metade da casa dos quarenta*: Opinion Research Corporation, 1984; relatado em LaBier, *op. cit.* p. 13.

49 *4,5 por cento em 1990:* "Incomes Jump in U.S., But Not Enough", *Seattle Post-Intelligencer,* 30 de janeiro de 1991.

49 *4,1 por cento em 1988:* Mary Ganz e Carl Irving, "Americans Borrow to Consume, Japanese Pay Cash and Save", *Seattle Post-Intelligencer,* 19 de junho de 1989.

49 *8,6 por cento:* Charles Wolf, Jr., "Our Problem Isn't So Much Borrowing", *Wall Street Journal,* 28 de setembro de 1984.

49 *da renda disponível:* Marcus W. Brauchli, "U.S. Tells Japanese Thrift Isn't a Virtue If Imports Are Low", *Wall Street Journal,* 6 de setembro de 1989.

49 *mais do que em 1980:* Rick Gladstone, "Frugality Is a Key Word for 1991", *Seattle Post-Intelligencer,* 24 de dezembro de 1990.

49 *desempregados que mais cresce:* "Young, Gifted and Jobless", *Newsweek,* 5 de novembro de 1990, p. 48.

51 *se sentiram isolados:* pesquisa de Roy Kaplan, relatado em Kathleen Brooks, "Will a Million Let You Feel Like a Million?" *Seattle Times,* 9 de outubro de 1985.

55 *garras de um tigre:* Robert Ornstein e Paul Ehrlich, *New World, New Mind* (Nova York: Doubleday, 1989)

56 *do que vinte anos antes:* Paul Wachtel, "The Case Against Growth", *New Age Journal,* novembro-dezembro 1988, p. 23.

58 *milhões de outras ainda não contadas:* Herman E. Daly e John B. Cobb. Jr., *For the Common Good* (Boston: Beacon Press, 1989), pp. 143-44.

60 *o nosso ímpeto, extraordinário:* Benjamin Kline Hunnicutt, *Work Without End* (Filadélfia, Temple University Press, 1988), p. 44.

60 *nas horas de lazer: ibid.,* pp. 45-6.

61 *velocidade cada vez maior.* Victor Lebow em *Journal of Retailing,* citado em Vance Packard, *The Waste Makers* (Nova York: David McKay, 1960), citado em Alan Durning, "Asking How Much is Enough", em Lester Brown *et al, State of the World 1991* (Nova York: W. W. Norton & Company, 1991), p. 153.

62 *advertiu recentemente a manchete de um jornal:* "Penny Pinching by Consumers May Tarnish Economy", *Seattle Post-Intelligencer,* 15 de março de 1991.

63 *antes das nove:* Durning, *op. cit., pp.* 162-63.

63 *cada cidadão americano: ibid.,* p. 163

64 *país menos desenvolvido:* Paul Ehrlich, relatado em Dianne Dumanoski, "The People Problem", *Boston Globe,* 5 de fevereiro de 1990.

65 *em uma nova realidade:* de Jonas e Jonathan Salk, *World Population and Human Values: A New Reality* (Nova York: Harper and Row, 1981), citado no folheto *The S-Shaped Curve: Emerging Values in a New Reality* (Beyond War, 222 High Street, Palo Alto, CA 94301), pp. 38-9.

Capítulo 2. O dinheiro não é o que costumava ser — e nunca foi

103 *antes de morrer*: dados extraídos do U.S. National Center for Health Statistics, *Vital Statistics of the United States*, anual. Impresso no U.S. Bureau of the Census, *Statistical Abstract of the United States: 1991* (111ª edição), Washington D.C., 1991, p. 74.

Capítulo 3. Para onde está indo tudo?

129 *recebido o suficiente*: Bob Schwartz, *Diets Don't Work* (Galveston, TX: Breakthru Publishing, 1982), p. 173.

134 *foram projetados*: "You and Your Shoes", revista *Parade*, 15 de julho de 1990, p. 6.

135 *do próprio corpo*: extraído de uma fotocópia sem data de um artigo de um jornal madrileno: "Nueve Españolas Afectadas por el 'Sindrome de la Moda'", *El País*.

Capítulo 4. Quanto é suficiente? A natureza da realização

161 *com pouco dinheiro*: Amy e Jim Dacyczyn publicam o seguinte boletim informativo mensal: *The Tightwad Gazette*. RR 1, Box 3570, Leeds, ME 04263-9710.

172 *a nossa missão*: Joanna Macy, apresentação na conferência "Spirit of Service" da Seva Foundation, Vancouver, British Columbia, maio de 1985.

175 *diferente de nós mesmos*: Viktor E. Frankl, "The Feeling of Meaninglessness: A Challenge to Psychotherapy", *American Journal of Psychoanalysis*, Vol. 32, Nº 1, 1972, p. 86.

175 *na sua vida*: Purporse-in-Life Test: copyright de Psychometric Affiliates, Box 807, Murfreesboro, TN 37133. É preciso pedir autorização para usar este teste.

178 *com as suas ações*: Charles Givens, *Financial Self Defense* (Nova York: Simon and Schuster, 1990), p. 23.

178 *cada centavo contasse*: Robert L. Rose, "For Welfare Parents, Scrimping Is Legal, but Saving Is Out", *Wall Street Journal*, 6 de fevereiro de 1990.

192 *são coisas mutuamente exclusivas*: Buckminster Fuller, "Livingry: Artifacts for Human Success", *Forum* (J. C. Penney Co., Inc.), novembro de 1983, p. 7.

193 *aproximadamente duzentos escravos*: Jeremy Rifkin, *Entropy* (Nova York: Bantam, 1981), p. 136.

193 *a moda e as tendências*: Janice Castro, "The Simple Life", *Time*, 8 de abril de 1991, p. 58.

194 *símbolo de status mais importante*: Ronald Henkoff, "Is Greed Dead?" *Fortune*, 14 de agosto de 1989, p. 41.

194 *crueldade e irresponsabilidade?*: Lewis Thomas, "The Iks", *Island in Space* (United Nations Association Canada, 1986), pp. 18-9.

Capítulo 5. A visão do progresso

213 *cada dólar que ganham*: Alfred Malabre, Jr., *Beyond Our Means* (Nova York: Random House, 1987), p. 27. O autor afirma que o índice de empréstimos nos Estados Unidos aumentou fortemente depois da Segunda Guerra Mundial; os empréstimos a prestação do consumidor equivaliam recentemente a quase 20 por cento da renda pessoal.

213 *compram com dinheiro*: David Wallenchinsky e Irving Wallace, *The People's Almanac* (Nova York: Doubleday, 1975), p. 341.

Capítulo 6. O sonho americano — com recursos escassos

225 *inflar o ego*: Thorstein Veblen, *The Theory of the Leisure Class* (Nova York: Modern Library, 1934), p. xiv.

225 *ou em gastar*: Carolyn Wesson, autora de *Women Who Shop Too Much* (Nova York: St. Martin's Press, 1990), citado em Carole Beers, "Talking Shop to Those Who Can't Stop", *Seattle Times*, 6 de março de 1990.

225 *semanalmente um centro comercial da região*: "Big Spenders: As a Favored Pastime, Shopping Ranks High with Most Americans", *Wall Street Journal*, 30 de julho de 1987.

225 *Council of Shopping Centers*: "The Pleasure Dome: Offering More than Merchandise. Malls Today Are Centers of Community Life", *Wall Street Journal*, 13 de maio de 1988.

225 *nos Estados Unidos*: Durning, *op. cit.*, p. 163.

226 *rituais de comunhão*: Lewis H. Lapham, "An American Feast: You Are What You Buy", *Wall Street Journal*, 13 de maio de 1988.

227 *simplesmente impossível*: Malabre, *op. cit.*, p. 145.

228 *perfeitamente aproveitável*: John E. Young, "Reducing Waste, Saving Materials", in Brown *et al.*, *op. cit.*, p. 44

235 *preço marcado na mercadoria*: Jeffrey A. Trachtenberg, "Let´s Make a Deal", *Wall Street Journal*, 8 de fevereiro de 1991.

235 *ostentação e o dinheiro*: Nina Darnton, "I Can Get It for You Resale", *Newsweek*, 3 de junho de 1991.

237 *gasto esses 100 dólares*: Georgette Jasen, "Paying Off Credit Card Debt Spells a Hefty Return", *Wall Street Journal*, 27 de novembro de 1989.

237 *privilégio de usá-lo*: David B. Hilder e Peter Pae, "Rivalry Rages Among Big Credit Cards", *Wall Street Journal*, 3 de maio de 1991.

238 *pouco mais de dezenove anos*: "Paying Off Mortgage Early Doesn't Take Much", *Seattle Times*, 19 de março de 1991.

241 *no inverno*: Robert Sikorsky, *Drive It Forever* (Nova York: McGraw-Hill, 1989), p. 71.

244 *melhora mensurável na produtividade*: Maryrose Wood, "Phoning It In", *Desktop*, Vol. III, Nº 2, p. 46.

245 *limitam a si mesmas*: Norman Cousins, palestra proferida na Unity Church of Seattle, 1989.

247 *atividade do dia-a-dia*: Bryant A. Stamford e Porter Shimer, *Fitness Without Exercise* (Nova York: Warner Books, Inc., 1990).

249 *ela terá 1.851.313 dólares*: "Financial Security Going Up in Smoke", *Vancouver Sun*, 2 de dezembro de 1985.

249 *outros alimentos*: Bob Keith, "Eating on a Pack a Day", *Living Well* (boletim informativo da Northwest Health Foundation), verão de 1988, pp. 3-4.

249 *no volante*: Natalie Angier, "Surprising Fact about Sleep", *Reader's Digest*, junho de 1991 (resumo do *New York Times*, 15 de maio de 1990), p. 33.

253 *lugar melhor para morar*: Home Price Comparison Index, *Seattle Times*, 27 de maio de 1990.

253 *até Tucson, Arizona*: "Rent Variations", *Parade*, 1º de dezembro de 1991, p. 16.

261 *em outros negócios*: Daly e Cobb, *op. cit.*, p. 361.

262 *por um quilômetro*: Tighward *Gazette*, *op. cit.* Ver números 7, 2 e 1.

263 *para ser exato*: *World Almanac and Book of Facts 1991* (Nova York: Pharos Books, 1991), p. 550 e p. 389.

271 *100.000 dólares em 1986*: "Updated Estimates on the Cost of Raising a Child", *Family Economic Review*, 1987, p. 30.

272 *não se privando de nada*: Tighwad *Gazette*, *op. cit.*, outubro de 1990.

276 *relacionamento mutuamente estimulante*: Ernest Callenbach, "The Green Triangle", *In Context*, nº 26, verão de 1990, p. 13.

279 *para o aquecimento global*: "Nylon Production Named as a Source of Nitrous Oxide!, *Wall Street Journal*, 22 de fevereiro de 1991.

281 *de responsabilidade universal*: *My Tibet*, texto de Sua Santidade o Décimo Quarto Dalai Lama do Tibete, fotos e introdução de Galen Rowell (Berkeley e Los Angeles: University of California Press, 1990), p. 55.

Capítulo 7. Por amor ou dinheiro.
Valorize a energia vital — trabalho e renda

284 *nosso egocentrismo inato*: E. F. Schumacher, *Good Work* (Nova York: Harper and Row, 1979), pp. 3-4.

284 *condição desagradável do trabalho*: Robert Theobald, *Rapids of Change* (Indianapolis: Knowledge Systems, 1987), p. 66.

284 *de segunda a sexta*: Studs Terkel, *Working* (Nova York: Ballantine Books, 1985), p. xiii.

284 *amor tornado visível*: Kahlil Gibran, *The Prophet* (Nova York: Alfred A. Knopf, 1969), p. 28.

285 *dos dias de hoje*: Marshall Sahlins, *Stone Age Economics* (Chicago: Aldine-Atherton, Inc., 1972), p. 23.

286 *a Revolução Industrial*: "From Joblessness to Liberation" (artigo sobre Frithjof Bergmann), *Green Light News*, Vol. 1, nº 1, 1984, p. 19.

286 *mais do que isso*: John Humphrey Noyes, *The History of American Socialism* (Filadélfia: Lippincott, 1870).

286 *importante para nós*: Paramahansa Yogananda, textos não publicados, 1934.

287 *durante a Depressão*: Hunnicutt, *op. cit.*, p. 311.

287 *do crescimento econômico*: *ibid.*, p. 309.

288 *ocupação e as profissões*: *ibid.*, pp. 313-14.

291 *sem trabalho mais de um milhão de pessoas*: Rick Gladstone, *op. cit.*

291 *não precisassem fazê-lo*: Michael Argyle, *The Psychology of Happinness* (Nova York: Methuen and Co., 1987), p. 50

291 *fariam o mesmo*: Carol Hymowitz, *op. cit.*

300 *contribuía mais para o bem comum*: Amy Saltzman, *Downshifting* (Nova York: HarperCollins, 1991), p. 17.

303 *substituído por máquinas*: Willis Harman e John Hormann, *Creative Work* (Indianapolis: Knowledge Systems, Inc., 1990), pp. 23-4.

307 *propósito e significado à vida*: Amy Saltzman, *op. cit.*, p. 16.

308 *do nosso lazer*: *ibid.*, p. 200.

309 *lhes garantir a subsistência*: Michael Phillips, *The Seven Laws of Money* (Menlo Park: Word Wheel, 1974), p. 8.

309 *pela burocracia*: *At the Crossroads* (Spokane: Communications Era Task Force, 1983), p. 22.

311 *comportamento artístico dos macacos*: Desmond Morris, *The Biology of Art* (Nova York: Alfred A. Knopf, 1962), pp. 158-59.

311 *de "e se?"*: Richard Seven, "Getting a Life", revista *Pacific Sunday* do *Seattle Times*, 4 de agosto de 1991, p. 8.

312 *e da distribuição de renda*: Willis Harman, "Work", *in* Alberto Villoldo e Ken Dychtwald, orgs., *Millennium: Glimpses into the 21ˢᵗ Century* (Los Angeles: J. P. Tarcher, Inc., 1981).

Capítulo 8. O Ponto de Cruzamento:
O Pote de Ouro no Final do Quadro-mural

343 *a Deus e ao dinheiro*: Mateus 6:24, *The New Testament,* New International Version (Grand Rapids, MI: Zondervan Bible Publishers, 1973).

344 *não há truque*: Randi Rossman, "His Charity Is in the Bag", *Santa Rosa Press Democrat*, 9 de setembro de 1984.

347 *no escritório*: Janice Castro, *op. cit.*

349 *mantém coesa a sociedade*: Robert L. Payton, Centro de Filantropia, Indiana University-Purdue University em Indianopolis, 550 West North Street, Suite 301, Indianapolis, IN 46202-3162. Também, discurso proferido na conferência da Hofstra University, "Money — Lure, Lore and Liquidity", 21-23 de novembro de 1991.

354 *experiência de ter sido úteis*: Allan Luks, "Helper's High", *Psychology Today,* outubro de 1991.

355 *combater as infecções respiratórias*: Eileen Rockefeller Growald e Allan Luks, "The Healing Power of... Doing Good", *American Health*, março de 1988.

356 *já conseguiu esse resultado*: Margaret Mead, citado em Ivan Scheier, "Rules for Dreamers", monografia. Center for Creative Community, P.O. Box 2427, Santa Fe, NM 87504.

356 *no setor voluntário*: extraído de um discurso proferido na conferência "Choices for the Future" em Windstar, Snowmass, Colorado, junho de 1986.

358 *milagres da medicina*: extraído de um discurso proferido em uma reunião informal de brainstorming sobre "Where Is Research on Amyotrophic Lateral Sclerosis Headed"? San Francisco, 12-13 de julho de 1986.

360 *soluções do mundo (ainda não implementadas)*: *Encyclopedia of World Problems and Human Potential,* 2ª edição (Nova York: K. G. Saur, 1986).

361 *não as suas vítimas*: citado em um discurso proferido pelo Reverendo Alfred F. Swearingen em uma cerimônia para oferecer um dos sonhos de Ivan Scheier — uma Cápsula do Tempo sobre a Ação Voluntária a ser aberta em 2050.

Capítulo 9. Agora que você a obteve,
o que vai fazer com ela?

363 *fundos mútuos e as ações*: "51 Million Americans Own Stocks, Poll Finds", Associated Press, *Seattle Post-Intelligencer,* 22 de maio de 1991.

365 *produtos que eles recomendam*: Karen Slater e Earl C. Gottschalk, Jr., "Financial Planners Squabble over Creating Code of Conduct", *Wall Street Journal,* 14 de março de 1991.

366 *tanto quanto você*: Andrew Tobias, *The Only Investment Guide You'll Ever Need* (Nova York: Simon and Schuster, 1987), p. 13.

366 *pelos seus assuntos*: Andrew Tobias, *The Only Other Investment Guide You'll Ever Need* (Nova York: Simons and Schuster, 1987), p. 13.

366 *especulador de alto nível*: Herbert Ringold, *How to Lose Money in the Stock Market* (Nova York: St. Martin's Press, 1986), p. 13.

372 *22 por cento de casas desocupadas*: ouvido no programa de televisão diário da PBS *Nightly Business Report*, 26 de abril de 1991.

373 *serviço ativo em 1959*: Patricia McLaughlin, "Nader May Look Like an Airbag, but Fashion Doesn't Bankrupt Him", *Seattle Times*, 24 de julho de 1991.

375 *caderneta de poupança*: Ringold, *op. cit.,* pp. 76-7.

375 *levantamento da University of Minnesota*: Business Bulletin, *Wall Street Journal*, 18 de abril de 1991.

387 *ruim para o setor*: "Brokers Averaged Pay of $79,169 in '90, Survey Says", *Wall Street Journal*, 24 de junho de 1991.

396 *doações com a freqüência que deveríamos*: Amy Dacyczyn sobre "What Is Enough?" produzido por David Freudberg para *Marketplace*, American Public Radio, 21 de junho de 1991.